秦岭简史

党双忍 著

陕西师范大学出版总社

图书代号　SK18N1735

图书在版编目（CIP）数据

秦岭简史 / 党双忍著. — 西安：陕西师范大学出版总社有限公司, 2019.4（2024.10重印）

ISBN 978-7-5695-0266-4

Ⅰ.①秦…　Ⅱ.①党…　Ⅲ.①秦岭—介绍　Ⅳ.①K928.3

中国版本图书馆CIP数据核字(2018)第232176号

秦岭简史
QINLING JIANSHI

党双忍　著

| 出版统筹 / 刘东风　侯海英 |
| 责任编辑 / 宋　兵 |
| 责任校对 / 王　森 |
| 装帧设计 / 安　梁 |
| 出版发行 / 陕西师范大学出版总社 |
| （西安市长安南路199号　邮政编码：710062） |
| 网　　址 / http://www.snupg.com |
| 印　　刷 / 中煤地西安地图制印有限公司 |
| 开　　本 / 880 mm×1230 mm　1/32 |
| 印　　张 / 14.5 |
| 插　　页 / 2 |
| 字　　数 / 331千 |
| 版　　次 / 2019年4月第1版 |
| 印　　次 / 2024年10月第7次印刷 |
| 书　　号 / ISBN 978-7-5695-0266-4 |
| 定　　价 / 98.00元 |

读者购书、书店添货或发现印刷装订问题，请与本社营销部联系、调换。
电话：（029）85307864　85303629　传真：（029）85303879

序言 Preface

2018年，秦岭，再度成为一个热词；秦岭北麓生态保护，再度成为一个热点事件！

保护秦岭就要认识秦岭，认识越深刻保护越自觉。于是，不少人也对秦岭、秦岭地理、秦岭生态、秦岭人文、秦岭保护产生了浓厚的兴趣。恒久以来，秦岭就矗立在我们身边。然而，直到现在，人们才急切地要知道，秦岭是怎么一回事。这又是为什么呢？

我的老家，原本在华山脚下的华阴。因修建黄河三门峡水库，举家搬迁至蒲城县。小的时候，在蒲城的田间地头，可以远远地望见华山。听父母说，那里就是我们家原来所在的地方。20世纪80年代初期，我在西北农学院，也就是现在杨凌的西北农林科技大学上学，校区距离太白山不远，天气晴朗时还可以遥望一下"太白积雪六月天"的风景。1985年，我毕业分配到西安工作。从那一年开始，或是工作，或是游览，或是探亲访友，抑或是往返路途，我经常深入秦岭腹地，反复体会什么是高山仰止，什么是重峦叠嶂，什么是雄浑壮阔！由此，我进入了终南山的怀抱。"悠然见南山"成为我人生最得意的心灵体验。

然而，数十年与秦岭紧密接触，我从来也没有想过要为秦岭而作，为秦岭而歌！2005年，《中国国家地理》杂志刊登了单之蔷《秦岭：中国人的中央国家公园》一文；2010年，央视播放了纪录片《大秦岭》，由此引发了一轮"秦岭热"。在认真阅读与观赏之后，我的心灵受到极大震撼。秦岭，我曾经是那么熟悉，那么亲近。如今，怎么又会变得如此陌生，甚至是玄妙而虚空？我隐约感到，秦岭的一切，皆是未名！以至于面对真实存在的秦岭，我常常觉得无言以对。

自那时起，秦岭就紧紧地牵住了我的心，让我一刻也放不下。我有太多的问题需要问清楚、弄明白。比如，这大秦岭究竟有多大？为此，我问过许多人。近处的、远处的，没有一个人能够准确地知道大秦岭的具体边界范围。有人说知道，其实也只是知道陕西境内的秦岭，即陕西秦岭的范围、大小。

仔细推敲，陕西秦岭、秦岭、大秦岭，是由近及远、由小到大的三个不同的概念。陕西秦岭是秦岭的一部分，秦岭是大秦岭的一部分。而我非常想知道，这不同的概念所具有的不同内涵。于是，我急切地想要找到一张大秦岭全图，看看大秦岭究竟是什么样子。为此，我找了许多人、许多家单位，而得到的答案只有两个字，那就是"没有"！

"没有"，也许是最好的答案。我在思考，也在行动。我查阅了《辞海》，在"秦岭"词条下，有"狭义的秦岭"与"广义的秦岭"的说法。我想，大秦岭自然是对应着"广义的秦岭"。《辞海》中"广义的秦岭"由西向东列举了西倾山、岷山、迭山、终南山、华山、伏牛山、嵩山。

然而，《辞海》并没有提供大秦岭样貌的描述，也没有大秦岭的范围边界、形态特征、面积大小……

于是，我的思考范围越来越大，行动范围也越来越大。我开始大量阅读有关秦岭的文章或是书籍，变得比以前更喜欢上网，收集并珍藏与大秦岭相关的信息。在我灵魂的深处，大秦岭在生根，在生长。然而，现有的秦岭知识与信息，总是显得零碎且不成体系。更要命的是，除了西北大学地质研究成果外，其他著作并没有提供大秦岭范围的信息。一个又一个"没有"，诱惑着我深入，再深入。因为，我要知道大秦岭的真相，全部的真相！

现有的研究成果，涉及秦岭地理、生态、人文方面的文献比较少。研究秦岭的人，以陕西学者居多。在不少陕西学者心中，秦岭即是陕西秦岭。多数时候，也是引用陕西秦岭的数据，以泛指秦岭、大秦岭。由此，不免会以偏概全。由此得出的结论，自然也会失之偏颇。甚至，有人宣称，秦岭就是陕西南山，出了陕西省境，就不该再叫秦岭了！这，岂不令人错愕！更有甚者，直接声言"秦岭，一曰终南山"！

的确，"秦岭"一词，在最初是指终南山。它最早出处是东汉班固的《西都赋》，用以描述西汉帝都长安城的地理位置。《西都赋》云："睎秦岭，睋北阜，挟沣灞，据龙首。"

但是，后来"秦岭"一词的含义在不断发生变化。比如，秦岭—淮河一线是中国南北方分界线，秦岭是黄河与长江的分水岭。这里的秦岭，就不仅是终南山了，而是指代横卧在中国腹心地带，横亘于黄河与长江之间的中央山脉。《辞海》中"秦岭"词条下记述的"广义的秦岭",本身就是"秦岭"词义扩大的产物。大秦岭,是中国腹心地带中央山脉的总称。

早在2000多年前,在中国智者心目中就已形成了具有鲜明中国特色的生态伦理观。《庄子·达生》曰:"天地者万物之父母也。"中华民族感恩大自然的一种特别的方式,就是确认属于自己的母亲河。起先,人们确认黄河是中华民族的母亲河;后来,人们认为长江也是中华民族的母亲河。大秦岭处在黄河与长江之间,大秦岭北流之水是黄河水,南流之水是长江水。从整体来讲,大秦岭山中水是黄河水,也是长江水。黄河与长江共处一山,共享一山。同时,大秦岭处在中国的南方与北方之间,大秦岭中有中国的南方,也有中国的北方,中国的南方与北方共处一山,共享一山。大秦岭提携着黄河与长江,统领着中国的南方和北方。顺理成章,人们完全有理由相信,大秦岭就是中华民族的父亲山。一座父亲山,两大母亲河,构建出"一山两河"地带,这里是中华文明原生地,也是华夏本部所在。

一开始,我研究大秦岭的注意力,集中在寻找黄河与长江的分水岭上。然而,经常出入秦岭的人都知道,秦岭一岭衔一岭,一山连一山。可以说,每一道岭脊都是分水岭!然而,究竟哪一道岭脊才是黄河与长江的分水岭脊?面对如此巨大的山脉,一下子很难找着头绪。于是,我就开始详细阅读地形地貌图。我的儿子党亨为我网购了河南、陕西、甘肃、青海、四川的地形地貌图,我就一点一点地读图,从一道道山山水水中寻找我所需要的信息。

我要感谢我们所处的这个新时代,它可以真正实现"秀才不出门,便知天下事"。今天,我们可以通过手机,直接与网络连接。只要用心,就可以从卫星影像资料上,把地球上的山山水水看得清清楚楚,明明白白。

通过大量反复阅读地图,我获得了许多有用的信息资源,也终于明白了,不光陕西境内的秦岭有黄河与长江的分水岭,在青海、四川、甘肃、河南,都存在着黄河与长江的分水岭!黄河与长江是中华大地上伴生的两条世界大河,其源头皆在青藏高原。昆仑山南支脉巴颜喀拉山即是黄河与长江的河源区。因此,两者的分水岭,即从巴颜喀拉山脉西段开始,一直延续到伏牛山脉。也就是说,巴颜喀拉山脉与秦岭山脉一起,共同构成了黄河与长江的分水岭。大秦岭与巴颜喀拉山一脉相通、一脉相承。因此,也可以把大秦岭视为昆仑山的一部分。

正因如此,也可以说,大秦岭是走下青藏高原的昆仑山,昆仑山是走进青藏高原的大秦岭。昆仑山由西向东布展,其起脉为帕米尔高原。帕米尔高原再向西延伸,一直可以到达欧洲著名山脉阿尔卑斯山。从大秦岭到阿尔卑斯山,构成了亚欧大陆的脊梁,也是世界岛中央山脉。

由于人类古文明,包括古华夏、古印度、古波斯、古巴比伦、古希腊,皆源自亚欧大陆脊梁,所以也可称其为"世界昆仑山"。著名的丝绸之路,也是从中国大秦岭到欧洲阿尔卑斯山之路,也可称之为"世界昆仑山之路"。过去，德国人首先发现了古老的丝绸之路。进入21世纪，英国人彼德·弗兰科潘又率先以丝绸之路的视角，重新著述了一部全新的人类史。今天，中国人以亚欧大陆的脊梁为视野，将世界岛连为一体，著述"一带一路"，著述"大秦岭到阿尔卑斯山之路"，著述"世界昆仑山之路"，也算是一个世界地理新发现。

虽然说大秦岭与昆仑山连为一体，皆是中国中央山脉，但毕竟两者是不同的概念，各自具有明确的山域指向。那么，大秦岭与昆仑山的明确自然边界会在哪里呢？古往今来，似乎没有著作交代这件事。对于大秦岭研究来说，这显得尤为重要，不能不说清楚。

于是，我奔着"大秦岭与昆仑山一脉相承""不是昆仑山就是大秦岭""不是大秦岭就是昆仑山"的原则，来确定大秦岭与昆仑山的自然分界线。

在青藏高原上，大秦岭西部的自然边界是黄河。隔着黄河，大秦岭与青藏高原北部边缘的祁连山脉相望，也与昆仑山中支东脉的阿尼玛卿山相望。难度较大的是，如何划出大秦岭与巴颜喀拉山的分界？大秦岭与巴颜喀拉山岭脉相连，也许以黄河支流黑河和长江支流岷江为界是一个可以接受的方案。从地质构造的角度看，这样的划分并不算科学严谨，但却一目了然。

至此，可以大体确定大秦岭的全部自然边界了。在青藏高原上，大秦岭的自然界线是黄河及其支流黑河；大秦岭与黄土高原的自然边界是洮河—渭河—黄河三门峡一线；在华北—江汉平原，大秦岭自然边界是山体坡脚；在东南方向是长江三峡；在四川盆地是岷山、巴山坡脚（不包括川东平行岭谷）；在西南方向是岷山与横断山交界的岷江干流。

大秦岭是中国腹心山脉，不仅统领着中国的南北，也统领着中国的东西，将中国的一二三级阶梯紧紧地连接在一起。大秦岭山域总面积接近40万平方公里，约占全国土地总面积的4%。大秦岭是中国森林宝岛，森林覆盖率约60%，森林面积3.5亿亩以上，占全国森林总面积10%以上。大秦岭是地球上的一个"绿色奇迹"，在北纬30°—40°之间，这里的颜色最绿。大秦岭是中国腹心的"绿色水库"，也是中华民族的生命源泉，秦岭水是最靠近北方的长江水，秦岭水供养着全国1/10以上的人口。大秦岭肩挑着两大天府之国关中平原和成都平原，庇佑着两座千年帝都长安与洛阳，为中华文化根脉所系，是中华文化主干所在。

在确定大秦岭自然边界之后，接下来的任务就是进行细化分区，逐一深入研究、定位研究、精准研究。

在中国文化中，一即是太极，太极生两仪，两仪生四象……大秦岭，即是这个"一"，白龙江—汉江一线将大秦岭一分为二，分出了北秦岭和南秦岭。北秦岭以伏羲的传说故事居多，可称之为"伏羲山"；南秦岭以女娲的传说故事居多，也可称之为"女娲山"。因而，大秦岭即是"伏羲女娲合璧山"。

如果再以西汉水—嘉陵江一线划分，即可将大秦岭分为四个区域：秦岭，大秦岭的东北板块；大巴山，大秦岭的东南板块；西倾山，大秦岭的西北板块；岷山，大秦岭的西南板块。这四大板块，也可称为"大秦岭四兄弟"。这是一个全新的认知，也是一个全新的大秦岭分类体系。

虽然说"大秦岭四兄弟"个个风姿绰约，然而秦岭板块堪称是大秦岭之最：面积最大、颜值最高、故事最多。两大千年帝都，皆在秦岭怀中！秦岭的一山一水——华山与汉水，是华夏、中华之源，汉族、汉文化的源头。因此，秦岭也是大秦岭研究的重点。

于是，我又把秦岭分出十大山域来，即秦岭门、陕甘岭、玉皇山、太白山、地肺山、终南山、骊山、大商山、太华山、伏牛山—嵩山，并将这十大山域，逐一进行了地理、生态与人文的多重解构，一一揭示隐藏在大秦岭之中的地理、生态与人文密码。

随着研究视域的扩展，我越来越觉得，大秦岭实在是太特殊、太"中国"了！无论是地理、历史，还是生态、人文，都是独具一格、独领风骚，非常有必要对大秦岭展开全面而系统的综合研究，加快建构大秦岭知识体系。如果把大秦岭的绝世风华，集中概括为一个字的话，这个字即是"芯"！这个字，也是大秦岭知识体系之"芯"。大秦岭是"中国芯"——丝路中国芯、地理中国芯、生态中国芯、人文中国芯、美丽中国芯。

后来，我看到了一本书，书名叫《庐山学》。于是，联想到大秦岭，如果构建起相对完整的知识体系来，不也就是"秦岭学"吗？大秦岭是中华父亲山，"秦岭学"一定"最中国"，一定是"最中国"的学问。这是一个宏大的目标，她牵引着我奔向她，一路向前、义无反顾。截至目前，围绕着创建大秦岭知识体系，我已写下了三十余万字，制作了近四十幅图片，在国内外做专题报告近百场。由此，经互联网的传播，秦岭热也获得了新动能，出现了加速度。

陕西师范大学出版总社是一家具有重要影响力的出版社。当得知我专注于大秦岭知识创新，并取得了一些阶段性研究成果后，与我取得了联系。先是文史出版中心的侯海英主任与我联系，并做过一次长谈。随后，社长刘东风先生带领侯海英、宋兵两位骨干，与我一起畅谈要为中华父亲山出版一套志书——《中国秦岭志》的事情。因为大秦岭，我们心有灵犀，相见恨晚。在这次畅谈之后，宋兵女士即打来电话，告诉我出版社想先结集出版我已经形成的研究成果，并征求我的意见。当然，我是满口答应了！一开始，我主张书名叫作《发现秦岭》。后来，经过反复征求意见，包括在"秦岭学"知识联盟微信群征询，大家比较倾向用《秦岭简史》这个名字。

在此，我要深深感谢为出版《秦岭简史》做出贡献的人，深深感谢所有关注支持大秦岭知识创新的人，因为你们的支持、关注与贡献，让我们感觉更踏实，让我更勤奋、更努力，也更有成就感！有你们的关注支持，我会为大秦岭一直勤奋下去，努力下去！

党双忍
2018年9月

目录 Contents

001　第一章　秦岭简史

002　崛起之路
016　秦岭脚下
043　道阻且长

057　第二章　秦岭真相

058　秦岭真相
065　秦岭的世界角色
072　东方的阿尔卑斯山
079　秦岭最美关中弯

083　第三章　秦岭四兄弟

　084　群英荟：锦绣中华圣山图
　096　大巴山：自然人文皆称奇
　128　西倾山：高原上的大秦岭
　145　大岷山：神秘的三角地带

161　第四章　十全十美

　162　秦岭门：神秘的天水走廊
　173　陕甘岭：渭河大峡谷之谜
　186　玉皇山：非同一般的分水岭
　194　太白山：秦岭生态一面旗
　217　地肺山：野性生灵的天堂
　251　终南山：帝都的生态院落

270　骊山：八千年中华典藏

276　大商山：古道丹青三千年

289　太华山：中华文明的华表

301　伏牛山—嵩山：闪耀中原的灯塔

315　第五章　秦岭芯学

316　秦岭芯说

322　秦岭字芯

325　秦岭佛芯

333　七个秦岭

338　中国岭·中华岭

343　中国式生态伦理

358　伏羲女娲合璧山

365　中国的秘密道路

383 第六章 经略秦岭

- 384 中国的生态根脉
- 396 华夏生命之源
- 404 中国的森林宝岛
- 409 秦岭精气
- 415 秦岭时代
- 425 秦岭：分层而居
- 436 秦岭法学

441 参考文献

445 后记

第一章

秦岭简史

崛起之路

崛起的历程

大约在6亿年前,如今我们称之为大秦岭的地方,尚是一片汪洋大海,地质学家称之为古秦岭洋。在古秦岭洋的两岸,一南一北,属于两个地理板块,即华北板块和扬子板块。也就是说,华北板块与扬子板块,隔着古秦岭洋,遥相呼应!

大约在4亿年前,地球开始了轰轰烈烈的构造运动。在以苏格兰加里东山命名的加里东运动中,秦岭开始隆起,并逐步上升为陆地。这时,大秦岭南部的大巴山依然沉浸在海水之中。

3.75亿年前,地球开始了新一轮造山运动。在以德国海西山命名的海西运动中,大秦岭南部的大巴山隆起,并向上逐步升为陆地。至此,大秦岭全部浮出海面,呈现出完整的陆地样貌。

这时,如今称之为世界第三极的青藏高原,尚是波涛汹涌的辽阔海洋。这片海域与北非、南欧、西亚和东南亚的海域相通,横贯欧亚大陆南部,气候温暖,海洋动植物发育繁盛,被称之为特提斯海,或古地中海。

随后,广泛发生了印支运动、燕山运动和喜马拉雅运动,合称阿尔卑斯造山运动。于是,阿尔卑斯山和喜马拉雅山相继褶皱升起,沿古地中海形成了欧亚东西向巨大褶皱带,即阿尔卑斯—喜马拉雅褶皱带。阿尔卑斯造山运动使贯通欧亚非三大洲的古地中海大大缩小,世界大陆和海洋大致形成了现今格局。上述三大造山运动主要影响大秦岭西部,对大秦岭地理形态产生了重要影响。特别是印支运动，改变了以前南海北陆的基本格局，深刻影响了中国古地理环境发展进程。

2.4亿年前，印度洋板块以较快速度向北移动、挤压，其北部发生强烈褶皱断裂和抬升，促使昆仑山的可可西里地区隆生为陆地。随着印度洋板块继续向北插入洋壳下，并推动着洋壳不断发生断裂，大秦岭与青藏高原结合部（四川西部、甘肃和青海南部）全部褶皱升起，海水退至新疆南部、西藏和滇西一带。

2.1亿年前，特提斯海北部再次进入了构造活跃期，北羌塘地区、喀喇昆仑山、唐古拉山、横断山脉脱离了海浸。长江中下游和华南地区大部分由浅海转为陆地。从此，中国南北陆地连为一体，全国大部分地区处于陆地环境。

1.95亿年前，大秦岭彻底告别了浩瀚的海洋，四周皆是相连的陆地。至此，大秦岭已经显露出中华脊梁的雄伟身姿。之后，一系列造山运动推动大秦岭日趋完善。在形态上，大秦岭居中，并将东西南北陆地结合在一起，呈现出一个完整的中国大陆模样。也可以说，大秦岭以及青藏高原的崛起，最终完成了中国陆地的统一。大秦岭不仅统领了中国的南方与北方，也统领了中国的西部与东部，青藏高原和华北平原……在大秦岭的统领下，中国的南方与北方、东部与西部，不是二元对立，而是二元和谐。

大秦岭形成早期，主要受到扬子板块与华北板块的碰撞挤压。这种来自南北方向的力量，推动大秦岭形成了东西走向的基本格局。因此，大秦岭是扬子板块与华北板块的结合体，也是中国南北大陆的一条缝合线。后来，在扬子板块、华北板块的基础上，从西南方向又加入了来自印度洋板块北移的强大力量。于是，大秦岭又缝合了中国西部大陆——

青藏高原。也正因为受到多种力量的碰撞挤压，在复杂的地质运动过程之中形成了大秦岭复杂多样的地貌结构。

上述复杂的板块运动过程，我们也可以将其视作板块聚会。山脉崛起，只是板块聚会制造出的结果。大秦岭东部，即西汉水—嘉陵江（天水走廊）以东的大秦岭，主要呈现了扬子板块与华北板块双方聚会所制造出的结果。大秦岭西部，即西汉水—嘉陵江以西的大秦岭，呈现扬子板块、华北板块、印度洋板块三方聚会制造出来的结果。这也是东秦岭与西秦岭样貌不尽一致的深层原因。

距今8000万年前，印度板块继续向北漂移，又一次引发了强烈的构造运动。冈底斯山、念青唐古拉山地区急剧上升，藏北地区和部分藏南地区脱离海洋成为陆地，地势宽展舒缓，平原广阔，河流纵横，湖泊密布。至此，包括昆仑山在内的青藏高原地貌格局也基本形成了。从崛起演进时间看，大秦岭形成在先，阿尔卑斯山居中，青藏高原在后。也就是说，阿尔卑斯山比大秦岭年轻，青藏高原更是晚辈后生。

大秦岭在不断成长之中，特别是在青藏高原隆起力量推动下，西部秦岭仍在迅速升高。地震是板块运动的结果，也是大秦岭成长的烦恼。1556年，明代嘉靖三十五年十二月十二日子时，华县大地震，全中国为之震动，东部秦岭一带尤甚。"地忽大震，声如万雷……五岳震动，寰宇震殆遍"，据估计，华县大地震死亡人口83万，古今中外罕见。1879年7月1日深夜，文县大地震，大半个中国震动。1933年8月25日15时50分，茂县叠溪大地震，岷江两岸山崩。2008年5月12日14时28分，汶川大地震。2017年8月8日21时19分，九寨沟地震……因地震频发，山体结构不稳定，极易引发次生灾害。2010年8月7日22时，舟曲发生特大泥石流……

大秦岭与昆仑山走向一致，两者横贯为一体，东西长达4000余公里，可谓一脉相承。在中国地理版图中，大秦岭—昆仑山是一条东西横卧的中央山脉，也是地理意义上的中国脊梁。从地质年代上看，先有大秦岭，后有昆仑山。如果说先后崛起的大秦岭与昆仑山是兄弟关系，那么，大秦岭是兄，昆仑山是弟。在地理位置上，大秦岭正好处在中国版图的腹心地带，是中国的中央山脉。这一点，对于中国生态与人文发展来说，显得非常重要。也正是因为这一点，大秦岭成为中华文明生生不息的圣山，魅力无穷。

野性的天堂

在地球上，生物的出现要比秦岭的出现早出许多。距今6亿年前，出现了水母、珊瑚虫和蠕虫等软体动物。经过几百万年进化，海洋中出现了鱼类。距今3.6亿年前，两栖动物成功登上陆地，地球陆地上首次有了爬行动物。

3.45亿年前，在石炭纪，出现了古老的植物银杏。中生代侏罗纪，银杏广泛分布于北半球。白垩纪晚期，银杏开始减少。50万年前，第四纪冰川运动，地球突然变冷，银杏类植物濒于灭绝，其中，存在于欧洲、北美和亚洲的大部分已经灭绝，只有在中国奇迹般地保存下来，科学家称之为"活化石""植物界的熊猫"。

2.5亿年前，恐龙出现了，地球上的物种也日益丰富起来。2.05亿年前，也就是侏罗纪，恐龙成为地球主人，世界成了恐龙世界。1.45亿年前，在白垩纪，恐龙走向了灭绝。6500万年前，在白垩纪结束之际，恐龙消失了。至今，这依然是生物进化史上的一个谜。人类关于恐龙的知识，全部来自对恐龙化石的研究。那个时代，大秦岭的东部，曾是恐龙的天下。1993年，在丹江流域下游，河南西峡县发现了恐龙蛋化石群，且以种类多、数量大、分布广、保存完好著称。其中的巨型长形蛋更是稀世珍宝，为全球所独有；同时，它也是戈壁棱柱形蛋在全球的第三个发现地。

继古生代、中生代之后，新生代是最新的一个地质年代，从7000万年直至今天。新生代以哺乳动物和被子植物高度繁盛为特征，因生物界呈现了现代面貌，故得名新生代，即现代生物的时代。新生代分为三个纪，即古近纪、新近纪和第四纪。新近纪是新生代的第二个纪，曾经叫新第三纪，也叫上第三纪。新近纪开始于2300万年前，延续了2140万年。第四纪是新生代最新的一个纪，包括了更新世和全新世两个时期。更新世，亦称洪积世、冰川世，从距今260万年到1.17万年前。大多数动植物进化到现代水平，人类的出现，是更新世的标志性事件。全新世，又称冰后期，以气候转暖为标志，从1.17万年至今，人类进入现代人的阶段。

猿人的背影

远古时，秦岭气候温和，雨量丰沛，森林密布，河流纵横，生态优越。因而，秦岭也成为古人类的理想居所和分布中心。1959年，发现距今120万年的龙岗寺旧石器遗址。1964年，发现距今115万年到110万年的蓝田古人类化石。1970年，发现距今100万年郧县古人类化石。1976年，发现与北京人年代相当的郧西人。1978年，发现距今50万年的南召人。1986年，发现距今200万年的巫山古人类化石。1994年，发现距今100

万年，与蓝田猿人同源的洛南猿人。

20世纪80年代以来，在秦岭腹地的汉中市勉县温泉、胡家渡、杨家山、赤土岭、南郑梁山龙岗寺、城固、洋县汉江台地上，连续发现大熊猫、熊、东方剑齿象、中国犀、虎、羚羊等森林动物化石。洋县倪家坝一处旧石器时代大型动物化石群，有大熊猫、熊、东方剑齿象、中国犀、水牛、羚羊等。据科学测定，这些古森林动物生活在距今100万—20万年之间，大致与秦岭北麓蓝田猿人处在同一时期。可见，秦岭森林存在已相当久远。

通过对秦岭北麓蓝田县公王岭动物群化石研究发现，该地区的物种带有强烈的南方动物种的特点。大约在100万年之前，在秦岭北麓，与蓝田猿人共生的动物至少有30多种，包括今天称之为国宝的大熊猫，以及豹、虎、猎豹、野猪、剑齿虎等猛兽，水鹿、大角鹿、斑鹿，等等。透过这些动物，我们大概能够想象出100万年前优美的生态环境。研究得出的两个重要结论：（1）关中蓝田一带，曾经气候温暖、湿润，林木茂盛；（2）当时，秦岭植被并不繁盛，南北猿人与动物可以自由迁移。

在更新世，即距今260万年到1.1万年前，气候剧烈变化，北半球高、中纬度地区及低纬度高山地区出现大规模冰川活动。冰川前进和退缩，形成寒冷冰期和温暖间冰期交替，海平面大幅升降，气候带转移，动植物被迫迁徙或灭绝。欧亚大陆北部、大洋洲、美洲马达加斯加的数十种大型动物灭绝。在距今1.1万年时，北美70%的大型哺乳动物突然消失。

大多数科学家认为，更新世晚期，因冰河时代消退，引起了气候和植被剧烈变化，寒冷、干旱的草地让位于温暖湿润的苔原和森林。大型草食类哺乳动物，因无法适应生态系统剧变走向了末路。大型草食动物消失，大型肉食动物也随之灭绝，包括剑齿虎和洞穴狮子。在秦岭北麓，

大熊猫曾经与剑齿虎、剑齿象、蓝田猿人生活在一起,在大面积冰川消退之后,大熊猫、剑齿象动物群衰落,部分动物走上了灭绝之路,而大熊猫成为其中的幸存者。

在刚刚过去的1万年,动物灭绝的速度比任何时候都要快。主要是人为因素:为了获得食物、衣着和乐趣而进行捕猎;引入捕猎动物,扰乱脆弱的环境。人类对环境造成的最大伤害是毁坏动物栖息地。人类耕种、放牧和伐木,数千种动物失去栖息地。目前,处在大绝灭事件中期,动物以超过正常100倍至1000倍的速度消失,特别是热带雨林也受到严重威胁。今后50年,大部分热带雨林将消失,300万种大小动物随之绝灭。

华夏文明原生地

在出现人类活动以后,分别被称之为旧石器时代、新石器时代、铜器时代、铁器时代。距今300万年至约1万年前,被称作旧石器时代,其主要标志是人类使用了打制石器。距今10万至1万年间,黄河全流域贯通入海,大秦岭与黄河、长江组成的"一山两河"格局形成。巫山人、龙岗寺人、蓝田人、洛南人、郧县人、南召人……即是旧石器时代生活在"一山两河"地带的古人类。长江是世界第三大河流,黄河是世界第五大河流,大秦岭是东方高山。长江、黄河、大秦岭,皆是世界地理奇迹。三者合在一起,组成"一山两河",更是一个炫目世界的奇迹组合。大秦岭提携着黄河与长江,黄河、长江是中华民族的母亲河,大秦岭是中华民族的父亲山。

距今1万年前开始,直至距今5000—2000年,人类进入新石器时代,主要标志是人类使用了磨制石器，出现了原始农业、畜牧业和手工业，并出现了定居生活。"一山两河"核心地带，不仅有丰富的旧石器时代遗址，新石器时代遗址表现更加卓越，包括8000余年前的天水大地湾遗址，宝鸡关桃园遗址；7000多年前的宝鸡北首岭遗址，汉中西乡李家村遗址，南郑龙岗寺遗址；6000—5000年前的渑池仰韶文化，万州巫山大溪遗址，西安半坡、姜寨遗址，以及随州三里岗冷皮垭遗址，安康柳家河遗址，等等。

在距今5700多年前，新石器时代晚期，大地湾仰韶文化沿秦岭北麓向西发展，到达临洮县马家窑村一带，即是马家窑文化。马家窑文化是秦岭西部新石器时代晚期文化类型，历经3000多年发展进程，在洮河、大夏河及湟水流域，出现马家窑、石岭下、半山、马厂等四个类型。大地湾—仰韶文化越过秦岭向南扩展，即是大巴山南部峡江地带的巫山大溪文化，大巴山东部的京山屈家岭文化。大溪文化、屈家岭文化中，陶土掺和了稻谷壳，说明已出现了稻谷脱壳加工技术。专家认定，屈家岭文化是以大溪文化为基础发展而来。屈家岭文化遗址中的水稻属于粳稻，粳稻是籼稻经人工栽培演变而来。这表明，秦岭稻作历史也相当久远。

1921年，在秦岭东段，渑池县仰韶村，发现著名的仰韶文化遗址。距今7000—5000年，持续约2000年。仰韶文化以华山为中心，以黄河为主脉，分布于渭、汾、洛三大支流，集中在关中天水、豫西、晋南，北到长城沿线及河套地区，南达鄂西北，东至豫东一带，西到甘、青接壤地带。

1953年春，在秦岭腹腰，秦岭与渭河形成的半月形地带，发现了半坡遗址。距今6700—6000年，属于仰韶文化早期。遗址发掘出46座房屋、200多个窖穴、6座陶窑遗址、250座墓葬，出土生产工具和生活用品约

1万件,以及粟、菜籽等遗存。在发掘的动物骨骼中,哺乳动物偶蹄类有猪、牛、羊、斑鹿、麝等,食肉类有狗、狐、獾貉、狸等,奇蹄类有马,啮齿类有竹鼠、田鼠,兔形类有兔、短尾兔,还有鱼类及鸟类骨骼。

1958年,在秦岭北麓、羲皇故里的天水,发现著名的大地湾遗址。其文化遗存,相对时代距今8100—4900年,前后跨越3000多年,包括前仰韶文化和仰韶文化。在大地湾一期,出土了炭化稷标本,与希腊阿尔基萨前陶器地层出土的同类标本时代相近。标志着中国北方旱作农业的起源,表明北方最早种植稷,然后是粟。其中出土200多件彩陶,是中国迄今为止,时间最为久远的彩陶,也是中国最早的绘画艺术。

1958年,在秦岭北麓、炎帝故里的宝鸡,发现北首岭遗址,距今7100—5600年,持续1000余年。在年代上早于西安半坡遗址,是一处早期仰韶文化遗址。出土有彩陶钵、鹅蛋形三足罐和双联鼎等陶器,以及最早的龙纹图案。

2001年,在陕甘两省交界,渭河大峡谷腹地,发现关桃园遗址,距今约8000年。在早期地层中,出土有古代生产工具——骨耜。与骨耜一起出土的多有石斧、石碾盘、刮削器、骨铲、骨锥等生产工具。

龙岗寺遗址的仰韶文化层,属于半坡类型遗存。在其出土的动物骨骼中,鉴定出5类23种。其中,兽类包括野猪、家猪、猪獾、豪猪、狼、豺、野牛、家牛、家羊、水鹿、黑鹿、狍、小鹿、林麝等14种;鸟类有家鸡、岩鹤、白枕鹤、大白鹭等4种;鱼类有鲤鱼1种;爬行类有龟、鳖2种;软体动物有蚌、田螺2种。在龙岗寺遗址红烧土中,发现了稻壳印痕,表明在这一时期,虽然狩猎经济仍占相当比重,但已经出现了定居农业。根据遗址发现的动物骨骼推测,其主要来源于附近的森林。由此判断,在距今7000—5000年前,汉中的森林覆盖率为70%—80%。

伏羲一画开天

大约 4000 年前，在中国出现了冶金技术，新石器时代走向终结。中国最早的青铜器，发现于秦岭东部的河南偃师二里头遗址，大体对应史籍所载的夏王朝时代。这是中华民族进入了铜器时代的重要标志。中华民族的传说史，主要发生在铜器时代到来以前的新石器时代，也即 10000—4000 年前，时间跨度长达 6000 年。

在中华民族传说史中，有一位杰出的女首领，名曰华胥氏。华胥氏的足迹，遍布以华山为中心的黄河流域。在大秦岭与渭河形成的半月形地带中央有一支流，曰华胥河；有一地名，曰华胥镇。这里，即是华胥氏的本部，也是中华民族的本部，也是中华民族的伊甸园。

华胥氏带领的华胥国，开创了中华民族早先的盛世先河。以至于出现了黄帝梦游华胥国，向华胥氏请教治国经验的故事。在历代传说中，华胥氏不仅是伏羲、女娲的母亲，而且也是炎帝、黄帝的直系远祖。因伏羲、女娲，兄妹结合，由此繁衍了生生不息的华夏子孙。如今，中国人自称炎黄子孙。炎黄二帝，为中华民族带来很多技术发明，堪称创造物质文明的领袖。然而，伏羲是中华民族精神创造、思想创造的第一人，堪称中华文明的精神领袖、思想先驱。伏羲一画开天，创制了一部无字天书，这就是中国人心中的《易》。《易》是华夏文化的原始代码、核心密码。后来，周文王顺承伏羲一画开天，创作《周易》或称《易经》四千言。再后来，孔子述而不作，系统整理出《易传》来。《易》是中华文化的总根脉、总源头，被称为"群经之首，大道之源"。《易》不是宗教，胜过宗教。中华文化，一以贯之。这个"一"，就是伏羲的一画开天。中国人讲万变不离其宗，这里的"宗"，也即是"一"，即是《易》。

中华文化中的诸子百家，皆出自于"易"，皆是以"易"为"源"的"流"。伏羲女娲的足迹遍布大秦岭，伏羲女娲的故事是大秦岭故事的重要部分，因此，大秦岭也被称作"伏羲女娲合璧山"。

在伏羲、女娲的子孙之中，炎帝、黄帝功勋卓著，被尊称为中华民族的人文始祖。华胥氏的事迹并不昭著，但因是炎黄二帝的直系远祖，华胥氏堪称是中华民族的元祖母、始祖母。伏羲氏、女娲氏，堪称中华民族的人祖。华胥氏的传说，伏羲氏的传说，女娲氏的传说，深刻影响着中华文化气质和文化进程。后世的人们称自己是华夏族，以至有华人、华语、华文、华侨……。今天，国名亦曰中华。

大地湾仰韶文化遗址的分布范围，与中华民族传说中华胥氏、伏羲氏、女娲氏、神农氏、轩辕氏的故事发生地，高度契合在一起。据此，可以认为，大地湾仰韶文化遗址，皆是中华民族的先祖留下的文化遗存。

总体而言，无论是旧石器时代，还是新石器时代，人类的力量尚小，人少而兽多，人与自然是生命共同体。距今 8500—3100 年前，在宝鸡至安阳一线的南侧，属于亚热带生态环境。在渭河、洛河的河谷盆地，湖泊沼泽密布，生活着亚洲象、马来貘、麋鹿、圣水牛、獐和竹鼠等亚热带动物。这种气候环境，由半坡村考古发现得以印证。在半坡村出土的动物遗骨中，有出没于丛林中的斑鹿、生活于沼泽地的獐，和以竹林为生的竹鼠。

秦岭东部的洛阳，在历史上是豫州的中心。"豫"，解释为从容缓慢地踱步的大象。《说文解字》曰："豫，象之大者。"《周礼·职方》曰："河南曰豫州，豫州在九州之中，言常安逸。又云：禀中和之气，性理安舒，故云豫也。"古人以"豫"字作为地域的名称，大概是说，这一地域曾经是大象的栖息地，有着与大象生活习性相匹配的生态环境。

中心的演进

距今 3100 年前，黄河中下游地区，包括今天的陕西、山西、河南、河北和山东部分地区，同时活跃着三大部族：夏、商、周。夏的先祖是舜、禹，商的祖先是契，周的始祖是弃，他们是同一时代的人。周人始祖后稷，曾在夏王朝任职，其先祖不窋也曾在夏朝为官。

尧治水用鲧，水不息。之后，舜举鲧子禹，续鲧之业。用时 13 年，水患平息。舜让稷、契、皋陶协助禹治水。稷，即后稷，又名弃，是为周族始祖。因善农耕，尧举后稷为农师。契，是为商族始祖，舜任其为司徒，掌教化之法。皋陶，即咎陶、咎繇，传为东夷族首领，为舜掌管刑法。禹率领部族，并结合沿河后稷之族、皋陶东夷之族的力量，形成声势浩大的治水活动，由此也确立了禹的权威，使夏王朝得以建立。

在尧舜禹时代，临汾、运城、洛阳，先后是中心地带。尧舜时期，中心地带在汾河流域，中心点是临汾市襄汾县的陶寺遗址。尧舜禹时期，刀耕火种，用石斧、石刀将树木、荆棘砍倒，再放火烧荒，用石铲、石锄等翻土，因植被被清除，加剧了水土流失，河道堵塞，洪水泛滥。这就是尧舜时代洪水泛滥的真相！

当洪水冲垮陶寺城池后，夏的中心地带逐渐由黄河以北的晋南，移往黄河以南秦岭东部的伊洛河盆地。在大秦岭的嵩山之阳，夏禹率部，建夏都阳城；到少康时，在今偃师二里头附近的洛水之阳，建夏都斟寻；直至商汤灭夏，斟寻一直是夏代的中心所在。

至夏代，黄河流域气候转向干凉，洪水退却，华北平原扩大，河流淤积地有利作物生长，夏王朝得以兴起。秦岭之中的洛阳，四面环山，被伊洛两河滋润。从洛阳东出，连接华北平原，向西连接关中平原，向北连接汾水谷地，向南连接江汉平原，可谓"居中而应四方"。以洛阳为中心的夏代，持续了200余年，创造了灿烂的夏文化。偃师二里头遗址规模宏大，是夏文化繁荣的佐证。

夏代末年，也就是仰韶温暖期将要结束之时，出现了气候波动。夏王朝的中心地带，因长期耕种，植被被清除过多，遭遇了来自大自然的惩罚，出现王朝衰亡的迹象。生活在黄河下游地带的商族，迎来了与夏争锋的机遇，并最终灭掉了有470年历史的夏王朝。灭夏之后，商汤在夏都斟寻东北6公里的河洛之间，建立了自己的都城西亳（今河南偃师西尸乡沟一带）。

商末，商王朝的中心，已经辗转至今安阳（殷墟）一带。这时，位于关中腹地的周族，已成崛起之势。周祖后稷，曾为尧之农师。周人以擅长种植而闻名。公元前1150年，古公亶父带领族人定居周原（今陕西岐山县东一带）。古公亶父之子季历，曾是商王文丁所封"牧师"，甲骨文中称"公季"。周文王姬昌即位，是为殷西伯。周文王将周族本部迁至丰都，即今西安沣河西岸，此为长安建都之始，也是长安建城之始。文王之后，次子姬发即位，是为周武王。周武王曾发动过一次"军事演习"，即"八百诸侯会孟津"。公元前1046年，为大旱之年，周武王率戎车300乘，虎贲3000人，甲士45000人，大胜70万商朝军队于牧野（今河南淇县西南）。《国语·周语》载："昔伊洛竭而夏亡，河竭而商亡。"周朝立，在沣河东岸建镐京，与丰都隔水相望，并称丰镐城，即宗周；在今洛阳建立都城，即成周。由此，中国历史进入了以长安、洛阳为中心的大秦岭时代，这一时代持续时间长达2000年。

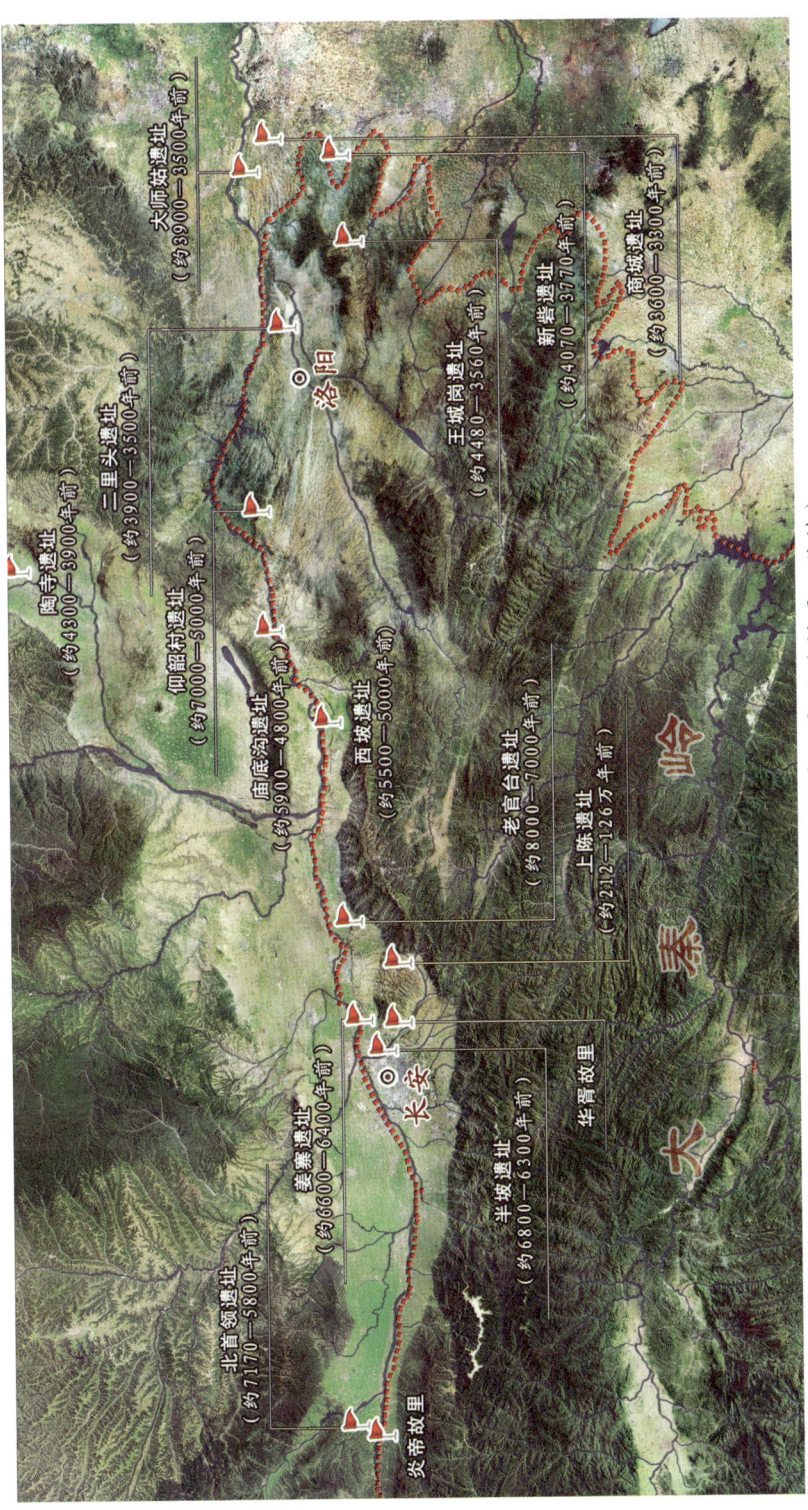

秦岭脚下文化遗址分布示意图（制图：孙健）

秦岭脚下

周代的天下

周代分为西周和东周,东周分为春秋时代和战国时代。周代都城分为宗周和成周,宗周在丰镐(今西安长安区),成周在洛邑(今洛阳)。丰镐、洛邑,皆在大秦岭脚下。因此,周人的主要力量,皆在秦岭脚下。武王伐纣,率庸、蜀、羌、髳、微、卢、彭、濮八个部族。其中,庸、蜀、羌、卢、彭、濮在大秦岭之中。尤其是巴人,其分支较多,濮人的虞君之巴,夏人之后的丹山之巴,嘉陵江下游的賨人、板楯蛮的巴渝之巴。武王克商后,"以其宗姬封于巴,爵之以子",出现宗姬之巴。巴人勇猛强悍,且擅长歌舞。《华阳国志·巴志》载:"周武王伐纣,实得巴蜀之师,著乎《尚书》。巴师勇锐,歌舞以凌殷人。前徒倒戈,故世称之曰'武王伐纣,前歌后舞也'。"

秦岭是周人活动的重要舞台。公元前1043年,周武王殁,子诵即位,是为周成王。因周成王年幼,由周公旦辅政。周公辅政是中国历史上的大事件。周公旦与召公奭约定,实行分陕而治。陕即是秦岭与黄河之间,崤函地带的陕塬,因塬面狭窄曰"陕"。陕塬以西,也即陕西,这里是周天下的老地盘,物产丰富、经济繁荣、社会稳定,由召公治理;陕塬以东,即是陕东,是周天下从殷商接手的新区,社会失序,民心不稳,由周公治理。陕西之名,源自分陕而治。周公辅政,政绩卓著,万世流芳。《尚书·大传》记述:周公一生"一年救乱,二年克殷,三年践奄,四年建侯卫,五年营成周,六年制礼作乐,七年致政成王"。以对后世的影响来说,周公最主要的贡献是制礼乐,这就是孔子最为推崇的周礼。周礼不单是周公的发明创造,而且是夏商周三代国家治理经验的总结,包含法治与德治的全部内容。周礼是儒家学说的重要源头,因此周公成为儒家的奠基人。孔子系统地整理了周礼,其弟子将其语录集成《论语》,孔子遂成为儒家的创始人。后世儒家,尊孔子为圣人,尊周公为元圣。唐代以前,各地文庙主祀周公。以此而论,大秦岭也是中国"儒芯"所在。

周人灭商之后,实施封建制度,大封王族及功臣。楚人先祖,也因功得到分封。《史记》载:"鬻熊子事文王。"公元前11世纪,楚先祖鬻熊奔周文王,为周文王火师,即祭祀时持火的人。周成王感念鬻熊功劳,封鬻熊曾孙熊绎为子爵。熊绎,芈姓,西周诸侯国之楚国始封君,公元前1042—前1006年在位。熊绎去世,其子熊艾即位。周成王十九年(前1024),封熊绎为楚子,封地是楚蛮盘踞地带。公元前1041年,"三监"(蔡叔度、管叔鲜、霍叔处)不服周公旦辅政,发动叛乱,史称"三监之乱"。公元前1039年,周公平定三监之乱,并在伊洛地带营建洛邑,曰成周,史称"营建东都"。至此,中国政治,初步形成了以长安、洛阳为中心的空间格局。公元前1021年,周成王殁,子钊即位,是为周康王。公元前996年,周康王殁。周成王至周康王,成周建成,周公还政,天下安宁,史称"成康之治"。周康王死后,子瑕即位,是为周昭王。因楚蛮占地广阔,且占据铜矿产地铜绿山,周昭王三次出兵攻伐楚蛮:第一次"伐楚,涉汉,遇大兕。""大兕(sì)",一般认为是犀牛一类的动物。第二次派祭公、辛伯攻楚。"天大曀,雉兔皆震,丧六师于汉"。渡汉水时,阴风骤起,将士惊恐,损失严重。第三次,公元前977年,"昭王末年,夜清,五色光贯紫微,其王南巡不返"。

因昭王南巡不返，宗室拥立昭王长子姬满即位，是为周穆王。周穆王最具传奇色彩，后世多称穆天子。周穆王不仅联楚平乱，完成了周昭王的遗愿，而且西游昆仑山，留下许多的传说。《列子·周穆王》记载："周穆王不恤国事，不乐臣妾，肆意远游。命驾八骏之乘，……遂宾于西王母，觞于瑶池之上。西王母为王谣，王和之，其辞哀焉。"据出土的西周墙盘文字记载："窗舰穆王，井帅宇侮……"在周代史官笔下，穆王是一个充满智慧，统御四方，威震宇内的君王。公元前951年，周恭王即位，之后是周懿王即位。因国力已呈衰势，戎狄交侵，周王室被迫迁都于槐里（今陕西兴平）。《史记》记载："懿王崩，共王弟辟方立，是为孝王。"周孝王励精图治，西败西戎，迫其贡马求和。《竹书纪年》载："王即位，命申侯伐西戎。五年，西戎来献马。"在西周时代，马已是重要战略资源，无论是祭祀、农耕、还是战争都需要大量优良健壮的良马。公元前908年，孝王命非子为王室养马于汧渭之会。公元前905年，非子养马三年，"马大蕃息"。于是，周孝王封非子于秦（今天水清水县境），为周附庸，号曰秦嬴。这是秦国之始。

"孝王崩，诸侯复立懿王太子燮，是为夷王。"公元前895年，周夷王即位，周王室再度衰落。公元前880年，周厉王即位。因其贪财图利，垄断山林，不准他人依山谋生，在公元前841年，酿成"国人暴动（又称彘之乱）"，周厉王逃至彘地（今山西霍州）。虽国人息怒离去，但宗周无主，诸侯推举召穆公、周定公代行天子之职，史称"共和行政"或"周召共和"。公元前828年，厉王死于彘，公元前827年，太子静即位，是为周宣王。宣王任用贤臣良将，国力恢复，讨伐猃狁、西戎、淮夷、徐国和楚国，史称"宣王中兴"。周宣王五年（前823），令秦仲为大夫，征战西戎。秦仲不幸战死，长子即位，是为秦庄公。周宣王七年（前

821），秦庄公兄弟五人，奉宣王之命，领兵 7000 人，击败西戎。于是，周宣王将犬丘之地封于庄公，并封其为西垂大夫。宣王中兴昙花一现，为西周灭亡埋下了伏笔。

公元前 781 年，周幽王即位。公元前 780 年，镐京地震，泾渭洛三川震动，三河枯竭，岐山崩塌。公元前 774 年，周幽王废嫡立庶，废黜申后和太子姬宜臼，立褒姒为后，褒姒之子姬伯服为太子，并加害太子姬宜臼，致使申后父亲申侯愤怒。公元前 771 年，申侯联合缯侯、西夷犬戎攻周幽王，并诛杀其于骊山之下。事后，申侯复又与缯侯，以及尚在外围的郑、卫、晋等诸侯应合，大败犬戎。申、缯、卫、晋、郑等诸侯联盟，立前太子宜臼继王位，是为周平王。公元前 770 年，为避犬戎之难，周平王迁都洛邑，史称"东周"。东周开始的一年，也是春秋开始的标志。"平王之时，周室衰微，诸侯强并弱，齐、楚、秦、晋始大，政由方伯"，在内外交困中，周平王于公元前 718 年去世。

秦人的崛起

秦人崛起是秦岭故事中的一件大事，也是中国历史上的大事。在今天水之南，西汉水上游的河谷盆地，因森林密布、水草丰美，而被称为天水。在这一地带，已发现仰韶文化遗址 61 处、龙山文化遗址 51 处、周代文化遗址 47 处，在文化谱系上其与大地湾文化是姊妹。在仰韶文化晚期，这里的繁荣程度超过渭河上游。3000 多年前，秦人祖先以商奄遗民的身份迁居西汉水上游。因这一带是西周的边陲而称"西垂"；因周边主要是羌戎，秦人先祖兼有守边之责，而称为"西犬丘"。迁居这里的 100 多年里，秦人先祖与羌戎共生，学习养马技术，并成为"以和西戎"的重要力量。因养马有功，周孝王封"邑之秦，使复续嬴氏祀，号曰秦嬴"。这次分封，对后世中国产生了巨大影响。"秦"字，由此走进中国历史，进入中国文化。也许是巧合，一个"秦"字，可解读为"春""秋"二字的组合。秦字上部，是"春"字头，下部是"秋"字底。于是，"秦"字，暗合"春秋"之意，即：秦＝春＋秋。据说这是不可泄露的天机，暗示着秦人将得天下。

公元前 778 年，秦庄公为犬戎所杀，其长子世父率军与犬戎作战，次子继国君之位，是为秦襄公。公元前 776 年，秦襄公迁都汧邑（今宝鸡陇县），出现东进势头。公元前 771 年，秦襄公以兵救周，周平王东迁，秦襄公出兵护送，立有大功，被周平王封为诸侯，并获得岐以西土地的封赏。至此，秦国获得了诸侯国的地位。这次封赏之后，秦襄公浴血奋战，战死沙场，葬于西垂陵园。公元前 765 年，秦文公即位。公元前 762 年，秦文公到达汧渭之会，营建城邑。公元前 750 年，秦文公击败西戎，收编周朝遗民，扩地至岐。至此，结束了往来于天水走廊的 300 年历史。这 300 年，是周天子三封秦人的 300 年，是秦国与西戎作战，三任国君皆战死的 300 年，也是秦人实现由"御奴马夫"腾跃为"诸侯之国"的 300 年。

公元前 716 年，秦文公去世，其孙即位，是为秦宪公。公元前 704 年，21 岁的秦宪公去世，5 岁的秦出子即位，公元前 698 年被杀。其后，富有作为的秦武公即位，先后征服、并吞绵诸、邽戎、冀戎、义渠戎、翟和獂等戎族。秦武公十年，即公元前 688 年，秦灭邽戎、冀戎，置邽（今天水）、冀（伏羌县，今甘肃甘谷县东）二县，这是中国最早的县级建制。公元前 677 年，秦德公即位。秦德公迁都雍城（今宝鸡凤翔县）。

秦德公的三个儿子先后在公元前675年、公元前663年、公元前659年即位，分别是长子秦宣公、次子秦成公、少子秦穆公。秦穆公于公元前659—前621年在位，《史记》认定其为春秋五霸之一。秦穆公任用百里奚、蹇叔、由余为谋臣，对西戎作战取得绝对优势，并将函谷关以西诸国一一击败。秦穆公曾协助晋文公回到晋国夺取君位，终成秦晋之好。秦穆公死后，其继承者无大的作为，终春秋之世，再也没有上乘表现。

此一时期，发生了一系列深刻影响后世中国哲学思想发展的事件。传说，老子骑青牛过函谷，前往秦国。关令尹喜，请求过关的老子留下文墨。于是，老子著五千言，曰《老子》，即《道德经》《道德真经》。随后，尹喜追随老子，在秦岭脚下的楼观台讲经布道。老子是道家学说的创始人，也是道教尊称的教祖。因而，函谷关、楼观台，成为道家圣地，道教祖庭。

帝国：从秦岭走来

西周"封建亲戚，以藩屏周"。在秦、楚之外，在秦岭之南，还封有申、吕、随、唐、厉、邓、鄀、鄾、谷、罗、鄂、卢戎等诸侯国。经过多年兼并，至春秋初期，秦岭之中的庸国较强，一度是巴山之主。公元前611年，楚、秦、巴三国联合，一举灭了庸国。巴国崛起后，其势力一度达汉水流域。春秋末年，秦、楚、巴数相攻伐，巴国中心移至川东。进入战国时代，主要是秦楚展开秦岭争夺战。

司马光《资治通鉴》载：公元前403年，"周威烈王二十三年，初命晋大夫魏斯、赵籍、韩虔为诸侯"。公元前376年，韩、赵、魏废晋静公,将晋公室土地瓜分,这即是著名的"三家分晋"。韩、赵、魏,也被合称"三晋"。三家分晋开启了诸侯纷争的战国时代。

战国时代,是秦国吞并六国、一统天下的时代。秦简公(前414—前400年在位)是战国时代秦国第一位国君,开启秦国向封建制度转化的进程。公元前399年,秦惠公即位。公元前387年,秦军越过秦岭对蜀作战,并攻占了南郑。公元前386年,秦出公即位,时方2岁,《世本》曰秦少主,《吕氏春秋》曰秦小主。公元前385年,左庶长嬴改发动政变,杀出子及其母,迎灵公太子公子嬴连回国即位,是为秦献公。他是战国时代秦国崛起的关键人物。即位当年,秦献公向西用兵,抵达秦岭西部的洮河流域,灭西戎部族狄,设置狄道县(今甘肃临洮县)。西部边患排除后,为秦国南下东进奠定了基础。次年,秦国迁都至栎阳(今陕西阎良)。秦献公韬光养晦,励精图治进行了一系列重大改革,包括废止人殉、迁都、扩大商贸、编制户籍、推广县制,为秦孝公时期的商鞅变法奠定了基础。公元前366年,秦起兵勤王,在洛阳打败威胁周天子的韩魏两军,提高了秦国声望。

公元前361年,秦孝公即位,以恢复霸业为己任。秦孝公元年(前361),再度向西用兵,斩西戎獂王,进一步巩固西部阵线。公元前359年,秦孝公重用卫鞅,颁布《垦草令》,拉开全面变法的序幕。公元前350年,秦孝公在咸阳营造新都,次年迁都咸阳。公元前342年,太子驷率领西戎92国朝见周显王,显示秦西方霸主之位。公元前340年,鞅因战功获封商於15邑,号为商君。公元前337年,秦惠文王即位。公元前330年、公元前329年,秦国攻伐魏国,得黄河以西全部土地,且在黄河东岸建立了前进基地。公元前325年,秦惠王访山东六国,嬴驷称王。公元前316年,秦军再度越过秦岭,破蜀军于葭萌关。同年,巴蜀皆灭。

公元前 313 年，秦惠王遣张仪赴楚，使楚绝齐。后又设计激怒楚怀王，诱楚冒险攻秦。秦军越商山，出武关，于丹阳大败楚军。公元前 312 年，秦攻楚汉中，取地六百里。由此，黄河以西，秦岭巴山，尽入秦国版图，从根本上解除了各国对秦国本土和巴蜀的威胁。至此，关中、汉中、巴蜀连成一片，秦岭南北合为一体，对六国形成居高临下之势，这也是国家走向统一之大势。

公元前 310 年，秦武王嬴荡即位。公元前 307 年，秦国出函谷关，攻占韩国重镇宜阳。秦武王巡视宜阳，直入洛阳，以窥周室。因举鼎绝膑，气绝身亡。公元前 306 年，秦昭王嬴稷即位。昭王年幼时，由宣太后芈月听政。秦昭王八年（前 299），邀楚怀王会面于武关，强迫楚怀王割巫郡（今四川巫山县），黔中郡（今湖南常德）。楚怀王拒绝此要求，被劫持至咸阳。秦昭王九年（前 298），秦军出武关攻楚国，斩首 5 万，攻城 16 座。秦昭王十六年（前 291），攻打韩国，攻占宛城（今河南南阳）。秦昭王二十七年（前 280），司马错攻楚，占黔中，楚割让汉水以北及上庸。秦昭王二十八年（前 279），白起攻楚，占鄢城（今湖北襄樊宜城）、邓县（今湖北襄樊）、西陵（今湖北宜昌）。秦昭王二十九年（前 278），白起攻楚，占郢都（今湖北荆州江陵），火烧楚王坟彝陵（今湖北宜昌），楚国被迫迁都至陈丘（今河南周口淮阳）。至此，巴山一带，江汉中下游，全部进入秦国版图。秦昭王五十二年（前 255），流放西周文公姬咎于今河南省汝州市西北嵩山一带。秦昭王时代，秦对六国的斗争已取得决定性胜利。公元前 251 年，秦昭襄王去世。公元前 250 年，秦孝文王即位三天后暴薨，秦庄襄王即位。公元前 249 年，秦庄襄王元年，命吕不韦率军灭东周，流放东周公于汝阳嵩山一带。至此，彻底铲除周王室残余势力。同年，秦伐韩，取成皋、荥阳，置三川郡，治所在洛阳。

公元前247年，秦庄襄王薨，嬴政即位。公元前230年，秦灭韩，于韩地置颍川郡。治所颍川，即今河南省禹州市，黄帝出生地，夏禹建都地。至此，大秦岭山域全部进入秦国版图。随后，大秦一统，势如破竹。公元前228年，灭赵；公元前225年，灭魏；公元前223年，灭楚；公元前222年，灭燕；公元前221年，灭齐。秦将所得天下，分为36郡。秦岭分属：陇西郡、蜀郡、巴郡、汉中郡、黔中郡、南郡、南阳郡、颍川郡、三川郡。秦国本部所在的关中，不在36郡，而称内史。

灭六国后，秦王政创立了一个至高无上的名词——皇帝。秦始皇创立了全新的国家体制——郡县制，以及统一文字、度量衡、货币，对于后世中国影响极大。"百代皆行秦王政"的后世中国，皆是大秦帝国的延伸。在汉代，班固《西都赋》用"秦"字，命名大秦帝国都城的南山秦岭。"秦"字与中国的渊源相当深厚，《剑桥中国秦汉史》中写道："说明帝国的威名甚至远扬于中华世界以外的例子是，秦（Ch'in）这一名称很可能是英语'中国'（China）及各种非汉语中其他同源词的原型。"[①] "秦"如此重要，以至于人们称中国为China，即源自于"秦"，Ch'in即是秦。在韦氏拼音中，秦岭即是Ch'in Ling。

从全球范围来看，无论是石器时代、还是铜器时代，抑或是铁器时代，中国出现的都比较晚。截至目前，中国境内发现最古老的铁器，位于秦岭西部洮河流域，从临潭县磨沟寺洼遗址出土的两块铁条测定，距今3510年至3310年。此前，赢得"中国最古老冶炼铁器"称号的是，源自秦岭东部灵宝市，距今2800年的西周虢国玉柄铁剑。一般认为，中国铁器时代开始于春秋战国之际。然而，从出土文物看，这一时期，依然是青铜器占优势的世界。1974年春，在骊山秦始皇陵兵马俑坑中，出

---

① 崔瑞德，鲁惟一编：《剑桥中国秦汉史》，中国社会科学出版社1992年版，第18页。

土了青铜剑、青铜铍、铜戈、铜戟、铜矛、弩机、箭镞、铜殳等青铜兵器。兵马俑坑中 4 万件兵器，几乎全由青铜铸成。这在一定程度上，反映了那个时代的特点。铁器替代铜器，真正称得上铁器时代，要算是东汉以后的事情。青铜时代，比之石器时代，人类力量有所增强，但对生态环境施加的影响，尚属轻微。

汉室江山

秦末，刘邦伐秦，绕开函谷关，绕道南阳，沿丹江溯流而上，跨武关越蓝关，沿灞河顺流而下，屯兵白鹿原。公元前 207 年深秋，沛公军至霸上。在冰雪来临之际，咸阳城，人心惶惶，乱作一团。秦王子婴投降，秦朝亡了！刘邦垂涎关中王位，但忌惮手握重兵、尚在函谷关外的项羽，终究不敢造次。公元前 206 年之春，项羽引兵入咸阳，杀秦王子婴，劫掠财宝，火烧咸阳宫，自立为西楚霸王。项羽在鸿门宴上，不忍心除掉刘邦。项羽封刘邦为汉王，这是一次对中国历史和中国文化产生重大影响的分封。因汉水而汉中，因汉中而汉王，因汉王而汉国，因汉国而汉字、汉族、汉文化，等等。得汉王之位，刘邦心有不悦，却不得不日夜兼程，穿秦岭，远关中。随后，刘邦以汉中、巴蜀为基地，上演了一出明修栈道、暗度陈仓的大戏。项羽原本将秦国故地，今关中、陕北、甘陇之地，分封给秦朝三名降将：章邯为雍王（驻兴平），司马欣为塞王（驻栎阳），董翳为翟王（驻延安），三地合称"三秦"。当刘邦出秦岭、再入关中时，所封三秦之王，似乎并没有做好迎战准备。刘邦没有用多少工夫，便北定三秦。此时的刘邦，自然已经看不上关中王这顶官帽，而是要出函谷关，与自诩为最高领袖并能够封他人为王的项羽，实行巅峰对决。

公元前202年初，项羽败亡。二月甲午，刘邦登上皇位。刘邦没有忘记，其帝业成就，得益于秦岭庇佑。在登帝位后，他先是以洛阳为都，以汉为国号。以汉为国号，自然是因为他曾是汉王。以洛阳为都，据说是因为刘邦的大臣多是关东之人，多言周都洛阳有数百年天下；秦都关中，二世而灭亡。洛阳位居天下之中，且四面环山，背靠邙山，东有成皋、西有崤函；背对黄河，面向伊洛，地势险要。然而，刘邦称帝不久，设酒席宴请群臣。席间，娄敬建议"都关中"。张良继而言道："洛阳虽有此固，其中小不过数百里，田地薄，四面受敌，此非用武之国也。关中左崤、函，右陇、蜀，沃野千里，南有巴、蜀之饶，北有胡苑之利。阻三面而守，独以一面东制诸侯；诸侯安定，河、渭漕挽天下，西给京师；诸侯有变，顺流而下，足以委输；此所谓金城千里，天府之国也。娄敬说是也。"于是，刘邦当即决定定都关中，取国都名长安。长安城坐落于秦岭与渭河之间的半月形地带，沿渭河与秦岭之间的中华廊道，可直达洛阳。

继周秦之后，位于半月形地带的西汉王朝是一个很有作为的朝代。从黄老之学到独尊儒术，从文景之治到汉武盛世，开疆拓土，文治武功，皆达到同时代世界的巅峰状态。至今回想起来，都会让人心潮澎湃。汉武帝是中国历史上最伟大的皇帝之一。其中一大功业是凿空西域，开通丝绸之路。"如今，欧、亚、非三洲合一的大陆，不仅在理论上而且在实际上，已成为一座岛，现在，以免遗忘，让我们在此后的段落称它为'世界岛'（world-island）。"① 在远古时期的"世界岛"上，就已经

---

① 哈福德·麦金德：《民主的理想与实现》，王鼎杰译，上海人民出版社2016年版，第59页。

形成了连接尼罗河流域、两河流域、印度河流域和黄河流域的人文与经贸线路。这条线路以世界昆仑山为轴心，也可以称之为世界昆仑山之路。世界昆仑山的概念是"秦岭学"研究多年的成果，指在世界岛的中央，北纬35°上下，东西向横卧着的巨大山系，可称之为亚欧大梁，即是本文所说的世界昆仑山。丝绸之路是由古长安—洛阳到古罗马之路，也是由中国大秦岭到阿尔卑斯山之路。同样，丝绸之路是以世界昆仑山为轴心，也可称之为新版的世界昆仑山之路。新版世界昆仑山之路，把世界的东西方更加紧密连接在一起，使亚洲、欧洲、非洲率先成为一个生命共同体。

汉武帝的另一大功业，即是确立了儒学在中国思想上的神圣地位。汉初实行的黄老之学，成功实现了休养生息，涵养了文景之治。然而，到汉武帝时期，黄老之学满足不了汉武帝开疆拓土的需要。于是，公元前134年，汉武帝诏贤良以求对策。董仲舒作《天人三策》，深得汉武帝所好。董仲舒以儒家仁学为基础，吸收融合道家、法家、阴阳家、墨家的思想，构建出崭新的儒学体系。经过董仲舒重新塑造的儒学，兼有各家之长，在思想竞争中取得了显著的优势。董仲舒认为，思想不统一，会成为政治统一的障碍。因此，董仲舒建议"独尊儒术，罢黜百家"。董仲舒的儒学，以儒家为主，百家合流，成为统治者的法宝。由此，在皇权的支撑下，儒家学说成为中国主流学说。为了适应皇权更迭，时代发展需要，儒家学说也在与时俱进、兼容并蓄，不断改造自己、提升自己，这是中华文明生生不息的秘密。如今，中国儒学正在适应新时代需要，吸收融合西方思想优秀成果，完善自己，提升自己，再造自己。就此而言，董仲舒在中国思想史上享有崇高的地位。

西汉政权，毁于王莽改制。8年，王莽代汉建新。由此，国家陷入混乱失序的状态。17年，荆州饥荒。王匡、王凤被推举为首领，组织饥民起义，占领绿林山和附近乡村。几个月工夫，发展到七八千人。王莽派两万官兵围剿，被绿林军打得大败。23年二月初一，绿林军推举"避吏于平林"的刘氏宗室将军刘玄为皇帝。国号"汉"，年号"更始"。23年即更始元年，史称"更始政权"。5月，克宛，定宛为都。同年8月，绿林军兵分两路，王匡、王凤率军攻洛阳，申屠建攻长安。长安市民起义，攻入未央宫，王莽被商人杜吴杀死，新朝覆灭。24年，刘玄由洛阳入长安，生活腐朽，独揽政权，杀死多名起义军将领，并剥夺了王匡军权。曾是绿林军首领的王匡，率部投靠了赤眉军。25年，赤眉军攻入长安，刘玄投降，更始政权亡。赤眉军拥立刘盆子为傀儡小皇帝，组建建世政权。

此间，三辅大饥，长安混乱。25年十月，刘秀在河北鄗县南千秋亭登基称帝，定都洛阳，以汉为国号。此后，击灭赤眉，扫平关东，一统天下，并推行"柔道治国"，由此取得了巨大成功。刘邦创建的汉朝，以秦岭腹腰半月形地带的长安为都；刘秀复建的汉朝，以秦岭东部伊洛河盆地之洛阳为都。为区别二者，史学家将前者称西汉，后者称东汉。东汉，一度是独步世界的强大帝国，先后出现令后世引以为豪的光武中兴和明章之治，两者持续了一个甲子。64年，东汉永平七年，汉明帝派大臣蔡愔、秦景等10余人出使西域，求佛经佛法。67年，佛教传入中国。68年，在洛阳修建中国第一座佛寺白马寺，这是印度佛教传入中国后的第一座官办寺院，距今已有1900余年历史。白马寺有中国佛教的"总祖庭""释源"之称。此后，中国佛教，多以大秦岭为中心，中国佛教八大祖庭，其中七大祖庭在大秦岭脚下。

在佛教传入中国一个甲子过后，东汉王朝急速走上了衰败之路。外戚、宦官、小皇帝成了东汉后期国家治理结构的基本格局和标准配置。

皇室昏聩，外戚、宦官争斗，民不聊生。189年，灵帝驾崩，何太后临朝，宦官专权，凉州董卓兵入洛阳，废皇子刘辩，杀何太后，另立刘协为帝，是为汉献帝。董卓独揽大权，残暴专横，各地举兵反抗，形成割据局面。统一的汉王朝，实际上不复存在。196年，汉献帝为曹操控制，并迁都许昌，曹操挟天子以令诸侯。220年，曹操病死，汉献帝让位于曹丕，曹丕称帝，从而结束了汉朝纪元。

大分裂的时代

由此，中国第一次进入了大分裂时代，而且也是中国历史上时间最长久的一次大分裂时代。三国鼎立，只是大分裂时代的开始。曹丕去汉建魏，刘备以汉朝正统自居，自然是要重建汉朝。221年，刘备在成都称帝，国号曰汉，史称"蜀汉"。222年，夷陵之战，刘备战败，孙权获得荆州大部。223年，刘备去世，刘禅即位。229年，孙权称帝，国号曰吴，史称"东吴"。至此，形成三国鼎立格局。魏、汉、吴三国鼎立，实际是长江流域与黄河流域的鼎立，在中国历史上第一次形成长江与黄河分裂分治的局面。大秦岭是黄河与长江的分水岭，在中国历史上，长江与黄河两大流域的分裂分治，也就意味着大秦岭的分裂分治。三国时期，曹魏与蜀汉分别占据了秦岭的北部与南部，而东吴占据了巴山东南部。光武帝时，曾得陇望蜀，即在夺得天水—陇西之地后，走天水走廊，沿西汉水顺流而下，夺取巴蜀之地。蜀汉诸葛亮、姜维，试图反其道而行之，演绎出"得蜀望陇"的大戏。在夺取巴蜀、汉中之后，诸葛亮率军沿西汉水逆流而上，走天水走廊北出，夺取陇西—天水，直奔关中腹地。无论是得陇望蜀南下，还是"得蜀望陇"北上，抑或是暗度陈仓，实际就是要越过秦岭去作战。《三国演义》讲述诸葛亮六出祁山的故事，说到底就是六出秦岭。三国故事，大多发生在秦岭。249年，司马懿发动高平陵之变，独揽曹魏政权。263年，钟会、邓艾、诸葛绪兵分三路南征蜀汉，钟会受阻于剑阁，邓艾抄阴平小道直取涪城，进逼成都，刘禅投降，蜀汉灭亡。265年，司马炎称帝，定都洛阳，国号曰晋，史称西晋。280年，司马炎伐吴，吴亡。至此，三国时代结束。

原本，中国历史已经显露出司马家族延续秦汉一统江山的端倪。然而，悲剧发生在皇族内部。291年，为争夺中央政权，爆发了同姓王之间一场混战，史称"八王之乱"。这场内讧持续了16年，两晋灭亡，由此中国历史进入了300年的大分裂时代。304年11月，刘渊以复汉为名，在今山西吕梁市离石区即汉王位，国号曰汉。308年10月刘渊称帝。309年，刘渊迁都平阳。310年，刘渊病卒，长子刘和即位，后被庶弟刘聪弑篡。311年，刘聪领匈奴军攻占洛阳，俘获晋怀帝。在长安，西晋军拥立愍帝。316年，匈奴军破长安，愍帝献城投降，西晋灭亡。317年，司马睿在建康称帝，国号曰晋，史称"东晋"。

304年，刘渊、李雄分别建立汉赵国、成汉政权，标志着十六国时代开幕，直至439年，北魏拓跋焘灭北凉，多个少数民族先后入主中原，其中以匈奴、羯、鲜卑、羌及氐为主，称之"五胡"。420年，刘裕夺帝位，取代晋，国号曰宋，这是南北大分裂格局的开端，至589年隋灭陈而终。

318年，刘曜在长安将国号由汉改为赵，史称"前赵"。同年，刘聪太子刘粲、刘曜先后即位，国号曰赵。石勒反刘，也称赵王。328年，此二赵战于洛阳，刘曜兵败。329年，石勒进兵长安、上邽，前赵亡。330年，石勒称帝，史称"后赵"。其全盛时，包括秦州、雍州、豫州、荆州等州。350年氐族苻洪据关中,称三秦王。352年苻坚称帝,国号曰秦,定都长安,历44年,史称"前秦",成了第一个统一北方的少数民族政权。371年,前秦灭仇池氐杨氏。378年,前秦骑兵7万人,攻击东晋襄阳。前秦盛时,其疆域东起朝鲜,西抵葱岭,南并川蜀,北逾阴山。383年,前秦淝水兵败后,原降羌人姚苌叛秦,385年,姚苌擒杀苻坚。386年,姚苌称帝,定都长安,国号亦曰"秦",417年亡,史称"后秦"。后秦始建麦积山石窟,大兴于北魏,后经西魏、北周、隋、唐、五代、宋、元、明、清,各代开凿扩建。385—431年,今兰州西固一带,由鲜卑人所建立的政权,国号曰秦,史称"西秦"。386年,拓跋珪重建代国,同年四月改代王为魏王。398年六月,其改国号曰魏,史称"北魏"。同年七月,迁都平城(今山西大同),称帝。439年,太武帝拓跋焘继前秦苻坚后再度统一北方。493年,魏孝文帝拓跋宏迁都洛阳,开凿龙门石窟。495年,为安置印度高僧跋陀尊者,在嵩山少室山北麓敕建少林寺——汉传佛教禅宗祖庭,被誉为"天下第一名刹"。534年,北魏分裂为东魏与西魏,北魏结束。历20帝,享国148年。

  这一时期,在大秦岭西部,存在三个少数民族建立的政权。嘉陵江两大支流白龙江、西汉水一带,有氐族杨氏建立的仇池国。杨氏家族本是略阳清水氐人,东汉建安年间,杨腾率领部众迁到仇池定居下来。三国时,曾反抗曹操。晋武帝时,杨飞龙受晋封号,率部落还居略阳。296年,杨茂搜率部落四千家迁到仇池,受部众拥戴称王,始建仇池国,辖武都、阴平二郡。317年,杨茂搜长子杨难敌即位,屯下辨。其弟杨坚屯河池(今徽县),控制今陇南地区。371年,前秦皇帝苻坚,遣将杨安攻仇池,将氐族人迁往关中一带,前仇池国亡。前秦瓦解时,苻坚女婿杨定率部返陇右,385年自立,称仇池公,占天水、略阳、陇城、翼城等地。394年,杨定与西秦战败被杀,杨盛即位,辖武都、阴平,复又扩张至汉中、祁山。443年,北魏灭后仇池国。此后,杨氏族人在仇池一带,相继建立武都国、武兴国、阴平国等割据政权。580年,北周杨坚起兵,灭杨氏部族,氐族逐渐消失。

307年,在仇池国的西部,洮河流域,羌人梁勤建宕昌国,都城宕昌城(今甘肃宕昌县西)。424年,宕昌国归附北魏。566年,北周灭宕昌国。《北史·宕昌传》载,"自仇池以西,东西千里,席(藉)水以南,南北八百里。地多山阜,人二万余落(户)"。经过千年沧桑,宕昌羌人已与当地汉、藏民族融为一体,而宕昌故城和宕昌民居至今仍具有鲜明特色。

在宕昌国以西,西倾山大部,则是鲜卑后人于329年创建的吐谷浑。吐谷浑原是人名,即慕容吐谷浑。4世纪初,辽东鲜卑慕容氏单于涉归之庶长子慕容吐谷浑率部西迁上陇,止于枹罕,侵逼氐羌,子孙相承,并成为横跨黄河两岸的一支强大部落。吐谷浑死,其长子吐延,其孙叶延相继即位。叶延在沙州(今敦煌)建立总部,以吐谷浑为族名。叶延传子辟奚,辟奚传子视连,通聘于西秦,受封白兰王。视连传弟视罴,受封沙州牧、白兰王。视罴传弟乌纥提,乌纥提传位视罴之子树洛干,自称大单于、吐谷浑王。经6世8传,其时十六国割据,吐谷浑据甘青间,实控东至洮河、龙固(今松潘),西达赤水、白兰,北界黄河,南至大积石山。420年,树洛干传弟阿才,兼并氐羌数千里,处诸羌中,号为强部。阿才传弟慕瞶,宋封为陇西公、陇西王,北魏封西秦王。慕瞶传弟慕利延。慕利延传位于树洛干子拾寅,受宋封河南王,魏封西平王。拾寅传子度易侯,度易侯传子伏连筹,伏连筹传子夸吕,始称可汗。夸吕传子世伏,娶隋朝光化公主为妻。世伏传弟伏允。635年,即唐贞观九年,伏允兵败,吐谷浑分裂。随后，河西吐谷浑降伏吐蕃，称"阿柴"。河东吐谷浑，相继接受唐封西平郡王、河源郡王、青海国王。663年，吐蕃势力扩张，灭河东吐谷浑，西倾山全境大部为吐蕃所占。

隋唐梦幻

6世纪，中国历史走出大分裂时代，重新迈上统一之路。534年，北魏最后一位皇帝，魏孝武帝元修与高欢决裂，并从洛阳逃至长安，投靠关陇军阀宇文泰。至此，北魏分裂为西魏和东魏。次年，宇文泰杀魏孝武帝，立元宝炬为帝。西魏辖襄阳以北、洛阳以西地区。随后，西魏攻入南梁成都，夺取西川荆雍。557年，魏恭帝让位于宇文泰第三子宇文觉，北周建立，历五帝，24年。572年，周武帝宇文邕亲掌朝政。577年，北周灭北齐，统一北方。581年，北周静帝禅位杨坚，杨坚即位，国号曰隋，称隋文帝。杨坚原为随国公，因"随"中"辶"有走的意思，恐有不详，于是弃"辶"新创一"隋"字。隋初，降服契丹，与突厥两次大战，消除西北军事威胁，并将青海归入版图。587年，废除西梁。589年，杨坚南下灭陈，结束了长达300年的大分裂局面。隋文帝励精图治，终成"开皇之治"。604年，隋炀帝即位，其尊崇儒教，开创科举，修缮长城，修建运河，加强了南北沟通。

617年，李渊太原起兵，11月占领长安，拥隋炀帝孙杨侑为帝，即隋恭帝。618年，隋恭帝禅让帝位，李渊即位，国号曰"唐"，共历21帝，享国289年。唐都京师长安，设两个陪都——东都洛阳和北都太原，合称"三都"。唐代科技、文化、经济、艺术具有多元化特点，特别是唐朝文化兼容并蓄，与世界各民族互学互鉴，长安是中国的中心，也是世界的中心。盛唐时期，国土面积达1076万—1240万平方公里。唐朝以后，海外中国人多自称唐人。如今，唐人街遍布世界各地。梦回大唐，重振汉唐雄风，这是中国人的千年梦想。

626年，李世民发动玄武门之变，杀太子李建成与齐王李元吉。李渊禅让，李世民即位，即唐太宗。627—649年，唐太宗统治时期政治清明、经济发展、社会安定、武功兴盛，史称"贞观之治"。唐太宗死后，李治即位，是为唐高宗。高宗在位期间，乘贞观遗风，边陲安定，百姓阜安，史称"永徽之治"。660年，唐高宗因身体原因，武则天处理朝政，并称"二圣"。683年，李显即位，是为唐中宗。武则天因与唐中宗不合，次年废其为庐陵王，改立李旦为帝，是为唐睿宗。690年，武则天废唐睿宗，即皇帝位，国号曰周，即武周，定都洛阳，号称神都。705年，发生神龙政变，武则天退位，唐中宗李显复帝位，唐睿宗李旦为相王。710年，唐中宗崩，温王李重茂为帝，是为唐殇帝。同年，李旦之子、临淄王李隆基，在姑母太平公主协助下，发动唐隆政变，诛杀韦皇后、安乐公主及武氏残余势力，拥立李旦复位。712年，唐睿宗让位李隆基，是为唐玄宗。唐玄宗励精图治，唐朝进入开元盛世。当时的唐帝都长安城，堪称是世界上第一个人口过百万的国际大都市。

755年11月，安禄山、史思明发动叛乱，次年12月攻入长安，史称"安史之乱"。唐玄宗躲避战乱，越过秦岭，逃至成都。太子李亨在灵武称帝，是为唐肃宗。安禄山自称大燕皇帝，年号圣武。763年2月，安史之乱得以平息。然而，经历8年战乱，唐朝元气大伤，中国经济中心南移，大唐王朝由盛转衰，中华文明由开放走向保守。

763年，唐肃宗长子李豫即位，是为唐代宗。780年，唐代宗长子李适（kuò）即位，是为唐德宗。805年，太子李诵即位，是为唐顺宗。同年八月，禅位给太子李纯，自称太上皇。805年，太子李纯即位，是为唐宪宗，带来元和中兴。820年，唐宪宗被宦官陈弘志谋杀。唐宪宗末年，出现了以牛僧孺和李德裕为首的牛李党争。820—824年唐穆宗在位，牛李党争日炽。824—826年唐敬宗在位，竟为宦官谋杀。826—840年唐文宗在位，其为宦官王守澄所立，835年因甘露之变被宦官软禁。甘露之变后，宦官聚力，群臣唯有借藩镇兵力对抗宦官权力，埋下了晚唐时藩镇和宦官直接冲突的种子。唐文宗死后，唐武宗即位。846—859年唐宣宗在位，是唐朝继会昌中兴以后又一段安定繁荣的时期，史称"大中之治"。唐宣宗之后，唐懿宗与唐僖宗昏庸无能。859年，爆发黄巢起义，唐朝经济遭受严重打击，唐朝统治名存实亡。

中国历史进入五代十国时期。882年，朱温归附唐军，与李克用联合镇压义军。因朱温镇压义军有功，唐僖宗赐名全忠。唐僖宗去世后，其弟唐昭宗即位。898年，神策军中尉刘季述发动政变，软禁唐昭宗，太子李裕监国，同一天宦官假传圣旨，说唐昭宗退为太上皇，并令皇太子即位。901年，宰相崔胤联合禁军打败刘季述，迎唐昭宗复位，李裕复降德王。同年，朱温率军进入关中，控制了唐王朝的中央政权。904年，朱温挟持唐昭宗迁都洛阳，不久杀害唐昭宗。905年，朱温大肆贬逐朝官，30余位朝臣被杀死于白马驿，史称"白马驿之祸"。907年，朱温逼唐哀帝禅位，代唐称帝国号曰梁，即后梁，定都开封。912年，朱温子朱友珪弑朱温。908年，李存勖（xù）继其父李克用之位，任河东节度使，袭封晋王，后攻破幽州，并卢龙及河北之地，于923年称帝，建后唐，称庄宗，定都洛阳。926年，魏州兵变，庄宗被杀。李克用养子李亶入洛阳，称后唐明宗。936年，石敬瑭反叛后唐，引契丹兵败唐军，攻入洛阳，改国号曰晋，即后晋，后迁都汴梁。947年，契丹灭后晋，国号曰辽，建立辽朝。在中国历史上，长达2000年的长安—洛阳时代，就此落下帷幕。

总体而言，隋唐时期，社会稳定，经济繁荣。秦岭深处、汉江流域，稻作农业得以迅速发展。中唐以前，秦岭山区农业亦落后，"梁汉之间，刀耕火耨，民以采稆为事"。安史之乱后，大量民户逃入秦岭，出现"畲田"。岑参入蜀途中，在汉中看到"水种新插秧，山田正烧畲"的景象。薛能《褒斜道中》也有"畲田闲日自烧松"句。这种方式，当然是以清除森林植被为前提的。畲田，即刀耕火种之法。杜甫有诗："瓦卜传神语，畲田费火耕。"刘禹锡《畲田作》诗："何处好畲田，团团缦山腹。"王建《荆门行》有："犬声扑扑寒溪烟，人家烧竹种山田。"

至晚唐，秦岭出现不少人口聚落和小块农区。孙樵记述，秦岭山区"往往涧旁谷中有桑柘，民多聚居，鸡犬相闻"，"自仙岭而南，路旁人烟相望，涧旁地益平旷，往往垦田至一二百亩"。清除森林植被之后，农人以茶叶、果树、花卉、药材、桑麻生产为主。这一时期，人们开辟出耕地和稻田，只是秦岭农作的一小部分。王维在《送友人南归》中写道："连天汉水广，孤客郢城归。郧国稻苗秀，楚人菰米肥。"敬宗宝历年间，金州刺史裴瑾描述："绝高弛隙去水祸，辟地皆成稻粱。"金州刺史姚合有诗曰："井邑神州接，帆樯海路通。……溉稻长川白，烧林远岫红。"在唐代，紫阳茶已是贡茶，柑橘种植已比较普遍，金州设立了橘官，唐代，秦岭已是天然药库。《新唐书·地理志》载："均州、商州土贡麝香，房州土贡麝香、钟乳、雷丸、石膏，金州土贡麝香、杜仲、雷丸、枳壳、黄檗。"

当然，在秦岭边缘地带，垦田已是到处开花。李白《南都行》描绘南阳的繁荣景象："南都信佳丽，武阙横西关。白水真人居，万商罗鄽阓。

高楼对紫陌，甲第连青山。此地多英豪，邈然不可攀。"张九龄描写襄阳盛况："江汉间州以数十，而襄阳为大，旧多三辅之豪，今则一都之会。"《唐国史补》载："襄州人善为漆器，天下取法，谓之襄样。"李肇所列 10 余种名酒，郢州富水酒列第一。襄阳宜城酒，自汉晋即名播天下。孟浩然有诗作"宜城多美酒，归与葛强游"。钱起有诗作"碧云愁楚水，春酒醉宜城"。金州、商州、万州的金矿，也颇具规模。《新唐书·地理志》载：洛南县有金，万州、金州"土贡麸金"，安康西城县汉水有金、汉阴县月川水有金。诗人方干《路入金州江中》："知是从来贡金处，江边牧竖亦披沙。"

  不过，这种小规模农业，是以清除森林边缘而构建起来的，并没有伤及深山老林。秦岭森林总体保持了原真性生态系统功能和优美的生态环境。李白有诗作"朝辞白帝彩云间，千里江陵一日还。两岸猿声啼不住，轻舟已过万重山。"孟浩然有诗作《行出东山望汉川》，对巴山秀美风光赞不绝口："异县非吾土，连山尽绿篁。""猿声乱楚峡，人语带巴乡。石上攒椒树，藤间缀蜜房。"岑参曾在汉水荡舟，有诗作："酒光红琥珀，江色碧琉璃。""汉水天一色，寺楼波底看。"王维也有诗作《送杨长史赴果州》赞秦岭之美："褒斜不容幰，之子去何之。鸟道一千里，猿声十二时。官桥祭酒客，山木女郎祠。别后同明月，君应听子规。"唐时，华南虎在秦岭十分活跃。《太平广记》中的虎故事有不少来自秦岭。因虎患，行人不敢再走傥骆道，所以栈道朽裂，布满青苔。

  唐朝是一个诗歌兴盛的朝代，歌颂大秦岭自然是唐朝诗歌不可或缺的重头戏。就连一代雄主李世民也禁不住写下《望终南山》："重峦俯渭水，碧嶂插遥天。出红扶岭日，入翠贮岩烟。叠松朝若夜，复岫阙疑全。对此恬千虑，无劳访九仙。"王维是诗佛，山水田园诗妙笔高手。王维《终南山》:"太乙近天都,连山接海隅。白云回望合,青霭入看无。分野中峰变,阴晴众壑殊。欲投人处宿,隔水问樵夫。"诗仙李白的《蜀道难》更是千古绝唱:"噫吁嚱,危乎高哉!蜀道之难难于上青天!蚕丛及鱼凫,开国何茫然?尔来四万八千岁,不与秦塞通人烟。西当太白有鸟道,可以横绝峨眉巅。地崩山摧壮士死,然后天梯石栈相钩连……"每每读到这些优美的诗句,对秦岭、对唐朝,无不充满敬意。

远去的宋元明

960年,后周禁军领袖赵匡胤发动陈桥兵变,黄袍加身,建立宋朝,定都汴梁,改称东京,五代结束。979年,五代十国结束,中国基本统一,进入宋朝时期。大宋曾经有过短暂的盛世,《清明上河图》上的情景就是证明。然而,北宋始终没有突破宋辽对峙、宋金对峙的局面。1126年,靖康元年,金军围困开封。靖康二年(1127),金人掠徽、钦二宗至五国城,后宫和官民女眷大部分没入金国官妓院——洗衣院,史称"靖康之耻"。同年,赵构从今河北南下至陪都南京应天府,即帝位,改元建炎,是为宋高宗,亦即南宋之开端。赵构一路南下至绍兴,率百官遥拜二帝,以绍兴为行都,后以临安为行在。直至1271年,开启元朝纪元,定都大都(今北京),开启以北京为都的时代。

南宋建立,是中国历史上三次衣冠南渡的最后一次。第一次是永嘉之乱,衣冠南渡。晋元帝司马睿由洛阳出发,渡过长江,定都建康。这是中原汉族第一次大规模南迁,推动江南经济的繁荣。第二次是安史之乱,衣冠南渡。唐明皇李隆基幸蜀、唐僖宗李儇幸蜀,中原士庶避乱南徙,推动江南经济崛起。第三次即是靖康之耻，衣冠南渡。宋高宗赵构渡江，建立南宋。经过三次衣冠南渡，加速中国经济重心由黄河流域向长江流域转移。伴随王朝南渡的不仅是衣冠士人，更是知识、信息和技能，是经济社会发展的人力资源、重要的生产资料。经过三次衣冠南渡，黄河流域的政治地位、经济地位一降再降，大秦岭也失去了中国政治经济的中心地位。

宋代改道为路，路下设州，州下设县。冲要之地，与州平行设立军、监。秦岭分属京西南路、京西北路、荆湖北路、陕西路、利州路、夔州路。宋金对峙时期，秦岭是宋金交界地带。特别是荆襄之地，饱受战火荼毒。元代推行行省制，行中书省（简称行省）是地方最高行政机构。行省下有路、府、州、县等。秦岭分属河南、陕西、四川行省。荆州南阳郡由此归河南管辖，荆州安康、益州汉中归陕西行省管辖，河南行省所辖今襄樊、十堰、荆门、随州今归湖北。明清两代，地方行政区划承袭元制。1376年，洪武九年，变元代行中书省为承宣布政使司，在全国置13个承宣布政使司。秦岭属湖广、四川、河南、陕西、甘肃布政使司。清代改布政使司为省，实行省、府（直隶厅、直隶州同府）、县（散厅、散州同县）三级制。秦岭属湖北、四川、河南、陕西、甘肃。1928年，国民党政府设立青海省。1937年，国民党政府确定重庆市为战时首都，1938年重庆市升级为中央院辖市。1997年，重庆成为新中国的直辖市。至此，形成大秦岭分属6省1市的格局。

值得指出的是，宋代、元代、明代，以及清初的陕西是大陕西。那时的陕西，几乎涵盖了整个黄土高原，东至山西汾河流域，西达甘青黄河一线，包括今陕西全境，甘肃、宁夏、山西大部分。这一时期的陕西，几乎是西北的代名词。秦岭一线，直至西倾山，皆是陕西的南山。清初，击败了准格尔之后，陕西之西是新疆，陕西失去了边防意义。随后，设立陕西右布政使司和陕西左布政使司，事实上进入了陕甘分治阶段。再之后，陕甘分省。1928年，设立宁夏省。今日之陕西版图，远远小于那个时代。陕西在西北具有重要影响力，与陕西曾是十四朝古都有关，与曾经的大陕西有关。长安是陕西治所所在，长安是古丝绸之路的东方起点，陕西是丝绸之路的首善之区。

宋元时代，继续清除秦岭原始森林植被。宋时，汉中平川阶地辟成农田，原生森林植被退缩至浅山、丘陵。曾巩《再赋喜雪》作："山险龙蛇盘鸟道，野平江海变畲田。"范成大《劳畲耕》诗序："畲田，峡中刀耕火种之地也。春初斫山，众木尽蹶。至当种时，伺有雨候，则前一夕火之，藉其灰以粪。明日雨作，乘热土下种，即苗盛倍收。"《宋史·朱震传》载："荆襄之间，沿汉上下，膏腴之田七百余里。"《舆地胜览》卷三十二《襄阳府》载："尽是桑麻之野，亦为鱼稻之乡"，同书卷八十五《均州》载："鱼稻之乡，桑麻蔽山，衣食自足。"又在《丹渊集》卷三四《奏为乞修兴元府城及添兵状》中记载"平陆延袤，凡数百里，壤土衍沃，堰埭棋布。桑麻粳稻之富，引望不及。"1043年，兴元府褒城县知县窦充上书曰："窃见入川大路自凤州至利州剑门关，直入益州，路遥远，桥阁约九万余间，每年系铺分兵士于近山采木通行。近年添修所使木植万数浩瀚，深入山林三二十里外，采斫辛苦。"因而，建议沿途驿卒于栈道栽种树木，以备修栈取用。《大宋兴州新开白水路记》记，修凤州河池县至兴州长举驿栈道："作阁道二千三百九间，邮亭、营屋、纲院三百八十三间。"这条栈道长200里，费工费料。北宋中期，栈道用木已难取材。南宋时"州宅如在山林"。元时，巴山依然是原始森林，行旅艰难。蒙古部队由汉中入蜀，因米仓山大林密，榛莽阻道，"伐山开道七百里"。明代,汉中栈道用木更加困难,被迫舍弃木栈而改用"碥路",即在距河面很高处筑土石路。

在大秦岭之洮河流域,汉景帝(前156—前141在位)时,羌族率部南迁,定居洮河。之后,鲜卑来此,两者皆主要从事游牧和狩猎,放火焚烧森林,开辟牧场。这种习俗延续,每年初春放火撂青。584年,隋军大败吐谷浑,洮河入隋版图,迁内地人至此垦田,洮河森林从中间被切断。由唐至元,洮河沿岸从卡车以下,河阴可耕之地已皆辟为农田。朱元璋认为,洮州"西控番戎,东蔽湟陇"遂置洮州卫。明洪武二年(1369),"天下卫所军,以十分之七屯田"。垦荒军民至少6万人。明嘉靖十一年(1532),筑城堡数十座。

总体而言,这一时期大秦岭森林生态系统并未遭到严重打击。宋时,今阳平关城郊"有竹箭、柏、松、楠,杂他卉木甚茂,野人或居焉"。文同知洋州时,曾实地考察傥骆道南段。在《骆谷》中他写道:"龙蛇纵横虎豹乱,古栈朽裂埋深苔。"陆游十多首诗,多涉及汉中虎事,他在沔阳沮水刺死过一虎。段成式《酉阳杂俎》载:"梁州出白貘。"《蜀中广记》载:"兴元北山有貔貅,善食竹。"明代后期,汉中浅山丘陵依然"碧树岩芳数万章""岗阜盘旋、林麓深邃"。据嘉靖《城固县志》记载,当时汉中林木种类主要有"桑、柘、榆、柳、松、柏、桐、槐、桃、檀、楠、椴、棕、白杨、黄连木"等。

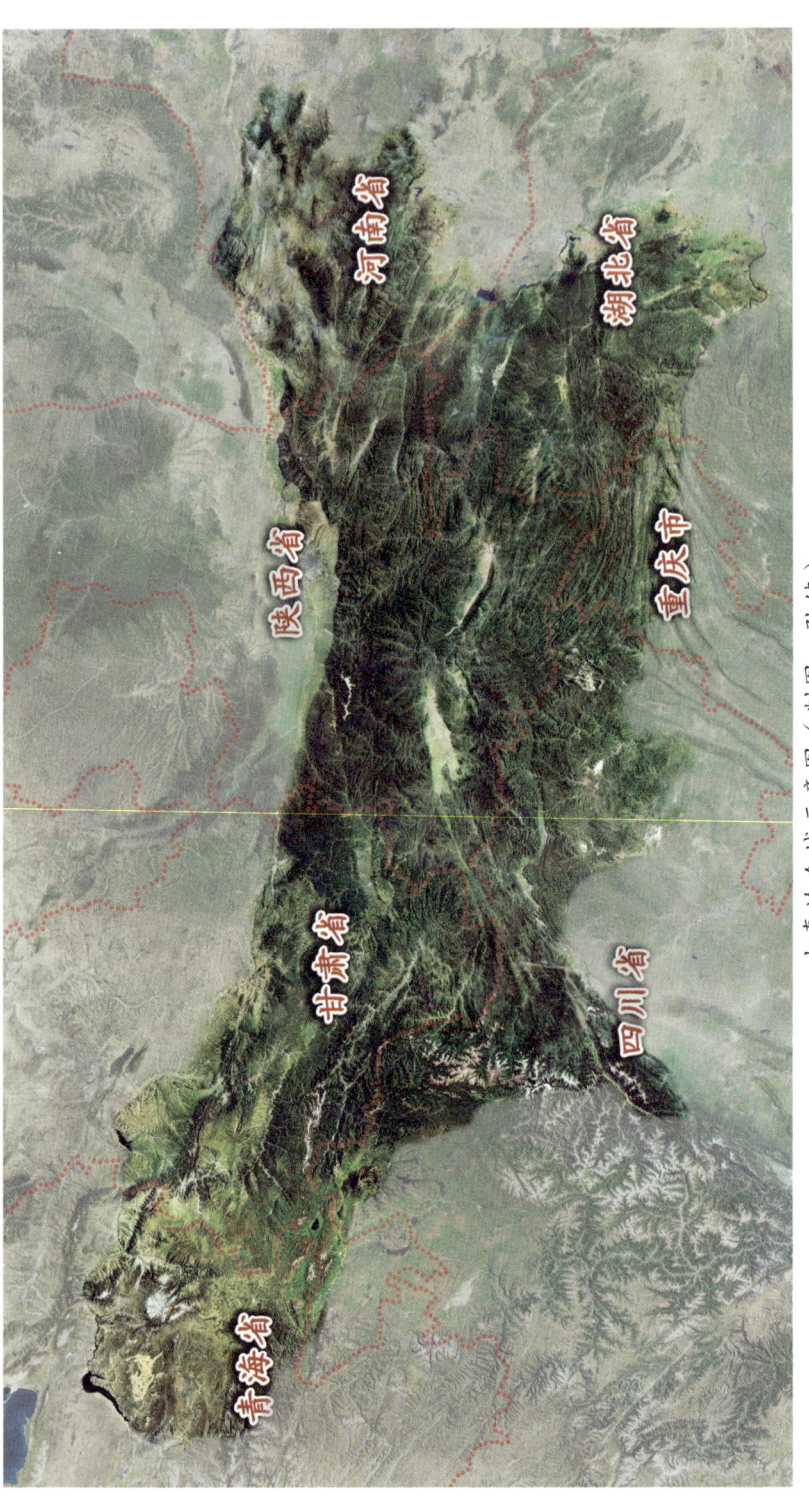

大秦岭全域示意图(制图:孙健)

道阻且长

湖广填秦岭

在清初,秦岭遍布原始森林,被称为"南山老林""巴山老林"。卢坤《秦疆治略》载:秦岭"向来皆是老林,树木杂丛,人迹罕到。"清初,全国23个楠木产地,汉中名列前茅。清中期,秦岭依然保留着原始森林景观。乾隆二十五年(1760)有奏报称:"由略阳、凤县东经宝鸡等县至郧西,中间高山深谷,统称南山老林;由宁羌、褒城至竹山县,统称巴山老林。"当时,镇安县山深林密,常有猛虎为患。商南县"民少地荒,禽兽逼人。"乾隆以前,咸宁县"南山多深林密障,溪水清澈,山下居民多资其利"。《陕西通志·物产四》载:"猕猴出终南山。"《西安府志》有"鹿、麋、獐"。《盩厔县志·物产》载:"猴,长臂者为猿,出南山。"《华阴县志·方产》载秦岭中有虎、鹿、麂、麝、狨、猴,"山中猕猴结群而行,非止千百跳掷号叫,漫不畏人"。《雒南县志》载:秦岭有猿、麋、鹿、麝、麂等;《山阳县初志》载:秦岭有麋鹿,河南境内崤山、熊耳山、伏牛山多有猿和猴;《鲁山县志》载:秦岭有"麋";《卢氏县志》载:秦岭有鹿和獐。天水、礼县、文县等都有鹿群分布。至清代中叶,汉水中上游原始森林尚未遭到严重破坏。

现今,人们已经熟悉的一个词语,即是"湖广填四川"。之所以"填四川",是因为宋金战争、宋元战争、明末农民起义、清初三藩之乱,导致四川人口锐减。1668年,成都人口只剩7万,州县减损达80%—

90%，全省人口约60万。《四川通志》载："蜀自汉唐以来，生齿颇繁，烟火相望。及明末兵燹之后，丁口稀若晨星。"清朝施行一系列填四川政策。所谓湖广填四川，实际也是湖广填秦岭。明代曾有流民进入秦岭谋生，后来的张献忠、李自成起义，清初的三藩之乱，皆波及汉中、安康、商洛三地，导致人口减少。据曹树基估计，当时陕南约有70%的人口或死于战乱，或转徙他乡，"虎迹狼蹄多于人迹，千里幅员，大半黄茅白苇"。清顺治六年（1649），朝廷颁布《垦荒令》。清顺治十四年（1657），户部颁布《垦荒劝惩则例》，奖励垦荒有功者，并把垦荒多少与户口增减考核作为地方官的标准。康熙时，修改垦荒令，用优惠政策鼓励招徕流民开垦荒地。这次移民浪潮，大致在道光年间进入尾声。据萧正洪的研究，褒城、南郑、勉县、城固、西乡、石泉、汉阴、商州、安康10县，在康熙时有41.6万人，道光时达到211.7万人。其中，汉阴县在明万历年间仅3570人，清道光年间猛增到123300人。"十家九客户，百年土著无"，于是，在人文意义上，秦岭也是"南方的北方，北方的南方"。

玉米、土豆的联合进攻

从广泛的意义上看，15世纪到17世纪，发生了对人类发展产生巨大影响的事件，也是对秦岭产生巨大影响的事件，这就是地理大发现。如今，玉米、马铃薯已是中国第三、第四大主粮。然而，500年前，玉米、甘薯和马铃薯才刚刚进入中国。因为地理大发现，16—17世纪初，即明朝中后期，原产于美洲的玉米、甘薯和马铃薯，以及花生、烟草和可可先后传入中国。这些作物与中国传统农业技术结合，取得了巨大成功。

在此之前,中国传统作物水稻、小麦、粟,皆不宜山地种植,这在无形之中保护了秦岭森林植被。玉米可主粮,可酿酒、制粉。玉米因有耐旱、耐瘠、耐低温特性,适应能力强,山地沟壑均可种植。甘薯,又名番薯、山芋、地瓜等,既可蒸、煮作主食,又可刨丝、切片作副食,还可制粉、酿酒、熬糖。甘薯不择地而生,高阜沙地都能高产,亩产数千斤,胜种五谷几倍。明末,玉米、薯类等美洲作物,在中国种植尚不广泛。清初,特别是康熙至乾隆年间,全国大部分地方开始广泛种植,可谓是遍布大江南北,这也是康乾盛世形成的客观原因。《清实录》和康熙、雍正《大清会典》记载,1661年全国耕地549万顷,1685年607万顷,1724年723万顷。乾隆《旬阳县志·物产》记述:"凡苞谷既种,惟需雨以俟其长,别无培护。岁稔时每市斗仅值钱三十文,市斗较食斗一倍有奇。中人日食需钱数文则无饥矣。故熙熙攘攘皆为苞谷而来也。"清朝前期100多年,因种植玉米、番薯等美洲作物,农业持续扩张,耕地迅速扩展。因种植玉米、薯类等作物,围垦森林与湿地,秦岭森林面积大幅度减少,以至于南阳一带"垦无可垦"。

透支森林的"盛世"

康乾盛世,人口爆炸性增长。康熙时,全国人口由明朝末年的0.8亿恢复至1亿,乾隆五年(1740)达到1.4亿,乾隆二十七年(1762)超过2亿人,乾隆五十五年(1790)突破3亿,1840年突破4亿。人口爆炸式增长的一个重要原因,即是玉米、番薯等美洲高产作物进入中国,食物生产供给增加,能够养活更多人口。同时,也带来了巨大人口压力，饥民、流民问题日益突出。1742年，乾隆发布谕令"山头地角止宜种树者听垦，免其升科"，由此，对封禁的深山老林弛禁，对新垦辟的土地永远免税。这一垦殖政策，鼓励农民向山林要土地，去深山老林垦耕，加速了开山辟田的进程。乾隆开放山林后，流民随意开垦。清乾隆三十八年（1773），兴安州六县"川楚间有歉收处所客民就食前来，旋即栖谷依岩，开垦度日。而河南、江西、安徽等处贫民亦多携家室来此认地开荒，络绎不绝。是以近年户口骤增至数十万"。清乾隆四十七年（1782），"迩年楚、蜀、陇、豫无籍穷黎，扶老携幼前来开垦者甚众"。清乾隆五十年（1785），兴安府"深山邃谷，到处有人，寸地皆耕"。《镇坪县乡土志》记载："今之老户动曰'挽草为业'，又曰'插草为标'，盖举未辟荒未升科时无卖主，听便占领而言之也。"1799年，嘉庆谕旨将山内老林，量加砍伐，流民自行垦种，所伐林木可作建盖庐舍之用。乾隆末年，整个秦岭"广黔楚川陕之无业者侨寓其中，以数百万计"。

　　清代地理学家严如熤记述了秦岭老林与清除林木、开垦农田、种植玉米的情况。严如熤《老林说》载："滇黔两粤陇蜀之边，何处无老林。而楚之郧竹，蜀之江北，秦之西（安）凤（翔）汉（中）兴（安）特为著名者，则以地近中原，有此郁郁苍苍，蒙密幽邃，足以藏污纳垢。"秦岭"老林未辟之先，狐狸所居，财狼所嗥，虎患尤多，土羌人少……流民入山者，北则取道西安、凤翔；东则取道商州、郧阳；西南则取道重庆、夔府、宜昌，扶老携幼，千百为群，到处络绎不绝。"严如熤《三省边防备览》载："山中开荒之法，大树巅缚长缰，下缒巨石，就根斧锯并施。树既放倒，本干听其霉壤，砍旁干作薪，叶枝晒干，纵火焚之成灰，故其地肥美，不须加粪，往往种一收百。间有就树干中挖一大孔，置火其中，树油内注，火燃不息。久之，烟出树顶，而大树成炭矣。"

刀耕火种，砍伐森林，易致水土流失，无法长久，须迁地休耕，原地要七八年才能恢复地力。流民们不得不采取游耕的方式。严如熤《棚民叹》载："年深叶成土，一年肥如肪。"严如熤《三省山内风土杂识》载："二三年后，弃之而另觅地耕种。"乾隆中期以后，"江、广、黔、楚、川、陕之无业者，侨寓其中，以数百万计，垦种荒地，架屋数椽，即可安身，谓之棚民"。严如熤《棚民叹》载："终南古陆海，千里望苍茫。""远从楚黔蜀，来垦老林荒。""冲寒砍棘树，夜烧连丛篁。""低山尽村庄，沟岔无余土。"昔日绿水青山，如今濯濯童山。

开垦之地，多则五年，少则三年，表土尽失，露出岩石。文献记载："挖土既松，水雨冲洗，三四年后，辄成石骨。""山民伐林开荒，土既挖松，山又陡峻，夏秋骤雨冲洗，水痕条条，只存石骨。"因山高坡陡，雨水冲刷力强，土壤失去植被保护，土壤流失是永久性生态灾害。"数十年来，老林开空，山地挖松，每当夏秋之时，山水暴涨，挟沙拥石而行，各江、河身渐次填高，其沙石往往灌入渠中，非冲坏渠堤即壅塞渠口。"褒斜道曾是"古木丛篁，遮天蔽日"。乾隆年间"为川、楚棚民开垦，路虽崎岖，而林木已稀"。道光年间，汉中府留坝厅"土著民人甚少，大半川、楚、安徽客民，均系当佃山地开垦为生"。石泉县"因山中开垦既遍，每当夏秋涨水之际，洪涛巨浪，甚于往日，下游壅塞则上游泛滥，沿江居民沉灶产蛙，亦其常矣。道光二年（1822）八月大雨弥旬，石瓮为木筏横梗，水泄不及，汹涌澎湃，而大坝、饶峰、珍珠河之水障于城西，红河之水障于城东，诸水混一，茫无际涯，数十里皆成泽国。"咸宁县南山"自开垦日众，尽成田畴，水潦一至，泥沙杂流，下游渠堰易致淤塞"。商南县"跬步皆山，久经开垦，并无老林"。商州"川、楚客民开垦殆尽"。凤县"数十年前尽是老林，近已开空"。秦岭"盖深岩老林，铲削既遍，濯濯牛山，生意尽矣"。《秦疆治略》记述道："向来树木丛杂，人烟稀少，近则各省穷民渐来开山，加至十倍之多。"道光三年（1823），汉中、兴安二府及商州的人口总数达到370万以上，较清初增长6至7倍。因森林破坏，出现了食物链断裂和生态系统缺损。光绪《镇安县乡土志·物产·卷下》载："昔年地广人稀，山深林密，时有虎患，乾嘉以后，客民日多，随地垦种，虎难藏身，不过偶一见之矣"；"彪，身长腿短，黄尾，形似虎，能食牛，三五年偶一见之"。森林消失，也使药材资源减少，"老林久辟，厚朴、黄连之野生者绝少"。

清除森林的恶果

秦岭森林破坏后，不仅导致百兽丧失家园，加速了物种灭绝，还造成了严重的水土流失。有资料显示，西汉至民国，汉中发生水灾145次，每百年7次。西汉至北宋，发生16次，每百年1次；南宋至民国，发生129次，每百年16次；民国发生17次，每百年44次。唐朝100年1次，清朝7.3年1次，民国3.9年1次。新中国每3.4年1次。由此可以清晰看出秦岭森林植被状况与洪涝灾害的关系。据有关资料介绍，源自秦岭的渭河支流挟带大量石块泥沙冲入渭河，加速渭河南岸支流河口小三角洲发育，并迫使渭河河道北移。"自乾嘉而后，河日北徙"，北岸沿河村落"岁没泽国者，惨不忍闻"。嘉庆以前，咸宁县和高陵县以渭河为界，高陵县在渭河北岸。因渭河北移，高陵县部分土地到了渭河南岸。

康乾盛世，自康熙二十年（1681）起，标志性事件是平三藩之乱。

于嘉庆元年（1796）止，标志性事件是白莲教起义，前后持续115年。因数以百万计的人口涌入秦岭，仅乾隆三十七（1772）、三十八年（1773），川、楚两省聚集前来觅食者数十万人，再加上陕西、河南、甘肃，计约百万人。除搭棚佃耕土地外，也受雇于木厢厂、铁厂、纸厂，获取微薄工钱。他们因生计艰难，不满和反抗情绪日增。1795年，湖北白莲教秘商"辰年辰月辰日"起事。1796年2月15日，因官府查拿紧急，湖北宜都、枝江一带提前举义，长阳、来凤、当阳、竹山等县也揭竿而起，襄阳教徒按原定日期起义。四川的白莲教徒起而响应，达州、东乡（今四川达州宣汉）皆率众起义。各路起义，各自为战，多被各个击破，唯有襄阳起义军流动作战，力量壮大，并发展成为起义军主力。1800年4月，江油马蹄岗战役以后，起义始转入低潮。清政府坚壁清野、寨堡团练，筑寨堡、并村落，令百姓移居其中，民间粮秣给养充实其内，又训练丁壮，进行防守，起义军得不到粮草与兵源补充，力量日渐枯竭。1804年，白莲教起义终告失败。然而，白莲教起义加速了清代衰亡。

地理大发现在欧洲引发了工业革命，极大提升了欧洲的国际地位。地理大发现在中国，引发了农业革命、人口爆炸，以及清除山区森林植被的高潮，并由此带来深刻的社会危机、经济危机和生态危机。这值得引起中国人广泛而深刻的思考。

稳固的大后方

在地理大发现之前，全世界就是由亚洲、欧洲、非洲组成的世界岛。世界岛就是全世界。在世界岛上，全世界有两大联系方式，一个就是从大秦岭出发，沿世界昆仑山到阿尔卑斯山的陆上丝绸之路；一个是从地中海出发，经印度洋到太平洋，到中国的海上贸易线路。地理大发现的意义在于改变了全世界。地理大发现之前，全世界只是半球；地理大发现之后，全世界成为全球。从这个意义上说，地理大发现使得人类走上了全球化之路。对于中国来说，地理大发现之前，中国的门户在西北、在陆地；地理大发现之后，中国的门户在东南、在海洋。这是我大中华真正的千年未有之变局。

1840年以后，农业国与工业国的矛盾日益尖锐起来，并最终导致了鸦片战争，成为中国近代史的开端。战争的一方是熟悉四书五经的农业大国大清帝国，另一方是刚刚兴起的工业大国号称"日不落帝国"的英国。中国人称之为鸦片战争，英国人称之为第一次英中战争或通商战争。战争以迫使大清帝国签署中国近代历史上的第一个不平等条约中英《南京条约》而告终。割让香港岛，开放广州、福州、厦门、宁波、上海作为通商口岸，清政府进一步走向衰弱。1856—1860年，发生第二次鸦片战争，这一次大清帝国面对的是英、法、俄、美四个国家，战争以中国签署扩大开放为主要内容的四个《天津条约》以及割让大片领土收场。1851—1864年爆发太平天国运动，大清帝国内外交困。1894年7月25日爆发丰岛海战，至1895年4月17日中日签署《马关条约》，历时9个月，中国称"甲午战争"，日本称"日清战争"，西方称"第一次中日战争"。由此，日本成为东方强国，中国国际地位一落千丈。19世纪末，义和团运动轰轰烈烈。1860年英法联军火烧圆明园，1900年5月28日，英、美、法、德、俄、日、奥、意等八国发动侵华战争，洗劫北京城，1901年9月7日签订《辛丑条约》。在八国联军侵华战争期间，慈禧与光绪尚可以西狩之名到西安避难，而处于战乱灾祸中的老百姓则躲进了深山，大秦岭成为受苦百姓的天然避难所。

20世纪上半叶是中国剧烈动荡的时期，清朝退出历史，民族共和昙花一现。1934年，民国政府开始修筑川陕公路。1936年爆发西安事变，历史在这里拐了一个弯。全面抗战之际，国民党政府迁都重庆。1937年2月，川陕公路全线开通，现代公路替代了使用达3000年之久的陈仓—金牛道。川陕公路穿越大秦岭，将成渝—汉中—关中紧密联系在一起，将大西南与大西北紧密联系在一起，为中华民族抗战建立了稳固的大后方。

中华圣山

以长安—洛阳为中心的时代，如果以河流而论，可以说是中华民族的黄河时代；如果以山脉而论，即是中华民族的大秦岭时代。可以说在大秦岭的庇佑下，周秦汉隋唐五大朝代，熠熠生辉，光耀千古。以大秦岭为中心的2000年里，大秦岭是中华民族的生态福地、精神家园。以大秦岭为中心的2000年，奠定了中华文明发展的基础，决定了中华文明发展的基本走向。无论中华文明发展至何种高度，其基础、其根脉，皆与大秦岭紧密相连。正是从这种意义上讲，中华文明从大秦岭走来，从大秦岭走向世界。

放眼世界，如果一座山，能够庇佑两座千年帝都，必定是值得一个民族景仰的圣山。大秦岭，同时庇佑了长安、洛阳这两座中华民族的千年帝都。仅就此而言，大秦岭的地位无与伦比。

在以大秦岭为中心的时代，大秦岭古道路系统建构基本完成，并形成了"三纵三横"的大格局。大秦岭古道路系统,将六大生态圈紧密连接在一起,形成一个完整的大秦岭生态圈。大秦岭古道系统是黄河流域与长江流域联系的大通道,南方与北方联系的大通道,西部与东部联系的大通道,对于维护中国统一,意义非凡,功不可没。

所谓"三纵",是南北走向穿越大秦岭的古道群。(1)从帝都长安出发,向东南方向,翻越大秦岭,通往荆楚之地,将关中生态圈与荆楚生态圈连为一体。可以将其概括为秦楚古道群,包括商於道、上津道、义谷道。(2)从帝都长安出发,向西南方向,翻越大秦岭,通往巴蜀之地,将关中生态圈与巴蜀生态圈连为一体,即是秦蜀古道群。秦蜀古道群是大秦岭古道路系统密度最大,里程最长的古道群,包括陈仓道、褒斜道、傥骆道、子午道、金牛道、米仓道、荔枝道。(3)从巴蜀出发,向西北方向,翻越大秦岭,通往甘肃、青海,走上丝绸之路,将巴蜀生态圈与甘青生态圈连为一体,将巴蜀生态圈与丝绸之路连接在一起。所谓"三横",即(1)从帝都长安至帝都洛阳的中华廊道,将关中生态圈与中原生态圈紧密连为一体。这是中华民族历史上最重要的古道路,是中国东西部交通主干道。(2)从江陵沿长江而上,进入巴蜀的峡江古道,将荆楚生态圈与巴蜀生态圈连接为一体。(3)沿汉江方向,从汉中到襄阳,将关中、巴蜀、荆楚、中原四大生态圈融合在一起。"三纵三横"之外,在巴山腹地的古代巴国,这里曾是盐业基地,以巫溪县为中心,向四面八方辐射,形成了发达的古盐道系统。

进一步资源化

　　生态、资源、环境，生态是主体。生态主体有两种用途，即用作资源，或者用作环境。当用作资源时，可能会牺牲生态与环境用途，这是大秦岭森林生态系统一再遭破坏的根本原因。

　　20世纪60年代，在大秦岭之中，开始大规模的基础设施建设。1950—1970年，相继修建宝成铁路、阳安铁路，穿越大秦岭有了第一条钢铁栈道。1968年4月至1978年6月，襄渝铁路全线开通。最近20年来，沪陕高速（上海至陕西高速）、福银高速（福州至银川高速）、西成高速（西安至成都高速）、十天高速（十堰至天水高速）、重庆至宜昌高速相继开通，犹如条条铁龙装点着秦岭。

　　2014年12月，中国南水北调中线工程建成，丹江口水库满满一湖秦岭水，堪称是"秦岭湖"，也是亚洲"第一人工天池"。秦岭水流过当代中国的人工天河（输水干渠），从丹江口的秦岭湖到北京颐和园的团城湖，从长江流域来到淮河流域，来到黄河流域，来到海河流域，来到了河南、河北，来到了北京、天津，黄淮海平原用上了秦岭水，融入了大秦岭生态圈。秦岭水滋润着中国腹心地带1亿多人口，成了中华天池圣水。

　　进入21世纪以来，水已经是大秦岭最重要的生态产品。秦汉上林苑，曾被沪、灞、泾、渭、沣、滈、涝、潏八水萦绕，后世称之为"八水绕长安"。到现代，人们称为"八水润长安"。因为水，大西安与大秦岭结成了紧密的命运共同体，大关中与大秦岭结成了紧密的命运共同体。因为水，大秦岭生态圈越来越大，扩张至京津冀，扩张至雄安。因为水，大秦岭成为中华民族永续发展的绿水青山，中华民族永续发展的金山银山。

路漫漫其修远兮

在1998年长江大洪水之后，大秦岭全境停止了森林采伐，全面实施天然林保护工程和退耕还林工程。曾经兼具采伐和培育森林双重目标的数百个国有林场，整体转制为以保护和培育森林为主要目标的国家公益类事业单位；在伏牛山、小秦岭、太白山、神农架、化龙山、米仓山、岷山等建立国家自然保护区上百处，并创建了神农架国家公园、大熊猫国家公园；在骊山、紫柏山、南宫山、九龙山、莲花山等建立国家森林公园数百处；在伏牛山、终南山、龙门山等建立国家地质公园数十处；创建华山、嵩山、武当山、九寨沟等风景名胜区、水利风景区数十处，加之20年来，中国经济走上了高速路，吸纳了大量农村剩余人口，使得大秦岭的山林得以休养生息，大秦岭森林生态系统的自然修复和人工修复皆取得了重要进展。如今，已经富裕起来的中国人，不再依赖大秦岭中的木材薪材，而是需要大秦岭的绿水青山。已经城市化的中国人，不再看重大秦岭生态系统产出的资源，而是需要大秦岭生态系统产出的环境。于是，大秦岭生态系统发展的方向，不再是生态资源，而是生态环境。绿水青山不再是"材山柴山"而是"金山银山"，人们正在努力还秦岭以宁静，还水以清洁，还天空以蔚蓝。

然而，这只是初步的。修复大秦岭生态系统，好比是万里长征，目前只是走出了第一步。华南虎已经"失联"半个多世纪，大熊猫、朱鹮、金丝猴、羚牛栖息地得以保护，大秦岭保护地面积扩大，野生动物种群数量恢复增长。然而，大秦岭生态系统还不够稳定，保护地面积还不够大，集中连片程度还不够高，栖息地碎片化、岛屿化的问题依然比较突出，局部地区过度开发的问题依然得不到有效治理，特别是嘉陵江流域上游水土流失依然比较严重。大秦岭从 6 省 1 市的后花园转变为中国人的中央公园，尚需要进行一场重大而深刻的体制机制改革，需要将 6 省 1 市的依法治理上升为国家层面的依法治理。如今的大秦岭，只能算作浅绿色的大秦岭，由浅绿色大秦岭迈向深绿色的大秦岭，还有很长的路要走，至少还需要半个世纪的时间。如果要完全呈现出一个黛青色的大秦岭、美丽的大秦岭，至少还需要一个世纪的时间，需要一代又一代人的不懈努力。大秦岭是中国核心区，保护大秦岭、修复大秦岭是中国国家战略，是跨世代的保护、修复工程，是中华民族永葆生机与活力的千年大计。

大秦岭不只是 6 省 1 市的大秦岭，而是中国人的大秦岭，世界的大秦岭。2015 年 2 月，习近平总书记在视察陕西时指出："黄帝陵、兵马俑、延安宝塔、秦岭、华山等是中华文明、中国革命、中华地理的精神标识和自然标识。""陕西生态环境保护，不仅关系自身的发展质量和可持续发展，而且关系全国生态环境大格局。""秦岭是我国气候的南北分界线和重要的生态安全屏障，这样的自然生态美景，谁都不能破坏。"中国进入了新时代，也是大秦岭修复保护进入了新时代。

第二章

秦岭真相

秦岭真相

如果在您眼前有一张中国卫星影像图,您的目光可以从东南西北四个方向,聚焦于卫星影像图的中心腹地,在黄河、长江、淮河之间,您一定会发现一大片绿色区域,这就是中华民族的父亲山——大秦岭。

大秦岭与黄河、长江,构建起"一山两河"地带。大秦岭是"一山两河"地带的核心。因在地理上是中国之中,在历史上是定鼎之尊,大秦岭赢得了无数赞誉:地理学家称其为中国中央山脉、中国地理标识;地质学家称其为地质博物馆、东方的阿尔卑斯山;生态学家称其为中国森林宝岛、中央绿肺、腹心水塔、野性天堂、自然课堂;生态伦理学家称其为中华父亲山、中国生态命门;游历者称其为中国人的中央公园;文化学者称其为华夏龙脉、中华脊梁、中华圣山、中华精神标识。

如果您的目光能够反复扫视这一大片绿色区域,一定会注意到它的天然边界。大秦岭与平原相接的山域,以山脚所至为自然边界。青藏高原,也可称之青藏山原,是群山聚会的地方,山域的界限只能以河流作自然边界。在东部,郑州至武汉一线的西侧,豫西南之山,鄂西北之山,皆从属于大秦岭。在南部,湖北荆州至重庆万州,峡江以北山域;重庆万州至四川都江堰,以四川盆地的大巴山、岷山的坡脚为界。在西南部,以川西的岷江—黑河一线为界。在西部,以青海境内的黄河干流为界。在北部,以甘肃、陕西、河南境内洮河—渭河—黄河一线的山脚为界。大秦岭全域约40万平方公里,约占全国国土面积的4%。其中,森林覆盖率60%以上,森林面积约4亿亩,约占全国13%。

以常识而论，大秦岭如此之大，很多人不以为然。嵩山也是秦岭，岷山也是秦岭，不少人也深感诧异！然而，常识有时候是靠不住的！《辞海》中，在"秦岭"词条下就记述道："广义的秦岭西起甘、青两省边界，东到河南省中部。包括西倾山、岷山、迭山、终南山、华山、崤山、嵩山、伏牛山等。"我们以此为标尺，阐述我们的大秦岭观点，希望能引起学界思考和进一步的研究。

大秦岭与祁连山曾经是古地中海岸边高耸的山脉，各自有着相对独立的地理空间，有着清晰的山域范围和山域界限。后来，青藏高原强势崛起，并与大秦岭、祁连山连为一体，昆仑山—大秦岭成为一脉相承的中国中央山脉。因青藏高原隆起为世界第三极，特别是喜马拉雅山，阻挡了印度洋暖湿气流北上，加速了中国西北干旱和荒漠化进程。于是，在大秦岭以北，创造出了独特的黄土高原。青藏高原与黄土高原的形成过程，也深刻地影响了大秦岭。其中一个重要影响，就是使大秦岭西部边界日益模糊不清。大秦岭毗邻横断山的区域，与横断山有几分相似；毗邻青藏高原的区域，与青藏高原有几分相似；毗邻黄土高原的区域，与黄土高原有几分相似，以至造成认知上的困难。

大秦岭地貌，呈现出较大的差异性。如果您足够细心，就一定能发现：以白龙江—汉江东西方向画线，一体大秦岭，南北两部分，北部伏羲山，南部女娲山。于是，大秦岭即是"伏羲女娲合璧山"。如果再以西汉水—嘉陵江南北方向画线，伏羲山即分出东部的秦岭和西部的西倾山；女娲山分出西部的岷山和东部的大巴山。于是，太极生两仪，两仪生四象，大秦岭又分为四个区：秦岭、大巴山、岷山、西倾山，好像是一母所生的四胞胎。

秦岭：大秦岭的东北板块，也简称"秦岭板块"。具体界限是，西汉水—嘉陵江以东，汉江干流以北，渭河—黄河以南的山域，分别在甘肃、陕西、河南境内。主峰太白山，海拔 3771.2 米。陕西简称"秦"，不少人认知的秦岭，其实就是陕西省境内的秦岭。"秦岭板块"浓缩了大秦岭生态与人文精华，这里是秦岭四宝集中的栖息地，也是两座千年帝都：长安与洛阳所在。因此，秦岭是大秦岭四胞胎中的老大，也常以秦岭来统领四胞胎。

大巴山：大秦岭的东南板块，也简称"巴山板块"。夹于汉江、嘉陵江、长江之间的山域，包括米仓山、大巴山（狭义）、神农架、武当山、荆山。大巴山地貌，与北邻秦岭相似，但更加秀丽妩媚。主峰神农顶，海拔 3105.4 米。长江三峡，也是大巴山胜景。大巴山也称大楚山，是巴人、楚人的父亲山。"巴山板块"也是生物多样性丰富的区域，多年前就曾有神农架野人迷踪、大巴山华南虎啸等神奇故事流传。2016 年启动了神农架国家公园体制试点，意味着大秦岭进入了国家公园时代。

岷山：大秦岭的西南板块，也简称"岷山板块"。夹于白龙江、嘉陵江与岷江、黑河之间的山域，部分山域的地貌与毗邻的邛崃山相似。九寨沟、黄龙胜景，即在岷山之中。主峰雪宝顶海拔 5588 米，也是大秦岭的最高峰。岷江曾是古代认定的长江之源。"岷山板块"生物种类丰富，设有 17 个国家级自然保护区。岷山，也称蜀山，是蜀人的父亲山。

西倾山：大秦岭的西北板块，也简称"西倾板块"。西汉水—嘉陵江以西，白龙江以北，黄河以东，洮河—渭河以南山域。西倾山的地貌与青藏高原相似。在大秦岭四大板块中，西倾山是唯一一块草原面积大于森林面积的板块。夏日迷人的甘南草原，蔚为壮观的黄河第一湾，即在西倾山。主峰迭山海拔 4920 米。

秦岭 + 西倾山 = 伏羲山，也即"北秦岭"；岷山 + 大巴山 = 女娲山也即"南秦岭";岷山＋西倾山＝西秦岭;秦岭＋巴山＝东秦岭,也称秦巴山。大秦岭＝伏羲山＋女娲山＝东秦岭＋西秦岭＝南秦岭＋北秦岭。

在大秦岭四胞胎中,"秦岭板块"山域广大,生态优越,文化深厚,因而成为大秦岭最典型的地区。"秦岭板块"囊括了全部的秦岭四宝,设有31个自然保护区、44个森林公园、10多个地质公园,以及若干风景名胜区。特别是麦积山、太白山、地肺山、终南山、太华山、龙门山、嵩山,浓缩了大秦岭的精华。太白山是秦岭主峰,地肺山是野性天堂,终南山钟灵毓秀,太华山、嵩山分别是中国五岳中的西岳、中岳,麦积山、龙门山皆在中国四大石窟之列。"秦岭板块"山脚下的西安、洛阳,皆是十三朝古都、千年帝都。从古都长安通往荆楚的秦楚道,通往巴蜀的子午道、傥骆道、褒斜道、陈仓道、祁山道,都密集穿越"秦岭板块",被誉为"世界第九大奇迹"。在汉江上,形成了串珠式水库,如同长藤结瓜,是中国的生态瑰宝。在讨论大秦岭话题的时候,人们多以"秦岭板块"为大秦岭模板,构建思维想象空间。"秦岭板块"的核心部分从玉皇山到草链岭,从嘉陵江、汉江源区到洛河、灞河、丹江源区,有人将其总结概括为蜂腰状。这一蜂腰状区域即是人们常说的南山、终南山,它是大秦岭的杰出代表。

水是大秦岭最重要的生态产品。大秦岭是黄河、长江、淮河的分水岭。由西向东,由秦岭发源的黄河支流包括大夏河、洮河、渭河、洛河等。其中,渭河是黄河第一大支流。秦岭发源的长江支流包括嘉陵江以及其重要支流白龙江、西汉水,汉江以及其重要支流褒河、湑水河、旬河、丹江。汉江是长江第一大支流。秦岭是淮河河源区。秦岭—淮河一线构成了中国温带季风气候带与亚热带季风气候的分界线,古北界与东洋界动物区系的分界线,中国南方与北方的地理分界线。在气候带分布上,西秦岭颇为特殊，呈现三分天下的特征，一部分处于青藏高原高寒气候带，一部分处于温带季风气候带，一部分处于亚热带季风气候带。

也许，当您第一次听说，大秦岭统领着岷山、巴山时，一定感到诧异，甚至大惑不解。确实，这严重挑战了传统思维。这一观点虽有可商榷之处，却也具有一定的历史根据。如果您手头有一张战国形势图，也许您就不再困惑了。岷山、巴山，原本是古蜀国、古巴国的势力范围，以蜀文化、巴文化为特色。公元前316年，秦惠文王的大军跨越大秦岭，灭了蜀国、巴国。从此，岷山、巴山归入秦国版图，开始推行秦国的郡县制。在西秦岭，公元前384年，秦献公的大军灭了西戎部族的狄、獂，建立狄道、獂道二县，秦国向西扩张至此。在秦并六国之前，岷山、巴山、西倾山大部分山域，已经在秦国版图。岷山、巴山不仅在地理形成上与秦岭具有一致性，而且在文化含义上归顺大秦岭，也在情理之中。公元前223年，秦国大军灭掉了楚国，巴山全域归入大秦版图。可见，大秦岭以秦国之"秦"命名，顺理成章。

假如您以大秦岭为中心，将目光逐步向四周发散，您会发现，大秦岭连接着若干重要的地理单元。在西南方向，大秦岭以岷山与横断山之邛崃山连接。接下来，就让我们顺时针巡视大秦岭，西秦岭连接着松潘高原，遥望昆仑山支脉巴颜喀拉山；接下来是西倾山与昆仑山支脉阿尼玛卿山隔黄河对视，再往西北隔黄河谷地与祁连山华北平原相望；再由西向东，大秦岭与黄土高原连接，经太子山、木寨岭、鸟鼠山、朱圉山至天水豁口；离开天水豁口后，进入与大陇山（六盘山）毗邻的渭河大峡谷地带；再之后，大秦岭与渭河一起进入关中平原；离开关中后，黄河再次来到大秦岭脚下，与大秦岭深情相吻。由潼关而函谷关，大秦岭隔黄河与中条山守望。此后，大秦岭进入华北大平原，继而是江汉平原，及至与长江亲密接触,沿长江三峡而上,与云贵高原的东延部分在鄂西南的恩施相会。之后,进入四川盆地,复接横断山之邛崃山。

从行政单元看,大秦岭连接着青海、甘肃、陕西、河南、湖北、重庆、四川等6省1市,大秦岭脚下的西安、郑州、武汉、成都、西宁等省会城市,特别是甘肃的甘南、陇南,陕西的汉中、安康、商洛,四川的广元、绵阳,湖北的十堰、襄阳,河南的洛阳、三门峡,其全部或大部处在大秦岭之中。如果从曾经的大行政区单元来看,大秦岭连接着西北、西南、华北、华中等四大区。许多山脉,皆没有大秦岭这般气势。

"三千里大秦岭,五千年中华史"。从中华文明视野来看,5000至7000年前的仰韶文化,其分布以黄河与秦岭亲密接触的华山为中心,集中于渭河、洛河、汾河三大支流。特别是在渭河流域的关中腹地,仰韶遗址占全国的40%以上。这就不难理解华夏族是以华山而名。大秦岭承载着中华民族圣母华胥氏的故事,承载着伏羲女娲抟土造人的故事,承载着伏羲一画开天的文化传奇,承载着周、秦、汉、隋、唐五大朝代,承载着长达2000年的中国政治、经济、文化中心。中国文化,从《易》出发,而诸子百家,而儒家、道家、法家、墨家、阴阳家、纵横家。也许,支撑华夏族传承的,并不是生物DNA,而是文化DNA。中华文化的源代码,即是伏羲一画开天,即是《易》《易经》《易传》,即是大道之源。

从地理环境而言,大秦岭是丝绸之路的东方起点,世界昆仑山的东方之首。不仅东西方货物在大秦岭脚下自由流通,东西方文明也在大秦岭脚下碰撞激扬,互学互鉴。因此,中国文化海纳百川,宗教方面就有佛教、伊斯兰教、基督教等宗教共存。或许,这就是已经融入中华民族灵魂深处的秦岭精神。

大秦岭四板块示意图（制图：孙健）

秦岭的世界角色

大秦岭不仅是中国的,也是世界的!昆仑山是中国的,也是世界的。大秦岭与昆仑山,皆是世界昆仑山的东方圣山!不少人发出疑问:世界昆仑山是怎么回事呢?的确,在此之前,并没有世界昆仑山一说,只是在中国有一座大山名曰昆仑!如今,站在全球视野,中国昆仑山是狭义的昆仑山,世界昆仑山是广义的昆仑山。世界昆仑山是中国昆仑山所在山系的一个总称,这不是一个地理大发现,而是一个地理新认知,也是我们对大秦岭知识创新的一个新成果。

从卫星影像图上看,亚洲、欧洲、非洲是同一块大陆,即三大洲是一个整体。在世界地缘政治学语境下,亚洲、欧洲、非洲所处的大陆,占据世界大部分陆地面积,曾是世界文明的中心。在这块大陆的中央,北纬35°上下,东西方向横卧着一巨大山系——亚欧大陆的脊梁,也可称之亚欧大梁。以中国传统文化观念,亦可称之为欧亚大陆的中央山脉,也就是本文所说世界昆仑山。关于世界昆仑山的概念是作者多年研究的成果,可以从以下几个方面加以阐述。

中国昆仑山,又名昆仑丘、昆仑虚。在中国文化中,昆仑山具有至高无上的地位。这是因为,昆仑山是中国神话的摇篮,《庄子·天地》载:"黄帝游乎赤水之北,登乎昆仑之丘。"《楚辞·离骚》载:"邅吾道夫昆仑兮,路修远以周流。"《嫦娥奔月》《西游记》《白蛇传》等故事,皆与昆仑山有密切关系。

需要指出的是,在汉代以前,昆仑只是中国神话中的山脉,属精神产品中虚构的仙境。多数时候，人们名之昆仑丘、昆仑虚。因此，那时的昆仑山，在地理上并无确指。在汉代以后，出现了地理上的昆仑山，即今之昆仑山。如此一来，在中国文化中就有两个昆仑山，一个是神话昆仑山，一个是地理昆仑山。这也是导致国内各地在争夺神话中的昆仑山的原因。在"秦岭学"中论述的昆仑山，是地理概念上的昆仑山，同时也包括与昆仑山有关的神话故事。

地理概念上的昆仑山，西部连接帕米尔高原，东部连接大秦岭。在昆仑山之北，是塔里木盆地、祁连山；在昆仑山之南，是喀喇昆仑山、唐古拉山、横断山，并由此将喜马拉雅山与昆仑山隔开。昆仑山穿越新疆、西藏、青海、四川四省（区），全长约2500公里，宽130—200公里，构成青藏高原基本骨架。由西至东，随着山岭延展，山势和缓，呈现西高东低，西窄东宽的总态势。按山脉形势，分西、中、东昆仑山，每段海拔下降500米。在西昆仑山，7000米以上山峰3座，6000米以上7座，平均海拔5500—6000米；在中昆仑山，6000米以上山峰8座，平均海拔5000—5500米；在东昆仑山，6000米以上山峰4座，5000米以上8座，平均海拔4500—5000米。昆仑山东段呈扇形铺开，分为三支：北支阿尔金山，与祁连山相接，是塔里木盆地与柴达木盆地的界山；中支阿尔格山，东延与阿尼玛卿山相接，隔黄河与大秦岭对望；南支东延巴颜喀拉山，构成青南高原主体山脉，也是黄河源头所在，向东延伸暗接大秦岭。

世界岛中央腹地，中国、塔吉克斯坦、阿富汗三国交界地带，有一个颇为神圣的地方帕米尔高原。在塔吉克语中，帕米尔即是"世界的屋脊"的意思。帕米尔高原分为八帕，由北向南依次是：和什库珠克帕米尔、萨雷兹帕米尔、郎库里帕米尔、阿尔楚尔帕米尔、大帕米尔、小帕米尔、塔克敦巴什帕米尔、瓦罕帕米尔。在中国古代，称帕米尔高原为葱岭，这里是早期的丝绸之路必经的孔道。这里是全球最大的山结，具有超级的分合能力。亚洲是地球陆地面积最大的洲，亚洲的分区皆以帕米尔高原为基点。帕米尔高原以西称西亚，帕米尔高原以南称南亚，帕米尔高原以东称东亚、东南亚、东北亚，帕米尔高原以北称中亚、北亚。世界岛上的山脉，皆以帕米尔山结为根据地。帕米尔东南是有雪域之称的世界海拔最高的山脉喜马拉雅山脉。帕米尔东北是距海洋最远的山脉大山山脉。帕米尔的东西方向是世界岛中央山脉，东段是中国昆仑山—大秦岭；向西可分两段，即西亚部分波斯高原，其横亘于阿富汗、伊朗、阿塞拜疆、亚美尼亚、格鲁吉亚、土耳其；跨越土耳其海峡，进入欧洲部分，即是欧洲中央山脉阿尔卑斯山脉。

从卫星影像图上看，全球有两条巨大的山系。一条在美洲，呈南北走向，北起阿拉斯加，南到火地岛，纵贯南北美洲大陆，是世界最长山系，长约1.5万公里，堪称是美洲大梁，其名曰科迪勒拉。在北美部分，科迪勒拉山称落基山；在南美部分，科迪勒拉山称安第斯山。大体而言，科迪勒拉山东麓是大西洋水域，西麓是太平洋水域。另一大山系位于世界岛中央，呈东西走向，东起中国大秦岭，西至欧洲阿尔卑斯山，长约1.3万公里，堪称亚欧大梁、世界岛中央山脉。虽不是世界最长山系，却是世界最高山脉，亦有世界屋脊、泛世界第三极的称谓。在中国部分，称之大秦岭、昆仑山；在中亚部分，称之帕米尔高原；在西亚部分，称之波斯高原；在欧洲部分，称之阿尔卑斯山。美洲大梁有一个享誉世界的名称：科迪勒拉。而亚欧大梁、世界岛中央山脉，缺少一个统一的名称。鉴于昆仑山是世界岛中央山脉的一部分，加之昆仑山所具有的特殊文化含义，本文以世界昆仑山名之。也就是说，亚欧大陆、世界岛中央山脉名曰：世界昆仑山。因此，世界昆仑山是本书自创的名称，以涵盖我们所定义下的欧亚中央山脉。

河流是文明的血脉,世界昆仑山是世界岛最主要河流的河源区。因而,也是世界岛主要文明的源区,也是世界发展的枢纽地带。由东到西,世界昆仑山发源的主要河流分别是:(1)黄河、长江且皆源自青藏高原昆仑山,一并向东,注入太平洋。以长度而论,长江是世界第三大河,黄河是世界第五大河。黄河、长江与大秦岭构造出"一山两河"地带,是中华文明的摇篮。(2)澜沧江—湄公河是东南半岛的母亲河,世界第六大河。澜沧江源自中国青海玉树,经西藏、云南,于西双版纳出境后称湄公河。湄公河流经缅甸、老挝、泰国、越南,注入太平洋。(3)雅鲁藏布江是世界著名的天河。源自喜马拉雅山北麓,流经日喀则、拉萨、山南、灵芝,出中国境后,入印度称布拉马普特拉河,再入孟加拉称贾木纳河,与恒河汇合后入孟加拉湾入印度洋。(4)恒河是印度教的圣河,源自喜马拉雅山南麓,流经印度、孟加拉两国,与雅鲁藏布江汇合后入孟加拉湾入印度洋。(5)印度河,源自喜马拉雅山西段,在中国境内称狮泉河,穿流于喜马拉雅山与喀喇昆仑山之间。出中国境后,它贯穿巴基斯坦全境,于卡拉奇入阿拉伯海。(6)底格里斯河、幼发拉底河合称"两河"。两河均发源于今土耳其境内的亚美尼亚高原,流经叙利亚,入伊拉克,两河合流为阿拉伯河,在接纳来自伊朗的卡伦河后,入印度洋波斯湾。在两河之间的地带,即是《圣经》记述的伊甸园。公元前 4000 年,这里即兴起惊艳世界的两河文明。(7)多瑙河是东南欧第一大河,也是流经国家最多的河流。源自阿尔卑斯山支脉的德国黑林山地带,流经德国、奥地利、捷克、斯洛伐克、匈牙利、克罗地亚、罗马尼亚、保加利亚、乌克兰,注入黑海。(8)莱茵河,西欧第一大河,著名国际河流。源自阿尔卑斯山北麓的瑞士境内,流经列支敦士登、奥地利、法国、德国、荷兰,于鹿特丹入大西洋。莱茵河主要河段在德国,因而也成为德国母亲河。

在地理大发现之前,亚欧非三大陆也即世界岛,就是世界的全部。之前的人类故事,全部发生在世界岛上。人类文明最关键、最精彩的故事从这里开枝散叶,激荡碰撞。围绕世界昆仑山的故事内容丰富,影响深远:(1)文明的故事:古巴比伦的故事、古埃及的故事、古希腊的故事、古波斯的故事、古印度的故事、古华夏的故事。(2)帝国的故事:波斯帝国(三个时期)、亚历山大(马其顿)帝国、安息帝国、贵霜帝国、秦汉帝国、罗马帝国、东罗马(拜占庭)帝国、阿拉伯帝国、隋唐帝国、蒙元帝国、奥斯曼帝国,等等。(3)宗教的故事:犹太教、基督教、佛教、伊斯兰教、印度教,等等。(4)轴心时代的故事:苏格拉底、柏拉图、亚里士多德、释迦牟尼、老子、孔子,等等。(5)国际战争的故事:希腊与波斯的战争、亚历山大与波斯的战争、阿拉伯与波斯的战争,等等。(6)文字创制的故事:古埃及文字、古印度文字、古希腊文字、阿拉伯文字、中国甲骨文,等等。(7)技术发明的故事。(8)创制法律制度的故事。(9)无数的神话故事。一言蔽之曰:世界昆仑山曾是世界知识创新和技术发明的心脏地带。在这个意义上,完全可以将世界昆仑山称之为世界的父亲山!

在世界岛上,有一条无上荣光的道路,即是缠绕世界昆仑山的丝绸之路。丝绸之路是地理大发现之前,世界东西方文明交流碰撞的全部线路,这里不仅是贸易之路,也是知识之路、创新之路、信仰之路、铁蹄之路、霸权之路、传奇之路。然而,1453年,年仅21岁的穆罕默德二世率军灭了东罗马帝国,定都君士坦丁堡,并更名伊斯坦布尔。奥斯曼土耳其帝国势力强盛之时,完全占据了亚欧非三大陆交汇地带,垄断了东西方交流碰撞的大通道。这一事件,深刻影响了近在咫尺的西欧诸国,也波及远在东方的中华帝国。世界走到了十字路口。地处西欧的国家，迫切需要开辟前往世界东方的新道路。由此，加速了大航海时代的到来，促成了地理大发现，并从根本上改变了世界的面貌。

地理大发现，意味着人类找到了地球的另一半，意味着人类生存与发展空间的一次空前大膨胀。由此证明，世界不是平的，而是圆的。在欧洲、亚洲、非洲之外，还有美洲、澳洲。在世界岛之外，还有世界。由此，也改变了人类对世界的认知，推动了知识创新和科技革命。找到了地球的另一半，改变了原有各国在世界上的地理空间结构和生存发展条件。因为发现美洲，西欧各国成为最大的受益者。在世界岛上，西欧是距离美洲最近的地方。大西洋曾经是世界的边际，如今却成为西欧与美洲的内海。大西洋上的英国，曾经是世界岛的边缘，如今却成为西欧与美洲的中心、大西洋上的中心、世界的中心。

有人将地理大发现后的新时代，称之为大西洋时代。我以为，不如将其称之为全球化时代更为精确。因为，地理大发现之前的时代，可以称之世界岛时代。在世界岛时代，世界昆仑山是地界的主轴、世界的中心，丝绸之路沿线国家是世界发展的主导力量。世界岛时代最主要的两个国家是罗马和中国。然而，世界岛只是全球的一部分，不是全部。在发现地球另一半后，人类发展才由世界岛步入全世界，真正进入了全球化时代。只不过，在起初一段时间，推动全球化的力量，主要来自大西洋沿岸国家。西欧国家都有曾经的辉煌、曾经的卓越表现，而最主要的力量来源于两个国家：英国和美国。

我们可以将全部人类文明，大致划分为四个时代：即古文明时代、世界岛时代、全球化时代和新全球化时代。（1）古文明时代。世界性贸易活动尚未展开，各原创文明体处在相对独立发展的时代。中国人熟悉的四大文明古国：古巴比伦、古埃及、古印度、古华夏，即是产生在这一时代。（2）世界岛时代。公元前119年，中国汉代凿空西域，世界岛上的东西方贸易主干线全线畅通。从西汉（国都长安）经波斯到大秦（古代中国人和中亚各地对罗马帝国的称呼），从大秦岭经帕米尔高原到阿尔卑斯山，从太平洋经印度洋到地中海、大西洋，丝绸之路成为这一时代最大特色。因此，也可以称之为丝路文明时代。世界昆仑山是世界岛中央山脉，也是丝路文明时代最重要的地理载体和地理标识。（3）全球化时代。在地理大发现之后，美洲、澳洲进入世界舞台。一开始，西欧诸国，纷纷争夺全球化主导权。后来，英国、美国，先后成为世界霸主。因为丝路文明衰落，大西洋成为这一时代最重要的地理载体和地理标识。（4）新全球化时代，也可称之为后全球化时代。中国迅速崛起，并成为全球第一贸易大国，全球贸易中心转移至太平洋、印度洋。人口大国印度也在迅速崛起之中，这必将强化太平洋、印度洋的世界贸易中心地位。

中国发起"一带一路"倡议，中国特色社会主义进入新时代，也是中华民族伟大复兴进入新时代，必将带动丝路文明伟大复兴，带动世界岛的伟大复兴。太平洋、印度洋、世界昆仑山，必将成为新全球化时代最重要的地理载体和地理标识。

东方的阿尔卑斯山

从地理学来说,亚洲和欧洲同在一块陆地上,合称亚欧大陆。亚欧大陆是地球上最大的陆块,面积将近5000万平方公里,占全球陆地的1/3以上。

由于体量过大,也因为历史文化差异,人们在习惯上将亚欧大陆分为亚洲、欧洲两大部分。亚洲是亚欧大陆的东部,欧洲是亚欧大陆的西部。现在,比较一致的看法是,乌拉尔山—乌拉尔河—里海—大高加索山脉—黑海—黑海海峡(土耳其海峡)—马尔马拉海—爱琴海—地中海一线是亚欧两大洲的分界线。

亚洲是亚细亚洲的简称。在地中海沿岸,古代的人们普遍认为,太阳从亚欧大陆的东方升起,并称呼这东方日出之地为亚细亚,即现在的亚洲。太阳在亚欧大陆的西方落下,这西方日落之地则被称为欧罗巴,现在的欧洲,即是欧罗巴洲的简称。如此一来,亚洲是世界的东方,欧洲是世界的西方,原本是朴素的自然地理概念。

在亚欧大陆的西部,欧洲有一座著名的山脉阿尔卑斯山;在亚欧大陆的东部,中国也有一座著名的山脉大秦岭。亚洲与欧洲处在同一块巨大的陆地,两者一东一西,可以这样说,大秦岭是东方的阿尔卑斯山,阿尔卑斯山是西方的大秦岭。

大秦岭、青藏高原(昆仑山)、帕米尔高原、伊朗高原、亚美尼亚高原、土耳其高原、阿尔卑斯山,构成了亚欧大陆的脊梁,同时也是世界的屋脊、地球的脊梁。大秦岭与阿尔卑斯山分别是亚欧大陆的脊梁的首尾。

阿尔卑斯山,位于欧洲中南部,有欧洲脊梁之称。阿尔卑斯山呈弧形高耸于意大利北部、法国东部、德国南部、瑞士、列支敦士登、奥地利、斯洛文尼亚。东西长 1200 公里,宽 130—260 公里,总面积约 22 万平方公里。平均海拔 3000 米,海拔 4000 米以上山峰 128 座。海拔 4810 米的白朗峰是阿尔卑斯山最高峰,也是欧洲第一峰。阿尔卑斯山是气候分界线,之北是温带大陆性湿润气候,之南是亚热带夏干气候。欧洲著名河流多瑙河、莱茵河、波河、罗讷河等,均发源于阿尔卑斯山。其冰盖厚度达 1000 米,现代冰川 1200 多条,各类冰川地貌发育完整,冰蚀地貌尤为典型。因此,阿尔卑斯山有欧洲水塔的称谓。阿尔卑斯山还是欧洲最大的森林岛,山地气候与植被均呈垂直分布特征,在南坡最为明显,800 米以下是亚热带常绿阔叶林带,800—1800 米是针阔叶混交林带,森林带以上是高山草甸带,被称为高山盛夏牧场。再往上,是裸露岩石、冰川地貌,以及皑皑白雪。阿尔卑斯山具有生物多样性和地理多样性,被誉为大自然的宫殿和地貌陈列馆。因景色十分迷人,阿尔卑斯山是世界著名的旅游胜地,也是冰雪运动的圣地、探险者的乐园。

大秦岭与阿尔卑斯山有许多相似的地方,特别是在自然地理上具有相似性。大秦岭是横亘于中国版图腹心地带的中央山脉,西接中华昆仑山,东西绵延 1600 公里,南北跨越 200—300 公里(巴山、岷山是大秦岭的一部分),主峰太白山海拔 3771.2 米,最高峰雪宝顶 5588 米。大秦岭是中国亚热带与暖温带气候分界线,是中国南方与北方地理分界线,是长江流域、黄河流域、淮河流域的分水岭。大秦岭是中国森林宝岛,特别是太白山、地肺山、神农架、大巴山、摩天岭、岷山,被称作物种基因库,动植物种类超过 6000 种,国家级保护动物和珍稀植物超过 120 种,朱鹮、大熊猫、羚牛、金丝猴,被誉为秦岭四宝。因生物多样性和地质地貌多样性，大秦岭成为大自然的宫殿和地质的陈列馆，国家自然保护区、风景名胜区、水利风景区、森林公园、湿地公园、地质公园多达百余处。大秦岭是中国中央水塔，发源有长江支流汉江、嘉陵江、岷江……黄河支流渭河、洛河、洮河……以及淮河等著名河流。秦岭森林岛是中国重要水源涵养区，汉江是来自秦岭森林岛上的琼浆玉液，丹江口水库是南水北调中线工程水源地。大秦岭是中国中央景观带，中国人的中央国家公园，华山、嵩山、太白山、武当山、神农架、九寨沟，蜚声中外。

大秦岭与阿尔卑斯山也有很大不同，大秦岭带有浓郁的东方文化特质。单就名称而言，阿尔卑斯山的英文写作 Alps，其本义来自对山顶皑皑积雪的感性认识。"秦"是一个国家的名称，也是一个朝代的名称。秦岭是以"秦"命名的一座山，这本身就具有深厚的历史文化内涵。公元前230年至前221年，在华夏大地上，秦国纵横捭阖，横扫六国，并最终完成了一统华夏的历史进程。从此以后，秦成为统一的中华帝国大秦帝国的国际代名词，秦岭也成为中华帝国版图中央山脉的名字。在欧洲，公元前15年，罗马军团也征服了大半个欧洲，并将阿尔卑斯山全部纳入了帝国版图。然而，大约在400年前后，罗马人对阿尔卑斯山的控制彻底瓦解。从此以后，各个山谷离群索居，各自为政，互不往来。如今，大秦岭依然是中国中央山脉，连通着西北、西南、华北、华中四大板块，连接着青海、甘肃、四川、陕西、重庆、湖北、河南6省1市。阿尔卑斯山也可称为欧洲的中央山脉，西起法国东南部城市尼斯附近，经瑞士南部、意大利北部，东到奥地利的维也纳，分属于不同的国家。

大秦岭与阿尔卑斯山具有的不同历史文化特质，也许源自大秦岭之中发达的古代道路系统。早在商周之际，在嘉陵江沿线就形成穿越大秦岭，沟通中国南北，将关中与巴蜀紧密相连的道路系统。秦汉隋唐，千余年间，中华帝国的都城皆在秦岭北麓。为加强帝国中央与南方诸省的连接，促进兴盛繁荣，保持长治久安，持续开辟建设了秦岭中的战略大通道。其中，在长安东南方向，连接关中与江汉平原的楚道有秦楚道（即蓝关道、蓝武道、武关道）、上津道、义谷道；在西南方向，连接关中与巴蜀的蜀道有子午道—荔枝道、傥骆道—米仓道、褒斜道—金牛道、陈仓道—金牛道，以及将陇蜀两地连接起来的祁山古道。如今，穿山隧道、高速公路、高速铁路已经成为当代秦岭交通的主要形式，曾经繁忙的秦岭古道系统已成为隐藏在密林之中的风景线。在阿尔卑斯山中，远没有与秦岭一样的古栈道系统，当代道路也不及秦岭。

"山不在高，有仙则名；水不在深，有龙则灵"，在水系特点上，大秦岭与阿尔卑斯山也大不相同。阿尔卑斯山是欧洲诸多河流的源头，其水系流向可谓四面八方，有的向北、向西注入大西洋，有的向南注入地中海，有的向东注入黑海。多瑙河是仅次于伏尔加河的欧洲第二长河，也是世界上干流流经国家最多的河流。多瑙河发源于阿尔卑斯山北麓的德国黑林山地区，自西向东，流经奥地利、斯洛伐克、匈牙利、克罗地亚、塞尔维亚、保加利亚、罗马尼亚、摩尔多瓦、乌克兰，最后注入黑海，河长2857公里。莱茵河号称西欧第一大河，也是一条著名的国际河流。莱茵河发源于瑞士境内的阿尔卑斯山北麓，向西北流经列支敦士登、奥地利、法国、德国和荷兰，最后在鹿特丹附近注入北海，河长1232公里。罗讷河发源于阿尔卑斯山瑞士境内的罗讷冰川，由东向西流过日内瓦湖，在法国里昂向南注入地中海，河长812公里。

大秦岭是黄河、长江诸多重要支流的发源地。出自大秦岭的渭河，是黄河第一大支流，流经甘肃、陕西两省，河长818公里。渭河塑造的关中平原是最早的天府之国，古都长安是渭河凝结而成的天地精华。大秦岭中的洛河，流经陕西、河南两省，河长447公里。洛河塑造了洛阳盆地，古都洛阳是洛河凝结而成的天地精华。出自大秦岭的汉江，是长江第一大支流，流域涉及陕西、河南、湖北三省，河长1577公里。汉江与长江干流一起造就了江汉平原，也将精华浓缩于大都市武汉。出自大秦岭的嘉陵江，流经陕西、甘肃、四川、重庆4省市，河长1345公里，塑造了四川盆地，并将精华浓缩于大都市重庆。出自于大秦岭的岷江，河长711公里，在下游塑造了成都平原，并将精华浓缩于大都市成都。中国七大流域之一的淮河，其源头在秦岭。2012年中国科学院依据"河源唯远"原则确定：淮河源头在河南省嵩县车村镇——大秦岭之嵩山中，源头高程1329米，河长1252公里。由大秦岭与黄河、长江以及淮河构建的"一山三河"地带，正是中华文明的根脉所在，主干所在。中华文明发源于此，得益于此，繁盛于此，永续于此。也因此，大秦岭获得中华父亲山的称谓。

西方的罗马帝国与东方的大汉帝国是当时世界上两个最强大的国家，汉武帝与凯撒大帝是同时代的两位世界级领袖。在东西方两个强大的帝国之间，开通了横跨亚欧大陆的一条货物贸易和文化交流大通道，也是一条由大汉帝国通往罗马帝国，东西长达7000余公里的洲际大道。后世的人们，将其称之为**丝绸之路**。这条洲际大道的起始点，在东方是西汉的长安、东汉的洛阳，在西方是罗马帝国的罗马、威尼斯。几度兴衰的波斯帝国，处在亚欧大陆脊梁的关键地带，因而也是丝绸之路的枢纽和轴心。循着由大秦岭—青藏高原—帕米尔山结—伊朗高原—亚美尼亚高原—阿尔卑斯山展开的洲际大道，各色人等，跋山涉水，荒漠漫步。从历史地理意义上说，大秦岭是丝绸之路的东方起始点，阿尔卑斯山是丝绸之路的西方起始点。也即是说，丝绸之路是由中国大秦岭通往欧洲阿尔卑斯山之路,是大秦岭与阿尔卑斯山的对话交流之路。特别有意思的是,在唐代以前,古代中国称呼古罗马及近东地区为大秦国。先不说这个地中海附近的大秦国与中国的秦有无瓜葛,单就以秦国与秦岭的关系而言,大秦国(古罗马)的阿尔卑斯山,也完全可称之大秦岭。如此一来,丝绸之路是大秦岭与阿尔卑斯山的对话交流,也是中国大秦岭与欧洲大秦岭的对话交流。

当下,正在进行中国"一带一路"倡议的全球实践。这是 21 世纪跨越亚欧大陆的经济合作与文化交流,也为 21 世纪大秦岭与阿尔卑斯山的生态对话提供了新机遇。

阿个鲁斯小三登图（剑图，孔律）

秦岭最美关中弯

关中的名称，首先缘起于"关"，因"关"而后有"中"。"关"的繁体写作"關"，其所含的门户锁钥之意一目了然。然而，这一"關"，盖因秦岭而起。

最迟在春秋时期，已有著名的关隘函谷关。当秦人夺取函谷关后，函谷关就成为秦人的门户。秦人以函谷关为支点，建构与六国对峙的大格局。由此，函谷关也成为古代中国一个重要的地理标志。因秦国处在函谷关以西，自然而然，秦人便把函谷关以东称之为关外，与之对应的函谷关以西则称为关内，也称关中。当然，也有一种说法，是把函谷关与大散关之间的平原地带称为关中。

函谷关和大散关，皆是周代中国著名关隘。大散关置于关中西端，建构在渭河南岸支流清姜河畔，控制着秦岭之南沿嘉陵江方向进入关中的力量，也就是控制着古老的蜀道——周道，也即故道、陈仓道、嘉陵道。函谷关置于关中东端，建构在弘农涧西岸，南接秦岭，北抵黄河。在东西奔腾的秦岭与黄河之间，形成一个狭长地带。这里的黄土台塬，被秦岭之水冲刷得支离破碎。然而，这里却是关中与中原联系的最便捷通道，也是咽喉地带。在所有古代关隘中，函谷关最为特殊，因为它是建构在中国腹心地带最重要的咽喉锁钥，是构建在母亲河与父亲山之间最重要的咽喉锁钥，也是构建在两大千年帝都长安与洛阳之间最重要的咽喉锁钥。

仔细观察函谷关至大散关之间的山水形势，我们会发现，秦岭在关中出现了一个大弯曲，不妨称其"秦岭关中弯"。而渭河与黄河却大体连成一线，也可称之为渭河线。这是一条河流造成的天堑线，也是重要的区隔线。我们知道，关中平原是最早的天府之地。在自然地理上，渭河线也就是天府之国的南北中轴线。在渭河线与关中弯之间，即是天府之国的南院。在地质结构上，渭河是秦岭北界的界河。因此，可以说关中的南院，也是秦岭的一部分。关中南院像是一个弯月形地带，在这一地带的腹心，则更像是一个半月形地带。东汉末年建造的潼关替代了函谷关，并成为进出半月形地带的咽喉锁钥。潼关与函谷关之间的函谷地带，堪称古代中国的咽喉锁钥地带。

秦岭关中弯制造出一种极为特殊的气场。不仅是呈现出了优雅的弯曲形状，更是因为拔地而起所塑造的神韵。关中弯的山地坡脚，海拔在300—500米之间。从坡脚起步向南每10公里，海拔抬升1000—2000米。于是，关中弯出现了若干2000—3000米的高峰。秦岭主峰太白山，最高峰海拔达3771.2米。一代雄主李世民早就观察到这种大气神韵，于是写到"重峦俯渭水，碧嶂插遥天"。由于急剧抬高，山势陡峭、峡谷迭出，由此产生了一个专用字"峪"。在峪内，山高坡陡，河谷窄狭，不宜开垦耕作，因而人烟稀少。正因为如此，才保有了自然的静谧，与峪口外的喧闹嘈杂，形成了极为鲜明的对照。

熟悉关中弯的人，想必知道秦岭七十二峪。七十二峪并不是确数，而是言喻其多。秦岭七十二峪，其实也是秦岭七十二河，源源不断的青山绿水滋润着由秦岭与渭河联手构造的弯月形地带。秦岭关中弯，其中的"弯"字指地理构造，也正因为特殊的弯月形地带，同时造就了重要的水资源涵养功能。秦岭关中弯亦可称为秦岭关中湾，由"弯"到"湾"，由地理形态到提供水资源的生态功能，关中弯是大自然赐予中华民族不可复求的瑰宝。

关中弯是民族发展的伊甸园。在关中弯腹心地带，曾经称"滋水"，如今灞河的两岸，分布着212万年前的上陈遗址，163万年前的公王岭遗址，50万年前的陈家窝遗址。华夏文化崛起时代的仰韶文化在关中弯更是璀璨夺目，老官台、姜寨、半坡比比皆是。这里有中华民族的母国华胥国，中华民族的族母华胥氏。在关中西端的宝鸡，是炎帝故里；在关中东端的灵宝，是黄帝鼎湖之所。3000年前，西周集三代之大成，立都于关中弯腹心地带的沣河两岸。由此，十三个王朝，1100余年时间，中华帝都停泊在关中弯。特别是周、秦、汉、隋、唐，决定中华文化走向的五大朝代，皆以关中弯为都。中华文明之华表——华山，即在关中弯。华夏之华，源自华胥，源自华山。正是从这个意义上说，中华从关中弯走来，中华从大秦岭走向世界！

秦岭最美关中弯。这里曾是世界园林的天堂，西周的园囿是世界园林的鼻祖，而华丽的秦汉上林苑则傲视全球。我们在拥有文化自信的同时，也需要生态自信，而保护秦岭就是保护生态自信的命根子，就是为中华民族赢得永葆生机与活力的未来！

秦岭关中弯示意图（制图：孙健）

第三章

秦岭四兄弟

群英荟：锦绣中华圣山图

秦岭，大秦岭最神圣的一部分。

盘古开天辟地，鬼斧神工，造就了大秦岭的四大板块：分别是秦岭、大巴山、西倾山、大岷山。四大板块，也是亲密无间的四个兄弟。这四个兄弟，既是天作之合，也是天作之美，各具千秋，各显神韵，共同构筑了中国的地理腹心，共同组建了中国的中央山脉。

然而，在四大板块中，秦岭是最大的一块；在四个兄弟中，秦岭是最具生态活力，最具人文魅力的长子、老大。大秦岭的生态故事、人文典故、风景名胜，多以秦岭最引人入胜。大秦岭是中华父亲山，尤以秦岭"最父亲"！大秦岭是中华圣山、东方圣山，尤以秦岭最神圣！

秦岭，中华文明的自然标识，也是中华地理标识。具体地理范围是：北与黄土高原接壤，以渭河—黄河主河道为界；东以伏牛山—嵩山的山地坡脚为界；西与西倾山连接，以西汉水为界；南与大巴山连接，以汉水为界。秦岭东西狭长约950公里，南北宽窄100—150公里。

综合考虑自然地理、历史人文、传统习惯等因素，可以分秦岭为十个相对独立的区块。也就是说，秦岭是十个区块连接而成的一个整体。由西向东，这十个区块分别是：秦岭门、陕甘岭、玉皇山、太白山、地肺山、终南山、骊山、大商山、太华山、伏牛山—嵩山。

秦岭门——这里是复杂的天水豁口，是秦岭与西倾山的结合地带。西汉水的上游，古称"天水"。西汉水上游的河水，由东向西流淌。就在这西流河段的北部，即是大秦岭的主脊所在。在主脊之上，坐落着两座历史文化名山，东边的一座，叫齐寿山，是西汉水的源头所在，也是传说中黄帝的诞生地。西边的一座，叫朱圉山，其山顶平坦，以草地植被为主，是秦人早期牧马的草原。在两座山峰之间，有一个塌陷地带，好像是形成了巨大的豁口，即是天水豁口。这一豁口地带，仿佛是大秦岭开了一扇大门，即秦岭门。现如今，这里的地理构造与黄土高原并无二致。然而，在古时，这里是生态环境优美、宛若仙境的理想栖居之所，因而也成为开中华文明之先河的地方。西汉水上游的文明，与迄今8000年的大地湾文化遗址，大体为同一个时期、同一个类型。也就是说，这里是广义上的羲皇故里。3000年前，秦人的祖先，以"商奄遗民"的身世，迁居西垂、西犬丘。因与西戎共生一处，锻炼了体魄和心志。因此，秦人的祖先成为难得的养马能手，并由此而得到周王室的封地——秦。这里是早期秦人的本部，在长达300年的时间里，秦人的祖先频繁出入秦岭门，为春秋时代本部东迁于雍奠定了坚实的基础。早在春秋时代的初期，秦人就在这里率先创立了邽、冀两县。在中国，这里最早有了县的称谓。《史记·秦本纪》记载：公元前688年，"秦武公十年，伐邽、冀戎，初县之。十一年，初县杜、郑"。古邽县在今天水市清水县一带，古冀县在今天水市甘谷县一带。对于后世的秦国、秦帝国而言，秦岭门所在的地带，无疑是一个神圣的地方，一个值得顶礼膜拜的圣地，一个值得永久保护的龙兴之地！

陕甘岭——这里是陕西、甘肃两省交界地带的秦岭，是界临渭河大峡谷的秦岭。大体介于渭河、西汉水、嘉陵江、清姜河之间。沿西汉水，形成了祁山古道；沿清姜河—嘉陵江，形成了陈仓古道。在甘肃天水一侧，于隋唐之际，曾设有秦岭县，县治在今甘肃天水伯阳镇。因山域内有著名的麦积山石窟，甘肃人习惯上将这一带的秦岭，称之为麦积山。在陕西宝鸡一侧，先是有古散国，后又有大散关，人们习惯上称之为大散岭。本文折中，取用"陕甘岭"之名。陕甘岭隔渭河与陇山（古称关山）对峙。渭河在陕甘岭与陇山对峙的高山峡谷中穿行切割，形成颇具特色的大峡谷——渭河大峡谷。在历史上，渭河大峡谷是通行的禁区，因而也是秦人东进关中的天然壁垒。秦人不得不向北绕行，翻越陇山进入汧河流域。因而，汧河就成为秦人进入关中的走廊。也许，正是因为渭河大峡谷，庇佑了陕甘岭一带的森林生态系统。如今，在陕甘岭一带，国家设立了若干自然保护区和森林公园。20世纪，穿越渭河大峡谷修筑了陇海铁路，穿越陕甘岭修筑了宝成铁路。21世纪，穿越渭河大峡谷修筑了客运专线，穿越陕甘岭修筑了高速公路。

玉皇山——这里是大秦岭的一个显著的地理节点，分隔出嘉陵江流域的秦岭与汉江流域的秦岭。玉皇山介于清姜河、嘉陵江与石头河、褒河之间。玉皇山北麓是宝鸡，是炎帝故里、周秦文化发祥地，也是姜太公钓鱼，愿者上钩的故事发生地。玉皇山南麓是汉中，是两汉三国，是明修栈道、暗度陈仓的故事发生地。玉皇山是秦岭进入陕西后崛起的第一高峰，海拔2819米。因山上有玉皇庙，而得名玉皇山。古时，曾称之普明香岩山，又名青霄山。嘉陵江的源头、汉江支流褒河的源头，皆出自玉皇山。玉皇山是汉江与嘉陵江的分水岭，区分出汉江流域的秦岭和嘉陵江流域的秦岭。在凤县与留坝交界的地带，崛起了玉皇山的第二高峰紫柏山，海拔2610米。因山上多紫柏古树，得名紫柏山。这里具有特殊的天坑、草坦，被誉为亚洲第一天坦群落。以玉皇山和紫柏山为中心，国家设有若干自然保护区、森林公园、风景名胜区。褒河水库、石头河水库，分别是汉中和关中的重要水源地。沿清姜河—嘉陵江，古代开辟了陈仓古道，20世纪初期建设了川陕公路；沿石头河（古称斜水）—褒河，古代开辟了褒斜古道，21世纪建成姜眉公路；翻越紫柏山，连接陈仓古道与褒斜古道，形成了连云古道。如今，南北横穿玉皇山，正在修筑宝鸡至汉中的高速公路。

太白山——这里是秦岭主峰所在，也是最具生态标识意义的秦岭区块。其山域，西以石头河、褒河与玉皇山分界，东以黑河、渭水河与地肺山分界。沧海横流显砥柱，万山磅礴看主峰。太白山主峰拔仙台，海拔3771.2米。山势由拔仙台向西扩展，即形成一组著名的山梁：拔仙台、跑马梁、太白梁、鳌山，俗称鳌太大梁。这里，也是秦岭3000米以上山峰最密集的区域。沿鳌山向西南继续扩展，山势再度崛起，形成了摩天岭，往南直达汉中的天台山。在秦岭十大区块中，太白山是海拔最高的一块，也是山域面积最小的一块。"太白积雪六月天"，在古代，太白山常年积雪。秦人来到关中平原西部，仰望太白山，这是秦人视野里的最高山。秦人期待建立与周武王一样的武功，于是在太白山下建置了武功县。因此，太白山也称武功山。太白山是从海拔不足500米的关中平原崛起的高山，海拔高差接近3300米，呈现出极为显明的植被垂直分布、丰富的生物多样性，以及一日历四季的奇特景观。太白山上的大爷海、二爷海、三爷海，分别是石头河、黑河、渭水河的河源区。"滚滚飞涛雪作窝，势如天上泻银河"，因巨大的高差所致，在太白山形成了极为独特的河流飞瀑景观。其中，尤以百里黑河大峡谷最为出名。黑河水库是大关中城市群最重要的水源地。太白山是一座仙山，一人得道、鸡犬升天故事，姜子牙封神故事，即在此发生。这里，也是历朝历代祈雨祈福之地。傥骆古道是一条穿越太白山、地肺山的险峻道路。"西当太白有鸟道，何以横绝峨眉巅""黄鹤之飞尚不得过，猿猱欲度愁攀援"，因而，傥骆古道也成为秦岭古道之中，开凿晚而废弃早的一条古道。傥骆古道绕开了黑河大峡谷，从骆峪口入太白山，沿骆峪，经厚畛子，越佛爷坪，经老县城，出太白山，越兴隆岭，沿酉水入华阳，再翻山入傥水河，出汉中盆地。如今，以太白山主峰为中心，形成了太白山自然保护区群和森林公园群。

地肺山——这里是秦岭深处神秘的生物岛，也是野性生灵的天堂。所以称其为地肺山，一因其形状如肺，二因其功能如肺。地肺山以黑河、湑水河与太白山为界，以涝河、旬河与终南山为界。也就是说，地肺山是介于黑河、湑水河与涝河、旬河之间的山域。最高峰是位于洋县的昏人坪梁，海拔3017米。地肺山处在西安、宝鸡、汉中、安康、商洛5市13县区的边缘地带，也是结合地带。宁陕、佛坪两县位于地肺山的腹心地带，两县均建置于民国时期。地肺山山形地势极为特殊，人类的力量很难大规模进入。在清代乾隆年间，这里是著名的深山老林。历史上的子午古道、傥骆古道，分别从东部边缘和西部边缘穿越地肺山。2017年，西安至成都的高速铁路以桥隧互连的方式穿越地肺山。这有利于地肺山比较完整地保留纯自然、原生态的特质，呈现野山、野水、野物、野景。因此，地肺山是未被完全征服的野性世界。这里是中华圣鸟野生朱鹮的最后栖息地，也是秦岭圣兽大熊猫的理想栖息地。在秦岭中，地肺山里的自然保护区数量最多、密度最大，几乎一半是自然保护区或森林公园。地肺山中的周至国家自然保护区，是秦岭中面积最大的自然保护区。规划建设的秦岭大熊猫国家公园，主体部分也在地肺山中。"黄帝陵是中国文化的根，楼观台是中国文化的魂。"楼观台道教祖庭，即坐落在地肺山北部边缘的闻仙峪口。楼观台西侧的峪口则是道教鼻祖老子羽化登仙处。楼观台一带正是地肺山的咽喉孔道所在。陕西省林业科学院秦岭大熊猫繁育研究中心、珍稀野生动物救护基地也坐落在楼观台。道文化的精髓，在于天人合一、道法自然。其最新的时代表述，即是人与自然是生命共同体，人与自然和谐共生。

终南山——这里是秦岭的腹腰，帝都长安的生态院落。进入关中腹地之后，秦岭与渭河上演了别开生面的一幕：秦岭微微向南收缩了腹腰，渭河缓缓向北移动了舞步，山与河之间的距离，从10余公里扩展到50余公里。在将要离开关中腹地时，秦岭又伸展了身躯，再度与渭河亲密依偎，山河间距得以恢复。因秦岭与渭河的拱手相让，在关中的腹心形成了一个半月形地带，这就是千年帝都的生态院落。这段在关中腹心由收到放的秦岭，即是文质厚重的终南山，最高峰冰晶顶，海拔3015米。终南山是半月形地带的南山，也是古长安的南山。鉴于地肺山、太华山需要单独论述，本文所述的终南山即是狭义的终南山。具体山域范围是，西以涝河—旬河与地肺山为界，东以灞河—金钱河与大商山、太华山为界。在早期文献中，终南山总是与环境优美、物产丰富紧密联系在一起。《诗经·秦风·终南》："终南何有？有条有梅。君子至止，锦衣狐裘。颜如渥丹，其君也哉！终南何有？有纪有堂。君子至止，黻衣绣裳。佩玉将将，寿考不亡！"与达官贵人、锦衣玉食的生活紧密联系在一起。《诗经·小雅·天保》："如月之恒，如日之升，如南山之寿，不骞不崩。如松柏之茂，无不尔或承。"寿比南山或寿比南山不老松中的南山，即是终南山。半月形地带是秦岭为长安量身制造的帝都宅院。周秦汉隋唐近2000年，半月形地带都是全国的政治、经济和文化中心。更为重要的是，这个半月形地带，经渭河—黄河与秦岭之间形成的中华廊道，可以直达洛阳盆地。在半月形地带里，龙首山与骊山格外显眼。汉代文献称，龙首山长60余里，东北临渭水，西南到樊川。在龙首隐去山形后，露出原本的面目，并与乐游原、少陵原、终南山连为一体。龙首原是汉唐都城之基,秦汉长安城在龙首原之北,隋唐长安城转到龙首原之南,闻名世界的千宫之宫唐大明宫即坐落在龙首原的中央。

骊山——因景色优美而成为皇家园林、离宫别苑的精华所在。这里是女娲"炼石补天"传说故事、"烽火戏诸侯,一笑失天下"、"项庄舞剑,意在沛公"、"西安兵谏"等众多历史人文故事发生地,也是秦始皇的陵寝所在地。在龙首原与骊山之间,即是灞河。灞河,古称"滋水"。灞河流域,从公主岭蓝田猿人到半坡原始村落,人类遗址和文化遗址,瓜瓞连绵30余处,跨越100多万年。这里是古华胥国所在,远古时代,滋水河畔,中华元祖母华胥氏在如同伊甸园一般的仙境里,采集狩猎,如梦如幻。

大商山——这里曾是帝都长安的东南大道,连接关中平原与江汉平原,西北与东南的大通道、大走廊。接替南山继续承担黄河与长江分水岭的,不是华山而是蟒岭。蟒岭北麓是洛河流域,南麓是丹江流域,以老鹳河与伏牛山为界。蟒岭的最高峰,位于丹凤、商南、卢氏三县交界处,人称"玉皇尖",海拔2057.9米。与北岸的蟒岭相比较,丹江南岸的山脉显得比较零碎,分别是秦王山、流岭、新开岭。习惯上,人们称流岭为商山,即狭义的商山,也是小商山。丹江北岸的蟒岭,与丹江南岸的秦王山、流岭、新开岭,合起来即是广义的商山,也即大商山。也就是说,大商山是丹江两岸山脉的总称。丹江流淌在大商山之间,也称商水。商山商水,浑然一体,自成一局。商周时,这里是古都国。春秋时,曾归楚国。战国时,于公元前351年归秦国。公元前342年,即秦孝公二十年,封卫鞅"商於十五邑"。因封地称商,卫鞅遂称商鞅、商君。有关研究表明,沿丹江蟒岭盘旋的商山古道,最早是楚人用双脚踏出来的道路。秦汉时,多称蓝关道,或武关道,或商於道。隋唐时,多称商山道,或名利路。如今，人们习惯称之秦楚古道。商山古道，一半蜿蜒于丹江河谷，一半盘旋于蟒岭山中。著名关隘武关，即在蟒岭之中的武关河畔。武关，秦楚咽喉之锁钥，关中东南之要塞。在古代，这里是著名的主战场。在战国时代，秦人锁定了武关之名。而在此前，曾称之为"少习关"。在夏商时，这里是"少习国"，在春秋秦楚争锋时亡国。至今，武关所依托的北山，还称之"少习山"。"少习国"亡国之后，其子孙以习为姓，沿丹江—汉江，下至襄阳，开枝散叶，生生不息。如今，沪陕高速、福银高速，皆从大商山穿境而过，大商山走进高速时代。

太华山——这里是父亲山与母亲河约会的地方，是洛河与渭河、黄河的分水岭，是连接两大千年帝都、五千多年中华文明的圣山。在终南山与蟒岭结合部，秦岭向东北方向延伸出一大支脉，即是华山山脉。人们熟悉的华山，只是西岳华山。然而，华山不是一个点，而是一列山脉，即华山山脉，包括了草链岭、少华山、华山、小华山、崤山、邙山六个部分。最高峰草链岭，海拔2645米。古人将华山称之为"太华"，自有其深层含义。仰韶文化遗址之仰韶村，即位于华山山脉。全国仰韶遗址5200余处，皆以华山为中心。因我们族群集中居于华山之周，以山名族曰"华"。中华，是中央之国与"华夏之族"的整合。中指中央之国；华指华夏、华山、华胥氏。华胥氏是中华民族圣母，华山是中华民族圣山。太华山与渭河、黄河、洛河，构建了"一山三河"地带，这里是中华文明的核心地带。渭河、洛河，分别塑造了关中、洛阳两大平原，滋养了长安、洛阳两大千年帝都。在两大帝都之间，黄河与华山夹峙，形成了一个狭长地带。这里是往来于两大帝都的天然走廊，也即中华廊道。函谷关、潼关，即是中华廊道上关系帝国存亡的著名关隘。对于帝都长安来说，中华廊道是东部大道；对于帝都洛阳来说，中华廊道是西部大道。在中华廊道上，人们不仅听到了铿锵的战马嘶鸣声，也可以听到悠扬的商队驼铃声，中华廊道不仅是帝国的京畿大道、中央大道，也是帝国的黄金大道。

伏牛山—嵩山——这里是伸进中原大地的秦岭，是长江、黄河、淮河的分水岭，是中华圣城帝都洛阳的屏障。站在世界昆仑山来看，伏牛山是 3000 里大秦岭演奏出的华美乐章，也是光彩夺目的中原灯塔。站在中原大地来看，伏牛山是从华北平原崛起的中华脊梁，是昆仑山—大秦岭的起脉。伏牛山接续蟒岭，向东延伸出四块：伏牛山（狭义）、熊耳山、外方山和嵩山。伏牛山主脊的最高峰是玉皇顶，海拔 2222.5 米。以玉皇顶为中心，形成伏牛山自然保护区群和森林公园群。伏牛山是汉江支流唐白河，淮河支流颍河、北汝河，以及洛河支流伊河的源区。唐白河是南阳盆地的重要塑造者，南阳曾是全国重要的中心城市。在北汝河、伊洛河、黄河之间的山体，即是著名的嵩山。嵩山上有两座山，分别名曰太室山、少室山。据传说，这两座山分别是夏禹两位妻子的住所。夏商时，称嵩高、崇山。公元前 770 年，周平王东迁洛阳，以"嵩为中央，左岱、右华"，遂定嵩山为"中岳"。696 年，武则天封禅嵩山，称"神岳"。宋以降，复称"中岳"。对于嵩山，自古以来就有"天地之中"的说法。2010 年，嵩山"天地之中"建筑群成为世界文化遗产家族的新成员，向世界讲述 2000 多年的嵩山建筑故事。在嵩山之东，新郑裴李岗遗址，呈现了 8000 年前华夏先民在此活动的情形。这里曾是古有熊氏族居地，古曰"有熊国"。相传，黄帝出生的轩辕丘，即在这里。早在西汉年间，这里就建有轩辕故里祠。嵩山之周，皆是三代建都之所。《史记》云："昔三代之君，皆在河洛之间，故嵩高为中岳，而四岳各如其方。"相传，舜封禹为夏伯，禹的儿子启，在嵩山之阳、颍河上游，今登封、禹州一带，创建了夏。"圣"字的本义,即是指汝河与颍水一带。《说文》曰:"圣,汝颍之间。谓致力于地曰圣。"伊河与洛河是姊妹河,联合塑造了洛阳盆地。崤山、邙山、嵩山、外方山、熊耳山耸立于盆地四周,共同建构起中华圣城帝都洛阳的生态院落。这里,自古便有"崤函帝宅,河洛王国"之谓。帝喾、唐尧、虞舜、夏禹以及河图洛书的故事,多与洛阳有关。夏朝自第三任君主太康,及至夏桀,皆以斟寻为都。商汤推翻夏政权后,建新都(偃师商城遗址),史称西亳。公元前770年,平王建东周王城。东汉、曹魏、西晋、北魏,营建汉魏洛阳城。隋唐两代,洛阳的地位仅次于帝都长安。在中国古代史上,洛阳与长安比肩,皆是千年帝都、中华圣城。

五大朝代、两千年中华史、中华之都,皆在长安或者洛阳二者之间轮回转换。在周代,是西周与东周;在汉代,是西汉与东汉,西京与东京;在唐代,是京师与东都。期间,虽有短暂偏离,都被一一修正。由周至唐的五大朝代,两千年中华史,即是中华民族的长安—洛阳时代。上古神话传说,"河图""洛书",《易经》《诗经》,诸子百家,全部出自长安—洛阳时代。

在中国历史上,有13个盛世时代。(1)儒家神往的时代——成康之治。(2)无为而治的时代——文景之治。(3)战争与和平并存的时代——昭宣中兴。(4)天地之性人为贵的时代——光武中兴。(5)儒学兴盛的时代——明章之治。(6)乱世中的盛世——元嘉之治。(7)开千秋伟业之基的时代——开皇之治。(8)最灿烂炫目的时代——贞观之治。(9)女皇君临天下的时代——永徽之治。(10)辉煌全盛的时代——开元盛世。(11)经济巅峰的时代——咸平之治。(12)耀武扬威的时代——永乐之治。(13)回光返照的时代——康乾盛世。13个盛世中,成康之治、文景之治、昭宣中兴、开皇之治、贞观之治、永徽之治、开元盛世，七大盛世以长安为都；光武中兴、明章之治，以洛阳为都；元嘉之治，以南京为都；咸平之治，以开封为都；永乐之治、康乾盛世以北京为都。在13个盛世时代中，有9个盛世时代，在长安—洛阳时代。

毫无疑问，在长安—洛阳时代，长安、洛阳是中华民族最重要的生态家园，也是精神家园。在中华生态家园中，长安与洛阳，存有诸多相似性和共同点。在水生态地理上，长安位于渭河流域，洛阳位于洛河流域，而渭河、洛河皆是黄河的一级支流。基于此，人们将中华文明简单概括，称之为黄河文明。

秦岭全域示意图（制图：孙健）

大巴山：自然人文皆称奇

在大秦岭中，大巴山是相对独立的东南板块。大巴山所建构的自然与人文画卷，富有神秘而传奇的色彩。

从卫星影像图看，大巴山山域之北、东，皆为汉江环绕，大巴山山域之西、南，则为嘉陵江和峡江环绕。大巴山的西南域是汉江与嘉陵江的分水岭，大巴山的东北域是汉江与长江峡区支流（梅溪河、大宁河、神农溪、香溪河、黄柏河、沮漳河）的分水岭。

在卫星影像图上，还可以清晰地看出，自西向东，大巴山有两条明显的带状区域，分别称之为米仓山走廊和大巴山弧曲。在米仓山、龙门山、四川盆地三大板块交接地带，一条东西走向的狭长凹槽，即是米仓山走廊。走廊前段在嘉陵江左岸，起点在清水河上剑阁县的下寺镇，一开始走向东北，经广元利州区折向东南，经广元昭化区元坝镇折向正东，经旺苍、南江、通江，直至伸进大巴山弧曲，抵达镇巴县三溪镇。这条南北宽约5公里，东西绵延约200公里的米仓山走廊，比较清晰地勾画出米仓山的地理范围。在米仓山之东即是大巴山弧曲：一条宽约40公里，长约400公里的弧形地带。大巴山弧曲的大致范围：从西乡县中部起步，以西南—东北走向的牧马河干流为起点，在起步阶段以南向为主，经镇巴县、万源市折向东南，经紫阳、城口、岚皋、镇坪、巫溪再折向东，经竹溪、竹山、神农架、房县、保康、南漳，直达汉江之滨古城襄樊。从地理单元来说，大巴山即是由米仓山、大巴山弧曲，及其邻近的沧浪山、武当山、神农架、荆山构成。

在米仓山走廊的前段，清水河、白龙江、嘉陵江三条河流交汇地带，也是大巴山与大岷山的过渡地带。同时，也是巴文化与蜀文化的结合部，素有巴蜀金三角的美称。蜀王杜尚（开明氏九世），封其弟杜葭萌建国于此，史称"苴国"，也称葭萌国（都城在土费城，即今广元昭化古城）。至开明十一世，苴国与巴国交好，以至于要联巴抗蜀。然而，公元前316年，秦惠文王一举歼灭苴、巴、蜀三国，在苴国治地置葭萌县。三国时期，刘备改葭萌县置汉寿县。西魏改黎州，后再改利州；至明代，一直为州、府、郡、路首府。为显"德威广播，疆土广大"，元代改利州为广元，并将"川陕行中书省"由咸阳迁至广元。北宋时，以宋太祖钦赐"昭示皇恩，以化万民"之意，改称昭化县。昭化古城是国家AAAA级景区，有古城活化石之称。昭化古城保留着唐虞以来4000余年的历史记忆。特别是青铜石器、船棺墓葬、秦陶汉砖多有发掘；秦葭萌古城遗址清晰可辨，汉代古城墙，明清古城门、八卦井、龙门书院等古建筑保存完整。三国遗址大量呈现，如古驿道、葭萌关、费祎墓、武侯祠、费敬侯祠、战胜坝、天雄关、牛头山、姜维井、桔柏古渡、关索城、鲍三娘墓等，并由此展开南北轴向的三国文化走廊。

米仓山是大巴山的"西域"。米仓山与狭义秦岭紧密相连，其间并无明显自然边界。以山脉走向而论，可以勉县定军山镇至宁强县阳平关镇一线，作为米仓山与狭义秦岭的分界线。米仓山与狭义秦岭的分界也是大巴山与狭义秦岭的分界。这样一来，宁强县城即在大巴山山域，汉江河源玉带河（南河），也在大巴山山域。西乡县境内的牧马河，镇巴境内的巴河构成了米仓山的东部边界。由东向西，米仓山升起了三大峰区：第一大峰区，即石马山峰区，位于南郑、旺苍、南江三县交界地带。主峰石马山（黎坪森林公园内），海拔2312米。其西南支脉东古城山（2073

米)、西北支脉营盘山(2181米)、雷音寺(2508米)、东北支脉熊头岩(2169米)、后河山(1851米)、帽盒山(1822米)。石马山峰区构成嘉陵江支流东河(阆水)与汉江支流漾家河、濂水的分水岭。第二大峰区,即红山峰区,位于南郑、南江交界地带。主峰红山,海拔2367米。其西支脉光雾山(2507米),北支脉龙头山(2291米),南支脉铁船山(2468米)。红山峰区是汉江支流冷水河与嘉陵江支流宽滩河(阆水)、小巫峡(南江)、碑坝河(大通江)的分水岭。第三大峰区,即光头山峰区,位于南郑、城固、西乡三县交界。主峰光头山,海拔2459米。其西南支脉大猫儿山(2326米),西北支脉跑马梁(2044米),东支脉上黑山(2181米)。光头山峰区是汉江支流南沙河、堰沟河、牧马河与嘉陵江支流渠江(大通江)之后河、巴河的分水岭。

石马山是米仓山第一峰区,也是米仓山第一文化高峰。石马山的西北向支脉,一直延伸至汉中盆地西缘,在汉江(古称沔水)南岸隆起秀峰十多公里,如游龙戏珠。十二连山一颗珠,所谓"一颗珠"即是十二连山的主峰定军山(833米)。三国故事中有"得定军山则得汉中,得汉中则定天下"的说法。在定军山之南,有一锅底形大洼,即三国时可屯万兵的仰天洼。而在山北的沃野田畴,即是当年诸葛亮大布八阵图、设督军坛的武侯坪,也是黄忠大战夏侯渊的古战场。在定军山山腰,有中开一缝的大石,名曰挡箭牌。东汉建安二十年(215),曹操击败张鲁,平定汉中,并派大将夏侯渊、张郃留守。刘备进兵汉中,老将黄忠首先于天荡山击败张郃守军后,经法正指点,夺定军山作为挡箭牌,形成居高临下之势,并一举击溃夏侯渊守军。由此,刘备夺得大半个汉中,并成为后来北伐根据地。诸葛亮遗命葬于汉中定军山。后来,在定军山下,汉江南岸有武侯墓,北岸有武侯祠,如今,又打造出诸葛古镇。

石马山向北伸展出熊头岩、后河山、白果寨（1423米）支脉，一直延伸至汉江岸边，即是历史上名声显赫的梁山（1094米）。梁山与定军山隔漾家河对望。梁山三面环水：西为漾家河、东为濂水河、北为汉江干流，且有褒河由北向南迎着梁山扑向汉江。从卫星影像图上看，梁山是漾家河与濂水河的分水岭，也是横亘勉县与南郑县之间的山梁。于是，得名梁山，名副其实。古人曾分天下为九州，西南之州即是梁州。这梁州之"梁"，即来自梁山之梁。曹魏景元四年（263），蜀汉亡，置梁州，治所在今勉县旧州村。至晋时，梁州治所东迁南郑。梁州的地域辽阔，大致包括今陕西秦岭以南，四川青川、江油、中江、遂宁和重庆璧山、綦江等县区以东，子午河、任河、大溪、分水河以西，南至贵州桐梓、正安等地。后来，置州越来越多，梁州辖境渐小。唐德宗兴元元年（784），天子避朱泚之乱幸梁州，改梁州为兴元府，位同京都长安。"梁州"一词由此淡出人们视野。然而，21世纪以来，因龙岗寺遗址发掘，梁山再次进入人们视野。梁山（龙岗寺遗址）是一部厚重的大书，承载着跨越120万年的人类史诗。它涵盖了旧石器遗址、新石器遗址、汉代墓葬群、龙岗寺宗教文化、红色革命文化五大部分，文化内涵之丰富、分布之密集、序列之完整，超乎想象。所具有的历史价值、科学价值、艺术价值，非同寻常。2006年，国务院公布龙岗寺遗址为全国重点文物保护单位。2013年，国家文物局将龙岗寺遗址列入国家考古遗址公园立项名单。

石马山峰区是嘉陵江支流东河的重要河源区。东河，古称"阆水"。阆水二源：西源称西河，上游八道河，源于南郑县黎坪国家森林公园内石马山西麓七眼泉。在河源区先向北流，转而向西，继而转头向南，实现180度大回转。在陕西境内先后称八道河、黄沙河、毛坝河，出陕境后称盐井河、西河，至旺苍县双汇镇与东源合流。东源上游宽滩河，出自南郑与南江两县交界的红山，向西流经光雾山镇，入旺苍境折向西南，至双汇镇与西河合流后，一路向南，至阆中注入嘉陵江。阆中是拥有2300多年历史的古城。历史上，巴国曾建都于枳（今重庆涪陵），后受楚国挤压，迁都至江州（今重庆），再之后沿嘉陵江北上，先建都垫江（今重庆合川），至战国时代迁都阆中。也就是说，阆中是巴国最后的都城所在。巴亡国后，秦于阆中置县。至东汉，分巴郡为三巴（巴郡、巴西郡、巴东郡的简称），阆中是巴西郡治所在。三国时，张飞任巴西太守，驻阆中7年（214—221），曾率精卒万人打败张郃3万人。在为关羽复仇东进伐吴前夕，张飞被部下范强、张达所杀。阆中古城是国家AAAAA级旅游景区，拥有张飞庙、永安寺、五龙庙、滕王阁佛塔、观音寺、巴巴寺、大佛寺、四川贡院8处全国重点文物保护单位，邵家湾墓群、文笔塔、石室观摩崖造像、雷神洞摩崖造像、牛王洞摩崖造像、红四军总政治部旧址、华光楼等22处省级重点文物保护单位。阆中、昭化、奉节、荆州、襄阳，皆是大巴山之三国古城。

米仓山第二峰区（红山）、第三峰区（光头山）分别是嘉陵江支流南江、大通江的河源区。南江与大通江在平昌县合流后，称为巴河、巴水。巴河在渠县三汇镇纳州河（来自达州之河）改名曰渠江。渠江过渠县，一路向南，流经世纪伟人邓小平的故乡广安市，后于重庆合川区注入嘉陵江。渠江是嘉陵江左岸最大支流，也是由三秦通往三巴的重要走廊。

"三秦"原本是秦国故地的简称，因项羽将秦地分封给三位秦军降将而得名。"三秦"一词，源自秦末汉初。大概在400年之后，东汉末年，出现了三巴。秦在巴国故地置巴郡，东汉末年益州牧刘璋将巴郡一分为三，置巴郡、巴西郡、巴东郡。巴郡以今重庆市为中心，巴东郡以今奉节县为中心，巴西郡以今阆中市为中心。后来，人们将三郡合称为三巴，用以指代巴国故地。三秦在大秦岭之北,三巴在大巴山之南,由三秦入三巴,须翻越莽莽大秦岭。毫无疑问,米仓山西域的金牛道是进入蜀国蜀郡的主干驿路,而不是进入三巴的便捷途径。鉴于此,古人开辟了米仓道。米仓道起于南郑,过米仓山入南江县,再往南入巴中,沿巴河南下江州(今重庆),或经蓬州(今蓬安)、顺庆(今南充)下合州(今合川)抵江州。《南江县志》记载:隋大业三年(607),因此道交通便利,难江(南江)划属汉川郡。又云:有张飞碑,其文云:"飞率精卒万人,大破张郃于八濛,立马勒铭,弃马缘山,与麾下十余人从米仓道退还南郑。"唐代,米仓道一度设驿站,辟驿路。

米仓道已是三秦入三巴的捷径,但还是满足不了杨贵妃吃荔枝的需要。《新唐书》载:"乃置骑传送,走数千里,味未变已到京师。"所谓"置骑传送",就是开辟驿道,接力传递。这里的驿道,即是有名的荔枝道——由涪陵(妃子园)直达大明宫。荔枝道的北段,借助原有的子午道,新修的南段,也即是巴山的一段。

毗邻米仓山的是大巴山弧曲前端山域巴山林。它是西乡、镇巴两县交界地带一系列山体的总称。由西向东,分别是马耳长、祁家梁、八桂梁、二道坪、尖山坪、青岗坪、黄杨岭、观音岩、黄泥坡、杨家山、杉树坪、星子山,最高峰箭杆山(2533米)。这一系列南北走向的山脉,呈东西向整齐排列,如同山林一般,得名巴山林。习惯上,人们将巴山林视为米仓山的一部分,事实上,巴山林是大巴山弧曲的起点。因而,本文将其单独列出。巴山林是汉江支流牧马河、泾洋河、富水河,以及任河(渚河)与嘉陵江支流渠江之大通江的分水岭。巴山林的大部分山域在镇巴县。2016年底,陕西省国土资源厅宣布:在巴山发现世界最大天坑群。在四个镇(宁强县禅家岩镇、南郑县小南海镇、西乡县骆家坝镇、镇巴县三元镇）600多平方公里范围内，发现天坑49个，其中超级天坑1个、大型天坑17个、常规天坑31个。位于巴山林之中的镇巴县三元镇，天坑19个，其中圈子崖天坑最大口径520米，最大深度320米。无疑，这是巴山林创造的自然奇观，也是巴山林献给人类的厚礼。

在大巴山弧曲上，与巴山林连接的，分别是北支大巴山和南支观面山。观面山是重庆城口、开县与四川万源、宣汉交界地带的一组山脉，一般海拔1300—1800米。万源市境内八台山，地貌为8层梯级递降，主峰海拔2348米。观面山中支折向东南，因其尾脉数支，如瓜蔓延展，名曰瓜蔸山。观面山与川东平行岭谷相连接，构成汉江支流任河、嘉陵江支流渠江之州河，以及长江峡区支流（小江、汤溪河、梅溪河、大宁河）的分水岭。与观面山相接的川东平行岭谷，由30多条北东向平行山脉与河流排列而成，自西而东分别是华蓥山、铜锣山、明月山、铁锋山、木历山、挖断山、观面山、精华山、方斗山等。川东平行岭谷，背斜成山，向斜为谷，是典型的褶皱山，被视为中国地质研究的天然标本。

狭义的大巴山，创造了中国自然地理传奇鸡心岭。在陕西紫阳、岚皋、平利、镇平，四川万源，重庆城口、巫溪、巫山，湖北竹溪、竹山接壤地带的山脉，即是狭义的大巴山。这里是中国自然地理的腹心，其腹心的腹心即是鸡心岭。中国版图宛若雄鸡之状，而这里是鸡心所在，人称鸡心岭。鸡心岭一脚踏三县：巫溪县、竹溪县、镇坪县。鸡心岭一脚踏三地：重庆、湖北、陕西。鸡心岭一脚踏三区：西南、西北、华中。1996年，在鸡心岭上，国务院竖立界牌标桩。在鸡心岭三省政区交汇处，由镇坪、竹溪、巫溪三县政府立一牌，上书"中国自然国心鸡心岭"。鸡心岭建筑牌楼，南向横额：通衢雄关。楹联上联：山舞银蛇蜀道天堑变通途；下联：岭驰铁骥秦塞旧貌换新颜。北向横额：乾坤浩荡。楹联上联：

云横九派岭上尽揽秦风楚韵；下联：雾漫三边关前遥指蜀水巴山。在牌楼墙体上，时任陕西省省长程安东手书："胜景衔三省"。时任重庆市市长包叙定手书："千古雄关绝，三江坦途通"。湖北省省长蒋祝平手书："华夏儿女凝一心，秦楚巴风汇一门"。其实，鸡心岭并不高，最高海拔1890米。然而，鸡心岭不是一个点，而是一个重要分水岭。鸡心岭北麓，发源了两大汉江支流，西北流向的任河、东北流向的堵河；鸡心岭的西南，发源了嘉陵江支流巴河（渠江）之州河（河源前河、后河），鸡心岭的东南，发源了长江一级支流大宁河（巫溪河、巫水）。

  大巴山河流众多，然而最具特色者，莫过于任河。任河是大巴山自然传奇故事中一重要章节。首先，任河堪称是密林之河。任河全流域尽在大巴山弧曲之中，尽皆为森林茂密地带，这决定了任河的生态品质。其次，任河堪称是倒流之河。常言"一江春水向东流"。任河反其道而行之，从城口、巫溪、镇坪三县交界大燕山（古名万顷山）三棵树发源后，一路向西倒流800里。第三，任河堪称是任性之河。任河分为东西两大支，也是两大源。东支源自三县交界三棵树，在城口县城以上河段，先后接纳亢河、黄溪、石溪、岚溪、菜子坝、龙潭、坪坝、岔溪、左岸9河之水，古称"九江"。西支名渚河，源自镇巴县星子山，由中渚河、大市川河合流而后称渚河，一路向东流淌125.1公里。九江向西，渚河向东，像两条飞舞的绿带。这两条绿带交汇于紫阳县向阳镇，再奔向东北方向，在紫阳县城关镇注入汉江。第四，任河堪称是奇异之河。一般流域若分支多则呈枝条树状，而任河像是仅有两个细长枝条的扁平盆景。在4871平方公里的流域范围，与巴山弧曲相伴，两岸山奇、水幽、石怪、洞神，险中藏奇，奇中蕴妙，景色奇美。第五，任河堪称是霸气之河。任河并非大河，却能够由西南奔向西北，奔流于重庆、四川、陕西2省1市，这是只有大江大河才具有的霸气。

狭义的大巴山，隐藏着中华民族的文化密码。先秦时期，这里曾经先后有过巫、庸、巴三个极具神秘色彩的古国，并将其文化基因深深植入我们的血脉。

中国文化可以分为五个时期：（1）巫文化时期，在周代以前，包括漫长的新旧石器时代，巫术、巫文化占据主导地位。（2）诸子文化时期，春秋战国时代，诸子百家并立并存。（3）儒释道文化时期，从汉至唐，儒释道三足鼎立。（4）儒家文化时期，由唐至清，儒家独大，唯我独尊。（5）新文化时期，民国以来，中西交流，西学东进，多元并存。也就是说，最初的文化即是巫文化。上古时代，长江三峡地区就称作巫，其周之山称巫山。之后，称峡江；再之后，叫三峡。三峡水库建成后，叫作三峡库区。这一地带是巫文化的发源地。重庆巫溪、巫山是《山海经》载"十巫降临"之地，当今之世巫风仍浓。

考古成果表明，在距今204—201万年前，长江巫峡一带生息繁衍着巫山人。迄今为止，巫山人化石是中国境内发现最早的人类化石，也是亚洲发现最早的人类化石，比云南元谋人早30万年。距今1万年左右，巫山人进入母系氏族社会，也就是新石器时代。这时，他们开始从山洞、高山逐渐移居到山前台地和缓坡地带，并磨制石器、制作陶器。大约在5000年前，巫山人开始使用石器开垦土地，如石斧、石锄等，主要种植的农作物有水稻。巫山人创造出了一个相对于自我的超我的神灵。这神灵即是宇宙的总管，因此人们对其尊而从之，敬而畏之。巫，就是与神灵展开对话的人。巫，与神灵关系密切，具有上请神明、下救人命的大本领，因此也赢得人们的普遍尊重。在甲骨文中，巫字是两个工字交叉在一起。这似乎凸显了巫的高超技能。用今天的话语来说，过去的巫，比今日更胜一筹，也更受人尊重。从历史角度看，巫是带有神秘色彩的原始文化，也是上古人类顺应自然、适应自然、改造自然所依赖的重要路径。人们相信万物有灵，以特定方式可实现万物之灵的通达互补。巫术，就是实现这种通达互补的技术。巫师，是能将人事向神灵报告，并将神灵示意带给人间的先知。巫人，从事祈祷、祭祀、占卜活动的人，也是上天派来的使者。以今天的观点来看，巫文化确有荒诞之处，然而它是人类早期文化的基本内容，也是中华文化的重要组成部分。

《山海经·大荒西经》称巫山为灵山，其宣称的"灵山十巫"，也就是后世所称"巴山十巫"。其中，巫咸、巫彭，曾皆为商王太戊的大臣。巫咸善于术数星占，是筮卜的发明者。巫咸是宫廷巫人，以巫接神事，以巫祝方法治愈疾病，所以被视为神医，也成为神权统治的代表人。传说，商朝的巫事，就是因巫咸而兴。巫彭精通医道，有人尊其为中华医学始祖。如今，不少人认为，所谓灵山十巫，其实就是峡江一带若干巫山人部落的总称。灵山十巫中最强大的一支称为"巫咸族"，在大巴山腹地南麓，大宁河流域（今巫溪、巫山一带）建立了巫咸国。史料显示，巫咸国始于帝尧时代，也就是公元前22世纪前后，至今已有4000余年历史。咸是盐的味道。从文字构成而言，巫咸国有两大核心资源，或是两大核心竞争力，即巫和盐。在那个时代，巫是原创性知识体系，包括巫术、巫医、巫药，这是重要的软实力；盐是战略资源，盐业是硬实力。巫咸国即是以巫溪宝源山咸泉为中心，以巫和盐为核心资源建立起来的方国。巫文化，就是灵山十巫创造的以占星术和占卜术为主要形式，以盐文化和药文化为主要内容的文化。当然，悬棺葬也是巫文化的一种重要形式。人死后殓遗入棺，棺悬崖壁木桩，或置于崖洞中、崖缝内，或半悬于崖外，陡峭高危，下临深溪。悬置越高，对死者越是尊敬。所以将棺木置于高山悬崖之上,因为世代生活在崇山峻岭之人感念山神庇佑之恩,相信逝者灵魂安葬崖上,可以目睹其下子孙生活,并为子孙带来关照,护佑子孙平安。

神秘的巫咸国当在何处?至今迷雾重重。不过,越来越多的人相信,巫咸国与宝源山有着密切关联。宝源山是大巴山的一个小山头,地处巫溪县大宁河上游的后溪河口。大宁河与任河同源而背流,古名昌江,又名巫溪水、巫水。大宁河主要穿流于巫溪、巫山两县,两岸崇山峻岭,也即是巫山。大宁河接纳巫山众多溪流,于巫山县注入长江(巫峡因此而得名),河长约250公里,包括下游巫山小三峡50公里。宝源山之"宝",不是别的,正是盐泉。一眼盐泉流淌了数千年。如今,这里一片凋敝,人烟稀少。然而,唐尧时期,此地极盛一时,甚至是巫咸国首会所在。宁厂镇有4000多年制盐史,是古时"不绩不经,服也;不稼不穑,食也"的乐土。历史上曾在此设郡、监、州、县,有过"一泉流白玉,万里走黄金""吴蜀之货,咸荟于此""利分秦楚域,泽沛汉唐年"的辉煌。盐场上下人来人往,熙熙攘攘,五里河谷,万灶盐烟。繁盛之时,"七里半边街",人口多达14000余口,四方商旅云集,10万人以盐为生。近年来,人们越来越重视以宁厂镇为中心的古盐道系统,并以此叙述巫咸国的盐业传奇和灿烂文化。

与任河、大宁河同源异流的,还有汉江支流堵河。堵河是"陡河",因河流落差大而得名。堵河源于鸡心岭之西镇坪境内的三个包,海拔2603米,上游大暑河、南江,出陕镜后,流经竹溪、竹山,于十堰市张湾区黄龙镇注入汉江。在堵河流域,存在另一个神秘的古国——庸国。考古研究发现,十堰市也有着一部"人类地下通史":约97万年前的郧县人、约75万年前郧县梅铺人、约60万年前的郧县白龙洞人、约10万年前的郧西黄龙洞人、约 2 万年前的郧县安阳鱼呾人,以及新石器时代的青龙泉遗址均在此地。在竹山县霍山坡、潘口、两河口黄土包等地,先后出土的新石器,则记录着 1 万多年前的庸人信息。《神仙全传》《舆地纪胜》等文献,皆记载着女娲炼石补天的故事,竹山县西有女娲山,平利县西有女娲山,从一个侧面记述着庸文化的足迹。《尚书·舜典》记载:"舜帝三十而征庸",叮见,庸与舜帝在同一时期,距今已有 4000 余年。也就是说,在夏以前,最迟在商,庸即是一国。若从夏算起,庸史有 1700 余年;若从商算,庸史也有 1100 余年。庸,以筑城立国。因善于筑城建房而称为"墉人"。周统治者曾请庸人在洛邑建造都城。竹山县的古庸方城遗址,历经 3000 余年风雨侵蚀,城墙屹立不倒,也见证了其建筑成就。商时,庸国控制了巫咸国,占有了盐泉,继而成为盐业大国,也就成为群蛮之首、百濮之长。全盛时期,庸国势力所及,覆盖了大巴山全域。从这种意义上说,大巴山是庸国之山,也可称其为大庸山。庸的影响力远远超过了之前的巫,也远胜于后来的巴。庸是一个英勇善战的族群。《史记·周本纪》载:周武王联合西土庸、蜀、羌、髳、微、卢、彭、濮等方国,并亲率"戎车三百乘,虎贲三千人,甲士四万五千人,以东伐纣"。毫无疑问,此时的庸,列八国之首,是名副其实的西南大国。周代之初,庸亦是南方第一大诸侯国。春秋初年,尚可称雄于楚、巴、秦之间。庸的衰落之势,大抵起于驻郿庸人参与"管蔡之乱",因此而遭周公打击和斥弃。处在衰落中的庸国,面临楚、巴、秦三国崛起的挑战,疆域被不断蚕食。特别是楚国,占据了庸国最肥美的土地——荆山脚下的江汉平原。公元前 611 年,楚国遭遇灾荒,楚庄王韬光养晦。此时,庸国乘楚之危,起兵东进伐楚,并联合了南蛮附庸之军。此时,秦、巴两国也看到吞并庸国的机遇,应楚庄王之邀,秦、巴、楚三国联合攻庸。

庸都四面楚歌，国破家亡，庸的势力范围被楚、巴、秦三国瓜分。庸伐楚未成，反弃国南逃，因此留下"世上本无事，庸人自扰之"的千古话柄。庸亡国后，庸人逃亡至湘西一带，在此留下地名：庸州、大庸溪、大庸滩、大庸坪、大庸口、庸水、武陵江，等等。2004年以来，有学者研究称，陶渊明《桃花源记》中记载的避秦时之乱的人，便是古庸人。

1984年在神农架地带发现了一部奇书《黑暗传》，并于1992年正式出版。《黑暗传》是一部民间歌谣唱本，生动形象地描述了世界形成、人类起源的历程，融汇了混沌、浪荡子、盘古、女娲、伏羲、炎帝神农氏、黄帝轩辕氏等神话人物，且与现存史书记载内容不尽相同。《黑暗传》被视为中国远古文化的活化石，甚至是中华创世史诗。2011年国务院批准将《黑暗传》列入第三批国家级非物质文化遗产名录。也有人认为，《黑暗传》是古庸国及其遗民口口相传历史故事的文字记录。屈原是庸人之后，《离骚》第一句即是"帝高阳之苗裔兮，朕皇考曰伯庸。"即是说，他的家族是五帝高阳氏颛顼的后代，他本人是庸伯嫡嗣。屈原可能受到过黑暗传神话熏陶，并成为其诗风的著名传人。

巴，另一个神秘的族群和神秘的古国。巴字何意？《说文》曰："巴，虫也。或曰食象蛇。象形。凡巴之类皆从巴。"意思是说，巴是体型大的虫，或是能够吃大象的蛇。然而，虫、也、它、蛇，是同源字，古时虫、它、蛇通用。将巴解释为虫，过于勉强。在甲骨文中，巴字像是一个长着长臂大手的人。它表现了一个攀爬者的体态特征。《周书·王会》载："巴人以比翼鸟。"意思是说，巴人在山中攀爬、攀援，就像是长着翅膀的鸟儿。因地理原因，巴人的特点，也许是如鸟儿、如流萤，忙忙碌碌，跑来跑去。巴人生活的地域，不仅缺少像秦人一样的黄土高原、渭河平原，也缺少像蜀人一般的川西坝子，也没有如楚人一样的江汉平原。可以说，巴人生活的巴地，尽皆丛林崖壁、溪水深谷，因而攀爬、攀援是最基本的生存技能，因此而发展出长臂大手当在情理之中。在甲骨文向篆文演化过程中，巴变形过度，以至于失去了原本的真相！史学研究越来越倾向认为，巴国始于先夏时期。巴人的起源地是峡江南岸的清江流域的"巴方之域"。清江古称"夷水"，是长江南岸的一颗明珠，号称"八百里清江画廊"。《水经注》载："夷水，即佷山清江也。水色清照十丈，分沙石。蜀人见其澄清，因名清江也。"清江源于重庆湖北交界地带的齐岳山，自西向东切割云贵高原东部边缘鄂西群山，穿流于湖北恩施、宜昌，在宜都陆城注入长江。巴人从清江迁入峡江地区后，因"土植五谷，牲具六畜"而成为峡江地区的进步力量，并因此而向巫人、庸人势力范围不断渗透，并取而代之。特别是公元前611年，巴、楚、秦三国分庸后，巴人成为大巴山西域的真正主人，以至于后世将一座山脉名之以巴山。巫人、庸人所创造的文化，被定义为先巴文化。《山海经》的记载，倒是颇为玄乎。说是西南有巴国，祖先叫咸鸟，咸鸟生乘釐，乘釐生后照，后照是始为巴人。其实，这等于是说，在兼收并蓄了巫文化、庸文化之后，形成了特色鲜明的巴文化。最典型的巴渝舞，就完美体现了巫、庸、巴三种文化元素。

在巴楚之间，原本有一小国，名曰"夔"。夔国，又称隗国或者归国。其国都夔城，即是今秭归县东之夔子城，地名曰夔沱。公元前634年，楚国灭夔。《史记·楚世家》集解云："夔在巫山之阳，秭归乡是也。"用在地名上，"秭"字是由"姊"字演变而来。《水经注》载："屈原有贤姊，闻原放逐，亦来归，……因名曰秭归。"屈原故里在秭归，秭归也因屈原得来中国诗歌之乡的美誉。周初，夔国有过一个全盛时期，完全占据了峡江地带。夔国的东界，可达宜昌，古称"彝陵""夷陵""蛮夷""南蛮子",曾属于远古西陵部落。因水至此而夷,山至此而陵故名夷陵。战国时,秦将白起所烧"夷陵"即是宜昌古称。东汉建安十三年(208)改夷陵为临江郡,建安十五年(210)改宜都郡。三国时,改为西陵郡,西陵峡由此得名。夔国的西界,可达奉节。在历史上,奉节先属于巫,后属于庸,而后属于夔。三峡西端入口,也就是瞿塘峡之西入口,人称瞿塘关,也称夔门——因两岸断崖壁立,高数百丈,宽不及百米,形夔国之门户而得名。长江上游之水,尽皆纳于此门,门内峡水深且急,江面最窄处不及50米,波涛汹涌、呼啸奔腾,素有"夔门天下雄"之称。至春秋初年,巴、楚两大国从东西两个方向挤压夔国。公元前634年,夔国最终被楚所灭。而此时,巴国已占有夔国西域之巴东、奉节之地。在庸亡之后,巴楚的正面对抗已经不可避免。那时楚是一个年轻且强势的南方大国,实力胜于巴国。巴国从庸、夔得到的土地,一步步被楚国挤占。巴东、奉节也逐步纳入楚国版图,而巴国都城也一步步向西迁徙。

在某种意义上,可大体以鸡心岭为界,南北画线分出大巴山的东西,鸡心岭以东是楚国势力范围,以西是巴国势力范围。也就是说,鸡心岭以东的大巴山是楚国之山,可称其为大楚山,主要是今湖北境内的大巴山。大楚山可以划分为四大板块:沧浪山、武当山、神农架、荆山。(1)沧浪山。介于汉江、堵河、坝河之间的山域。以白河县为中心,包括周边的汉滨、平利、竹溪、竹山、郧县部分地域。海拔在2000米以下,山与沟相间,地无百亩平。汉江的一段,曾称之为沧浪水。沧浪山是秦头楚尾,也是朝秦暮楚之地。(2)武当山。介于汉江、堵河、南河之间的山域。狭义的武当山,又名太和山、谢罗山、参上山、仙室山。武当之名,最早见于《汉书》。汉末至隋唐,求仙学道者栖隐武当。至宋代,道经始将传说中的真武神与武当山联系起来,将武当山附会成真武的出生地和飞升处,并为以后的显荣尊贵打下基础。元末明初,张三丰开创武当派,使武当山成为名声远播的道教圣地。明代皇帝统治者尊崇真武,封武当山为"太岳""治世玄岳"。由此,武当山获得五岳之冠的显赫地位。清代以来,武当山地位下降,主要通过朝山进香等民俗活动体现。如今,武当山武术是中华武术重要流派。武当山是世界文化遗产,也是国家AAAAA级风景区。(3)神农架。介于长江、沮河、南河、堵河(官渡河)、神农溪(沿渡河)之间的山域。相传,炎帝神农氏在此尝百草,为民除病,故名神农架。自出现野人传说后,神农架被蒙上神秘色彩。因受第四纪冰川影响较小,这里蕴藏着古老、珍稀和特有植物。神农架是中国保存完好的绿洲,也是世界中纬度地区完好的亚热带森林生态系统,被誉为北纬31°的绿色奇迹。(4)荆山。位于大巴山东部边缘,西以沮水连接神农架,北以南河连接武当山,东达汉水西岸,南抵长江之畔。荆山大体呈西北—东南走向,长约150公里,宽约25公里。相传,春秋楚人卞和得璞玉于此山,这便是和氏璧的来历。和氏璧是中国历史上著名的美玉,在它流传的数百年间,被奉为天下共传之宝。和氏璧,又称荆玉、荆虹、荆璧、和璧、和璞。从字面来看,荆山自是多荆之山。《说文》载:"荆,楚木也。""楚,丛木。一名荆也。"荆、楚本是同物,皆长着尖刀一样的刺。荆山,也称楚山。"振楫发吴州,秣马陵楚山",荆州是天下九州之一。荆州之荆,来自荆山之荆。《尚书·禹贡》曰:"荆及衡阳惟荆州。"也就是说,荆山与衡山之间的广袤地域,即是荆州。楚人立国于此,故称荆国或楚国,或曰荆楚、楚荆。公元前689年,楚国定都于荆州纪南城。此后的411年里,楚都一直在荆山脚下。因此,荆山也是楚文化的父亲山。

与巫、庸、巴相比,楚是一个年轻的国家,也是一个后起的国家。据《史记·楚世家》记载:"高阳者,黄帝之孙,昌意之子也。"楚王族属于华夏。楚人先祖鬻熊辅佐周文王灭商有功,周成王封鬻熊曾孙熊绎为子爵,建国于丹阳,领地50里。楚国由此发端,由小到大,由弱变强,并一度成为南方霸主。在全盛之时,疆域北至黄河,东至海滨,西至云南,南至湖南南部。郢,也就成为这一时期中国南方的第一大都会。楚文化的主源是中原文化,楚国先民吸收了华夏先民所创造的文化,并以中原商周文明,特别是姬周文明为基础。现今河南省西南部、湖北省大部为早期楚文化中心地区;江苏、浙江和安徽北部为晚期楚文化的中心;湖南、江西是春秋中期以后楚文化的中心地区;贵州、云南、广东等地的部分地区受到了楚文化影响。需要指出的是,楚国强盛的时代,江汉平原的面貌与今日存有巨大差异。过去,这里是烟波浩渺的湖泊沼泽,人称云梦。在楚方言中,梦为湖泽之意,与漭相通。因而,所谓云梦,即是云梦泽。湖北曾有千湖之省的称谓,所谓千湖,也就是湖泊众多。在古代,这众多湖泊连为一体,即是云梦泽。后来,因长江、汉江泥沙沉积,云梦分为南北两部分。北部为沼泽地带,南部保持浩瀚水域,即是洞庭湖。汉司马相如《子虚赋》描写了云梦的范围:东至大别山麓,西至鄂西山地,北及大洪山区,南缘大江。东西超过400公里,南北不下250公里。云梦之中,兼有湖泊、湿地、山地、丘陵多种地貌,其中一部分被开辟为楚王的游猎区。

公元前316年,秦灭巴蜀,置蜀郡、巴郡。公元前278年,秦将白起攻取克楚之郢都,秦置南郡。在时间上,荆山是大巴山最后进入秦国版图的一块。

然而,485年之后,荆山山麓,又出现了分裂大巴山的行动,策划了三分天下的传奇。东汉建安十二年,也就是207年,曹操52岁,孙权

25岁，刘备46岁，诸葛亮26岁。这一年，曹操已拥百万之众，挟天子而令诸侯，孙权据有江东，已历三世。刘备因智术浅短无自足之地。心怀大志的刘备，自然是求才若渴。这一年冬天，刘关张三顾茅庐。陈寿《三国志》载："凡三往，乃见。"毫无疑问，这是一次决定命运的会见。20年后，也就是227年北伐前，诸葛亮《出师表》载："先帝不以臣卑鄙，猥自枉屈，三顾臣于草庐之中，咨臣以当世之事，由是感激，遂许先帝以驱驰。"因为感激，诸葛亮将自己学识观点、治世策略，向刘备和盘托出。《隆中对》亮答曰："自董卓已来，豪杰并起，跨州连郡者不可胜数。曹操比于袁绍，则名微而众寡。然操遂能克绍，以弱为强者，非惟天时，抑亦人谋也。今操已拥百万之众，挟天子而令诸侯，此诚不可与争锋。孙权据有江东，已历三世，国险而民附，贤能为之用，此可以为援而不可图也。荆州北据汉、沔，利尽南海，东连吴会，西通巴、蜀，此用武之国，而其主不能守，此殆天所以资将军，将军岂有意乎？益州险塞，沃野千里，天府之土，高祖因之以成帝业。刘璋暗弱，张鲁在北，民殷国富而不知存恤，智能之士思得明君。将军既帝室之胄，信义著于四海，总揽英雄，思贤如渴，若跨有荆、益，保其岩阻，西和诸戎，南抚夷越，外结好孙权，内修政理；天下有变，则命一上将将荆州之军以向宛、洛，将军身率益州之众出于秦川，百姓孰敢不箪食壶浆以迎将军者乎？诚如是，则霸业可成，汉室可兴矣。"诸葛亮的观点非常明确，其基本前提是：曹操、孙权已经做大，曹操不可与争锋，孙权可以为援而不可图也。那么，下来怎么办呢？诸葛亮的战略着眼点，也是用武之地，即是进可攻、退可守的荆州。荆州"其主不能守，此殆天所以资将军"。在荆州站稳脚跟，就可以"西通巴、蜀"。显然，诸葛亮联想到，公元前207年，刘邦受项羽之封，成为汉中王的往事。汉中王刘邦兼有汉中郡、巴郡、蜀郡，"因之以成帝业"这种联想，显然极具诱惑力。"明修栈道、暗度陈仓"，一举拿下关中，华夏尽在囊中。占有了荆州、巴蜀、汉中，也就实现了三分天下，比当年刘邦的形势更加有利。一旦时机来临，可以从荆州、益州两个方向，也就是大巴山的东西两个方向北上，夺取关中和中原。"诚如是，则霸业可成，汉室可兴矣。"可以说，《隆中对》规划了一幅行动路线图。因此，如今襄阳号称三国文化的发源地。

次年，也即东汉建安十三年七月，曹操亲率大军南征荆州。八月，荆州牧刘表病逝，次子刘琮即位。九月，曹军先锋陆续在舞阴、博望等地大破荆州军，先头部队已至新野。刘琮惊慌失措，接受劝降。此时，刘备屯兵于樊城前线，得知荆州已降，立即弃樊南逃。诸葛亮曾劝刘备趁机攻打刘琮，占据荆州以抗曹军。因荆州是刘表基业，刘备不忍相夺，命关羽率军从水路向江陵（南郡治所）进发。曹操听闻刘备南逃，忧其强占江陵，派精骑五千急袭之。因荆州士民多投归刘备并随之南逃，转移甚是缓慢。曹军在当阳附近，击溃刘备所部。刘备、张飞、诸葛亮等数十骑逃脱。张飞断后，召集散卒二十余骑，在长坂桥上，横握长矛，怒目圆睁，曹军畏惧，无人敢上前。《三国志·张飞传》载："飞据水断桥，瞋目横矛曰：身是张益德也，可来共决死！敌皆无敢近者，故遂得免。"赵云单骑救主，杀入曹军救出甘夫人及幼子刘禅。刘备输了长坂坡之战，也输掉占领江陵的机会，却赢得了好名声。后来，姜维曾评论道："当阳之役，义贯金石。忠以卫上，君念其赏。礼以厚下，臣忘其死。死者有知，足以不朽；生者感恩，足以殒身。"

在当阳长坂刘备曾会见一位神秘人物，这就是东吴之鲁肃。在曹操进军荆州之前，孙权已击败镇守江夏（今武汉）黄祖，占领数县，打开了荆州门户。听闻曹操南下后，孙权以吊丧之名，派遣鲁肃前往荆州，以探询刘备等人意向。鲁肃抵达江陵时,传来刘琮已降,刘备南逃的消息。于是,鲁肃北上与刘备会面,劝说刘备与孙权联合。由此,刘备转向东行,与沿汉水而下的关羽水军会合,又遇前来增援的刘表长子江夏太守刘琦,遂一起至夏口。十月,在荆州稳住阵脚的曹操,自然要乘胜追击。诸葛亮审时度势,对刘备说:"事急矣,请奉命求救于孙将军。"于是,有了舌战群儒,有了草船借箭,有了赤壁大战。至东汉建安十五年(210),周瑜亡故,鲁肃接替周瑜辅佐孙权。孙权纳鲁肃之议,把荆州的南郡"借"了刘备。至此,刘备占有荆州五郡,其治所江陵,从此三分天下的三国大幕徐徐拉开。建安十六年(211),刘璋听从张松建议,派法正邀请刘备入川,襄助自己对付张鲁。刘备遂留诸葛亮、关羽等守荆州,自将数万步卒入蜀,与刘璋会于涪。刘备北至葭萌驻军,厚树恩德以收人心。建安十七年(212),张松事败被杀,刘备与刘璋反目。刘备派黄忠率军南下进攻刘璋,占领涪城。建安十八年(213),刘备军力益强,平定各县。同年,调诸葛亮、张飞、赵云等率军入蜀。建安十九年(214),刘备、诸葛亮、张飞、赵云、马超合围成都,城中震怖,刘璋投降,刘备遂领益州牧。建安二十四年(219),发起汉中之战,斩杀曹魏名将夏侯渊,刘备自立汉中王。这时,刘备同时拥有巴蜀、汉中和荆州,其实力也达到巅峰状态。

然而,在刘备得汉中的同一年,镇守荆州的关羽,发兵征讨曹操占有的襄樊地区。不料,孙权派吕蒙乘虚偷袭荆州,导致荆州三郡(南郡、武陵、零陵)失陷,这便是大意失荆州。知悉荆州生变,关羽南撤,士卒溃散,退至麦城,这便是败走麦城。建安二十四年(219)十二月,关羽率数十骑出逃,一路突围,至临沮(今湖北远安)遇伏被擒,与长子关平一起被害。孙权将关羽首级送给曹操,曹操以诸侯之礼葬于洛阳,孙权则将关羽身躯以诸侯礼葬于关陵（今湖北当阳），也称大王冢。刘备在成都为关羽建衣冠冢（关羽墓），招魂祭祀。由此，关羽头枕洛阳，身卧当阳，魂归故里（今山西运城）。荆州城建有关帝庙，每年举行大型庙会，荆州人玩龙灯，划采莲船，骑马射箭，吹喇叭套轿子，敬仰关公是荆州千年不变的习俗。李白《早发白帝城》："朝辞白帝彩云间，千里江陵一日还。两岸猿声啼不住，轻舟已过万重山。"其中"江陵"即是荆州城。现存荆州城墙与西安城墙、南京城墙、襄阳城墙、兴城城墙、平遥城墙、北京城墙被并称为中国七大古城墙。

大意失荆州的次年春天，刘备称帝，国号曰汉，史称"蜀汉"，年号章武。称帝后，刘备做的第一件大事，就是倾举国之力东征，替关羽复仇。由巴蜀征东吴，锁定的关键目标是荆州，而峡江是必由之路。对于峡江天险，郦道元在《水经注·江水》中记述道："自三峡七百里中，两岸连山，略无阙处。重岩叠嶂，隐天蔽日，自非亭午夜分，不见曦月。至于夏水襄陵，沿溯阻绝。或王命急宣，有时朝发白帝，暮到江陵，其间千二百里，虽乘奔御风，不以疾也。春冬之时，则素湍绿潭，回清倒影。绝巘多生怪柏，悬泉瀑布，飞漱其间。清荣峻茂，良多趣味。每至晴初霜旦，林寒涧肃，常有高猿长啸，属引凄异。空谷传响，哀转久绝。故渔者歌曰：'巴东三峡巫峡长，猿鸣三声泪沾裳。'"刘备率十余万蜀汉军队，一路东进，夺取峡口，占领巫山、秭归，来势汹汹，势不可挡。222年正月，蜀汉水军兵锋直指夷陵地区，屯兵长江两岸。二月，刘备率主力出秭归抵猇亭，这里已是江汉平原西部边缘，荆州城近在眼前。然而，这时蜀汉军开始受到吴军的遏阻。直至六月，两军依然为相持之态。蜀汉在巫峡北至夷陵一线数百里设立数十个营寨。六月酷暑，蜀军不堪。于是，刘备将水军舍舟移到陆上，军营设于密林，依傍溪涧，准备秋后发动攻势。于是，东吴将军陆逊看到了希望。陆逊即命令军士卒各持茅草一把，乘夜突袭蜀军营寨，猛烈的火势之下，蜀军溃不成军，吴军乘机围攻。刘备见全线崩溃，逃入永安城中，也就是奉节的白帝城。刘备羞于夷陵之战惨败，一病不起，次年而亡。终蜀汉之世，恒以白帝城为重镇。

对于刘备而言，白帝城是一个值得永远纪念的地方。在东汉末，置固陵郡，后改称巴东郡。东汉建安十九年（214），诸葛亮与张飞、赵云自荆州将兵溯流，过巴东郡至江州。刘备称帝后，改为永安县。刘备兵败夷陵，退屯白帝城。白帝城托孤，诗文言说在永安宫。杜甫《咏怀古迹五首》："蜀主征吴幸三峡，崩年亦在永安宫。"宋人王十朋《昭烈庙》："古屋数椽犹庙食，伤心地近永安宫。"清人王士禛《八阵图》："永安宫殿莽榛芜，炎汉存亡六尺孤。"唐贞观二十三年（649），为旌表诸葛亮奉刘备"托孤寄命，临大节而不可夺"而更名为奉节县。奉节经历了西汉公孙述称帝、蜀主刘备托孤、诸葛亮八阵退敌、唐初李靖压兵荆楚，以及无数铁血将士叱咤疆场的历史事件。因修筑三峡水库，奉节古城整体搬迁。与奉节古城一起消失的还有：兵书宝剑峡、龙门峡、倒吊和尚、水帘洞、七道门洞、巴堰峡、关刀峡、大溪文化、屈原祠、白鹤梁、张飞庙，等等。许多文人墨客曾在这里浅唱低吟，李白、杜甫、刘禹锡、范成大、陆游等诗人在此留下无数不朽诗篇。766年暮春，著名诗人杜甫来到奉节，在客居奉节的两年里，写下430多首诗歌，占其一生诗歌总数的三分之一。《登高》一吟，令人荡气回肠："风急天高猿啸哀，渚清沙白鸟飞回。无边落木萧萧下，不尽长江滚滚来。"

巫、庸、巴、楚，以及三国如同是以大巴山为舞台中心的文明串珠。当然，对于未来而言，也许更重要的是大巴山的生态串珠，大巴山的生态串珠，就像珍珠一般散落在大巴山深处的自然保护区群。

米仓山自然保护区群：（1）在广元市朝天区与陕西省宁强县交界的马家坝乡、青林乡境内建立的四川省水磨沟省级自然保护区，素有"秦巴大草甸"的招牌。总面积78平方公里。最高海拔1712米，平均海拔1500米。主要保护云豹、扭角羚、藏酋猴、珙桐、连香树、白皮松等珍稀动植物。（2）在四川省旺苍县与陕西省宁强县交界地带，1999年建立四川鼓城山自然保护区，2002年更名四川米仓山自然保护区，2006年晋升为米仓山国家级自然保护区。总面积2.34万公顷。主峰城墙岩，海拔2281米。（3）在四川省南江县，20世纪80年代始建大小兰沟自然保护区，1997年建设光雾山自然保护区，2005年将光雾山自然保护区并入大小兰沟自然保护区，总面积3.6万公顷。当家树种巴山水青杠，深秋时节，层林尽染，恰似地毯铺到云天外。（4）在四川省通江县，2004年建立四川诺水河珍稀水生动物省级自然保护区，2012年晋升为国家级自然保护区。总面积9220公顷。河流源头南郑县碑坝河，流出陕境进入通江县称诺水河。主要保护：大鲵、水獭、岩原鲤、重口裂腹鱼、青石爬鱼兆、鳖、乌龟等珍稀水生动物，中华倒刺鱼巴、白甲鱼、华鲮、南方鲇、鳜、黄颡鱼等名贵经济鱼类及其生活的水生生态系统，以及猕猴、麂、银杏等国家珍稀动植物。（5）在陕西省西乡县，与镇巴县、南郑县、南江县交界地带，2002年建立陕西龙池猕猴省级自然保护区，2011年晋升为国家级自然保护区，并更名陕西米仓山国家级自然保护区。总面积3.4万公顷。主要保护北亚热带和暖温带过渡地带森林生态系统及珍稀野生动植物。（6）在南江县，与旺苍、南郑县交界地带，毗邻光雾山国家重点风景名胜区，1995年建立米仓山森林公园，2002年晋升国家级森林公园。2007年被评为中国红叶之乡。（7）在陕西省南郑县，黎坪国家级森林公园,集山景、林景、石景、水景、气候景观和田园景观合为一体。石马山万亩高山峰丛石林景观,在同纬度、同海拔地区堪称绝版。层层山峦、莽莽林海、四季如画,让人感受天人合一、回归自然的境界。因此享有"石林奇境,碧水天堂"的美誉。

大巴山—鸡心岭自然保护区群:(1)在大巴山南麓,鸡心岭之西,重庆市城口县境内,2000年建立大巴山自然保护区,2003年晋升为国家级自然保护区。总面积13.6万公顷。多峰丛、溶洞、暗河,岭谷高差800—1200米。主要保护亚热带森林生态系统及其生物多样性和不同自然地带的典型自然景观。(2)在大巴山北麓,鸡心岭之北,陕西省镇坪、平利两县交界,1982年划定陕西化龙山自然保护区,2007年晋升国家级自然保护区。总面积2.56万公顷,镇坪占80%。化龙山受冰川破坏较小,成为珙桐、水杉、长序榆、香果树、杜仲、银杏、龙卷柏等古老植物的避难所。种子植物154科、1731种,比神农架多12科,比太白山多33科,重点保护植物33种。鸟类141种,兽类78种,两栖爬行类33种,其中国家重点动物30种。(3)在鸡心岭之西,重庆万源市境内,与镇巴、紫阳、城口交界地带,1999年设立四川花萼山自然保护区,2007年晋升国家级自然保护区。总面积4.8万公顷。主峰花萼山,海拔2380米。溪河遍布,水系发达,包含江汉支流任河、嘉陵江支流巴河源之后河。主要保护红豆杉、珙桐以及豹、云豹、林麝、金雕等一类动植物。(4)在鸡心岭之南,四川省宣汉县,与重庆市城口县交界地带,建立四川百里峡省级自然保护区,面积2.6万公顷。(5)在鸡心岭之南,重庆开县北部,与城口、宣汉交界,建立重庆雪宝山自然保护区,2011年晋升为国家级自然保护区。总面积3.19万公顷。最高海拔2626米,最低海拔460米。主要保护珙桐、红豆杉、银杏以及云豹、豹、林麝和金雕等动植物。

这里有同名的雪宝山国家森林公园,面积1.8万公顷。(6)在开县与云阳县交界川东平行岭谷地带,2008年建立重庆澎溪河湿地自然保护区。总面积4107公顷。(7)在鸡心岭东南,巫溪县境内,与巫山县、神农架林区交界地带,建立重庆阴条岭国家级自然保护区。总面积2.24万公顷。主峰阴条岭,海拔2796.8米,称重庆第一峰。主要保护珙桐、蜡梅、崖柏、银杏、红豆杉和金雕、白熊、白狐、金钱豹、小熊猫等动植物。(8)在鸡心岭东北,在竹溪县毗邻堵河源、神农架(大九湖)、阴条岭自然保护区,2003年建立湖北十八里长峡省级自然保护区,2013年晋升国家级自然保护区。总面积2.5万公顷。最高峰葱坪(2740米),最低岔河口(570米)。主要保护秦巴亚高山森林生态系统。(9)在巫山县境内,与阴条岭自然保护区相毗邻,2000年成立重庆五里坡自然保护区,2013年晋升国家级自然保护区。总面积3.52万公顷。保护区处在大巴山弧曲与川东平行岭谷的结合部,多为低山和中山地形,海拔高差2510米。主要保护对象为3000公顷原始森林、300公顷原生性亚高山草甸,以及金丝猴、金钱豹等珍稀濒危野生动植物及其栖息地。(10)在大宁河下游,建巫山小三峡—小小三峡风景区。1991年被评为"中国旅游胜地四十佳",2007年5月晋升为AAAAA级旅游景区。巫山小三峡是大宁河龙门峡、巴雾峡、滴翠峡的总称,全长60公里。注入滴翠峡的大宁河支流马渡河上又有长滩峡、秦王峡、三撑峡,全长15公里,人称巫山小小三峡。(11)在岚皋县与城口县接壤的大巴山北坡,建立陕西神河源省级森林公园。海拔2500米的大巴山高山草甸雨量充沛,天象莫测。漫步其间,看蓝天碧云,听鸟唱鹿鸣,赏原始密林,踏草原风光,返璞归真。与神河源森林公园毗邻,建陕西千层河国家湿地公园。千层河、横溪河、神仙河、秀水河,为自然生态原貌,山、水、林及民俗文化融于一体,有"小九寨"美誉。在岚皋县境化龙山西麓支脉,1992年建立南宫山森林公园,2000年晋升国家级森林公园。北宋靖康元年(1126)山上始建道观,至清代渐成佛教圣地。以高僧弘一大师真身、古生代火山喷发流迹、第四纪冰川遗迹和原始次生森林而闻名。

大楚山-神农架自然保护区群:(1)在神农架林区西南部,建设神农架自然保护区。总面积7.04万公顷。1982年创立,1986年晋升国家级自然保护区,1990年加入联合国教科文组织"人与生物圈"保护区网。神农架林区拥有国家级自然保护区、国家地质公园、大九湖国家湿地公园、国家森林公园四大国字号名片,总面积11.7万平方千米,占神农架林区面积的35.97%。2016年5月14日,国家发改委正式批复《神农架国家公园体制试点区试点实施方案》,标志着大巴山进入国家公园时代。这是大巴山的第一家国家公园,也是大秦岭的第一家国家公园。(2)在竹溪县,与陕西平利、镇坪,重庆巫溪四县接壤地带,1991年成立万江河大鲵自然资源保护站,1994年晋升为万江河省级自然保护区。总面积780公顷。(3)在竹山县,堵河支流官渡河源头,与竹溪县、巫溪县、神农架林区、房县交界地带,建堵河源省级自然保护区。总面积4.8万公顷。主要保护珍贵稀有的动植物资源及其栖息地。(4)在十堰市茅箭区境内南部与房县接壤地带,1987年设立赛武当自然保护区,2002年晋升为省级自然保护区,2011年晋升国家级自然保护区。总面积2.1万公顷。最高菩陀山(1723米),最低大坪河口(240米)。主要保护武当山生态系统,亚热带北缘常绿阔叶林群落,原生性巴山松林,中山沟谷地带珍稀植物和南水北调中线工程库前水源涵养地。(5)在房县与神农架林区接壤地带,2004年建立野人谷自然保护区,2006年晋升为省级自然保护区,总面积2.85万公顷。主要保护红豆杉、珙桐、银杏,以及金丝猴、金钱豹、林麝、金雕和白肩雕等珍稀动植物。(6)在保康县,与南漳县接壤地带,1990年建立五道峡自然保护区,2009年晋升为省级自然保护区。总面积2.38万公顷。最高峰望佛山(1946米),最低点塔子坪河(450米)。主要保护北亚热带森林生态系统及其生物多样性、珍稀濒危野生植物资源及其原生地,国家重点保护野生动物及其栖息地。(7)在南漳县与保康县交界地带,2011年建立湖北漳河源省级自然保护区。总面积1万公顷。主要保护中亚热带向北亚热带过渡区森林生态系统、国家珍稀濒危动植物资源及其栖息地。(8)在谷城县,武当山东南麓、荆山北麓,2003年建立南河湿地自然保护区,2010年晋升为省级自然保护区。总面积1.48万公顷。主要保护北亚热带森林生态系统及其水源涵养林,古老孑遗珍稀濒危野生植物及其生境。(9)在巴东县,与神农架林区、巫山县、兴山县接壤地带,2010年建立湖北神农溪省级自然保护区,2013年更名为湖北巴东金丝猴省级自然保护区,2016年晋升为国家级自然保护区。面积2万公顷。巴东县建神农溪国家AAAAA级风景名胜区。神农溪发源于神农架南坡,穿行于深山峡谷中,于巫峡口东2000米汇入长江,全长60公里。溪流两岸,山峦耸立,逶迤绵延,层峦叠嶂。龙昌峡、鹦鹉峡、神农峡是三个险、秀、奇各具特色的自然峡段。峡中深潭碧水、飞瀑遍布、悬棺栈道、原始扁舟、土家风情、石笋溶洞应有尽有。(10)在葛洲坝和三峡大坝坝首,宜昌市夷陵区与兴山县、与秭归县交界地带,2001年建立三峡大老岭自然保护区,2006年晋升为省级自然保护区,总面积1.4万公顷。主要保护中亚热带森林生态系统,珍稀濒危野生动植物资源及其栖息地。(11)在宜昌市夷陵区境内的西陵峡下段,1986年设立西陵峡震旦系剖面自然保护区,2004年划入长江三峡国家地质公园。主要保护震旦系标准地质剖面。

大秦岭是中央山脉，大巴山是大秦岭的重要板块，也是中央山脉的重要组成部分。黄河流淌于狭义秦岭之北。三门峡是黄河的腰身，建于此处的三门峡、小浪底是黄河水利枢纽。长江流淌于大巴山之南，三峡是长江的腰身，建于此处的三峡、葛洲坝是长江水利枢纽。对于中华文明发展而言，长江与黄河两大江河至关重要，两大水利枢纽也至关重要。在大巴山与狭义秦岭之间，其江河名曰汉江。大巴山北麓之水，狭义秦岭南麓之水，尽皆会流入汉江。秦岭湖（丹江口水库）汇集了汉江上游全部水源，通过南水北调中线输水总干渠，千里北上，向淮河、黄河、海河输水，滋润黄淮海平原。因而，秦岭之水、巴山之水也就成为中华民族的生命之源。历史的车轮不断向前滚动，大秦岭、大巴山人文地位岿然不动，生态地位岿然不动。大秦岭、大巴山，将续写出精彩的自然传奇和缤纷的人文传奇。

阅读链接

巴：无名的攀援者

秦岭，以秦名山，秦曾是一个国家。巴山，以巴名山，巴也曾是一个国家，两者命名的规则惊人的相似。

在甲骨文中，"秦"字上部是双手持杵，而下部是成堆禾谷，自然表示以杵状农具打谷脱粒的象形。《说文》曰："秦，伯益之后所封国。地宜禾。从禾，舂省。一曰秦，禾名。"可见，"秦"字是与早期的农作息息相关的。也正是凭借着发展农作的经济优势，秦聚集了统一中国的力量。关于这一点，大家几乎没有异议。

然而，巴人巴国之"巴"，其意为何呢？《说文》曰："巴，虫也。

或曰食象蛇。象形。凡巴之类皆从巴。"意思是说，巴是体型大的虫。或者是能够吃大象的蛇。然而，虫、也、它、蛇，是同源字，古时虫、它、蛇通用。将巴解释为虫，令人诧异！

福建简称闽，四川简称蜀。显然，单从文字造型来看，福建、四川是中国两个最著名的多虫蛇的省份。只不过一个招人喜欢，并将其视为玩物，放在家里，置于门内，此即东南的"闽"；一个不大招人喜欢，便怒目而视，这便是西南的"蜀"。

偌大一个中国，多虫的地方想必也不少，巴地也不缺虫。然而，"巴"字怎么看，也不像是个"虫"字。甲骨文中的"巴"字，也许更像是一个长着长臂大手的人。这在表达一个什么意思呢？它也许正在表现一个攀爬者的体态特征。也即是说，"巴"是攀爬者、攀援者。以至于在死后，他们的子孙也要将装有尸身的棺木置于悬崖峭壁，或是崖洞缝隙之中。

《周书·王会》载："巴人以比翼鸟。"意思是说，巴人在山中攀爬、攀援，就像是长着翅膀的鸟儿。因地理原因，巴人的特点也许是如鸟儿、如流萤，忙忙碌碌，跑来跑去。《水浒全传》载："行了半日，巴过岭头。"《红楼梦》载："我只道是谁，巴着窗户眼儿一瞧，原来宝妹妹坐在炕沿上。"这里，"巴"即是攀爬、手握之意。以"巴"字为基础，造出了个非常的"把"字来，虽有同义反复之嫌，却是"巴"之本义的有效延伸。

从"巴"是长臂大手的攀爬者、攀援者出发，对与"巴"字相关的词义解释就会趋于合理化。巴掌，自然是取了手的攀爬、攀援之意，当然与蛇虫一类毫不相干。巴着、巴紧，自然是手之功用。巴不得、巴望、眼巴巴，等等。这些词似乎皆与手抓、抓住、抓紧、抓牢有关。

"秦"字的演变(甲骨文、金文、篆书)

"巴"字的演变(甲骨文、篆书)

"蜀"字的演变(甲骨文、金文、篆书)

秦岭风光（摄影：党双忍）

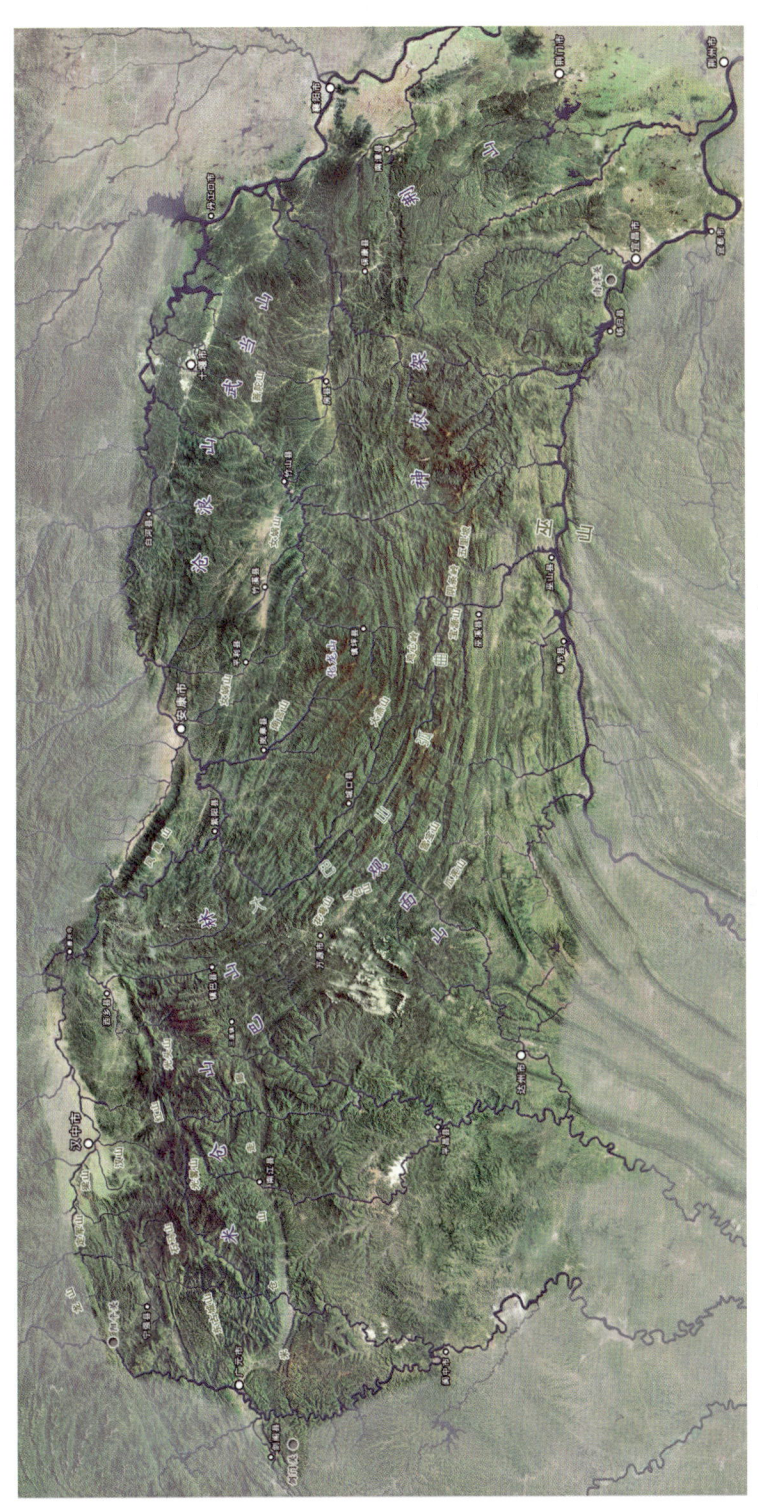

大巴山全域示意图(制图:孙健)

西倾山：高原上的大秦岭

大秦岭与昆仑山是如何连接的呢？我将"秦岭学"中相关的研究成果表述如下，供大家参考。

大秦岭与昆仑山连接的地方，在青藏高原的东北部。它有一个特别的名字：西倾山。"西"，是方位，即大秦岭的西部山脉；"倾"，含有倾斜之意，意即倾斜之山，是说西倾山的山势向西北方向倾斜。西倾山，也称西洽山。"洽"，是洽谈、接洽之意。西洽山，在青藏高原与昆仑山接洽的山。在《吐谷浑传》中，西倾山还被称作西强山。"强"，自然是取强大、强悍之意。等于是说，大秦岭与昆仑山接壤的地带，是一个富庶的地带，孕育着一个强大而强悍的民族。

中国是一个多山的国家，昆仑山是中国中央山脉，中国山系的主干，享有万山之祖的崇高称谓。昆仑山从帕米尔高原起步，经过青藏高原腹地，直达黄河首曲，东西跨越2500余公里。昆仑山抵达青藏高原之后，分成了三大支脉：（1）北支脉，称作阿尔金山，构成塔里木盆地与柴达木盆地的界山，北接祁连山。（2）中支脉，起初称阿尔格山，东延称阿尼玛卿山（也称积石山）。（3）南支脉，起初称可可西里山，东延称巴颜喀拉山。

昆仑山南支东延的巴颜喀拉山是黄河水系的源头所在，也是黄河与长江的分水岭。在西倾山与巴颜喀拉山之间，并无明确的自然边界，一般以若尔盖草原上的黑河为自然边界。也就是说，西倾山与巴颜喀拉山暗接，并承继了其分水岭作用。黄河是巴颜喀拉山与阿尼玛卿山的自然边界，也是西倾山与阿尼玛卿山的自然边界。事实上，西倾山不仅暗接巴颜喀拉山，隔黄河与阿尼玛卿山相望，而且隔黄河与祁连山之青海南山、拉脊山（也称积石山）相望。龙羊峡、李家峡、积石峡，简称黄河三峡，是大秦岭与祁连山相距最近的地方。

西倾山有狭义的西倾山与广义的西倾山之分。狭义的西倾山，也就是通常意义上的西倾山，主要是指青海、甘肃、四川交界地带的山脉，其岭脊构成甘肃玛曲与碌曲两县的分界线。《甘南地理志》记载：西倾山从青海省河南蒙古族自治县境内的赛日登（4308米）、支隆（4338米）两峰起，向东延伸，至碌曲县为碌恰布惹山，与赛曲合（4339米）、准格直哈拉（4246米）、准柯（3908米）等构成山弦，绵延起伏横亘于西南面。

本文所称的西倾山，是广义的西倾山，泛指介于长江流域嘉陵江支流白龙江、西汉水，与青藏高原上黄河首曲、二曲，以及黄河支流渭河、洮河、大夏河之间的广大山域。西倾山大体上分为三支：（1）西支脉。介于黄河二曲与大夏河之间，是青藏高原、黄土高原、大秦岭的交接地带，也是甘肃青海的交界地带，主要在青海省黄南藏族自治州境内，包括李恰如山、阿尼直亥雪山、小积石山等，以草原生态系统为主。阿尼直亥雪山是西倾山最高峰，海拔5011米。（2）中支脉。夹于大夏河、洮河之间，大部分是甘肃省甘南藏族自治州境内，包括腊利大山、莲花山、太子山等，为草原生态系统与森林生态系统过渡地带。中支脉最高峰尕太子山，海拔4400米。从这个意义上说，大秦岭不仅是中国南北过渡的中介，也是东西过渡的中介，森林向草原过渡的中介。（3）东支脉。介于白龙江、洮河、渭河、西汉水之间。大部分在甘肃省甘南藏族自治州境内。包括迭山、岷峨山、太皇山、鸟鼠山等，以森林生态系统为主。东支脉最高峰迭山措美峰，海拔 4920 米。

西倾山具有地理过渡带的显著特征。西倾山的西部，有着与青藏高原相似的地貌特征；西倾山的北部，有着与黄土高原相似的地貌特征；西倾山的南部，有着与岷山相似的地貌特征。如果以 213 国道划界，在 213 国道以西，可以称得上是伸进青藏高原的大秦岭，具有显著的青藏高原气质。在 213 国道以东，算得上是走出青藏高原的昆仑山。同时，西倾山又与黄土高原紧紧拥抱，受到黄土高原的影响，表现出草原生态系统与森林生态系统过渡的显著特点。

西倾山在生态上的过渡性特征，在甘肃尕海—则岔国家级自然保护区具有显著表现。1982 年甘肃省建立尕海候鸟自然保护区，1992 年建立则岔自然保护区。1998 年国务院批准将二者合并，建立甘肃尕海—则岔国家级自然保护区。范围包括碌曲县尕海乡、拉仁关乡、郎木寺镇的全部和西仓乡贡去乎村，保护区总面积 24.7 万公顷。尕海就在 213 国道边上，海拔 3479.7 米。尕海湿地是我国特有的高原湿地类型，是黑颈鹤等珍稀鸟类南迁北返的落脚点和繁殖基地。2011 年尕海列入了国际重要湿地名录。则岔是洮河的一个支流，以森林和高寒草甸生态系统为主，并拥有极为罕见的岩溶地貌及石林景观。一个尕海—则岔自然保护区，保护着两大生态系统：高寒沼泽湿地生态系统和森林生态系统。保护区内野生动植物资源丰富，区系组成复杂，特有种分布集中。种子植物 523 种，其中桃儿七、星叶草、冬虫夏草等，为国家重点保护野生植物；脊椎动物 199 种，其中雪豹、林麝、梅花鹿、蓝马鸡、金雕、黑颈鹤、黑鹳、胡兀鹫等，为国家重点保护野生动物。

西倾山向西扩展出李恰如山，源自李恰如山的泽曲是河南蒙古族自治县的母亲河，由东北至西南注入黄河。李恰如山也是洮河发源地，河源区 108 眼清泉,泉水溢而漫流,集流而成溪,汇溪而成河,穿过虎头峰、狮头峰、熊头峰鼎立的峡谷,进入碌曲县城。碌曲,藏语的意思即是洮河。洮河是碌曲县的母亲河,也是卓尼县、临潭县、岷县、临洮县的母亲河。

西倾山的西支脉,在泽库、贵南、同仁三县交界地带,形成了阿尼直亥雪山。在贵南县境内,主峰直亥岗,海拔 5011 米。在泽库县境内,夏德日山主峰杂玛日岗,海拔 4989 米。在同仁县境内,阿米夏琼山,主峰海拔 4767 米。阿尼直亥雪山发源了多条河流,其中,巴曲河是贵德县的母亲河,茫拉河是贵南县的母亲河,隆务河是同仁县的母亲河,大夏河是夏河县的母亲河。相传,阿尼直亥雪山是上古时蒙古王的化身。很久以前,因蒙古草原干旱,蒙古王格西旦增率领家人向南迁移,看到阿尼直亥雪山水草丰盛,森林茂密,于是就定居下来。格西旦增和其妻木日玛生有 3 个儿子,分别是直亥的三座高峰;生有 3 个女儿,分别是较低的 3 座雪峰;3 个媳妇,分别为央宗沟、德孔沟和秀让沟。

狭义的西倾山是碌曲县和玛曲县的界山。碌曲的本义是洮河,而玛曲的本义是黄河。玛曲县是中国唯一一个以黄河命名的县。提到了玛曲县,必然要提及黄河第一湾,也就是黄河首曲像英文字母大写的"U"。黄河从果洛玛多县发源后,大体由西向东流淌,在流经玛曲县采日玛乡后,转而流向东北,继而在甘肃玛曲与四川若尔盖两县交界由南向北流淌,当离开若尔盖县,再度进入玛曲县时,转而向西流淌(即黄河倒流),并由此形成一个出口向西的巨大"U"形弯曲,这便是黄河第一湾黄河首曲。在黄河首曲底部,于若尔盖县西南部的唐克乡接纳了白河,于若尔盖县西北部的麦溪乡接纳了黑河。唐克乡索克藏寺是黄河首曲最底部,加之这里地势平坦,水流和缓,曲流环绕,蛇曲连着蛇曲,水面宽度 80—350 米,水深 3.5—8 米。当夏季来临的时候,这里便是鸟的天堂、花的海洋、色彩的世界，也是欣赏黄河首曲风光的最佳地点。

不少人以为，黄河首曲在四川若尔盖县。其实，黄河首曲大部分位于甘肃玛曲县。在甘肃玛曲县境内，设有黄河首曲国家级自然保护区。2005年始建，2011年批准为省级，2014年晋升为国家级。保护区以黄河首曲高原湿地生态系统和黑颈鹤等候鸟栖息生态环境为保护对象，保护区面积20.34万公顷，海拔3300米以上。在这里栖息着110余种高等动物，其中兽类42种，国家级重点保护动物12种，包括雪豹、猞猁、水獭、豺等；鸟类70种，国家级重点保护鸟类17种，包括黑颈鹤、灰鹤、天鹅、雪鸡、蓝马鸡、胡兀鹫、白尾海雕等；两栖动物3种，鱼类10余种。药用植物200多种，包括冬虫夏草、川贝母、雪莲、秦艽、党参、羌活、大黄、红毛五加、黄花蒿、甘青乌头、黄芪、车前等。专家确认黄河首曲是世界上保存最完好的湿地，是青藏高原最原始、最具代表性的高寒沼泽湿地。

在黄河首曲，还有一个宝贝——河曲马。河曲马与内蒙古三河马、新疆伊犁马，合称中国三大名马。在历史上，河曲马曾立下赫赫战功。在汉代，从西域引进了汗血宝马。中国历史文献中，汗血宝马也称天马或大宛良马。汉代引入的汗血宝马，放牧于河曲一带。河曲马即是河曲的马，也即生长于河曲一带的汗血宝马。河曲马，为征讨匈奴立下了汗马功劳。后来，当蒙古军南征大理时，也曾以河曲为军马来源地。

离开黄河首曲后，倒流的黄河又来了一次180°大转弯，由西流而北流，再折向东流，紧扣着第一弯的"∪"形，变成了"∩"形，这即是黄河第二弯，也是黄河二曲。与黄河首曲不同，黄河二曲发生在峡谷地带，也由此开启了黄河离开青藏高原的旅程。在"∪"与"∩"重叠部分，即是著名的拉加大峡谷——青藏高原上黄河最长峡谷。拉加大峡谷位于青海省黄南州河南县、海南州同德县与果洛州玛沁县的三州三县的交界地带。在拉加大峡谷腹地，黄河北岸有一座创建于18世纪的色拉寺属寺——拉加寺，因拉加寺得名曰：拉加大峡谷。峡谷南岸是阿尼玛卿山，北岸是西倾山。峡谷地带年降水量约425毫米。目前，正在果洛州玛沁县拉加镇上游约5公里处，建设玛尔挡水电站。坝址区以上海拔高程超过3000米，坝高220米，正常蓄水位3275米。拉加大峡谷的北岸，位于西倾山的同德、河南、泽库三县，也是三江源国家级自然保护区的重要组成部分。历史上，这里曾是野生动物种群繁多的高原草原草甸区，被称为生态处女地。这里孕育着西倾山四宝：藏羚羊、白唇鹿、雪豹、虫草。甘南藏族自治州治所"合作"，在藏语中的本义即是"羚羊出没的地方"。

在黄河二曲的顶部，即是著名的龙羊峡（海拔2460米）。龙羊峡由西倾山支脉阿尼直亥雪山余脉与祁连山支脉青海南山余脉在黄河岸边对峙形成。在龙羊峡口以上，是由昆仑山、祁连山、大秦岭三大山脉合围而成的断陷盆地——共和盆地。这里是开阔的黄河谷地，曾经山青水绿、草深过膝、林木茂盛，自然环境优越。因而，这里有距今约10000年的旧石器遗址，距今约7000年的中石器遗址，距今约5000年的新石器遗址。龙羊峡峡长40公里，峡口宽30米，两岸花岗岩壁高约200米。1986年10月，龙羊峡水电站下闸蓄水。坝高178米，坝顶高程2610米，正常蓄水位2600米，回水长度104公里，水域面积383平方公里。龙羊峡水库是黄河明珠，也是高原上美丽的旅游景点。

龙羊峡之下，便是李家峡。在龙羊峡水电站与李家峡水电站之间，是贵德黄河清国家级湿地公园。东西长约28公里，南北宽约2公里，总面积8.32万亩。在地质构造上，属于祁连山与大秦岭之间的新生代断陷盆地。金大定二十二年（1182），曾设积石州于此。辖境包括贵德、尖扎、循化、同仁、夏河，以及临夏等地。积石之名，最早见于春秋战国时期。《尚书·禹贡》载：大禹"导河自积石"，时至西夏，迁积石州治所至循化撒拉族自治县，今县城所在地称积石镇。循化的临县全称为积石山保安族东乡族撒拉族自治县，简称为积石山县。如此，积石州、积石镇、积石山县，决定了黄河二曲两岸山脉，皆曰积石山。

在尖扎、循化的黄河西岸，是祁连山南支拉脊山，黄河东岸是积石山。李家峡、积石峡，皆是由拉脊山余脉与积石山余脉对峙形成的黄河峡谷。李家峡水电站坝高155米，坝顶高程2185米，正常蓄水位2180米。在阳光下，山阳面红褐，山阴面深褐，水浅处碧绿，水深处湛蓝，别有一番景致。李家峡水库尖扎县一侧，是坎布拉国家森林公园，也是国家旅游局确认的AAAA级景区。景区平均海拔2500米，最高3100米，最低2300米，面积152平方公里。森林覆盖率为28%，主要由桦木、云杉、油松、山杨等树种组成，旱獭、狐、猞猁、扫雪鼬、水獭、雪鸡、麝、鼯鼠、岩羊、环颈雉、斑鸠、岩鸽、苏门羚、蓝马鸡、雪豹等数十种野生动物漫步其间。将森林植被、丹霞地貌、峡谷库区、宗教文化、藏族风情紧密融为一体。

在青海循化县与甘肃积石山县交界地带，有一青海孟达天池国家级自然保护区，被称之为青藏高原上的西双版纳。1980年始建，2000年晋升为国家级。保护区面积1.7万公顷，海拔2500米以上，最高峰4178米。林区怪石嶙峋，瀑布垂挂。孟达天池面积近20公顷，平均水深10米，蓄水200—300万立方米。池水清澈碧澄，群峰倒影，随波微动。保护区有植物509种，包括巴山冷杉、华山松、辽东栎等乔木，人参、三七、贝母等药材和野生动物43种，其中兽类7种、鸟类35种。国家重点保护动物斑尾榛鸡、林麝、岩羊、蓝马鸡等。

青海孟达天池国家级自然保护区直达黄河岸边的孟达峡。孟达峡，即是著名的积石峡。传说是因大禹治水凿开积石山而形成，峡长25公里。积石峡两岸山势峭拔，绝壁千仞，如刀削斧劈，危石险峰，有将崩欲倾之势。晋成公绥《大河赋》赞美道："览百川之宏壮兮，莫尚美于黄河，潜昆仑之峻极兮，出积石之嵯峨。"积石峡水电站位于积石峡口，坝高100米，正常蓄水位1856米。黄河冲出积石峡，也就意味着黄河离开了青藏高原，进入了黄土高原。

积石峡是进出中原与青藏高原的重要门户。西汉宣帝神爵二年（前60），在此置河关县，辖西倾山西支脉大部分地界。嘉靖《河州志》载，"两山如削，河流其中，西临蕃界，险如金城，实系要地。隋置临津关，命刘权镇之。唐李靖伐吐蕃经积石，宋元立积石州。洪武改为关"。历代在积石峡口修筑的积石关，号称积石锁钥。中原王朝与羌、鲜卑、吐谷浑、吐蕃、西夏、蒙古等，屡次争夺积石关。汉将赵充国、李息、耿恭、段颎、夏侯渊、张郃等多次用兵。隋炀帝讨伐吐谷浑"出临津关，渡黄河，至西平"。唐帅侯君集率军攻打吐谷浑。卫国公李靖驻军，哥舒翰伐吐蕃收河曲。宋、夏、金、元，皆曾在此激烈争夺。明洪武三年（1370），御史大夫邓愈统帅大军攻克洮山、岷山、河州后，在河州设置二十四关，积石关为第一大关，并筑有扼控咽喉的宏伟关门、碉堡、哨所。设官1名，兵50名把守，一年一换。明杨一清《题积石关》："凿开积石从天降，吞尽群流到海迟。"明代御史李玑赋诗赞其险要壮观："地险天成第一关，岿然积石出群山，登临慨想神入泽，不尽东流日夜潺。"1895年，循化撒拉族反清军韩奴勒部攻入积石关，清军提督李日新、总兵刘润山阵亡。直至民国初年，全部裁撤了积石关防守。如今，积石关留下了一段残墙

以及山下的关门村在诉说过往的故事。

今有积石山,古有白石县。夏河县地,在西汉昭帝始元六年(前81),曾设白石县。后王莽政权改白石县为顺砾县,至东汉复名白石县。所以称白石,盖因大夏河上游石质山原——白石山。大夏河古名漓水,源于甘青交界大不勒赫卡山。南源桑曲曲卡,北源大纳囊,两源在桑科汇流,始称大夏河。如今,大夏河已经是进入甘南草原,进入西倾山腹地的重要孔道。在大夏河畔,有一创建于1709年的著名寺院拉卜楞寺。拉卜楞寺的藏语意思是"活佛的府邸"。拉卜楞寺是藏传佛教格鲁派六大寺院之一,保留有全国最好的藏传佛教教学体系,赢得"世界藏学府"之美誉。鼎盛时期,僧侣3600余人,所属寺庙139处,影响波及甘、青、川、康、蒙古、东北及新疆部分地域,不仅是佛家神圣的宗教禅林,也是传播知识的综合学府,甚至被称为第二西藏。

与夏河县毗邻的同仁县,是青海唯一的国家历史文化名城。15世纪以来,大批藏族艺人来到隆务河流域,在同仁从事佛教绘塑,同仁因此赢得了藏族画家之乡的美誉。在藏语中,同仁即是热贡。因此,这里的艺术被称之热贡艺术。唐卡、雕塑、堆绣,以及图案艺术作品,造型生动,工笔精细,色彩艳亮,富于装饰。其质朴的画风、匀净协调的设色、惟妙惟肖的神态刻画,体现了藏族的灿烂文化。国务院将热贡艺术列入第一批国家级非物质文化遗产名录。

从卫星图上看,在西倾山北部边缘,有一列东西放置,呈"Y"字形的山脉,有时称之白石山,有时称之积石山,有时称之太子山。如今,在甘肃省境内设有太子山国家级自然保护区,西起积石山县,东至康乐县,涉及积石、夏河、临夏、合作、临潭、卓尼、和政、康乐等县市,东西长100公里,南北宽10公里,面积8.47万公顷。4000米以上的山峰:

巴楞山，海拔4080米；公太子山，海拔4162米；母太子山，海拔4332米；尕太子山，海拔4400米。保护区的前身是1957年建立的临夏州太子山林业总场，1991年更名为太子山水源涵养林建设总场，2003年挂牌成立甘肃省太子山自然保护区管理局，2005年确定为省级自然保护区，2012年晋升为国家级自然保护区。主要保护对象为青藏高原与黄土高原过渡地带森林生态系统。保护区脊椎动物208种，鸟类130种，两栖类5种，爬行类3种，鱼类10种，昆虫682种。国家重点保护动物雪豹、林麝、苏门羚等11种，国家重点保护鸟类胡兀鹫、苍鹰、蓝马鸡等21种。维管束植物838种，其中稀有濒危和重点保护植物有桃儿七、红花绿绒蒿、星叶草等51种。

与太子山国家级自然保护区毗邻，在临潭县八角乡设立甘肃莲花山国家级自然保护区，1983年始设省级，2003年晋升国家级。保护区面积1.17万公顷。东与甘肃莲花山国家级自然保护区毗邻，于卓尼、临潭两县境内设立甘肃冶力关国家森林公园。公园处在甘南、临夏、定西三州市的交界地带，西接合作，北与临夏、康乐相连。公园面积达7.9万公顷，森林覆盖率为63%，植被覆盖率92%。洮河支流冶木河，自西向东穿越公园。冶木河上游，地势平缓，以天然牧场为主；冶木河下游，以森林植被为主，林海苍茫、清溪潆洄、曲径通幽。冶木河上的连珠峡，壁立千仞、奇峰林立、古树盘岩、虬枝倒挂，千姿百态。

洮河是源自西倾山的一条重要河流，也是黄河上游最大支流。洮河源自青海河南蒙古族自治县，流经甘肃碌曲、临潭县、卓尼、岷县、临洮等县，于甘肃省永靖县汇入黄河刘家峡水库区。河长673公里，流域面积2.5万平方公里，且大部分在西倾山之中。河源4260米，河口1629米，落差2631米。洮河流向特殊，自河源起，先是由西向东，至岷县转而折向西北，呈一"V"字形。洮河是中原进入青藏高原的重要孔道，战略地位非常重要。史学家称其是"北蔽河湟，西控番戎，东济陇右"的进藏门户。

西倾山中，洮河岸边，有一个著名的地方叫临洮。在中国文化中，临洮最靓丽的一笔，要数马家窑文化。1924年，瑞典地质学家、考古学家安特生在临洮县马家窑村发掘了大量上古时代彩陶器皿。后来，考古学家确认，在中原仰韶彩陶（距今7000—5000年）衰落之后，马家窑彩陶（距今5000—4000年）延续发展数百年，并将彩陶文化推向新高度。马家窑文化是一种相对独立的文化形态，绽放了图案精美、内涵丰富、数量众多，走向巅峰的彩陶文化。马家窑文化主要分布于洮河以西的黄河支流，以旱地农业为主，栽植粟和黍，饲养羊和猪。在西倾山最西端的同德县，巴沟河注入黄河的团结村，有一文化遗址——宗日遗址，也称宗日文化，这是马家窑文化分布的"最边远地区"。巴沟河与洮河同源而背流，就此而言，马家窑文化就是早期西倾山文化的代表。

不少人知道临洮这个地方，是因为三国演义中有两个著名人物，一个叫董卓，一个叫貂蝉，这两个人都是临洮人。史书载，董卓"少好侠，尝游羌中""性粗猛有谋"。董卓乘着汉末战乱和朝廷衰微之机，进驻洛阳，控制朝廷，废立天子，挟持献帝。因董卓倒行逆施，成为天下公敌。讨伐董卓的声浪，一浪高过一浪。貂蝉是司徒王允的义女，也是传说中的四大美女之一。为使吕布与董卓反目，借吕布之手除掉董卓，王允授意貂蝉施行美人连环计。诛杀董卓后，朝廷虚置，群龙无首，地方势力完全脱离中央，混乱一个接着一个，由此开启了历史上的三国时代。

东汉政权覆亡以后，中国进入了三国魏晋南北朝时期。从222年孙权建立吴国，标志着中国由统一走向分裂，到589年隋朝南下灭陈，实现中华重新统一，先后经历了367年时间。这一期间，中国实际上处于一个大分裂时代。

三国时代，蜀汉与曹魏政权在西倾山，你来我往，由此也导致西倾山的分裂分治。氐族杨氏在岷峨山南北一带，西汉水与白龙江之间，建立了属于自己的国家仇池国。296—371年杨茂搜建立了前仇池政权，385—443年杨定建立了后仇池政权，仇池国是两者的统称。仇池国前后历时146年，其势力达陇右、陕南、川北诸地，对全国南北政局及西南各族经济文化的发展产生过不小的影响。仇池国遗址位于西汉水与其左岸支流洛峪河交汇处的仇池山（1973米）上。因西汉水、洛峪河汇流，形成三面环水一面衔山之天险。其上有大池与良田百顷，名曰仇池或百顷原。其后，杨氏后人在仇池一带还相继建立过武都国、武兴国、阴平国等政权。北周大象二年（580），杨坚派兵彻底剿灭仇池国残余部众，氐族杨氏逐渐消失。

307年，也是晋怀帝永嘉元年，宕昌羌人酋长梁勒自立为王，始建了宕昌国。宕昌古国，地界在白龙江支流岷江（古称"羌水"）一带。

在宕昌国的西边，兴起了一个版图更大，存续时间更长的高原国家——吐谷浑。吐谷浑本是辽东鲜卑慕容部的一支。西晋末年，首领吐谷浑率部西迁到积石山脚下的枹罕一带，即今甘肃临夏。之后，逐渐发展壮大，并在西倾山、祁连山、昆仑山一带，统一了羌、氐部落。

西倾山腹地，临潭县新城镇有一处古城垣，号称中国现存最大卫城——洮州卫城。城北大石山、凤凰山，西南烟墩山，正南红桦山，东南仁寿山、紫蟒山。东、南、西三面墙体笔直，城墙4公里。东北、北、西北沿山脊而筑。据传，洮州卫城古称"洪和城"，为吐谷浑11世14传所建，距今已有1600余年。从五代十国至北宋末年，洮州为吐蕃领地。

南宋高宗绍兴元年洮州陷于金朝，并三置榷场，开展贸易。南宋理宗宝祐元年（1253），忽必烈伐大理，在此驻跸月余，设牙帐于隍庙原址。洪武十二年（1379）正月十八族叛乱，朱元璋派兵进剿，并翻修洮州卫城。江淮一带军士，战时为兵，平时守城。明、清两代多次重修。

元代历史时间不长，但影响深远。元代创造了一项新规则——土司制度。土司是元朝始置的世袭官职，封授给西北、西南的少数民族部族头目。土司，即土官，其核心是"世有其地、世管其民、世统其兵、世袭其职、世治其所、世入其流、世受其封"，在明清两朝，延续并发展了土司制度。明朝增加了土知府、土知州、土知县三种文官职务。清雍正年间，实行改土归流，世袭土司改为朝廷任免，任职者成为有来有往的流官。民国时，宁夏马鸿逵、青海的马步芳，受命对辖地自行管辖，其本质与土司制度无异。

土司制度在西倾山施行了500余年，这就是卓尼土司。唐朝末年，卓尼土司始祖率其家族和十六部落离开西藏。辗转迁徙长达几个世纪，于元末明初由若尔盖进入甘南迭部一带。明永乐二年（1404），卓尼土司先祖些地征服了迭部达拉十八族，于永乐十六年（1418）入京朝贡，受封为洮州卫世袭指挥佥事兼武德将军，是为第一代卓尼土司。明正德三年（1508），第五代土司旺秀晋见皇帝时，皇帝赐其姓杨名洪，得名杨洪。从此，卓尼土司以杨为姓。清代，卓尼土司多次受封，势力极盛，辖区包括今卓尼、迭部全境和舟曲、临潭部分，面积达3.5万平方公里，近10万人。

卓尼土司领地的森林生态系统相对完好。以此为依托，1952年始设白龙江林业局。名曰白龙江林业局，实际上林区分布在白龙江和洮河两大流域，包括白龙江流域的迭部、舟曲、文县、武都，洮河流域的卓尼、临潭、合作。1966年国家林业部白龙江林业管理局，分别设立了迭部、舟曲、南坪（九寨沟）、白水江、洮河五个林业局。1969年白龙江林业局下放甘肃省管理，并将南坪林业局划归四川管理。目前，经营面积104.98万公顷，其中森林55.17万公顷，森林覆盖率52.55%。昔日的腊子口战场，今日已经是美丽的腊子口森林公园。

从卫星影像图上看，洮河呈一"V"字形，与洮河一岭之隔的西汉水，也呈一"V"字形。只不过，洮河的"V"字开口向西，西汉水的"V"字开口向东。在一东一西两个背向的"V"字之间，有两个三角地带。其中，位于上方的三角地带，由一组山脉组成。因太皇山处在这一组山脉的中心位置，为了叙述方便，本文统其名曰太皇山。太皇山处于武山县、岷县、礼县交界地带，主峰天爷梁，海拔3120米。武山县依托太皇山设立老君山森林公园。太皇山是渭河、洮河与西汉水的分水岭。太皇山东域，甘谷与礼县交界地带，有一著名山脉朱圉山。《水经注》载："朱圉山有石鼓，不击自鸣，鸣则兵起。"朱圉山是藉河（渭河支流）的河源区，也是藉河与西汉水（嘉陵江支流）的分水岭。朱圉山并不高，最高海拔也只有2625米。朱圉山的最高峰名曰石鼓山。实地考察，朱圉山的顶部不是山峰，而是呈馒头状的原区，不是森林，而是草地。朱圉山之"圉"，即是马场之意。朱圉山景墩梁亦称九墩梁，至今尚有九墩牧场。《甘谷县志》记载："景墩梁曾为非子牧马之地。"非子为秦先祖，为周孝王牧马，因"马蕃息，乃封非子于秦，为周附庸"。朱圉山的南坡，西汉水北岸礼县大堡子山是秦人祖先"在西戎，保西垂"的圣地。这里是《史记·秦本纪》记载的秦人先祖大骆非子所居的"西犬丘"，也是早期秦都邑、西周秦人的中心活动区域。秦人在此与西戎杂居，学得了养马技术，也获得征服西戎的本领。大堡子山墓是秦公西垂陵墓区，也是"嘉陵一词的词源所在。秦人由此翻越朱圉山，在渭河流域大展宏图。由秦地而秦国，由秦国而秦岭。

在太皇山西域，最高峰是木寨岭，海拔3216米。木寨岭位于岷县与漳县交界地带，是渭河支流漳河的河源区，也是漳河与洮河的分水岭。在此，漳县建立了贵清山森林公园和遮阳山景区。木寨岭再往西北方向，即是渭河河源鸟鼠山（2609米）。《山海经》曰："鸟鼠同穴山，渭水出焉。"鸟鼠山是渭河的河源，也是渭河与洮河的分水岭。相传，大禹曾循渭河到达源头鸟鼠洞穴山（今名鸟鼠山）疏导渭水东注黄河。早在公元前11世纪，鸟鼠山上就修建了禹王庙。渭河流域是仰韶文化遗址分布最为集中的区域，也是华夏文明重要的发祥地。从渭河谷地、洮河谷地，翻越鸟鼠山是一条便捷孔道。因而，也是仰韶文化与马家窑文化联系的最简捷通道，也是中原与西域相通的关键途径。

在生态与文化两个方面，西倾山都颇具特色。在秦统一六国之前，秦国就将西倾山纳入版图。在秦国到达之前，这里是西戎部族所居。公元前688年，即秦武公十年，秦伐居于渭河上游的邽、冀二戎，随即设立邽、冀二县。公元前623年，秦穆公用由余之计，向西开拓，西戎八国臣服，陇坻以西绵诸、绲戎、翟獂之戎，相继从秦。公元前384年，秦献公元年，"兵临渭首，灭狄、戎"。公元前361年，秦孝公元年，"威服羌戎，孝公使太子驷率戎狄九十二国朝周显王"。

公元前355年，秦孝公七年，"并诸小乡聚，集为大县"。公元前350年，置41县，设县令管理百姓。公元前349年，"改诸邑为道"置，即在羌戎居地设道。道是县级建制，有民族杂居的意思。《后汉书·百官志》载："县有蛮夷曰道。"太皇山以北的武山、漳县、渭源一带曾设置獂道。獂（huán），一种如豪猪一般的猛兽，虎狼不能近身。在古代，这一带是古獂戎邑，以獂为邑名，当含有强悍、威严的意思。北魏改獂道为桓道。今临洮县，周之前称陇西邑。因是狄人所居，战国时期，秦置狄道。公元前279年，秦昭王二十八年，在今舟曲一带，始置羌道，辖舟曲、宕昌、武都，自然是羌族居多而名。置陇西郡，郡治在狄道。"狄"，原本指犬戎之族。犬是狗，戎是持武器的人，合起来就是拿着武器带着狗牧猎的人。从临洮过洮河，灭西羌枹罕侯，置枹罕县，河州（今临夏）始归秦国版图。

如今，在西倾山的中心地带，是甘南、黄南两个藏族自治州，其周边有河南蒙古族自治县、循化撒拉族自治县、积石山保安族东乡族撒拉族自治县。历史上的戎、貒、狄、羌诸族，无声无息，消融其中。

西倾山全域示意图（制图：孙健）

大岷山：神秘的三角地带

北京时间2008年5月12日（星期一）14时28分04.1秒，发生了举世震惊的汶川大地震。震中位于四川省阿坝藏族羌族自治州汶川县映秀镇与漩口镇交界处。中国地震局测定，地震面波震级8.0MS、矩震级8.3MW，地震烈度达到11度，遭到严重破坏的地区超过10万平方公里以上。地震波及大半个中国，以及亚洲多个国家和地区。北至辽宁，东至上海，南至中国香港、澳门地区、泰国、越南，西至巴基斯坦均有震感。

汶川大地震实际也是岷川大地震、岷山大地震。《元和郡县图志》载："梁置汶川县，因县西汶水为名。"汶江，即岷水、岷江，汶川即岷川。汶乃岷的隶书之变，且岷与汶古音相通。汶川大地震的中心，恰巧是大秦岭的西南边缘，也是大秦岭与青藏高原最脆弱的结合部。

大地震的基本成因，是印度洋板块向亚欧板块俯冲，青藏高原快速隆升导致地震。高原物质向东缓慢流动，在高原东缘沿龙门山构造带向东挤压，遇到四川盆地之下刚性地块的顽强阻挡，造成构造应力能量的长期积累，最终在龙门山北川—映秀地区突然释放。震源深度为10—20公里，与地表近，持续时间较长，破坏性巨大，影响强烈。

岷山是青藏高原、横断山脉、四川盆地与北秦岭交汇的复杂地带。《辞海》载：岷山"在四川省北部，绵延川、甘两省边境。高原状山地……长江、黄河分水岭，岷江、嘉陵江源地。"《辞海》亦载："广义的秦岭西起甘青两省边境，东到河南省中部。包括西倾山、岷山、迭山……崤山、嵩山、伏牛山等。"也就是说，岷山是广义秦岭，也即是大秦岭的一部分。

岷山的地貌轮廓,宛若一个不规则三角形。考虑到这一地带的复杂性,可以称之为大秦岭复杂的三角地带。

岷山西麓,发源了黑水河,从若尔盖草原向西注入黄河。黑水河是大秦岭的西南边界。岷山南麓,发源了长江一级支流岷江,隔岷江、岷山与邛崃山相望。岷山东麓,发源了长江一级支流沱江。在岷山与西倾山交接处,发源了嘉陵江支流,也是嘉陵江西源白龙江。隔白龙江,岷山与迭山、岷峨山对峙。岷山东麓,发源了嘉陵江右岸最大支流涪江。来自岷山的长江诸水,皆呈西北—东南流向,并滋润着成都平原、四川盆地。

大岷山是一组走向复杂的三角形山脉,其三条边分别是:西北—东南走向的岷山主梁,西南—东北走向的龙门山,近东西走向的擂鼓山。摩天岭呈东西向横卧于大岷山之中,是嘉陵江两大支流白龙江与涪江的分水岭。

岷山主体在四川省境,主脊全长约500公里,主峰雪宝顶在松潘县与平武县交界地带,海拔5588米。甘肃境内为岷山北支,包括花尔盖山、光盖山、峨山、擂鼓山等。摩天岭位于岷山腹地,是岷山的支脉,也是四川与甘肃的界山。

在文化意义上,与大巴山对应,也可称大岷山为大蜀山。传说,蜀山氏是上古时的帝王,先秦古籍有蜀山氏名号。顾名思义,蜀山氏是居住于蜀山的族氏,由冉族与羌族合成而来。冉族是居住在岷江上游的土著民族,羌族是从西北迁徙而来的民族,这两大民族以岷山、邛崃山为依托,以岷江为轴心,不断融合发展,并向岷江下游迁徙。目前,多为羌族、藏族自治州。传说,蜀山氏的女子嫁给黄帝为妃,生下儿子蚕丛。蚕丛的儿子鱼凫,即是望帝。望帝开创的古蜀国,世代相传。及至战国,秦灭蜀国。也有人主张，无论是蚕丛、柏濩、鱼凫，还是杜宇、杜灵，可能皆是采取转世方式延续其王和神权，故皆神化而不死。无论如何，岷山皆可称蜀人、蜀国、蜀文化的父亲山。

岷江与黑水河构成大秦岭西南端沟通黄河流域与长江流域的天然廊道，也是藏彝走廊的组成部分。2000年以来，在岷江上游进行了全面考古调查，发现了84处新石器时代文化遗址及遗物采集点，特别是茂县遗址分布最为丰富。2003年，在茂县凤仪镇营盘山遗址考古发掘，出土陶器、玉器、石器、细石器、骨器、蚌器等类遗物近万件，尤其是出土彩陶数量为四川之最。考古学家将其定名为"营盘山文化"，类似于仰韶文化和大汶口文化，距今6000—5500年。

此前，考古学家曾于1995年在新津县龙马乡宝墩村，发现了距今4500—3700年的宝墩文化。1996年在温江区万春镇鱼凫村，发现了距今约4000年的鱼凫城遗址，这是史前古蜀国古城址之一，也是三星堆文化和金沙遗址的前身。专家推断，营盘山文化是成都平原古蜀文化的源头。宝墩文化是由营盘山文化发展而来。具体路径即是沿岷江而下的藏彝走廊。考古材料显示，营盘山先民过着定居生活，种植小米，饲养猪牛。宝墩文化开始种植水稻，并在成都平原长期保持着稻作、旱作混作的耕种方式。在李冰修建都江堰治水以后，成都平原有了成熟的灌溉农业。

20世纪80年代，在广汉市域湔江—鸭子河南岸，距今5000—3000年的三星堆文化横空出世。三星堆遗址是西南地区面积最大、时间跨度最长、文化内涵最为丰富的文化遗址，具有完整的东、西、南城墙和月亮湾内城墙，面积达12平方公里。三星堆文化分为四期：一期为宝墩文化（前蜀文化）；二、三期为三星堆文化（古蜀文化，前1600年以后）；四期为十二桥文化（古蜀文化，主要遗存金沙遗址），约相当商周时期。

在中国文物群体中，三星堆属最具历史、科学、文化、艺术价值和最富观赏性的文物群体之一。三星堆文物中，有大陆古蜀秘宝：高 3.95 米的青铜神树、高 2.62 米的青铜大立人、宽 1.38 米的青铜面具，等等；以及以金杖为代表的金器，以满饰图案的边璋为代表的玉石器皆堪称旷世神品，并因此为三星堆文化蒙上了一层神秘的面纱。

以成都十二桥遗址为中心的十二桥文化是继三星堆文化之后，古蜀文明发展史上的又一次高峰。在公元前 12 世纪—前 10 世纪，因发生了某种重大变故，导致三星堆都邑荒废，古蜀国政治中心转移到成都。直到公元前 316 年蜀国被秦国所灭，古蜀国也没有再生产像三星堆和金沙那种因神权而生产的华美的青铜器、玉器等，青铜被用来制造武器，相比祭祀礼器，武器要实用得多。

历史性转变出现在周代。此时，位于大秦岭之南的蜀，与大秦岭之北的周发生了紧密联系。公元前 1046 年，鱼凫王杜宇参加了武王伐纣的战争，号曰蜀。公元前 1045 年，周王册封杜宇为蜀王，准予建都立国。杜宇是古蜀国第一位君王，史称望帝。春秋时期，蜀国洪水泛滥，望帝任鱼凫族人杜灵为相，治理洪水。杜宇年迈时禅位给杜灵，杜灵继位蜀王，史称开明帝。此后，蜀国版图曾一度扩张。公元前 451 年，秦国进攻古蜀国，夺取战略要地南郑（今汉中）。10 年之后，古蜀国重新夺回了南郑。然而，这并未改变秦国吞并蜀国的大趋势，公元前 316 年，秦一举灭蜀吞苴。《华阳国志·蜀志》载："……周慎王五年秋，秦大夫张仪、司马错、都尉墨等从石牛道伐蜀，蜀王自于葭萌拒之。败绩，王遁走至武阳，为秦军所害，其傅相及太子退至逢乡，死于白鹿山。开明氏遂亡，凡王蜀十二世。"至此，蜀山蜀地尽入大秦版图，大秦岭南北的文化融合也进入了快车道。

穿越秦岭的陈仓道、褒斜道、傥骆道、子午道，皆与穿越巴山的金牛道相连通。因此，金牛道是穿越大秦岭南北，连接秦蜀两地的最关键、最重要的廊道。《太平御览》引《蜀王本纪》记载："……秦惠王时，蜀王不降秦，秦亦无道出于蜀。蜀王从万余人东猎褒谷，卒见秦惠王。惠王以金一笥遗蜀王，蜀王报以礼物，礼物尽化为土。秦王大怒，臣下皆再拜稽首，贺曰：土者地也，秦当得蜀矣。秦王恐亡相见处，乃刻五石牛，置金其后，蜀人见之，以为牛能大便金。蜀王以为然，即发卒千人，领五丁力士拖牛，成道，置三枚于成都，秦道乃得通，石牛之力也。"是故，金牛道上有烈金坝、五丁峡、五丁关、五盘岭、五里峡、石牛铺等地名，也得来石牛道、五丁道之名。不过，真实的历史未必就是《太平御览》引《蜀王本纪》记述的这般。当在秦蜀争夺汉中的时代，蜀人就已经修筑了金牛道。

金牛道的具体线路是：于汉中南郑向西，进入沮口、青羊、大安等站点，经烈金坝（金牛驿），南折入五丁峡、五丁关，至宁强县转向西南，经牢固关、黄坝驿，进入嘉陵江流域，经广元市朝天区七盘关、转斗铺、中子铺、五里铺、神宣驿、龙门阁、明月峡、五里峡、石柜驿、汉寿驿、朝天镇，顺嘉陵江之绝壁上的飞阁栈道向南，经朝天峡、望云铺、飞仙关，至千佛崖入利州古城，再南渡嘉陵江至要塞昭化，经古战场葭萌关，上牛头山，过剑门关，经古柏夹道、浓荫蔽日的翠云长廊，至梓潼大庙，经绵阳过鹿头关、白马关、旌阳驿、金雁驿、两女驿、天回驿，到达成都金牛坝。大体行进路线与国道G108汉中至成都段的线型近似。金牛道是蜀人与秦人交流之路，抗衡之路，也是亡蜀之路。

剑门是金牛道上的一大天然隘口，在今剑阁县城南15公里处的大剑山和小剑山之间，最窄处仅50米。史料记载，三国时期，诸葛亮见大小剑山之间有阁道30里，又见大剑山中断处壁高千仞，天开一线。于是，垒石为关，以为屏障，称剑阁或剑阁关。诸葛亮出祁山，姜维北伐，皆出此关。唐以后始称剑门关、剑阁道。剑门关古关城楼为三层翘角式箭楼，阁楼正中悬横匾"天下雄关"，顶楼匾额"雄关天堑"。1935年修川陕公路时拆毁。1992年在关口川陕公路东侧崖底修建关楼，2006年2月在大火中化为灰烬。今关楼为汶川大地震后重建。

在冷兵器时代，剑门关是不曾被从正面完全攻破的关口。《三国志》记载：司马昭命钟会、邓艾领兵伐蜀。被蜀汉大将姜维堵在剑门关以北，久攻不下。"冬十月，艾自阴平道行无人之地七百余里……又粮运将匮，频于危殆。艾以毡自裹，推转而下，将士皆攀木缘崖，鱼贯而进。先登至江油，蜀守将马邈降。"邓艾军长驱南下，攻克绵竹，直抵成都。蜀后主刘禅投降，灭了蜀汉。阴平道在金牛道之西的岷山深处，起于阴平郡（今甘肃文县鹄衣坝），翻越文县与青川交界的摩天岭，经唐家河、阴平山、马转关、靖军山，到达蜀汉江油关（今绵阳平武县南坝镇）。阴平道因魏灭蜀汉战争扬名天下。

岷山是一个大水塔。岷山之水，滋润了成都平原，也滋润了四川盆地。源自岷山的江河，是蜀人、蜀国、蜀文化的母亲河。

白龙江和涪江是来自大岷山的嘉陵江右岸两大支流。白龙江，古名桓水或垫江，源出西倾山东端的郭尔莽梁德合拉卜哉峰东北麓，经甘肃、四川交界的郎木寺附近，一路向东，流经甘南迭部、舟曲、陇南武都、继而折向西南，流经文县尖山折向东南，于广元市昭化旧城注入嘉陵江。白龙江是岷山、摩天岭与迭山、岷峨山的界河，也是陇南市的母亲河。元代以前，白龙江流域主要居住着羌、氐、藏等少数民族。之后，进入的汉民族越来越多，并逐步成为多数民族。涪江，发源于松潘县与平武县接壤的岷山主峰雪宝顶，因流域内绵阳曾称涪县而得名。涪江是绵阳市、遂宁市的母亲河，于重庆市合川区汇入嘉陵江。在接纳涪江之前，嘉陵江左岸接纳了渠江之水，渠江是巴中市、达州市、广安市的母亲河。嘉陵江于重庆市注入长江，嘉陵江干流是广元市、南充市的母亲河。以流域面积而言，嘉陵江是长江第一大支流，也是塑造四川盆地的最重要力量。

沱江，介于岷江与嘉陵江之间的长江一级支流。沱江发源于龙门山之九顶山（茶坪山）南麓断岩头大黑湾，河源段称绵远河。流经绵阳市后，在成都平原先后接纳了洛水—石亭江、湔江—鸭子河、青白江，于金堂县赵镇始称沱江。穿龙泉山金堂峡，经资阳市、内江市，于泸州市汇入长江。沱江是绵阳市、资阳市、内江市的母亲河。

岷江，历来有川西母亲河之称。先秦至明代，一直视岷江为长江上源，故岷江又称江、江水、大江水，也称渎水、汶水、汶江。岷江年径流900多亿立方米，接近黄河的两倍。若以年径流量而论，岷江即是长江第一大支流。岷江的正源，也称东源，处于松潘县与九寨沟县的交界处，因山岭如弓之杠得名弓杠岭。弓杠岭垭口，海拔3618米，这里是岷江源头，也是岷江与嘉陵江分水岭。四川省水利厅在弓杠岭隆板沟立岷江源石碑，以宣示其为岷江正源。岷江河源段称漳腊河，在川西名镇川主寺附近与来自浪架岭（古称"羊膊岭"）的西源黄胜关河合流后始称岷江，古称"阔水""松潘河"。也有人主张，西源黄胜关河是岷江正源。《水经注》曰："大江泉源，即今所闻，始发羊膊岭下，缘岩散漫，小水百数，殆未滥觞矣。"由若尔盖县沿黄胜关河而来的国道G213，经过川主寺，奔松潘县、茂县、汶川，至都江堰，清晰勾勒出岷山的西南轮廓。岷江上游属于高原气候区，河长340公里，天然落差超过3000米。岷江上游江流穿行于高山峡谷之中，特别是汶川映秀镇（中滩铺）至都江堰处于暴雨区，崖坡陡峻、岩层坚硬、植被稀疏、水流湍急。清人刘绍曾写一首诗描写岷江上游的野性气质："江声如万鼓，日日咤惊雷。急浪迎风立，盘触逐岸回。顿令裘服异，频觉焕寒催。夷汉交加处，安边仗俊才。"在都江堰市以下，岷江进入成都平原腹心，塑造了西南中心城市成都，以及区域性中心城市眉山、乐山、宜宾，于宜宾注入长江。

龙门山是从成都平原拔地而起的高山，其主体部分在阿坝茂县、成都彭州、德阳什邡、绵竹四县市接壤地带，因九座山峰相连而得名九顶山。九顶山是古蜀人的神山，羯羌文化的发祥地。九顶山的最高峰，也是龙门山主峰——狮子王峰，海拔达 4989 米。九顶山至成都平原的直线距离不足 40 公里，而成都平原的海拔 600 米，两者存在 4000 米以上的垂直落差。若以岷山主峰雪宝顶而言，与成都平原的垂直落差超过 5000 米。正是因为这一巨大的垂直落差，带来了岷山的别样山水气质和生态景象。

汉语中有一个"湔（音 jiān）"字，从水从前，前亦声。水与前联合，表示水流的头部、水流的前锋，湔字本义是水头。湔水，以湔名水，当是突出该水具有较强冲击力。《汉书·地理志》记载：蜀郡绵虒县（今汶川县）："玉垒山，湔水所出。"玉垒山在龙门山西麓，湔水当是源于龙门山西北麓的岷江支流，今已无确指。然而，与湔水一岭相背，在彭州境内，龙门山的东南麓，海拔 4814 米的太子城峰，发源了湔江，它是沱江三大源头（正源绵远河、中源石亭江、南源湔江）之一。彭州的得名，与湔江密切相关。"彭"是嘭的本字。古人以巨大的鼓声为彭，以微弱的竽声为兮。湔江的落差大、水流急，在峡谷中撞击山石，自然会发出巨大的声响。《元和郡县图志》载：彭州"以岷山导江，江出山处，两山相对（老君山与景山），古谓之天彭门，因取以名州。"也就是说，彭州之彭来自天彭门之彭。其实，在古文献中，岷山地域不少地望都带"天彭"二字：天彭阙、天彭门、天彭山、天彭谷、天彭关，等等。这是岷山之水大且急的文化显现。

陈炳魁在《岷江上源考》中称，岷江古代有湔水之称。如此一来，岷山也就是湔山了。湔山是蚕丛、柏濩、鱼凫等古蜀狩猎、种植、生产的重要地域。岷山岷水、蜀山蜀水，也就是湔山湔水了。公元前316年，秦灭蜀后，于蜀郡置湔氏道，治理岷江上游。蜀汉时，提升湔氏道为湔县，并在今松潘县置湔氏县。此外，今什邡市有一镇，名曰湔氏镇。"湔氏"二字，一是说山水特点，二是说民族特点。匈奴、鲜卑、羯、氐、羌，合称五胡。氐是五胡之一，主要分布于岷山峡谷地带，为高山低地之人。五胡十六国时，先后建立过仇池、成汉、前秦、后凉等政权。南北朝以后，与汉族融合一体。

一个"湔"字，可以说明许多问题。先秦时代的成都平原，远非天府之国，而是非涝即旱，有泽国、赤盆之称。对于成都平原来说，岷江如同一条悬江。从岷江出山口至成都50余公里，落差达273米。每当岷江暴发洪水，成都平原即是一片汪洋。一旦遭遇旱灾，又是赤地千里。

然而，这种情况在随后的重大事件中发生了根本改观。公元前316年，秦国将蜀国纳入版图。公元前276年，委任李冰为蜀郡太守。李冰是治水奇才，从公元前256年开始，大举展开成都平原治水事业。按照天人合一、道法自然的思想，李冰父子修筑了都江堰系列治水工程，堤防、分水、泄洪、排沙、控流相互依存，防洪、灌溉、水运共为一体。"分四六，平潦旱"。由此，成都平原"水旱从人，不知饥馑，时无荒年，天下谓之'天府也'。"

与都江堰毗邻的成都郊县曰郫县，古称"郫邑"。郫县豆瓣有川菜之魂的美誉。"郫"字从卑从阳，卑是从属物。郫有从属性的城邑、副邑、陪都之意。从实际观察，郫是岷山之南的低洼之地。今人多熟悉成都"二江"这个词，此处二江是古代郫江、捡江的合称。原来，都江堰从岷江分出南北二支：北支称郫江，又名北江；南支称捡江，也称南江，又名流江。二江分别流经成都南北，然后合而南流。"二江者，郫江流江也。"《史记·河渠书》记载："蜀守冰凿离碓，辟沫水之害，穿二江成都之中。此渠皆可行舟，有余则用溉浸，百姓飨其利。"后来，城区扩展，河流改道，郫江成为护城河、城中河。成都是天府之国的腹心，郫江也就得来"府河"之名。

其实，起初并无都江堰之名，而称湔堋。这是因为在秦汉之前，都江堰旁的山，称作湔山，当地人又称堰为堋。自然而然，人们称湔山之前的堋为湔堋。三国时期，蜀汉在此置都安县。都是成都之都，安是安澜之安，湔堋也随之得名都安堰。汉代以后，用金堤泛指修筑坚固的堤防工程。唐代，因"破竹为笼，圆径三尺，长十丈，以石实中，累而壅水"，竹笼装石称"楗尾"，都江堰也称"楗尾堰"。《括地志》曰：都江即成都江。宋代，将整个水利工程概括起来称之都江堰，一直沿用至今。都江堰是全世界迄今为止，年代最久、唯一留存，以无坝引水为特征的宏大水利工程，也是全国重点文物保护单位。临都江堰的岷江右岸山坡上有一个二王庙，原为纪念蜀王的望帝祠。齐建武时，为祀李冰父子，望帝祠更名崇德祠。宋代，李冰父子相继被皇帝敕封为王，故而后人随称之二王庙。

与都江堰相比，都江堰市更是一个新名字。秦灭蜀后置蜀郡，在今都江堰设湔氐道。汉代，湔氐道升为湔氐县。蜀汉，改称湔县。西晋，置晏官县。南朝时，是汶山郡所在。唐代，置盘龙县、导江县。前蜀武成元年（908）设灌州，明太祖洪武九年（1376）降灌州为灌县。直至

1988 年 5 月,将灌县改为都江堰市。

岷山是一个珍贵的三角地带,是亚热带山地植物资源最完整的地区之一,世界生物多样性关键地区之一,也是中国自然保护区最为密集的地区之一。

早在 1956 年,也就是若尔盖县建县的当年,在岷山与迭山交错地带,铁布区的三个乡:热尔、冻列、崇尔三乡,面积约 2 万公顷,划为梅花鹿保护区,即铁布自然保护区。虽然区内的森林覆盖率只有 53%,但 80% 为天然植被。除梅花鹿外,保护区还有中华裂腹鱼、蓝马鸡、豹猫、林麝、斑羚等国家重点保护动物。

1965 年,在平武县境内,四川松潘黄龙乡、九寨沟、平武,以及甘肃文县的交界地带,设王朗国家自然保护区,面积约 3.22 万公顷,这是全国最早的以保护大熊猫等珍稀野生动物及其栖息地为主的四个自然保护区之一。

1978 年,岷山东北麓、龙门山北段、摩天岭南麓,文县、平武、青川三县交界地带,青川县境内,设唐家河国家自然保护区,面积约 4 万公顷。主要保护对象为大熊猫及其森林生态系统,区内有珙桐、连香树、水青树等国家重点保护植物,大熊猫、金丝猴、羚牛、云豹、绿尾虹雉等国家重点保护动物。2015 年 1 月,入选首批世界自然保护联盟(IUCN)绿色名录。

在设立唐家河自然保护区的同一年,还设立了白水江国家自然保护区。白水江是白龙江的一大支流,源于岷山弓杠岭北麓(与岷江同源背流),自西北向东南流经九寨沟、文县。白水江自然保护区位于文县东北与武都区西南交界地带,面积约 22.3 万公顷,涵盖了白水江、让水河、小团鱼河等白龙江支流,包括了武都、文县的 9 个乡镇,森林覆盖率

87.3%。保护大熊猫、珙桐等多种珍稀濒危野生动植物及其赖以生存的自然生态环境和生物多样性。2000年11月加入世界人与生物圈。白水江自然保护区是国家林业局直属三个大熊猫保护区中面积最大的一个。

1993年，可以说是岷山的自然保护区年。这一年，岷山收获了5个自然保护区。这一年，在松潘县东南白羊、大寨、大姓、岷江4乡，设四川白羊自然保护区，面积约7.67万公顷。保护区最高峰（岷山主峰雪宝顶）海拔5588米，最低海拔白羊乡梭子沟口1080米，高差达4508米。保护区是第四纪冰川影响下古生物群落的避难所之一，多种古老生物种得以保存，古北界与东洋界物种在此混杂，动物区系十分复杂，种类十分丰富，分布众多珍稀物种。保护区大熊猫300余只，居各自然保护区之首。这一年，在平武县，与四川白羊自然保护区、四川黄龙自然保护区接壤地带，泗耳、虎牙、土城、大桥4个乡镇，设四川雪宝顶国家自然保护区（前身为泗耳自然保护区），面积约6.3万公顷。保护区内有国家重点保护动物43种，国家重点保护植物26种。这一年，在平武县，与潘松县黄龙自然保护区、平武县王朗自然保护区、雪宝顶自然保护区交界地带的木皮藏族乡、黄羊关藏族乡、水晶镇、阔达乡，设四川小河沟自然保护区；在茂县，与千佛山保护区毗邻的富顺、永和、沟口三乡，设宝顶沟自然保护区，面积约1.9万公顷；在安县，与茂县、北川交界地带，也是涪江南源区，与宝顶沟自然保护区连成一片，设千佛山国家自然保护区。这些自然保护区，皆以大熊猫及其生态系统为主要保护对象，保护着大熊猫、金丝猴、扭角羚、豹、云豹、林麝、马麝；珙桐、光叶珙桐、红豆杉、银杏等国家重点保护动植物。

1997年，在都江堰市，以龙池镇和虹口乡合名，设龙溪—虹口国家级自然保护区。这里是典型的高山峡谷地貌，海拔由1196米到4582米，面积1.1万公顷。1999年，在绵竹市，与阿坝茂县、成都彭州市、德阳什邡接壤地带，以九顶山之名，设九顶山自然保护区，面积约6.1万公顷。这里是地史奇观，也是300多种动物和3000多种植物聚合成的一个自然博物馆。2002年，在彭州市，与都江堰龙溪—虹口国家级自然保护区、绵竹市九顶山自然保护区相连，于湔江上游设四川白水河国家级自然保护区。海拔从1480米到4818米，高低悬殊、切割剧烈、山高坡陡，山谷呈"V"型和"U"型发育，面积约3万公顷。

岷山最美九寨沟。九寨沟是白龙江支流白水江源区，因沟内荷叶、盘亚、亚拉、尖盘、黑果、树正、则查洼、热西、郭都九个藏族村寨而得名。景区海拔2000米以上，面积约6万公顷。20世纪中叶，只有山间小道与外界相通，藏民世世代代过着自给自足的生活。他们把雪山视为男神和女神，把湖泊视为女神梳妆打扮的脸盆，把漫山遍野的树木视为女神的长发。九寨沟的最大特色在于成群的湖泊和瀑布，而构成湖泊、瀑布的水源，全是森林流淌的汁液。1975年，农牧渔业部一个工作组对九寨沟进行综合考察，得出了"九寨沟不仅蕴藏了丰富、珍贵的动植物资源，也是世界上少有的优美景区"的结论。同年，中国林科院院长、著名林学家吴中伦教授对九寨沟进行了全面考察。他不无惊异地说："我到过欧美数国，也从未见过这样奇美的自然景色。"随即上书四川省政府和省林业厅，建议保护好自然景色。几经奔波与考察，1977年，正式确定九寨沟为国家级旅游开发项目。1978年底，新华社记者贺小林写了一篇内参，再次呼吁保护九寨沟。1978年12月15日，国务院批转国家林业局《关于加强大熊猫保护、驯养工作的报告》，开始了建立九寨沟自然保护区的历史进程。1979年，在九寨沟内的两个林场迁出。1980年，九寨沟自然保护区管理处成立。1982年，国务院批准在九寨沟建立国家风景名胜区。1984年,九寨沟风景区正式对外开放。1992年,联合国教科文组织将九寨沟列入世界自然遗产。1998年6月,南坪县更名九寨沟县。

九寨沟自然保护区地势南高北低、山谷深切、高低悬殊。北缘沟口海拔2000米,中部峰岭4000米以上,南缘4500米以上,主沟30余公里。峰顶终年积雪。九寨沟地质背景复杂,多种营力交错复合,造就了多样化地貌,发育大规模喀斯特作用的钙华沉积,以植物喀斯特钙华沉积为主导,形成艳丽典雅的群湖、奔泻湍急的溪流、飞珠溅玉的瀑群、古穆幽深的林莽、连绵起伏的雪峰。九寨沟自然保护区内108个高山湖泊成群分布,大小不同,小的半亩,大的千亩。如此高山湖泊,举世无双。九寨沟许多天池,其中最大的长7公里,天池四周覆盖着郁郁葱葱的原始森林。大型瀑布17处,以诺日朗瀑布最大。

与九寨沟齐名的是黄龙。九寨沟被誉为童话世界,黄龙被称为人间瑶池。1983年在松潘县与九寨沟毗邻区域,设立黄龙自然保护区,面积约5.5万公顷,区内海拔由1700米到5588米,4000米以上多为冰蚀地貌,崖峰峻峭,一般峰谷相对高差千米以上,雄伟壮观、气势磅礴。黄龙景区以彩池、雪山、峡谷、森林四绝著称。主景区黄龙沟在岷山主峰雪宝顶下,也是涪江之源区。沟中彩池,随着周围景色变化和阳光照射角度而五彩缤纷。1992年,联合国教科文组织将黄龙与九寨沟一并列为世界自然遗产。

据传说,龙门山是中华民族的治水英雄大禹诞生的地方。因大禹"凿龙门,铸九鼎,治水患"得名"龙门山",其主峰曰九顶山,也写作九鼎山,九顶山最高峰狮子王峰,海拔4989米。20世纪20年代,在龙门山脉,中国地质学家首次发现了被称作"飞来峰"的奇特山峰,且不是1座而是11座。这些山峰的奇特之处在于,它不是土生土长的,而是从天外飞来的。这飞来的山峰，年龄在 2 亿岁以上，而被它压住的地层只有 1 亿年左右。2000 年 6 月 2 日，地质学家在什邡八角镇大垭口山区发现了冰川漂砾，从而解开了飞来峰之谜。

  在地质发展史中，龙门山已有 37 亿年历史。其间经历了多次翻天覆地的构造运动，从而奠定了当今的地质特征，雕塑了现在的地貌形态。龙门山构造是驰名中外的龙门山推覆构造带的缩影，众多飞来峰与欧洲阿尔卑斯山飞来峰齐名，被称为地质科学迷宫。于是，这约 19 万公顷范围，成为龙门山国家地质公园。

  我们尚不知道，究竟是在什么时候，人们将曾经称作玉垒山、茶坪山、湔山的山开始称作龙门山。但是，我们联想到华山，联想到嵩山，联想到中华脊梁，似乎大秦岭的每一个角落，都在向我们讲述着中华民族发展与奋进的历史和一个又一个古老而新鲜的故事。

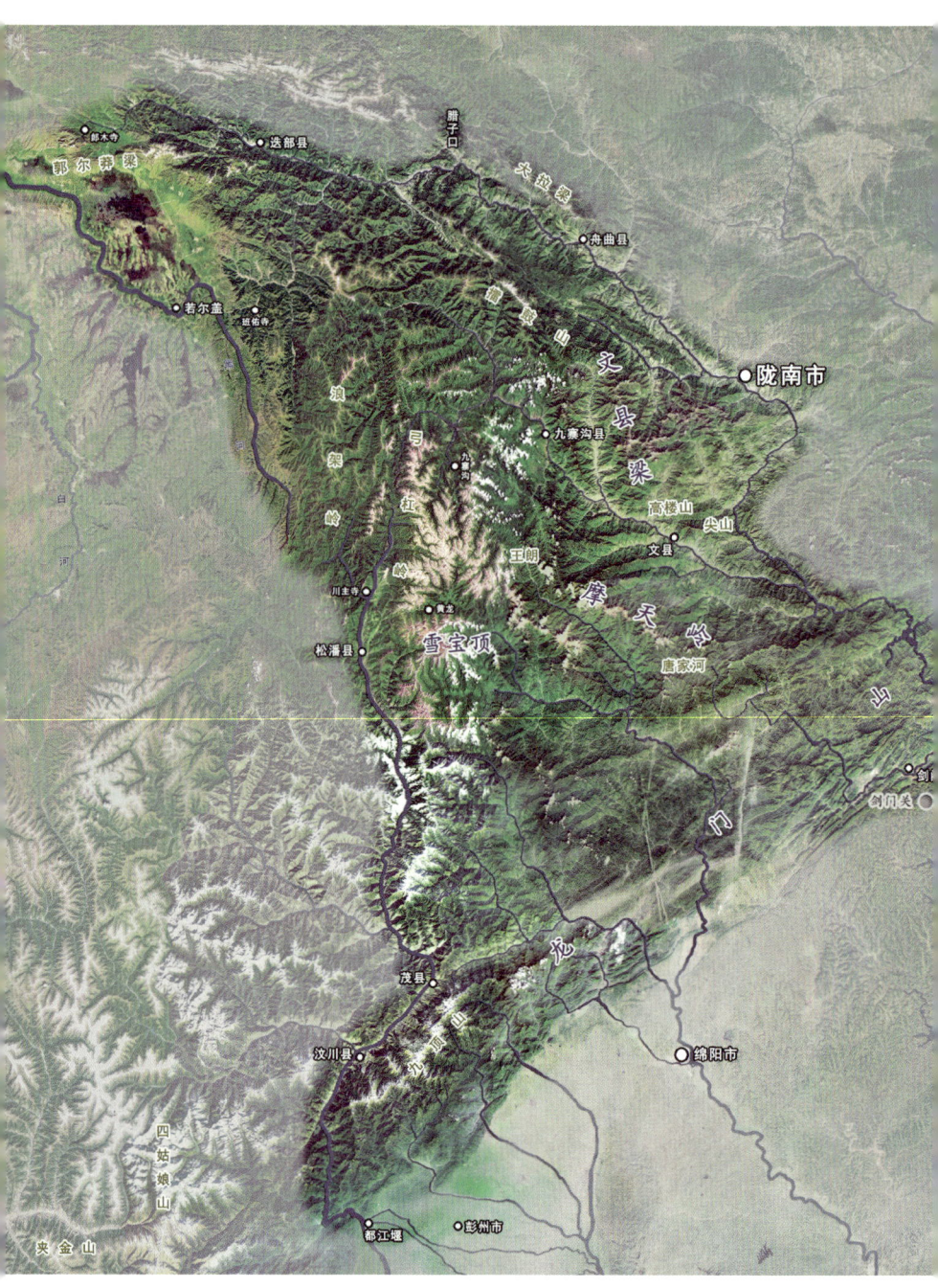

大岷山全域示意图（制图：孙健）

第四章

十全十美

秦岭门：神秘的天水走廊

在甘肃天水境内，大秦岭主脊上坐落着两座千古流芳的祖山。东边的一座叫齐寿山，西边的一座叫朱圉山。在两座祖山之间，形成了一个巨大的豁口，即是天水豁口，以此为基础，形成了神秘的天水走廊。

齐寿山，位于天水东南30余公里处。天水文化圈中，常以齐寿山不大不小，压着三江河垴来说事，却没有人为齐寿山画出一个具体的山域范围。齐寿山之水，流向了四面八方。齐寿山西南方向，水流向长江之嘉陵江，包括向西向南流，再折向东流并注入嘉陵江的西汉水、向南直接注入嘉陵江的白水江。齐寿山东北方向，水流黄河之渭河，其一是向西北注入由西而东的藉河的南沟河、向东北直接注入渭河的轩辕溪。齐寿山不高不低，海拔1951米，这只比陇西黄土高原的平均海拔略微高一点。远望齐寿山，感觉像是一座大土丘。乍一看，又似乎像是天然大冢，一座巨大的坟茔，故得名嶓冢山。齐寿山取长寿、同寿之意，也得寿丘之名。有人认定，这寿丘就是黄帝轩辕氏的诞生地。齐寿山，又名兑山。兑卦是易经六十四卦中的第五十八卦，也是易经中唯一谈论喜悦的一卦。据传说，齐寿山取名兑山，是因为它是伏羲创制八卦时兑卦的定卦之山。与齐寿山有关的文化故事很多，帝王将相的故事，文人墨客的故事，不胜枚举。如此一来，不大不小、不高不低的齐寿山承载了跨越8000年的中华文化故事，颇有不同凡响的文化根脉意味。在地理意义上，齐寿山是大秦岭的一个重要节点。齐寿山向东，大秦岭的海拔高度缓慢抬升，并且随着黄土高原海拔降低，显得山势越来越强，相对高差越来越大，经过大散岭、玉皇山，至大秦岭的主峰太白山，海拔高度提升近2000米，相对高差增加3000米。

朱圉山在天水西南60余公里处。《尚书·禹贡》将朱圉山与西倾、鸟鼠、太华连比而书。《禹贡锥指》记述，朱圉山"在今伏羌县南三十里，山色带赤"。与华山不是一座山峰一样，朱圉山也不是一座山峰，而是一群山峰的总称。朱圉山的主体是景墩梁，因可以一脚踏三县，也称三县梁，这里是天水甘谷县、武山县和陇南礼县三县交界地带。核心地带分属于三个乡镇，即礼县的固城、甘谷的古坡、武山的温泉。朱圉山南麓是长江水系，发源了红河、永坪河等西汉水支流；朱圉山北麓是黄河水系，发源了藉河（向北折向东在麦积区注入渭河）、毛河（向西向北在甘谷磐安镇注入渭河）等渭河支流。"圉"为马场之意。朱圉山高处的景墩梁，也称为九墩梁（言其墩，即峁状无峰山丘），甘谷县至今尚保留有九墩牧场建制。每当盛夏来临，在三县梁草原游玩的人，一定会得到当地牧马人的热情服务。《甘谷县志》载："县南景墩梁，曾为非子牧马之地。"21世纪以来的考古发现越来越清晰地表明，秦先祖早期活动场所集中于朱圉山一带，后来逐步扩充势力，扩展地盘。也就是说，朱圉山是秦人崛起的摇篮，也可以称得上是秦人崛起的祖山。朱圉山也是大秦岭的一个重要地理节点。朱圉山以西，大秦岭海拔高度迅速抬升，朱圉山主峰石鼓山海拔2625米，主梁向西至天爷梁3120米，再折向南折向西，至迭山主峰（措美峰）4920米。朱圉山以西的大秦岭与齐寿山以东的大秦岭，在地理地貌上有很大不同，最显著差异是后者以森林生态系统为主，前者以草原生态系统为主。正是因为这一不同点，使这里成为农耕文明与游牧文明的交汇地带，成为"商奄遗民"谪迁的目的地。

齐寿山和朱圉山皆耸立于大秦岭的主梁上，他们各自发源着一条具有重要历史意义的河流。居东的齐寿山，西南向发源西汉水，自东向西流淌，并接纳了朱圉山南麓的来水；居西的朱圉山，东北向发源藉河，自西向东流淌，并接纳了齐寿山北麓的来水。一东一西，一南一北，溯源而上，成为一个你中有我、我中有你的大循环。非常有趣的是，秦岭南北各有一个天水。在秦岭南坡，西汉水上游有一天水镇，当地人称其为小天水，这里原本是西周时西犬丘的势力范围。后来，实行了郡县制，小天水是天水郡的治所。因此，小天水也称得上是老天水。如果没有西汉水，也就没有小天水。再后来，天水治所由秦岭南坡的小天水迁至秦岭北坡的藉河岸边，这便是如今的大天水，也是新天水。因此，人们说没有藉河就没有如今的天水城。如此，西汉水是天水，藉河是天水，秦岭南北皆是天水。它们来自齐寿山，来自朱圉山，来自大秦岭。就此而言，秦岭南北的天水人以感恩的心态，向世界虔诚推崇这两座祖山，既顺理成章，又理所当然。

在朱圉山与齐寿山之间，是一段约60公里的秦岭主梁。这是一段最平庸的秦岭主梁，也是一段最不寻常的秦岭主梁。这一段秦岭主梁平均海拔1800米上下，与邻近起伏的陇西高原的相对高差区区二三百米，完全缺少大秦岭的挺拔之势。由于海拔较低，夹在朱圉山与齐寿山之间的分水岭是一段洼陷的岭脉，也像是一座大山的豁口，这是一个地理人文皆复杂的豁口，不妨将其称之天水豁口。借由天水豁口，陇西黄土高原向大秦岭渗透。从卫星影像上看，不仅黄土覆盖了天水豁口，而且翻越天水豁口，越过秦岭主梁，向秦岭腹地挺进百余公里。因此，大秦岭的天水豁口，也是大秦岭的黄土豁口。东方朔言："南山，天下之大也。"想必，这不大适宜于天水豁口的情形。然而，从文明演进的角度出发，自然天成的天水豁口，在岁月时空中穿梭，终究转化为文明发展史上神秘的天水走廊。秦人的祖先走出天水豁口，驰骋天下，纵横捭阖，终成霸业。由此，中国重要的文化符号"秦"与天水走廊产生了复杂的、密不可分的联系。

秦人的先祖是不幸的。当周朝替代了商朝，鲁国也替代了奄国，秦人的祖先沦落为商奄遗民，继而"居犬丘，守西垂"，成为周室御奴马夫。细细琢磨，朱圉山之圉，古通"圄"字，本指守卫、防御，后转指囚禁。这不免令人顿生郁闷。"犬丘"一词，也带几分轻蔑之意。丘在甲骨文中与"山"字相似，只不过与山相比，由三个峰头降为两个峰头，缺少了中间的一个高峰。"丘"字本义，即是缺少高峰的小山。这一象征性描述，正切合天水豁口一带的地理面貌特征。"犬"字本义，是指帮助主人看家护院、狩猎游猎的狗。对于周室而言，对商奄遗民——秦人的祖先，似乎就是这样的角色定位。在甲骨文中，"垂"字是树木枝条下垂状。《说文》曰："垂，远边也。"西犬丘处在周朝版图的西部边陲，即是"西垂"。古人认为，崦嵫山是太阳落山的地方，也注定是非常遥远的地方。屈原《离骚》："吾令羲和弭节兮，望崦嵫而勿迫。"其中羲和是神话故事中太阳神的车夫；"弭"为止息之意，"弭节"即将节奏放缓，踩刹车放慢车速，也就是让太阳等一等别落下去。单纯从字的建构看，"崦"字中的奄即是商奄遗民的奄，而"嵫"字中的兹，本义是草木茂盛的意思，这非常切合朱圉山草地肥沃，草原茂盛的情形。也就是说，古人眼中的崦嵫山，与朱圉山有较高吻合度。

由此推测，两者指向了同一座山。朱圉山再往西，就不是周人的地盘，而是西戎的地盘。朱圉山、崦嵫山、西犬丘、西垂、西戎，多带寒栗之气。这些文字措辞，也许正反映了当时的实情。可以想见，3000年前，刚刚来到太阳落山的地方，居犬丘、守西垂的商奄遗民，必然是战战兢兢，如履薄冰。

毫无疑问，秦人的先祖也是幸运的。西汉水上游河谷盆地，地势平坦，曾经森林密布，水草丰美，后世称之为天水。这为人类活动提供了适合的生态环境。在这一地带，已经发现仰韶文化遗址61处、龙山文化遗址51处、周代文化遗址47处。在文化谱系和文化系列上，西汉水上游与渭河上游完全相同，与大地湾文化是姊妹关系。而且，在仰韶文化晚期，西汉水上游的繁荣程度超过渭河上游。这足以说明，这里是一个适宜于人类生存发展的好地方。在迁居西犬丘后的100多年，正是西周国力强大的时期，西戎对强大的周室有所忌惮，自然对周室之犬——秦人的祖先也不敢造次。正是这西周初期的100多年间，秦人在西犬丘恢复元气，休养生息，逐步成为一支重要力量。马是先秦时代的重要战略力量，特别是马在战争中的作用已经不可替代。那时，还没有发明出马镫和高桥马鞍，还没有出现骑兵部队，但马拉战车、马驮军需、马上哨兵、弓马骑射的作用举足轻重。是否能饲养和培育出好的马匹，就成为国家的核心竞争力。在朱圉山以西的辽阔草原上，甚至整个陇西高原上，生长着以放牧为生的游牧部族西戎、氐羌，即羌人。经过100多年，秦人从羌人那里学习到精湛的养马技艺。这成为后来秦人站稳脚跟并发展壮大的核心能力。大约公元前900年，因非子养马有功，周孝王封其"邑之秦，使复续嬴氏祀，号曰秦嬴"。秦邑晋级周朝的附庸，真是"商奄遗民"莫大的荣幸。由此,也成为秦人走上立国道路的标志性事件。时间很快走到西周后期,因周王室昏庸,国力急速下降。虎视眈眈的西戎趁机浑水摸鱼,将在嘴边的西犬丘顺势吞下。

经过宣王中兴,西周国力短暂恢复。周宣王五年(前823),令秦仲为大夫,征战西戎,秦仲不幸战死,秦仲长子(后世追认秦庄公)继大夫位。周宣王七年(前821),命秦庄公兄弟五人领兵7000,成功击败西戎。周宣王将犬丘之地封于庄公,并封其为西垂大夫。之后,北方犬戎进攻镐京,秦襄公出兵救周,并因护送周平王东迁有功,周平王封其为诸侯及赐与岐西土地。这是秦成为诸侯之国的标志性事件。平王东迁后,周室衰微,戎人猖獗,秦襄公浴血奋战,战死沙场,葬于西垂陵园。秦文公元年(前765),秦文公居西垂宫。在位期间击败西戎,收编周朝遗民,扩地至岐,并开启秦国迁都宝鸡的浩荡进程。及至秦穆公时期,秦国终于取得了对西戎作战的绝对优势,为战略东进建立了稳固的大后方。诗经中的秦诗,大体产生于秦穆公之前一二百年间。这一时期,秦人向西与戎人作战,向东将函谷关以西之国一一击败,逐步称霸西戎。正是因为这一时代背景,秦风中有《诗经》中少见的尚武精神和悲壮慷慨的情调,相信这也是后来秦国所传承的文化基因。

西犬丘的300年间,是周天子三封秦人的300年,是秦国三任君主与西戎作战并先后战死的300年,也是秦人实现由御奴马夫到诸侯之国的腾跃的300年。这300年,秦人苦心经营,频繁穿越天水豁口,一而再再而三进出西犬丘,走南闯北,辗转腾挪,打开了进入中国政治舞台中心的方便之门。从这个意义上说,大秦岭天水豁口一带布满了秦人先祖的足迹。东汉史学家班固用秦命名了一座山脉,而天水走廊的山脉,就是最正宗的秦岭,也是最应该叫"秦岭"的秦岭。于是,隋唐时期,在天水曾设有秦岭县,如今有秦州区、秦安县、秦亭镇、秦岭乡等诸多以秦字打头的地名,以及以秦冠名的人文典故。秦始皇实现大一统之后,在绝大部分历史长河中,天水所在的陇西高原隶属于陕西行政辖区,加之秦国完成统一大业时已经迁居关中500年,所以陕西的简称是一个"秦"字。西犬丘是秦人崛起的原发地,流经西犬丘、西垂宫的西汉水,堪称是秦河、秦江。嘉陵江,赫赫有名,然而,就其得名而言,一直扑朔迷离,难以自圆其说。自从考古发现了大秦第一陵园西垂陵园之后,似乎变得清晰起来。有人深入研究史料后指出,在《元和郡县志》里有记载:"西汉水,一名嘉陵水。"也就是说,西汉水原本就有嘉陵江的名称,只是现代的人才将其界定为嘉陵江的一级支流。"嘉"是赞美、称颂、感恩的意思。"陵"字的本义是拾阶而上登高山,后来引申为帝王坟墓。西垂陵园完全配得上"嘉陵"一词。有关资料记载,秦曾在西犬丘设置过天嘉县,礼县也有天嘉之别称。顺理成章,西汉水也就是嘉陵江。

西汉水也好,嘉陵江也罢;天水豁口也好,天水走廊也罢。说到底就是在大小天水一带,为大秦岭开了方便之门。古往今来,不知多少人奔方便之门而来。自新石器时代起,就开始形成以天水豁口为咽喉的祁山古道。至春秋战国,祁山古道已经是川蜀经北方与印度、西亚、北非和欧洲等地交往的国际贸易通道。秦汉时期,祁山古道上的贸易与文化交流更加繁荣。其实,祁山是一个点,而祁山古道是一条线。作为点的祁山,专指礼县祁山乡西汉水北岸的祁山。郦道元《水经注》卷二十《漾水注》载:"祁山,在嶓冢之西七十许里,山上有城,极为严固,昔诸葛亮攻祁山，即斯城也。……城南三里有亮故垒，垒之左右，犹丰茂宿草，盖亮所植也，在上邽西南二百四十里。"由于《三国演义》具有强大的文化影响力，祁山由点及线，用以概括一条知名的道路，即祁山古道。祁山古道不止一条，仅翻越秦岭就有三条：其一，大天水—皂角镇—小天水—盐官镇—祁山镇，这是祁山古道的东北支，也是唐代以后最具影响力的一支。杜甫《发秦州》即是自秦州赴同谷县（今甘肃成县）走这条祁山古道的纪行。如今，也是国道、省道、高速公路车辆密集行驶的道路。其二，秸口镇（木门道）—秦岭乡—红河乡—盐官镇—祁山镇，这是祁山古道北支，也是最古老的一支。此线路上仰韶文化晚期遗存、周秦时代遗存颇多，如六八图遗址、西山坪遗址，可以看到不同文化层叠加现象。其三，武山洛门—四门—杨河（阳河、阳溪）—礼县固城—永坪—西和长道。这是祁山古道的西北支，也是早期秦人以西汉水上游与渭河上游为据点的战略通道。

诸葛亮出祁山，其战略设想是"得蜀望陇"。蜀汉先有四川，再有汉中。在汉中站稳脚跟后，企图经祁山古道北上占据陇西，再图关中。令人遗憾的是，诸葛亮"得蜀望陇"战略意图并未实现。其实，在诸葛亮之前，司马懿就曾设想演出一幕得陇望蜀的大戏。司马懿跟随魏武帝曹操讨伐张鲁，对曹操进言道："刘备以欺诈和武力俘虏了刘璋，蜀人尚未归附就出兵远方去争夺江陵，这个机会不能错过。现在我们如果出兵到汉中显威，益州就会惊慌，趁机进兵、兵临城下，势必土崩瓦解。由此之势很容易建立功业。圣人不能违逆天时，也不能丧失时机。"曹操听后说道："人就是苦于没有满足，已经得到了陇西，还想得到蜀。"其终究没有听取司马懿的意见。无论是得陇望蜀，还是"得蜀望陇"，无论是成功还是失败，似乎都是在诉说祁山古道之于陇蜀两地的重要价值。

因天水走廊的海拔不高，山势和缓，加之黄土深厚，秦人的先祖初来之时，这里广披草木、山清水秀，恍如天上来水（故名天水），环境异常优美。西周以至秦汉，这一带半农半牧，生产力水平不高，生态环境受影响不大。隋唐之后，人口急剧膨胀，农业化步伐加快，森林、草原不断被开垦为耕地。20世纪推行公社化，进一步加剧了过垦过牧问题。如今，天水走廊原有的森林生态系统、草原生态系统早已不复存在。秦人先祖在西犬丘的300年，面对的敌人是强悍的西戎。如今，我们面对的强敌不再是人，而是不断恶化的生态环境。"路漫漫其修远兮，吾将上下而求索"，我们应该拿出比先祖更多的智慧和勇气，用300年的时间，持之以恒地修复与重建天水走廊的生态系统，再造一个健全的人工森林生态系统，再造一个山川秀美的陇上江南！

秦岭门天水走廊示意图（制图：孙健）

陕甘岭：渭河大峡谷之谜

陕甘交界地带的大秦岭，宝鸡人习惯称之为大散岭。因为，这里是名声赫赫的关隘——大散关之所在。大散关位于清姜河畔，清姜河古称"散谷水"。由此向南翻越秦岭主梁，即进入嘉陵江上游，沿嘉陵江而下，可直通巴蜀，此即陈仓古道。大散关名散实不散，这里山势险峻，层峦叠嶂，有一夫当关，万夫莫开之势。大散关扼西南、西北交通要道，是川陕咽喉，兵家必争之地。历史上发生在大散关的大小战役多达70余次。"明修栈道、暗度陈仓"就是刘邦听从张良之计，出奇兵突破大散关防御，并一鼓作气占领关中全境。宋代陆游多次写到大散关："楼船夜雪瓜洲渡，铁马秋风大散关"，"良时恐作他年恨，大散关头又一秋"。大散关是关中四关中的西关，北有萧关，南有武关，东有函谷关（后移至潼关）。以关中人，特别是宝鸡人的视角看，陕甘交界地带的大秦岭就是大散岭。

这一段大秦岭，东段在宝鸡，西段在天水。以"烟雨麦积、绝壁佛国"闻名的麦积山风景名胜是天水人的骄傲，天水人习惯于将这一段大秦岭称为麦积山。不少人会觉得，麦积山只不过是一座孤峰而已。其实不然，以麦积山冠名的景区并不只是一座孤峰。麦积山风景名胜不仅有麦积石窟，还有仙人崖、石门山和曲溪景观。仙人崖在麦积山东北方向，离麦积山15公里，有仙人崖石窟，更有山巍、水秀、崖俊、林密的山水画卷。麦积山向南是秦岭主梁，也就是在秦人先祖所居放马滩附近，即是现在著名的石门山景区，其壁立千仞、悬崖峭壁，一条小道连接南北两峰谓之石门。石门山的无限俊美，令天水人称其为小黄山。从小黄山再往南，即是曲溪景区，山幽林静、雾缭郯郯、蜿蜒逶迤的河曲美不胜收。以天水人的视角看，陕甘交界地带的大秦岭正是一个放大了的麦积山。

也有人将这一段大秦岭称之为小陇山。这一段大秦岭森林生态系统良好，森林植被茂密，1962年国家计委批准在此设立了颇具特色的甘肃省小陇山林业实验局。小陇山林业实验局的林区主要集中在这一地界，林区面积超过1000万亩。天水境内的自然保护区、森林公园也主要集中在这一地带。这里不仅有以小陇山冠名的国家级自然保护区，也有以麦槽沟、黑河冠名的省级自然保护区，保护着原始、独特的森林生态环境系统。这里不仅有以小陇山、麦积山冠名的国家级森林公园，还有以云屏三峡、李子园冠名的省级森林公园。在这一地带，陕西设立有通天河国家森林公园。这里的大秦岭，南坡延展平缓、曲流成景，是嘉陵江上游右岸来水区；北坡陡峭短促，流水多入渭河大峡谷。

无论是以大散岭，还是以麦积山，抑或是以小陇山来表陈这一段大秦岭，似乎都有一定道理，却又不能尽然。这一段大秦岭地处陕西、甘肃交界，如果将两省各取一字，将其名之为"陕甘岭"，也许最为妥帖。这一段大秦岭西头是天水，东头是宝鸡，如果将两市各取一字，称之为"天宝岭"，也不失为一种合理选择。

从地理地貌看，这一段大秦岭与其他各段大秦岭相比最大不同点在于，离开天水豁口后，北侧山脚下的渭河河道进入峡谷地带，其海拔高程由天水1100米下降至宝鸡590米。如此一来，秦岭北侧山麓显得越来越挺拔。这越来越挺拔的秦岭北麓并没有直接暴露在人们的可视范围，而是深藏在渭河大峡谷之中。渭河大峡谷的南侧是秦岭北麓，北侧是陇山南坡。渭河夹在了大秦岭与大陇山之间，如果选取"秦""陇"二字，可称其为"秦陇大峡谷"。渭河大峡谷发端于天水市伯阳镇,止于宝鸡市(宝鸡峡水库大坝),如果选取"天""宝"二字,可称其为"天宝大峡谷"。

  大秦岭和大陇山均是具有重要地理标识意义的山脉。大秦岭是中国中央山脉,大秦岭将中国一分为二,划分出中国的南方和北方。大陇山是西北黄土高原的中央山脉,将西北黄土高原分为陇西高原和陇东高原(陕北高原)。陇西高原海拔 1500—2000 米,陇东高原海拔 800—1200 米(关中平原 500 米左右),这等海拔高程差异是陇东、陇西诸多差异的重要根源。不仅如此,大陇山还将渭河一分为三:分别是陇西高原河段、秦陇大峡谷河段、关中平原河段。渭河由大秦岭支脉鸟鼠山发源后,与大秦岭相伴,一路向东奔流。在陇西黄土高原流淌约 285 公里,入秦陇大峡谷曲流约 154 公里出宝鸡峡,入关中平原流淌约 379 公里,在潼关港口注入黄河,全程约 818 公里。关中—天水是一个文化圈,也是一个经济带,这个文化圈和经济带以陇山为分野,又以渭河为轴心。

  大陇山是黄土高原的中央山脉,也是渭河的重要水源地。大陇山的南部称关山、陇山,北部称六盘山。大陇山由南部的渭河大峡谷发端,止步于北端的西华山。大陇山南北长约 240 公里,在渭河大峡谷处最宽处接近 100 公里,北部狭窄处不足 10 公里。由北向南,在大陇山西侧,先后发源了两条重要河流:葫芦河和牛头河。葫芦河古称"瓦亭水""陇水",因河床狭窄多曲折,形似葫芦得名"葫芦河"。葫芦河的河源在大陇山北部与西华山毗邻的月亮山,主河道由北向南,于三阳川入渭河,河长约 296 公里。葫芦河的左岸支流全部接纳了来自大陇山西麓之水。牛头河,古称"西江""清水""桥水",其河源在芦子滩。从卫星图片看,牛头河主河道走向就像是一个斜置的牛头形状,由东北而西北,西北而西南，再转向正南，于社棠镇入渭河，河长约85公里。大陇山东侧发源了泾河、汧河、金陵河。三条河流均呈西北东南走向，均注入关中平原的渭河河道。其中，泾河是渭河第一大支流，北源固原大湾镇，南源泾源县老龙潭，至平凉八里桥汇合，东流经平凉、泾川，于杨家坪入陕境，经长武、彬县、泾阳，于西安市高陵区陈家滩入渭河（是长安八水之一），河长约455公里。汧河源头由5条小支流汇成，经南庄入陇县唐家河，经陇县、千阳、凤翔，于宝鸡市陈仓区汧河镇入渭河，河长152.6公里。金陵河源出吴山，于宝鸡市金台区入渭河，河长55公里。大陇山南侧，由西向东分别发源了通关河、小水河、六川河，南侧之水皆入渭河大峡谷。

在葫芦河左岸支流清水河南岸的二、三级阶梯相接的缓山坡上，有一处著名遗址——大地湾遗址（甘肃秦安县五营乡邵店村）。1958年，首次发现大地湾遗址。1978—1984年进行了连续7年考古发掘，1995年又进行了补充发掘，发掘面积达14752平方米。根据碳14年代测定，大地湾文化遗存距今7800—4800年，上下时间跨度约3000年，可分为五个时期。第一期：前仰韶文化期（距今7800—7300年），陇西先民创造彩陶，种植粮、黍。迄今为止，大地湾是渭河流域最早的新石器文化遗址。第二期：仰韶文化早期（距今6500—6000年），发现比较完整的原始氏族村落，其中彩陶绚丽夺目，不乏艺术珍品。第三期：仰韶文化中期（距今5900—5500年），彩陶艺术鼎盛，线条生动活泼，图案富于变化，造型与彩绘结合完美。第四期：仰韶文化晚期（距今5500—5000年），农业化取得显著进展，人口剧增，聚落扩大到整个遗址区。这是截至目前我国考古发现中，同一时期绝无仅有的大聚落。第五期：仰韶文化向齐家文化的过渡期（距今5000—4800年）。

渭河大峡谷腹地，在北岸一块黄土台地上，也有一处关桃园遗址（宝鸡市陈仓区拓石镇的一个小村落）。1982年关桃园遗址被确定为县级文物保护单位。2001年6月，因宝兰铁路二线建设通过遗址，陕西省考古研究所和宝鸡市考古工作队联合组队对该遗址进行发掘，获得了石器、骨器、陶器、玉器等一大批珍贵遗物，遗迹遗物时间跨越前仰韶、仰韶、两周及宋元明多个时期，尤以前仰韶文化内涵最为丰富，不仅涵盖了大地湾遗址一期和北首岭下层的特征，而且自成体系，构成关桃园类型。关桃园遗址出土了骨耜、骨铲、骨刀、石斧、石锛、石刀、刮削器等生产工具，特别是20余件距今约8000年的骨耜亮相，成为这一地带农业起源的重要标志。

在宝鸡市金台区金陵河西岸台地上，有一处北首岭遗址。1957年陕西省政府将北首岭遗址列为省重点文物保护单位，1986年宝鸡市政府设立北首岭文物管理所，2000年更名为宝鸡北首岭遗址陈列馆。1958—1978年，中国科学院考古研究所、西北大学等单位先后7次对遗址进行了发掘，在遗址内发现了年代比半坡类型更早的北首岭类型文化遗存。

较为详细罗列上述三处遗址试图说明，无论是陇西、陇东还是渭河大峡谷，原本就是原始部落聚居之地。截至目前，仅宝鸡查明的新石器时代文化遗址就有740余处，天水也有500余处。大秦岭与大陇山相会的地带、陕甘交汇的地带、秦陇交汇的地带，原本就是破晓中国文明、孕育中华民族的重要地带。秦陇地带，闪耀着中华民族早期文明的智慧之火。这一切完美暗合了伏羲、炎帝、黄帝的传说。以龙的传人而言，大陇山就是大龙山、龙首山。伏羲女娲是大地湾文化的先驱，其发祥地是古成纪，即今葫芦河流域秦安一带。三阳川有一卦台山，相传是伏羲画卦之山。天水风土民情、风物景致，多与伏羲女娲有关。天水城区有伏羲庙，江泽民题词"羲皇故里"。当代人推定，伏羲即盘古，盘繁体作"盤"，有盘旋之意，暗合伏羲麟身、女娲蛇躯意蕴，这也是中国文化最初的龙。"古"字的本义是代代相传的久远时代，也就是说，伏羲原本就是中国文化中开天辟地的人物。伏羲崇拜太阳，一直由西向东迁徙，故名"太昊"。向东迁徙，必然翻越陇山，首先来到宝鸡（古称陈仓），此谓"都陈"。《国语·晋语》云："炎帝以姜水成。"姜水即今之清姜河，陕甘岭之北，大陇山之东。炎帝是古代羌人代表，陕甘岭、大陇山是古羌人活动中心。《国语·晋语》云："黄帝以姬水成。"姬水，也就是现在的漆水河。古漆水是周人的起源地，周人姬姓，自认黄帝后裔。《水经注·渭水》曰："黄帝生于天水，在上邽城东七十里轩辕谷。"牛头河上游有三皇谷森林公园，此间有水称轩辕谷，相传是轩辕黄帝的出生地。由此，伏羲、炎帝、黄帝，中华文明始祖均起源于秦陇地带。他们的族群或翻越大陇山，进入关中平原，沿渭河顺流而下，进入黄河中下游；或翻越大秦岭，沿嘉陵江而下，向南直抵巴蜀；或沿汉江而下，直达荆楚。由此，在四面八方播撒了大地湾文明之火。

不少人觉得，陇西之地生态恶劣，不足以承载早期的文明火种。其实，大地湾所以能够成为中华文明最初的港湾，是因为原生态的大地湾具有显著的生态优势。考古学家可以向我们还原一个原生态的大地湾。葫芦河流域原本是一个水草丰茂、气候温暖湿润、环境优美、适宜人居的地方。他们在对大地湾遗址出土的动植物遗存鉴定后认为，距今8000年前，大地湾有着茂密的原始森林，在河谷地带多有着厚实的灌丛草地。中国林业科学院分析鉴定，大地湾遗址遗存有冷杉、白蜡树、榛木、铁木等10多种树木，其中铁木、椭栎属于亚热带树种。依托原始森林，大地湾动物种类繁多，组合丰富，不乏稀有珍品。大地湾出土兽骨17000

多件。中国科学院古脊椎动物与古人类研究所鉴定,仅哺乳类动物就有7目15科28个属种,其中苏门犀、苏门羚等目前生活在亚热带和热带地区,过去却奇迹般地生活在大地湾。另外,还有猕猴、熊、虎、豹、象等动物种群。大地湾辉煌的史前文化,正是得益于这世外桃源一般的生态环境。在关桃园遗址,除发现与大地湾相近的动植物外,竟然发现了金丝猴、黑熊、麝、狍、青羊以及雕,这是关桃园地区森林生态系统功能完整的证明。在发现的20种野生动物中,金丝猴、苏门犀、水牛、水鹿、麂、獐、中华竹鼠、四不像鹿、猪獾等9种,现在该地区已经不复存在。这种古今生态环境巨变,值得引起人们深度思考和高度警惕!

  大秦岭以北,大陇山以西,渭河及其支流葫芦河、牛头河流域,曾经是一个魅力无穷的地方。这里就是中华民族心灵记忆深处中的伊甸园——中华伊甸园。与《旧约·创世纪》记载有所不同,在中华伊甸园里,亚当是伏羲,夏娃是女娲。中国的伏羲、女娲,并未受到万能的上帝指使,他们本来就是中华伊甸园里的上帝。如果华夏民族要写一部自己的"创世纪",一定是讲述伏羲女娲在中华伊甸园中的故事。关于伏羲女娲的文献,最早出现在战国时代。至西汉,汉武帝将伏羲生地成纪,定格在葫芦河流域天水市秦安县境内。由此,天水羲里娲乡得以确立。由此可见,在秦汉之际,葫芦河流域依然是生态优美之地,在国人心目中享有很高的美誉度。文明之先是森林,文明过后是荒漠,莫非是一语成谶?在秦汉之后的数百年间,人们恣意践踏、蹂躏,中华伊甸园面目全非,以至于大陇山成为人们伤心、悲情的所在。大陇山的水流经八百里秦川,是关中成为天府之国的重要活水源头,也是故乡的文学意象。陇山西流入葫芦河之水,也成为荒凉、苦寒的文学意象。《太平御览》引《周地图记》载:"东人西役,升此而顾,莫不悲思,其歌云:陇头泉水,流离西下,念我行役，飘然旷野，登高远望，涕零双堕。是此山也。"一提到翻过陇山之西，就只剩下一个愁字。有诗云："昔日罗衣今化尽，白杨风起陇头寒""尘沙塞下暗，风月陇头寒"。

大秦岭是中国独具文化影响力的山脉，渭河是中国文化渊源流长的河流。河流是地理的血脉，河水质量是生态质量标志。在陇山之西，渭河造就了先秦时代的中华伊甸园。在陇山之东，渭河造就了秦汉之际的天府之国。就字的结构而言，"渭"字的三点水是指代河流，而胃是人体中的一个器官。以"渭"字称谓一条河流，似乎是在说，这是一条最能满足人们胃口的河流。的确，渭河流域沃野千里，秦中自古帝王州。数千年以来，无论是陇右还是关中，渭河流域向来是天下富庶之地。渭河竭尽所有，满足华夏儿女不断增加的胃口。然而，渭河流域曾经茂密的森林植被不断被砍伐，生态环境日益恶化。首先是曾经清澈的渭河水变得越来越浑，直至浑浊不堪。之后，泾河水也变得越来越浑，早已不见"泾渭分明"的奇特景象。渭河是母亲河，治理渭河更是百年之计、千秋大业。

从地图上看，由关中出发去往陇西，最径直的路线当是经宝鸡沿渭河河谷进入天水。然而，数千年来，渭河大峡谷却是通行的禁区。究其原因，大致有三。其一，大秦岭与大陇山在渭河两岸对峙，山峰、梁峁错落，河道被压缩在100米左右，最狭窄处仅30米左右。加之渭河两岸森林茂密，常有野兽出没，过往者自然心惊肉跳。其二，渭河大峡谷密布60多个蛇曲，宛若60多个"Ω"字母相连。如此，大峡谷中便有凹岸和凸岸之别。凸岸堆积，尚可立足行走，而凹岸淘刷，悬崖绝壁，无立足之地，等同于绝路。这大概是渭河大峡谷成为通行禁区的最重要原因。其三，历史上渭河大峡谷水量大、河水深，目前暴露出来的河床曾大部分淹没在水下。加之水量大小、水位深浅随季节变化很大，也增加了通行难度。十四年抗战期间，国民党政府修筑陇海铁路宝鸡至天水段，从开工建设到建成通车耗时7年。其154公里路程，有隧道126座，隧道长度占到线路总长度的1/7，相当于当年全国各铁路隧道的总和。直至改革开放之时，峡谷中宝鸡至天水公路尚未贯通。由此可见渭河大峡谷之修路难、行路难绝非一般。

"宁绕百步远，不涉一步险"，古人宁愿翻陇山，也不走渭河边。翻越陇山的道路，主要有三条。第一条，也是最靠近渭河大峡谷的一条，翻越路线大致是：由硖石入六川河，转而入小水河，再转入通关河，至凤阁岭度过渭河，经三岔西行天水。陈仓狭道临近渭河峡谷部分路段也发现古栈道，但规模小、不规整，当属乡村道路。因这条道路大部分地段在古陈仓地界，狭窄、坑洼不平，人称陈仓狭道。因历史上在这条道经过小水河流域香泉、赤沙一带设有南由县，也称之南由道。第二条，陇关道。翻越路线大致是：溯汧河源头而上至老爷岭，随后分为两道，一道奔葫芦河支流清水河，沿清水河奔葫芦河，再奔渭河；一道奔牛头河支流樊河，奔牛头河再奔渭河至天水。这是一条官道，也是军民两用道路，间阎相望，往来熙攘。沿途设置的固关、安戎关、大震关名声显赫。第三条，萧关道。萧关是与秦长城相关的军事防御体系。萧关在泾河源头，扼守自泾河方向进入关中的通道。关中西北方向的威胁主要来自陇西、河西及青藏高原上的游牧民族。秦汉时期主要是匈奴，隋唐时期主要是突厥、吐蕃，北宋时主要是西夏党项。战国以至秦汉以来，萧关故道一直是抗击西北游牧民族进犯、消除边疆隐患的前哨。

在8000年前，渭河大峡谷已经有先民生存发展。然而，在浩瀚的历史文献中，对渭河大峡谷鲜有记载，人们对渭河大峡谷知之甚少。加之其是陕甘两省交界之地，不容易引起重视，由此，渭河大峡谷也就留下若干待解之谜。

首先是蛇曲之谜。渭河在峡谷中跳着华尔兹一般的舞步，千回百转、蜿蜒逶迤。渭河大峡谷蛇曲之美，既委婉轻柔，又恢宏磅礴，值得欣赏，值得玩味。峡谷与蛇曲本不相干的两种自然现象，在渭河大峡谷中竟结合得完美无缺。常识告诉我们，蛇曲常形成于河流流经的平坦地域，一般出现于草原湿地，或河流源头地区，或河流下游冲积平原。比如，呼伦贝尔草原上克鲁伦河九曲回肠，清澈的河水映着蓝天，迂回在绿色的大草原上，宛若仙女舞动的蓝色彩练。比如，黄河源头地区形成令世界称奇的蛇曲景观。再比如，嘉陵江下游广元至合川段直线距离200公里，嘉陵江自由洒脱，悠扬婉转，蛇曲龙行，竟走出640公里河道历程。渭河上下游均无蛇曲现象，渭河蛇曲只出现在大峡谷地带，且蛇曲密度惊人（黄河晋陕大峡谷也有蛇曲，但零星存在，密度很小），这需要科学解答。渭河蛇曲出现在陕甘岭北侧，在陕甘岭南侧，嘉陵江右岸多条支流也出现山谷蛇曲景观，尤以永宁河蛇曲密度最大，蛇曲景观最优美（天水曲溪景区即在永宁河支流），这同样也是科学课题。

其次是无官道之谜。如今，在渭河大峡谷，陇海铁路、客运专线、310国道、G30高速密集穿梭，像是盛大的交通聚会场所。然而，在陇海铁路通车前，长达数千年，渭河大峡谷无官道。因为没有官道支撑，关中与天水似乎天各一方，相距甚远。我们知道，先人们早就在大秦岭中开辟出陈仓道、褒斜道、傥骆道、子午道，在大巴山中开辟出金牛道、米仓道、荔枝道，密集的古道网络使大秦岭南北沟通紧密，加快了经济社会发展步伐。在大秦岭、大巴山中开辟任何一条道路，绝非容易的事情。唐代李白呐喊："噫吁嚱，危乎高哉！蜀道之难，难于上青天！"

如此之难，古人还是开辟了古道交通体系。然而，渭河大峡谷与古都长安相距不远，特别是秦人由御奴马夫到帝国统治者，历时800年，其中300年以陇西为中心，500年以关中为中心。秦人活跃于天水豁口，密集往来于天水、宝鸡之间，奔走在秦岭南北、陇山东西，渭河大峡谷本应是最便捷的秦人走廊。然而，秦人并未在此修筑一条像样的官道。秦始皇举力修筑为后人称赞的秦驰道，竟然也与渭河大峡谷无瓜葛。汉唐盛世，古丝绸之路商贾云集，关陇集团鹊起天下，却没人能够享渭河大峡谷之便捷。究竟是无能力修筑，还是压根儿不想修筑，这是何等难解的历史之谜！在宋金时期，宋人、金人在渭河大峡谷周边的战事连年累月，也未曾留下军用通道。

第三是街亭之谜。六出祁山是著名的三国典故，历史上只有第一次是真出祁山，也是诸葛亮组织的第一次北伐。诸葛亮原本想重演明修栈道、暗度陈仓的故事。以赵云、邓芝为疑军，明着由斜谷道攻取眉县。实际上，自己率军经祁山道进逼陇西。诸葛亮挥泪斩马谡可谓家喻户晓，斩马谡的原因是失街亭，因街亭之战战败，第一次北伐功亏一篑。不论功过是非，只问街亭在何处？这已经是千年之谜。目前，主要有两种说法。其一，秦安陇城说；其二，麦积街亭说。秦安说认为，街亭是两汉时期的略阳城。略阳城在汉末仍居重要地位，三国鼎立后神秘消失，原来是被街亭代替。其根据是：《后汉书》"来歙克略阳城"与《三国志》"马谡失街亭"，对地理环境描述与陇城的地理状况相合。当地有常营、大营、五营等地名，也算是战争遗存，且出土有铜镞、铁刀、盔甲等兵器，可算作物证。而麦积说认为，街亭古镇俗称街子口，历来是关陇、巴蜀要道。街子口位居天水东南70里。街子口往南经白石峪、平南、小天水、盐官可到祁山堡；街子口经党川、利桥、两当、凤县，可达汉中（直至民国初年，常有驮队、马帮沿此道来往于秦州汉中），完全符合"秦岭之西有一路可通祁山，中间一隘口，地名街亭，是去汉中的咽喉要地"的表述。诸葛亮再三告诫马谡："街亭虽小，干系甚大，此地奈无城郭，又无险阻。"这些皆与街亭古镇地形地貌吻合。

历史留下来的迷局还有不少。比如唐僧西天取经，从西安出发至天水，究竟走了哪一条道？至少有三种说法，一曰翻越陇山，走陈仓狭道抑或是陇关道；二曰翻越秦岭，过嘉陵江右岸支流，经唐藏、利桥、党川、麦积，以至天水；三曰直接穿越渭河大峡谷。唐代杜甫沿哪一条道路去往天水，也有不少谜题。当然，最难以解开的历史迷局，要算是秦文公之谜。公元前762年，秦文公率700兵众，由大秦岭深处的西垂宫出发，东猎宝鸡至汧渭之会。这次行动，名为东猎，实为暗地考察，为秦人迁都关中做准备。这次行动的具体线路也是一团迷雾，相信随着研究深入，总有一天真相将大白于天下。

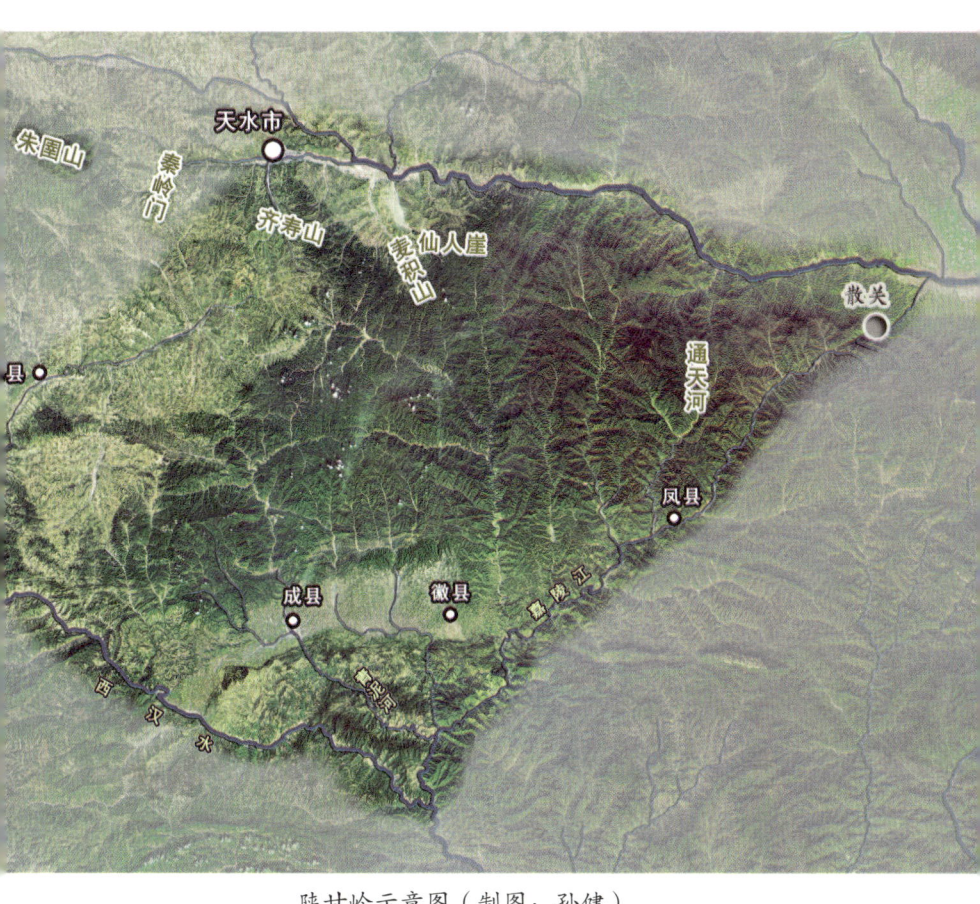

陕甘岭示意图（制图：孙健）

玉皇山：非同一般的分水岭

宝鸡南山是茫茫秦岭的一个组成部分，也是一个重要地理节点。它高耸入云，秀丽如画，颇有神秘意味。徘徊于渭河堤岸，仰望俊秀南山，你会惊奇地发现：由山峰山岭建构出的立体画卷，俨然一个躺卧的巨人。由东向西，依次是：额头、鼻子、嘴巴、脖子、胸脯、大长腿，还有竖起的脚指头。凡是用心看过这巨幅画卷的人，一定铭记着那躺卧的巨人。

然而，似乎没有人能说清楚，究竟它是谁？随着角度变化，它展现出不同构图，也就幻化出不同的巨人像。有人说，它是中华人文初祖炎帝神农氏；有人说，它是周始祖文皇帝姬昌；有人说，它是百家宗师姜子牙；有人说，它是智慧之星诸葛亮；还有人说，它是倾城倾国的美女褒姒……

一直以来，人们留恋宝鸡南山，想解开巨人之谜。为此，我曾多次深入山前山后，一再探究。后来，从新版《陕西省地图册》上得到若干重要地理信息，可以把宝鸡南山碎片化的知识、信息迅速拼接在一起，并整合出一张清晰完整的宝鸡南山玉皇山地图。

一以贯之，宝鸡南山岭脊是大秦岭主梁所在。在地图册上，宝鸡南山海拔最高点2819米，标注着三个字"玉皇山"。在玉皇山西侧，有若干海拔2000米以上的山峰：代王山（2598米）、小代王山（2403米）、南峡岭（2360米）、鸡峰山（2016.2米）、荞麦山（2002米）等10余座。在玉皇山东侧，也有若干2000米以上的山峰：冻山（2583米）、人头山（2333米）、石塔山（2317米）、青峰山（2243米）、石榴山（2160米）等。玉皇山是宝鸡南山最高峰，也可以说是宝鸡南山的领袖，我们可以用玉皇山来统领宝鸡南山。与太白山不是一个山峰而是一座山脉一样，玉皇山也不仅是一个山峰，而是一座山脉。在甘肃与陕西交界地带的大秦岭，名曰陕甘岭（也称大散岭）。在陕甘岭之东是宝鸡南山——玉皇山。在玉皇山之东，即是大名鼎鼎的太白山。

从地图册勾画的大秦岭轮廓看，玉皇山是一个独立版块。玉皇山与秦岭门、陕甘岭、太白山、地肺山、终南山、华山一起，勾勒了大秦岭主轮廓。而玉皇山的大轮廓：西起 S212 秦岭梁顶与陕甘岭相接，东至 S210 秦岭主梁（衙岭）与太白山相接，东西长约 70 公里。玉皇山向北、向南、向东发育出诸多支脉，形成若干水系。西北向界河是清姜河，西南向界河是嘉陵江，东南向界河是褒河、石头河。

大秦岭将中国一分为二，玉皇山将大秦岭一分为二。在流域上，大秦岭是黄河、长江两大流域的分水岭；在地理上，大秦岭是南方与北方的气候分界线。玉皇山是大秦岭的一个重要节点，它的特别之处在于，它不仅将中国一分为二，也将大秦岭一分为二。大秦岭南麓孕育了长江的两大支流汉江和嘉陵江，而玉皇山正是汉江与嘉陵江的分水岭。嘉陵江的东源，也是嘉陵江的正源，出自玉皇山之代王山。汉江三源，皆出自玉皇山南向支脉。褒河是汉江上游重要支流，也是汉江北源、褒河三源尽出玉皇山。也就是说，玉皇山既是嘉陵江的源头，也是汉江的源头。玉皇山之西是嘉陵江流域，以东是汉江流域。以玉皇山南向支脉（与大巴山一脉相承）为界，将大秦岭分为嘉陵江流域的秦岭和汉江流域的秦岭。

玉皇山大部分区域覆盖着茫茫森林。其中的国有森林资源，分别属于陕西省属太白林业局、汉西林业局、宝鸡马头滩林业局,以及宝鸡市太白县、凤县、岐山县、渭滨区、高新区,汉中留坝、汉台区、勉县、宁强等县属国有林场,以及诸县区的农民集体林。玉皇山的原始森林,大部分已经过人工采伐,只有在交通不便、人迹罕至的高山深谷,尚有少量未被采伐的森林。这为数不多的原始森林,是玉皇山野生动植物最后的庇护所。由此,也为玉皇山蒙上了一层神秘的面纱。

玉皇山南向最大支脉,也是大秦岭的最长的南支脉。宝鸡凤县、太白,汉中留坝、勉县、略阳、宁强六个县分享了这一最大最长的南支脉。在宝鸡凤县与汉中留坝交界地带,著名的紫柏山(2610米)是玉皇山的南支脉。再往南,进入宁强县,凤凰山(2054米)也是玉皇山南支脉。从玉皇山主峰到凤凰山,分布着大熊猫、金丝猴、羚牛、林麝等极为珍贵的野生动物,成为秦岭生物多样性最丰富的地区之一。在玉皇山山域范围,由北向南,分布有神沙河、屋梁山(林麝)、青木川(大熊猫)等自然保护区,嘉陵源、汉江源、五龙洞、云雾山、紫柏山等森林公园和石门水库水利风景区等自然人文名胜。

王维是山水田园诗大家,其作品"诗中有画,画中有诗"。透过王维诗画,我们可领略诗人眼中的玉皇山之美。王维《自大散以往深林密竹磴道盘曲四五十里至黄牛岭见黄花川》:"危径几万转,数里将三休。回环见徒侣,隐映隔林丘。飒飒松上雨,潺潺石中流。静言深溪里,长啸高山头。望见南山阳,白露霭悠悠。青皋丽已净,绿树郁如浮。曾是厌蒙密,旷然销人忧。"王维过青溪水作《青溪》:"言入黄花川,每逐清溪水。随山将万转,趣途无百里。声喧乱石中,色静深松里。漾漾泛菱荇,澄澄映葭苇。我心素已闲,清川澹如此。请留盘石上,垂钓将已矣。"这两首诗联系在一起,可知王维当年经陈仓道进入汉中,沿途领略了玉皇山之美后对人生产生的重新感悟。

　　王维信奉佛教，而玉皇山颇具道教色彩。玉皇，是玉皇大帝的简称。传说玉皇大帝统管着天庭事物，也是众神的首领。太白山是太白金星奉玉皇大帝之命，在解除民间疾苦时坐化而成。玉皇山毗邻太白山，玉皇大帝坐化成了玉皇山，这也在情理之中。玉皇山上躺卧着的巨人首当是玉皇大帝，玉皇大帝、太白金星躺卧在中央山脉大秦岭上，庇佑黄河，庇佑长江，庇佑伟大的中华文明。

　　由玉皇大帝，自然联想到神农氏。炎帝神农氏就出生在玉皇山北麓的清姜河畔，如今玉皇山下有神农镇、炎帝陵、炎帝祠，以及炎帝影视基地。炎帝尝百草，制耒耜，种五谷，是中华农耕文明的鼻祖。华夏族群尊奉炎帝、黄帝为共同祖先，称自己为炎黄子孙。道教视炎帝为五谷帝仙，号曰神农大帝。如此一来，这玉皇山上躺卧着的巨人，也当是中华人文初祖炎帝神农氏。从这个意义上说，玉皇山自然是中华民族祖山的一部分！

　　玉皇山下，炎帝神农氏播种了中华文明之火，这文明之火在商末周初出现了高峰。大约在公元前 1500 多年，一支黄帝部族的后代，即周族，出现在岐山的周原。经过数百年韬光养晦，古公亶父之时，周部落已颇具规模。季历之时，周已是商朝的强大方国，随之出现了新兴大国与守成大国关系难于调和的问题。猜疑、指责、围堵、征伐，似乎在所难免。西伯姬昌即位后，周与商的冲突升级，矛盾加剧。此时，秦岭玉皇山已是周的势力范围。在此重要历史关头，炎帝部族的后代姜子牙出现在秦岭玉皇山下的磻溪河畔。西伯姬昌与姜子牙不期而遇，上演了"周版隆中对"。由此，姬昌成为周代开创者，姜子牙成为中国谋略家的鼻祖。玉皇山上躺卧着的巨人，是周文王姬昌，也是谋略家姜尚。

灭商以后，周天子分封天下。将土地和人口分别授予王族、功臣和贵族，让他们建立自己的领地，拱卫王室。《荀子·儒效》记载："兼制天下，立七十一国，姬姓独居五十三人。"封周文王两个弟弟为虢国国君，玉皇山在虢仲的封地，属于西虢国。由此，秦岭玉皇山进入虢国时代。如今，留下了虢镇和虢川河两个具有标志性意义的地名。虢川河是褒河的上游，在褒河下游是古虢国所在。周平王东迁，虢国随之东迁。此时，秦人崛起之路势不可挡，古褒国为秦所灭。公元前350年，秦孝公推行县治，在古虢国设置陈仓县。由此，玉皇山进入陈仓时代。

在陈仓时代，玉皇山下雕刻石鼓文，十面大鼓流芳百世。如今，人们将发现石鼓文的地方称之为石鼓山，设置石鼓镇，建造石鼓阁，形成了石鼓文化。当然，陈仓时代令世人记忆最深刻的，必定是明修栈道、暗度陈仓的历史故事。刘邦先入关中，惹怒了项羽。虽在鸿门宴上化解了危机，躲过了杀身之祸，但刘邦毕竟没有做成关中王。刘邦受封汉中王，这汉中便在玉皇山南支脉的尽头。刘邦被封汉中王，一半是惊恐，一半是愤懑。刘邦经褒斜道（太白山与玉皇山之间的故道）进入汉中赴任，在大军过后，将栈道焚毁。这种举动，一半是防止项羽追兵，一半是麻痹关中守将。刘邦在汉中得以喘息之后，一方面大张旗鼓，派少量兵士重修玉皇山东面的褒斜栈道，另一方面默不作声，秘密翻越玉皇山南支脉，经西侧陈仓道（凤县古称"故道"，陈仓道也称故道）大举进兵关中。刘邦出其不意，攻其不备，一举将有天府之国称谓的关中收于囊中，大汉基业由此定鼎。

张良是刘邦认定"运筹帷幄之中，决胜千里之外"的人物。刘邦建立汉朝后，封张良为留侯。功成名就的张良，并不留恋功名，而是急流勇退，悄然归隐，得到后世无数称赞。汉张留侯祠（俗称张良庙）坐落于玉皇山南支脉的紫柏山下，传说为汉高祖刘邦所建，以后历代都有重建和扩建，而以隋、唐、宋各代规模最盛。张良庙建筑众多，古朴雅致、依山傍水、风景如画。因此，玉皇山上躺卧着的巨人，也应该是刘邦，是张良。

刘邦所创建的汉室，创造了无数辉煌基业。然而，最终走向分裂。汉亡以后，魏、吴、蜀三国鼎立。诸葛亮帮助刘备建立蜀汉，在得巴蜀后又得汉中。此时，诸葛亮和刘备效仿当年汉中王刘邦和张良，试图出陈仓道，翻越秦岭，取得关中，再图中原。然而，刘备不是刘邦，诸葛亮也没有张良幸运。诸葛亮多次成功翻越玉皇山南支脉，沿嘉陵江北上，经陈仓道出秦岭，但战事纷扰，运气不佳，终究没能攻克关中。最后一次，他竟积劳成疾，病死于五丈原（玉皇山东支脉山下，相传棋盘山是当年诸葛亮练兵处）军营中。诸葛亮的灵柩经褒斜道秘密被运回汉中，葬于巴山余脉定军山。诸葛亮虽无功而返，但玉皇山还是应当记住他的名字。

周秦汉唐是决定中国基本走向的四大朝代。至盛唐危难，玉皇山转而进入"宝鸡时代"。755年，即唐天宝十四载，安史之乱，玄宗一行仓皇逃至玉皇山下，欲翻越秦岭前往汉中，再往巴蜀。将士不愿入川，纷纷潜散。而叛军追尾，步步紧逼。玄宗带亲兵向玉皇山深处钻去，眼见四面陡峭，似鬼怪猛兽，纵横拱立，无路可行。玄宗失声："命休此矣！"据说就在此危急时刻，两只山鸡飞来，盘旋玄宗头顶，咕咕鸣叫，款款南飞。玄宗向山鸡飞行的方向望去，山道弯弯，若隐若现。玄宗大喜，跟着山鸡前进，不一会儿来到山顶，进入庙中，此时山下风云突变，叛军四散。躲过此劫，玄宗四望，巍峨高耸的玉皇山，宛若一条绿色巨龙。玄宗脱口而出："陈仓，宝地也；山鸟，神鸡也。"于是，757年，唐至德二载，肃宗李亨下令将陈仓县更名宝鸡县。玉皇山下的陈仓山，也始称鸡峰山。

时间进入20世纪，玉皇山西侧交通条件得到根本改善，前有川陕公路的修筑，后有宝成铁路的开通，彻底替代了陈仓故道。21世纪初期，玉皇山东侧修筑姜眉公路，彻底替代褒斜古道。2011年汉中至略阳高速公路通车，这是第一条穿越玉皇山南支脉的高速公路，标志着玉皇山迎来高速时代。2013年12月28日，西安至宝鸡高铁正式通车，蔡家坡至宝鸡段穿行于玉皇山北麓，标志着玉皇山进入高铁时代。目前，宝鸡至汉中高速公路穿越玉皇山路径确定，从清姜河开凿隧道，于褒河西源车道河出隧道，沿褒河一路南下至汉中，这无疑标志着玉皇山将全面进入高速时代。以南北走向为主的快速交通干线，必将向世人揭开玉皇山的神秘面纱，全方位展示玉皇山的神奇魅力。

宝鸡玉皇山，秦岭入陕第一高峰，可谓横空出世，独具一格。秦岭是生物基因库，玉皇山是生物物种丰富之山；秦岭是绿色水库，玉皇山是江河水塔。玉皇山生生不息，庇佑生灵，值得尊敬，值得敬仰！

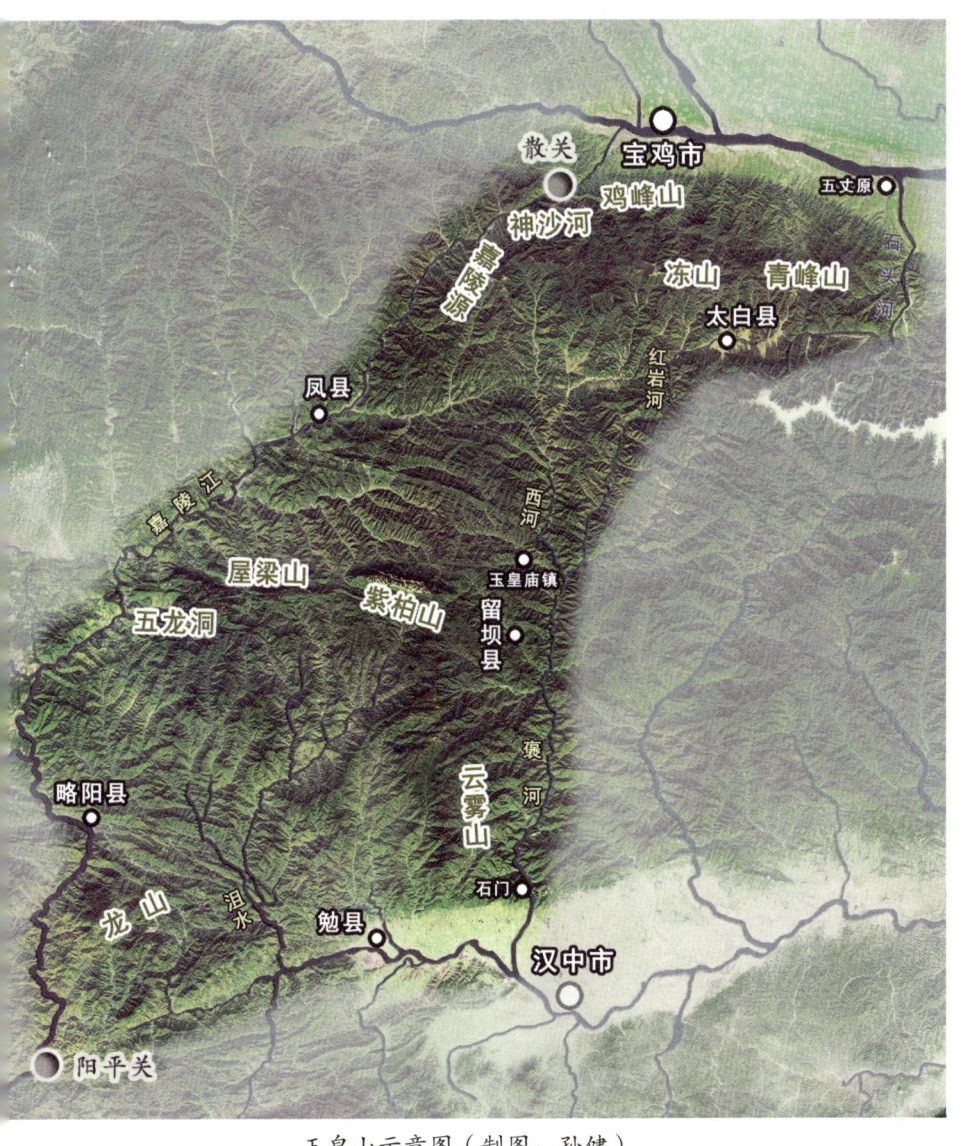

玉皇山示意图（制图：孙健）

太白山：秦岭生态一面旗

太白山是一座名山，历朝历代不乏名篇佳作。本章节以大秦岭视角看太白山，个中观点与《太白山志》有所不同。可能引发的争议，料在情理之中。

太白山不止一座高峰而是一群高峰，不止一个景区而是一群景区，不止一个保护区而是一群保护区。它不是一个独立的山系，而是大秦岭山系的一个有机组成部分。它不是一般组成部分，而是最核心部分。大秦岭的每一部分都富有特色，以太白山为最。太白山将大秦岭的所有特质集合在一起，集中完美呈现。大秦岭以中华父亲山之位而笑傲天下群山，太白山以大秦岭主峰之姿而笑傲天下群峰。

在大秦岭隆起的过程中，地力和水力作用影响不一，不同区块隆起的速度、力度，以及切割的深度、广度均不相同。由此，也就形成了连绵起伏、丰富多样的高山峡谷地理地貌。水是山最活跃、最灵动的元素，水将山切割成一个个大小不一的地理单元。也就是说，大秦岭是山中之山，也是水中之山。水系是划分山系的客观标准和重要尺度。水流的源头是高山、是峻岭，水流的归宿是山之末、山之尾。河流水系分为一二三级支流，级数越大越是发端、是源头。当溯流而上，至河流源头，即是山脊所在，山岭所在，也是分水岭所在。

太白山的西邻居是玉皇山，玉皇山是长江流域汉江与嘉陵江的分水岭。玉皇山以西的大秦岭是嘉陵江与洮河、渭河的分水岭。玉皇山以东的大秦岭是汉江与渭河、洛河的分水岭。大秦岭的主脊并非一条直线，总体以东西走向为主,时有迂回。无论如何迂回,大秦岭的主脊都不失分水岭意义。大秦岭的主脊是划分秦岭各部分山系的基础,每一段秦岭对应着一段主脊。

卫星影像图上的太白山,像是健美男肌肉隆起的右臂。拔仙台—跑马梁—太白梁—鳌山是大臂,向南延伸的岭脊则像小臂,山体是隆起的肌肉,河流是鼓起的血脉。仔细观察可以发现,太白山的主脊与大秦岭的主脊并不完全重合,太白山的主脊在西南和东北两个方向大幅度延伸,远超出了大秦岭的主脊。所有岭脊无疑皆具分水意义,唯秦岭主脊分长江与黄河之水,太白山也不例外。我们看到,太白山主脊超出大秦岭主脊的部分,无论岭脊南北,只能向渭河输水,或者只能向汉江输水。只有在太白山主脊与大秦岭主脊重合的部分,主脊之北水流向渭河,主脊之南水流向汉江。

界定大秦岭山中的山,概以主脊周遭不同流向的四条河流为根据。太白山是大秦岭山中之山,周遭的四河也是太白山的山域边界,四河之内是太白山的山域范围。这样,既保持了太白山山中之山的独立性,又保持了大秦岭大山系的统一性,避免了因山域划分而机械肢解大秦岭,或将大秦岭碎片化。界定太白山山域的四河是黑河、湑水河、褒河和石头河。其中,黑河、湑水河是太白山的东南部界河;褒河、石头河是太白山西北部界河。黑河、石头河是渭河的一级支流;褒河、湑水河是汉江的一级支流。如果明晰了这四河,也就明晰了太白山山域。

在太白山西北方向的河流,也是四条界河中最短小的一条,因石头多、石头美,人称石头河(古称"武功水""斜水")。石头河源头在太白山西北麓衙岭山一带,右岸纳太白山水,左岸纳玉皇山水,由西而东,由南而北,流经太白、眉县、岐山三县,出斜峪关后,于五丈原入渭河,河长 77.5 公里。源头高程在 3000 米以上，大爷海是石头河重要源头之一。五里峡、沙沟峡、大蹇沟、白云峡、三岔峡、蹇沟水，景观与水质皆一流。如今石头河谷口的石头河水库，已是宝鸡、咸阳、西安的重要水源地。

衙岭山是大秦岭主脊，也是石头河、褒河的分水岭和河源区。褒河是太白山的西部界河，也是太白山四条界河中最长的一条。褒河是汉江的北源，各段名称繁多，由上而下，分别有虢川河、红岩河、太白河、下南河、北栈河、褒河等。褒河左岸纳太白山水，右岸纳玉皇山水，流经太白、凤县、留坝、勉县，于汉中市汉台区梧凤乡孤山村入汉江，河长 175.5 公里。褒河连接着两大古国，即源头区在虢国，出山入汉在褒国。褒国是汉中最早的政权，传说其开国君有褒氏协助大禹治水。褒国历经了夏、商、周三朝，末代国君褒珦因得罪了周幽王被囚入狱。其子洪德救父，献褒姒于周幽王。褒河在虢川河、红岩河、太白河河段海拔高却谷坡较缓，下南河以下进入峡谷地带，山势陡峻，河谷深切，水流湍急，"滚滚飞涛雪作窝，势如天上泻银河"。褒河峡谷风景如画、美不胜收，及至石门，将美丽的自然画卷推向了高潮。说是石门，其实并不是门。这里的门，其实是世界上的第一条公路隧道。"百折马行空，千里蚁盘旋"，褒河一路逶迤，当再有 3 公里即可出褒谷口的时候，两岸山崖对峙、壁立千仞、乱石盈谷、水流湍急。褒斜道至此，无法架设栈道。于是，古人开凿了穿山隧道，褒斜道穿行其间。古时没有隧道这个名称，就称其为石门。自春秋战国以来，褒斜道就是川陕交通大动脉。在大秦岭中架设栈道，已是中国古代交通的一大奇迹。在褒河开凿石门，则是奇迹中的奇迹。如今的褒河石门水库是一个景色宜人的风景区，也是一个融合自然与人文的博物馆。

湑水河与褒河共享太白山南向岭脊（太白梁 3523 米、鳌山 3475 米、乌木梁2563米、摩天岭2609米、天台山2307米)。湑水河古称"智水""左谷水"。大秦岭佛爷坪是湑水河的河源区,也是湑水河与黑河的分水岭。湑水河右岸纳太白山之水,左岸纳地肺山(光头山—兴隆岭)之水,流经太白、城固,于洋县西大门之湑水镇入汉江,河长167.5公里。"一人得道,鸡犬升天"的故事就发生在湑水河,为太白山再添一丝仙气。而湑水河流域森林茂密、景色优美,峡谷碧潭相间,水流时而湍急、时而平静,确实也是仙境。

与湑水河一岭之隔的是黑河。黑河,古称"芒水",因其出芒谷而得名。又因其水色黑,故称黑河。大秦岭佛爷坪是黑河河源区,太白山之二爷海(3650米)是黑河的源头。黑河左岸纳太白山(拔仙绝顶——脚踏三县)之水,右岸纳地肺山(光头山—秦岭梁)之水。大致东北流向,经由厚畛子、马召、富仁,于尚村镇石马村入渭河,河长125.8公里。百里黑河大峡谷是黑河森林公园的主要景区。傥骆古道绕开百里黑河大峡谷,从骆峪口入太白山,沿骆峪经厚畛子,越佛爷坪经老县城,出太白山入地肺山,越兴隆岭沿酉水入华阳,再翻山入傥水河出地肺山。黑河谷口的黑河水库是大西安的重要水源地。

太白山诸多特点,最突出的是一个"高"字。太白山最高海拔3771.2米,它的西邻玉皇山最高海拔2819米,东邻地肺山最高海拔3071米,太白山比东西两个邻居高出700—900米。太白山之南是汉中盆地的"白菜心",太白山之北是关中平原的"大周原",太白山比"白菜心"和"大周原"高出3200—3300米。无论东南西北,或是高山平原,四周的人们无不需要仰视太白山。

太白山的高,很特别。太白山的高,不是高原上的高,而是盆地、平原上的高。中国是一个多山的国度,尤其是多高山。然而,中国比太白山高的山，尽皆集中于青藏高原。青藏高原平均海拔4000米以上，号称世界屋脊，地球第三极。在青藏高原上要称高，必须是海拔5000米以上的极高山。也正是由于极高，青藏高原缺少了四季分明，只有冷暖交替。大秦岭走出青藏高原后，掀起的第一座高山就是高达4920米的迭山。迭山是大秦岭的知名高峰，因离开青藏高原不久，尚带有青藏高原的寒气。太白山高不及迭山，不及青藏高原的腰。但是，太白山的高，是从关中、汉中拔地而起，从盆地、从平原拔地而起，从海拔450—500米直至3771.2米的高。山下四季分明，山上冷暖交替。太白山的高是一种气候、地质、水文、生物和人文多样性的高，山下山上、南麓北麓、阴坡阳坡、远近高低，各有天地，别具一格；太白山的高，是一种由北方到南方的高，从关中到汉中，也就从中国的北方到了中国的南方；太白山的高，是一种由黄河到长江的高，从北麓走到南麓，也就从黄河流域来到长江流域；太白山的高，是一种清爽的高，让你完美体会一日历四季的滋味！也正因为如此，太白山成为大秦岭无可争议的主峰。

　　太白山的高，不一般。太白山的高，是屹立于华夏文明核心板块的高。太白山下的关中平原，曾是天府之国，先后有十三个王朝在此建都。太白山下，渭河对岸的区域有"四圣"的美誉：即华夏族的圣人炎帝、黄帝、古公亶父、伯夷、周文王、周武王、周公等；周王朝圣地周原；圣山岐山；圣水沮水、漆水。周原有大小之分，大周原地域广，岐山之阳、渭河之北、汧河以东、漆水以西都是其辖区。包括武功、杨凌、扶风、岐山、凤翔、陈仓、眉县的部分地域。小周原即周原的核心地界，在岐山之阳、岐水之北、漆水之西。长期以来，存在一种文化误读现象，自隋唐设立岐山县以来，岐山从一个地理概念，逐步演变为一个行政单元。其实，在中国历史文化中的岐山，不是行政单元，而是地理概念。周原是岐山脚下的周原，不单是岐山县的周原。

岐山是文化意涵深厚的中华名山，岐水、漆水是文化意涵深厚的中华名水。《诗经·天作》载："天作高山，大王荒之。彼作矣，文王康之。彼徂矣，岐有夷之行。子孙保之。"其中高山，即岐山。天作是为祭祀岐山而作，可见岐山是周人心目中的圣山。与太白山相比，岐山不高。岐山的三座主峰也是最高峰，高差无几，难分伯仲。西崛山、东崛山、北崛山海拔均在1650—1670米。岐山北部、东部之水注入漆水河。漆水古文献也称"姬水"，于咸阳市武功县白石滩入渭河。岐山西部发源了横水，横水由北而南，转而东南，与雍水合流后，一路向东，先后有横水、小漳河、后河等不同名称，也是古文献记载的"沮水""姜水""岐水"。岐水流向与渭河流向大体一致（这种现象很少见），于咸阳市武功县武功镇注入漆水河。岐水是漆水支流，从这个意义上说，岐山之水全部注入了漆水河。岐水与漆水的河长相差无几，只不过岐水大部分河段在川原（周原），而漆水大部分河段在山区。《诗经》中的祭祀诗作《潜》写道："猗与漆沮，潜多有鱼。有鳣有鲔，鲦鲿鰋鲤。以享以祀，以介景福。"可见，漆水、沮水是周人心目中的圣水。

大约在5000年前，姜氏居民在周原一带活动，人们悬挂着炎帝神农氏部族的图腾。对于周原的原始居民来讲，岐山是北山也是靠山，而太白山是南山也是前山。神农尝百草，包括周原之百草，也包括岐山、太白山之百草。因此，《太白山志》大事记记述的第一条是："传说公元前4500年，三皇出斜谷（石头河谷口）。"第二条即是："公元前32世纪左右，太白山北麓曾有神农氏姜炎部落活动。"进入黄帝时代后，周原出现了岐伯部落。黄帝部族发扬光大了炎帝部族的农耕技术，而岐伯部落将炎帝尝百草推向新阶段。因此，后世将岐伯列为《黄帝内经》

的主要作者之一，并尊称其是华夏中医始祖。《帝王世纪》写道："（黄帝）又使岐伯尝味百草。典医疗疾，今经方、本草之书咸出焉。"今传《素问》是黄帝内经的核心内容，以黄帝询问、岐伯作答的形式阐述医理，可见岐伯医学造诣之高。中医素称"岐黄"，或谓"岐黄之术"。

再晚些时候，尧舜时代的周原出现了邰国。邰国的主人是后稷有邰氏，也是周人的祖先部落。后稷是炎黄子孙，初为姜姓，后为姬姓。岐水下游河段，人称后河。后河，明确指向了邰国的核心区位。邰国地望与大周原近似，略微偏南。后稷的部分族人沿着漆水河逐步向北迁徙，直至泾河流域的咸阳彬县、旬邑一带，此地古称"豳"。及至古公亶父之时，又由豳地回迁至岐山脚下的周原。回迁的周人，在岐水支流七星河流域安营扎寨、修筑城邑，设官吏、改戎俗、垦荒地，发展生产。经历了北迁的历练，浴火重生，又加之是重返故地，进入周原的周族很快强盛起来。经过古公亶父、季历、姬昌三代，约一个世纪的时间，成为一个崛起于大周原的新兴大国。这时，商王朝是守成大国，明显感觉到来自新兴大国的压力，并开始围堵新兴大国，为其崛起设置了重重障碍。周人将天时、地利、人和的优势发挥到极致，及至第四代周武王姬发之时，顺利完成以周代商的大业。大业告成之后，追封古公亶父为周太王，季历为王季，姬发为周文王，后世合称"周三王"。其中，周文王既是治国理政的实践高手，也是儒道两家思想源头、国学经典《周易》一书的原创者。

文献记载，周文王时期已将都城迁于丰镐一带。但是，最近几十年的考古发现表明，周原作为周公旦、召公奭的采邑，一直是京畿重地，在整个西周时期发挥着举足轻重的作用。从文献资料看，周人与太白山的交集并不多，太白山就是周人眼中的南山，人称"周南山"。周人未必知道周南山的准确高度,但相信周人一定知晓,从三皇五帝到夏商周三朝,周南山是华夏版图中的最高峰。因为,华夏版图中没有一座山能够像周南山一样,在山的顶部常年积雪,太阳照耀下泛着白色的光芒,此谓望之皓然。至此,太白山之名呼之欲出。

周人的脚步刚刚离开,秦人接踵而至。公元前770年,秦人因护送周平王东迁有功,讨得"岐以西土地"的封赏。周室危亡,历史进入了春秋时代。事实上,周室已经丧失了对关中土地的控制权,但大周原毕竟是周室祖居之地。所以,对秦的封赏只限"岐以西"。此时,秦人羽翼未丰,尚需得到周室的垂爱。经过浴血奋战,驱走盘踞关中的诸戎后,秦人获得了关中实际控制权,秦人尚能够毕恭毕敬,将岐以东土地奉还周室。秦人并没有在大周原的核心地带建都,而是将都城建在大周原的西部边缘,也就是汧河东岸的凤翔县南部。秦人牢牢控制了大周原,并在此持续经营了294年。从这个意义上说,周原也是秦原。岐山、太白山,一南一北,是周人的祖山,也是秦人的祖山。

历史进入战国时代,秦人积蓄起问鼎天下、一统华夏的实力。像周人兴起时一样,秦人将都城由周原边缘迁往关中腹地,先是栎阳,继而咸阳。这时的秦人梦,无疑是由秦国迈向大秦帝国。于是,他们以制度创新为先导,推行了一系列强国战略。他们渴望能够建立起与周武王比肩的功业,于秦孝公十二年(前350)实行县制之初,即在太白山脚下设立武功县(治所在今宝鸡市眉县槐芽镇)。

也许是因为秦人过于崇尚武功,后世儒家并不欣赏秦人的武功,而更注重周人的德功。秦人经营周原的时间并不比周人短,而如今周原的地名多与周人发生关系,与秦人的联系却不多。在太白山文化中,也多与周人相关,与秦人鲜有联系。好在司马迁将周南山在内的莽莽大山命名为秦岭,从而还了秦人一个公道。

明代出现了一部神魔小说,叫《封神演义》,也有《封神榜》《商周列国全传》《武王伐纣外史》等名称。《封神演义》以姜子牙辅佐周文王、周武王讨伐商纣的历史为背景,描写了一系列动人心魄的神话故事。战国初年,左思明就在《国语》中讲述了凤鸣岐山的故事:"周之兴也,鸑鷟(类似凤凰的鸟)鸣于岐山。"《封神演义》一开始描述凤鸣岐山的过程,最后以姜子牙封诸神和周武王封诸侯结尾。姜子牙封神的地方被定格在太白山之巅拔仙台。拔仙台是太白山的最高点,是最靠近天的地方,从而也是最能与神灵对话的地方,最适宜于封神的地方。正是从这个意义上,我们完全可以说,太白山就是天上诸神的殿堂。

在拔仙台的南、西、北各有一座山峰,面向拔仙台呈拜服之势,加之拔仙台四周尽是第四纪冰川期遗迹,乱石大体分为五堆,每一颗石头都异常精灵古怪。由此,想象力丰富的人们演绎出了"三宵五阵"的故事。三座山峰分别被称作"云霄山""碧霄山""琼霄山",五堆精灵古怪的乱石分别被称作"黄河阵""万仙阵""八卦阵""石人阵""风云阵"。姜子牙联合道教主、通天教主,截教主和阐教主,击败云霄、碧霄、琼霄。三宵战败后化作三座山,拜服在拔仙台周围。在拔仙台北侧,观云海景区板寺新村附近,还有一处称作拜仙台(3400米),一块巨石凌空外凸,登台远眺,云海茫茫,偶尔可见太白宝光。这无疑是太白山道教仙气的集中体现。

有人依据《汉书·地理志》记载,演绎出太乙真人在太白山修炼的故事。其实,《汉书·地理志》的原文是:"武功太一山,古以为终南。"为何是一个"一"字?大概起因于道家鼻祖老子的一个伟大发现,即"道生一,一生二,二生三,三生万物"。《庄子·天下》云:"建之以常无有,主之以太一。"《吕氏春秋·大乐》曰:"道也者,至精也,不可为形,不可为名,强为之,谓之太一。"又云:"万物所出,造于太一。"可见,太一是道家之道,也是宇宙万物的本原、本体。太白山能够被称为太一山,足见其在中国古代文人心中,特别是中国道家心中至高无上的地位。一有时也写作"乙",乙是动态的一,一是静态的乙。所以,太一山也可写作"太乙山"。但太乙山与太乙真人很难扯上关系,因为太乙真人是明代《封神演义》中创造出的一个角色,远在东汉的班固在《汉书·地理志》中不可能言及太乙真人。如果说太乙真人与太白山能扯上关系,也只有回到《封神演义》。在《封神演义》中,太乙天尊号太乙真人,本是哪吒的授业恩师,将死去的哪吒以莲花化身复活,也为姜子牙在武王伐纣战争中立下了汗马功劳。

太白山的名称,当在北魏以前确立。《太白山志》转引《水经注》记载:"太白山,在武功县南,去长安二百里,不知其高几许。"又云:"于诸山最为秀杰,冬夏积雪,望之皓然。"其被叫太白山的理由其实很简单,就是因为终年积雪,向山顶看去,常常是白色。及至唐末五代,著名道士杜光庭在其代表作《录异记》中记述道:"金星之精,坠于终南圭峰之西,因号为太白山。其精化为白石,状如美玉,时有紫气覆之。"道士这么一解释,太白山之仙气增加不少。此处的金星,也即太白,合称太白金星。太白、金星,名二实一。太白金星,亦名启明、长庚、明星。《诗·小雅·大东》载:"东有启明,西有长庚。"启明、长庚,皆金星也。后来,太白金星成为道教中的角色,又称白帝子。《史记·天官书》载:"察日行以处位太白。"正义引《天官书》载:"太白者,西方金之精,白帝之子,上公,大将军之象也。"

在中国传统文化中,与太白金星有关的传说很多。最引人入胜的人物，当属唐代诗仙李白。李白的母亲梦见太白金星落入怀中，生下一男孩，于是取名李白，字太白。名字如此，人亦如此。人言"李白斗酒诗百篇"，其诗作想象力无人能及，当朝即享有诗仙之名。李白之死也颇富传奇，传说李白醉酒后看见湖水中月影，想将其捞上来。跳入水中捞月亮时溺水而亡。李太白在没有登上太白山之前，曾写下与太白山相关的诗文《蜀道难》，为后世留下不可磨灭的印记。744年，李太白来到了太白山，他再次发出了上青天之感慨。李白《登太白峰》："西上太白峰，夕阳穷登攀。太白与我语，为我开天关。愿乘泠风去，直出浮云间。举手可近月，前行若无山。一别武功去，何时复见还？"所谓"开天关"，就是太白金星为李太白打开了上天之门。如今，开天关已成为太白山的著名景区。

论诗歌，李白第一；论散文，韩愈第一。韩愈有"文章巨公""百代文宗"之名，位列唐宋八大家之首。韩愈与柳宗元并称韩柳，与柳宗元、欧阳修、苏轼合称千古文章四大家。唐元和十四年（819）正月，唐宪宗派使者迎佛骨，长安城掀起信佛浪潮。韩愈以为此事荒唐，上《论佛骨表》劝谏。由此惹怒了皇上，欲处韩愈以极刑。一时间，京城震动，众人以为惩处太重，极力劝谏，宪宗最终贬韩愈为潮州刺史。于是，韩愈在《左迁至蓝关示侄孙湘》中写道："一封朝奏九重天，夕贬潮阳路八千。欲为圣朝除弊事，岂将衰朽惜残年！云横秦岭家何在？雪拥蓝关马不前。知汝远来应有意，好收吾骨瘴江边！"韩愈的侄孙湘，即是八仙之一的韩湘子，最后度韩愈入道。也许，韩愈生前未曾到太白山游玩，但韩愈在诗中写道："太白山高三百里，负雪崔嵬插花里。"在韩愈死后，人们在太白山设庙祭祀韩愈。太白山有大文公庙和小文公庙，大文公庙祭祀韩愈，小文公庙祭祀韩湘子。

806年，白居易授命在太白山下的周至做县尉，主管本县治安。白居易在周至不足一年，交了一位挚友王质夫。白居易在周至所做的39首诗中13首与王质夫有关，可见两人相交甚笃。王质夫是位不入仕的隐士，常与白居易一起在太白山游玩。在唐代，正是傥骆古道最兴盛的时期，繁忙程度如同现今进入汉中的高速公路一般。进出傥骆古道的北口即骆口，也正是白居易与王质夫经常游玩的地方。于是，白居易写下《祇役骆口因与王质夫同游秋山偶题三韵》云："石拥百泉合，云破千峰开。平生烟霞侣，此地重徘徊。今日勤王意，一半为山来。"据说，后来白居易作《长恨歌》，与王质夫多次在太白山结伴而游密切相关。王质夫排行十八，白居易《送王十八归山寄题仙游寺》："曾于太白峰前住，数到仙游寺里来。黑水澄时潭底出，白云破处洞门开。林间暖酒烧红叶，石上题诗扫绿苔。惆怅旧游无复到，菊花时节羡君回。"其二人多次在仙游寺游玩，既领略芒水滔滔，又欣赏风平浪息、水澄似镜。二人头顶烈日、仰观白云，沿羊肠小道攀访玉女洞，时而林间闲赋，温酒助兴，题诗为记。白居易离开周至后，时常挂念王质夫，留有诗作《寄王质夫》："忆始识君时，爱君世缘薄。我亦吏王畿，不为名利著。春寻仙游洞，秋上云居阁。楼观水潺潺，龙潭花漠漠。吟诗石上坐，引酒泉边酌。……相忆春又深，故山花正落。"可见，白居易念念不忘的是王质夫，魂牵梦绕的是一起游历过的太白山。

北宋嘉祐六年（1061），苏轼任凤翔府签书判官，相当于现在的办公室主任。凤翔府治所设在大周原上，太白山在其辖区范围。苏轼上任第一年，就遇到严重干旱。因是祈雨不是游玩，苏轼的心情自然与白居易大有不同。苏轼《太白山祈雨》："平生闻太白，一见驻行驺。鼓角谁能试，风雷果致不。岩崖已奇绝，冰雪竟雕镂。春旱忧无麦，山灵喜有湫。蛟龙懒方睡，瓶罐小容偷。"太白山祈雨灵验后，苏轼又写了著名散文《喜雨亭记》。太白山祈雨向来灵验，以至明嘉靖年间将太白山祈雨列入国家正式祭祀礼仪。因祈雨灵验，太白山得到诸多封赐。唐天宝八载（749），唐玄宗李隆基封其为"神应公"，天宝十四载（755）加封"灵应公"。北宋仁宗封"济民侯"，后晋封"名应公"。南宋神宗封"福应王"，高宗封"济远公"，晋封"惠应王"。元世祖封太白山为"三王"：普济王、惠民王、灵应王。清乾隆封"昭灵王""普润王""福应王"，钦颁御书匾额"金精灵泽"，写下《太白山谢雨》诗："麦前赐雨各称时，麦后廿余日待滋。为祷灵山立垂佑，遂施甘澍果昭奇。树碑铸铁传福地，取水凝湫自皓池。粒我蒸民布天泽，蠲诚致谢此摛词。"清光绪年间八国联军侵占北京，光绪皇帝和慈禧太后避难西安。逢天旱，派随臣桂春登太白山祈雨。雨后，慈禧登太白山还愿于远门接官厅。

在历代封赐中，北宋仁宗第一次只封太白山为"济民侯"，第二年才晋封"名应公"。这由侯到公，有个真实的故事。苏轼太白山祈雨，第一年非常顺利，喜不自禁，请求皇帝封赐，得封"济民侯"。第二年，关中又是大旱，苏轼再次来到太白山祈雨，但这次却很不顺利，祈雨活动一而再、再而三，持续半月有余，终于天降甘霖。祈雨为何变得如此困难？苏轼得出的结论是，去岁仁宗"封爵未充"，太白山神不满意。于是，请求皇帝加封太白山，仁宗天性仁孝，宽厚和善，善于纳谏，按照苏轼之意，晋封太白山为名应公。乾隆不仅敕封太白山，而且还加上了赐匾和诗句。到了慈禧的时候，她就亲自拜谢太白山了！这或许是太白山祈雨越来越难，愈加干旱的一个投射、一个侧面。现在，就连太白山上的积雪也是越来越薄，积雪的时间越来越短，其中原因值得深思。

在古人心中，太白山祈雨很灵验，太白山的药物也很灵验，太白山的药是仙药、是神药。李白是在太白山祈药的名人之一。李白在《古风五十九首》中写道:"太白何苍苍,星辰上森列。去天三百里,邈尔与世绝。中有绿发翁,披云卧松雪。不笑亦不语,冥栖在岩穴。我来逢真人,长跪问宝诀。粲然启玉齿,授以炼药说。铭骨传其语,竦身已电灭。仰望不可及,苍然五情热。吾将营丹砂,永与世人别。"诗又云:"太白无闲草,遍地都是宝。"又云:"云海贯宏图,满山尽灵丹。"太白山动植物资源丰富,中草药种类繁多,常用中草药资源2000余种,其中植物药1478种、动物药415种、矿物药12种,加工、拣拾类药87种,列入国家《药典》的中药材266种,占《药典》收载中药总数60%。太白山独有130多种太白七药,其功效奇特,因毒副作用小,极少引起药源性疾病。太白山灵芝、太白米、太白茶,皆是世间少有的神药灵草,也是太白山富有灵气的药物。千百年来,无数草医药农踏着鸟道上山采药。李白诗中的真人,也许正是药王,就是"妙应真人"。孙思邈被这满山灵丹所吸引,长年隐居在茫茫太白山。579年至618年的40年是孙思邈第一次隐居太白山;650年至659年,他第二次隐居太白山。孙氏隐居太白山时住在药王宫一带,更多时候是住在距汤峪河谷23公里处的碓窝坪。孙思邈在医学史上树立了同太白山一样的丰碑,后世在太白山修建规模宏大的药王殿,世世代代祭祀药王。孙思邈的著作《千金要方》是中国最早的医学百科全书。唐太宗李世民赞孙思邈:"凿开径路,名魁大医。羽翼三圣,调合四时。降龙伏虎,拯衰救危。巍巍堂堂,百代之师。"宋徽宗敕封他为"妙应真人",明清时期被尊称为"药王"。

从文献资料分析,登上山顶的人又不多。在古代诗词文献中,似乎找不到有关拔仙台、大爷海的只言片语。《太白山志》大事记第一次记述大爷海,已经是康熙二十年(1681)。这一年,在太白山大爷海西岸立"志神灵"铁碑。康熙、乾隆年间，多次在大爷海安置"社民安奠"铁碑、铸铁香炉、木雕像。在诸多名人登山记载中，1933年国民党元老于右任、邵力子等从蒿坪一线登上拔仙绝顶，上下至少用了四天时间，写下了著名的《太白山纪游歌》。1956年4月25日中国登山队30多人登顶太白山，国务院副总理贺龙宣布这一天为中国登山运动诞生日。这大概能够说明，在过去的年代，要登上太白绝顶拔仙台绝不是一件容易的事。拔仙台南侧二爷海、三爷海、玉皇池、三清池、佛爷池，可谓五池连珠，与拔仙台西北的大爷海合称"太白山六大天池明珠"。

其实，人间享用的不只人工湖泊，还有凤泉神泽。太白山下的汤峪温泉，是顶级的医疗矿泉水，对各种皮肤病、风湿关节炎疗效显著，对气管炎、心血管疾病、胃病也有一定疗效，也被当地群众奉为神水，也是文人眼中的凤泉神泽。《太白山志》向我们提供了一幅皇帝沐浴图：公元前220年，秦始皇在汤峪温泉沐浴。公元前162年，汉文帝幸凤泉汤沐浴。公元前112年，汉武帝幸凤泉汤沐浴。595年，隋文帝幸凤泉汤沐浴，敕建仙游宫（后改建仙游寺）。623年，唐高祖驾幸凤泉汤。640年、642年、643年、644年、648年，唐太宗5次幸临温泉汤。713年、714年、715年、723年、729年、730年，唐玄宗6次幸临凤泉汤，并于715年留下《幸凤泉汤》："西狩观周俗，南山历汉宫。荐鲜知路近，省殿觉年丰。阴谷含神爨，汤泉养圣功。益龄仙井合，愈疾醴源通。不重鸣岐凤，谁矜陈宝雄。愿将无限泽，沾沐众心同。"因白居易一首《长恨歌》，李隆基与杨玉环的爱情故事千古名扬。"回眸一笑百媚生，六宫粉黛无颜色。春寒赐浴华清池，温泉水滑洗凝脂。"李隆基与杨贵妃沐浴嬉戏的地方，不只有临潼的华清池，还有太白山下的汤峪。开元十二年（724）、开元十七年（729）、开元十八年（730），玄宗携贵妃三次幸临凤泉汤。皇帝一次次驾临，遥想当年的汤峪，其场面一定不小。北周保定元年（561）设立温汤县，隋义宁二年（618）设凤泉县，辖今西安周至西部，宝鸡眉县渭水南东部。

　　大秦岭是中国的生态命门，太白山则是大秦岭的生态命门。太白山山体高大，山坡陡峭，垂直落差大，深入腹地极为艰难，山下繁荣的经济活动和活跃的社会、文化活动对山上生态系统的影响强度不大，加之太白山在东南方向毗邻生灵秘境地肺山，从而使太白山较好地保存了完整的生态系统。太白山是大秦岭主峰，也是大秦岭生态系统最完整、最关键的区域。1956 年，国家林业部即有在太白山建立自然保护区的意向。1962 年，陕西省人民委员会规定太白山林区为禁猎区。1965 年，陕西省人民委员会批准建立太白山自然保护区。1986 年，国务院批准太白山自然保护区升级为国家级自然保护区。太白山自然保护区是全国第一批自然保护区，也是陕西第一个自然保护区。太白山自然保护区是以保护森林生态系统为主的综合性自然保护区。在陕西大秦岭保护中，太白山自然保护区设立时间最早、海拔最高、面积最大，生态功能最完整、生物多样性最丰富、保护成果最丰硕。在太白山自然保护区示范带动下，太白山山域增设了一批自然保护区，基本形成了太白山自然保护区群。1993 年西安市设立老县城县级自然保护区，老县城原名佛爷坪，因曾是佛坪县治，故称老县城，今属周至县辖，但非周至老县城。2004 年晋升为省级自然保护区，2013 年晋升为国家级自然保护区，是西安市第一个国家级秦岭大熊猫自然保护区。2001 年设立湑水河水生野生动物自然保护区，2012 年晋升为太白湑水河珍稀水生生物国家级自然保护区。主要保护大鲵、秦岭细鳞鲑、川陕哲罗鲑、水獭、多鳞铲颌鱼和秦巴北鲵等。2004 年设立太白牛尾河自然保护区，主要保护大熊猫及其栖息地的生物多样性。保护区以集体林为主，通过二郎坝和大树坪两条走廊带，与黄柏塬、太白山、老县城、佛坪、桑园等自然保护区连成一体。2006年设立黄柏塬自然保护区，2013年晋升为国家级自然保护区。黄柏塬自然保护区以大熊猫及其栖息地为主要保护对象，东与周至老县城自然保护区接壤，东南与佛坪自然保护区接界，南与长青自然保护区相接，西与牛尾河自然保护区毗邻，北与太白山自然保护区相连。2002年设立桑园自然保护区，2009年晋升为国家级自然保护区。桑园自然保护区东邻牛尾河自然保护区，南邻摩天岭自然保护区，西与屋梁山自然保护区和青木川自然保护区相望，是秦岭大熊猫种群向西扩散的必经之地。2002年设立摩天岭自然保护区，保护大熊猫、羚牛、金丝猴、林麝等珍稀野生动物及其栖息环境。2006年设立周至黑河湿地自然保护区，以黑河水库为主的湿地及其区域森林生态系统为主要保护对象。

在自然保护区周边地带，形成了与保护相结合的生态旅游景观群，其核心形态是森林公园。与太白山国家级自然保护区是太白山自然保护区群的老大一样，太白山国家森林公园也是太白山森林公园群的老大。开发时间最早、经营面积最大、景点最多、景色最美、基础设施最完善，美誉度和知名度最高。太白山国家森林公园以太白风景林场森林风景资源为依托，涵盖太白山北麓眉县境内的汤峪河、远门沟流域，园址范围北自汤峪口大桥，西邻红河谷森林公园，东邻太白风景林场大镇沟天然林区，南至上板寺（3511米）与太白山国家级自然保护区相接。1988年始建，1991年林业部批准成立，1992年7月正式对游人开放。园区经营面积10636公顷，规划10个景区，180个景点（景物），为国家AAAA级旅游景区。黑河国家森林公园位于太白山南麓，以厚畛子林场黑河上游森林风景资源为依托，以黑河大峡谷、傥骆古道旅游资源为特色。经营面积4762公顷，规划4个景区，65个景点（景物）。公园是世界自然基金会生态旅游示范区，秦岭终南山世界地质公园黑河景区，国家AAA级旅游景区。翠峰山森林公园位于太白山北麓泥峪河、车峪河、强峪河流域，以永红林场森林风景资源为依托，东邻骆峪，西与太白风景林场相连，经营面积3918公顷，规划青山、泥峪、石林3个景区，80个景点（景物）。红河谷森林公园位于太白山北麓霸王河（红河）流域，以营头林场和周边集体林风景资源为依托，东邻太白山国家森林公园，西南与太白山国家自然保护区相接，经营面积5454公顷，规划十里峡、四嘴山、文公庙3个景区，60个景点（景物）。石头河国家湿地公园位于石头河中上游，南起桃川镇白杨塬村南岔湾，北至石头河水库浅水区，长14.5公里，总面积1054平方公里。公园内生物资源丰富，是候鸟理想的越冬地和内陆迁徙通道上的重要驿站。青峰峡森林公园位于太白山北麓，石头河上游五里峡，以太白山国家级自然保护区、陕西省太白林业局桃川林场、桃川镇双岔子村集体林风景资源为依托，突出高山峡谷、原始森林。东至五里峡东梁，西至衙岭山，南至鳌山，北临姜眉公路，经营面积4360公顷，规划4个景区，65个景点（景物）。汉中天台国家森林公园位于太白山最南端，以汉台区武乡林场森林风景资源为依托，经营面积3674公顷，分为天台、哑姑、太白、石堰四大景区，108处景点，山顶平坦如台故曰天台。《汉中府志》记载，天台寺建于明万历四十三年（1615），主殿供奉孙思邈，故名药王殿。汉中石门国家水利风景区，也即石门栈道风景区，主要是石门水库和褒斜道、石门及其摩崖石刻遗址。除此以外，太白山自然保护区群内开放的实验区森林景观，也是生态旅游的重要目的地。

大秦岭是中国人的中央国家公园，太白山是秦岭国家公园的核心区。

如果单就某一个方面来说，太白山还不够完美，但如果整合起来放在一起综合观察，太白山无疑是顶级的生态福地、观光天堂。

首先是看天，也就是观景象。"太白积雪六月寒""冬夏积雪，望之皓然""犹瞻太白雪，喜遇武功天"。太白山雪期长、积雪厚，巍巍高峰，银光四射，百里可见。特别是冬季，千里白雪覆盖，万树银花皆白，冰挂、冰柱、冰塔、冰瀑，晶莹剔透，洁白无瑕。在高山区，千峰竞秀，云雾缭绕，平安云海、板寺云海、大岭云海、老君岭云海，变幻莫测。春夏之交，常伴有雾凇景观，玉树银花。每当朝阳升起，或是夕阳西下，拔仙台、文公庙、南天门、斗母宫、板寺新村、四嘴山、翠峰山，云蒸霞蔚，彩云万里，宛若海市蜃楼。在拜仙台，雨过天晴，七彩光环，瞬息万变。"山脚盛夏山上春，山麓秋艳山顶寒"，由山脚至山顶，暖温带、温带、寒温带、亚寒带、寒带，五大气候带垂直分布，堪称太白山奇观。

其次是看地，也就是观地理。太白山3000米以上高峰54座，高山周遭保存有完整、清晰的第四纪冰川地貌，在中国独一无二，全世界也难得一见，堪称古冰川遗迹博物馆。博物馆内，冰斗、槽谷、角峰、刀脊、石海、石河、石环、石裙、石柱、石塔、石佛、石猴、石熊、石骆驼、石玫瑰，姿态各异，神秘奇特，蔚为壮观。拔仙台就是一个巨大的角峰，俨然是古冰川遗迹博物馆的镇馆之宝。3000米以下中山区，山势陡峭、怪石嶙峋，悬崖峭壁、势若屏风，这就是颇具特色的太白山中山峰林景观。其地著名景点有太白山自然保护区的斗母奇峰、双狮峰、五台峰峦、三宵峰、擎天柱、八戒望月；太白山森林公园的七女峰、泼墨山、剑劈峰、铜墙铁壁、金蟾观天；黑河森林公园的药王峰、石人峰、双乳峰、象山峰、龙角峰，等等。太白山峡谷峻峭深邃、势若天门，知名峡谷如汤峪西河九九峡、红河谷十里峡、桃川五里峡、白云峡、三岔峡，尤其是黑河大峡谷，长达60公里，俗称百里大峡谷，两岸陡峭，水流湍急，曲流与直流交替，形成串珠式碧滩。太白山别有洞天，洞穴奇观也是一大亮点。拔仙绝顶千年冰洞举世无双，药王洞、观音洞、石佛洞、玉女洞、双龙洞，充满神奇传说。

第三是看水，即水文景观。大爷海、二爷海、三爷海、玉皇池、佛爷池、三清池，6颗明珠镶嵌在高山之巅、奇峰怪石之间。高山之下，59条风景河流、峡谷、宽涧，水流跌宕起伏、蜿蜒曲折、忽急忽缓，或奔流而下，或一平如镜，间有跌水、瀑布、清潭、边潭，婀娜多姿。太白山大小瀑布40余处，一般落差10—40米，最大落差达150米。仅太白山自然保护区就有三合瀑布、雪花瀑布、流云瀑布、玉皇瀑布、玉龙瀑布、古龙瀑布、潜龙瀑布、盘龙湾瀑布、圣太汉瀑布等。太白山的碧潭景观、山泉景观更是不胜枚举，特别是湑水河、褒河及其支流碧潭成串、山泉成群。当然，太白山下的温泉景观、人工湖泊自不必说。

第四是看灵，也就是生物、生灵。动植物是山中精灵。太白山是天然植物园，也是天然动物园。太白山国家自然保护区提供的资料显示，保护区内野生植物2594种（含变种、变形），其中太白山特有植物27种，国家重点保护植物51种（一级2种、二级49种）。野生动物2554种，国家重点保护动物39种（一级6种、二级33种）。独叶草、红豆杉是太白山自然保护区的植物明星，大熊猫、金丝猴、羚牛则是动物明星。在太白山中高山区，分布有大面积太白红杉、巴山冷松、牛皮桦、红桦原始森林。在太白山3000米以上高山，分布有低矮的灌丛草甸。太白山植被垂直分布景观显著，自下而上，分为9个林带：人工林果、栓皮栎、锐齿栎、辽东栎、红桦、牛皮桦、冷杉、太白红杉、高山灌丛。垂直分布的植被景观，其季节变化带来的季相景观更是引人入胜。

第五是看人,即人文景观。道教文化是太白山文化的显著特色之一,太白山是道教三十六洞天之十一洞天。然而,太白山足够大,她将各种文化流派兼容并蓄,融为一体。太白山上有周太王、周文王、姜子牙、太白金星、太乙真人、鬼谷子、伯夷、叔齐、周贲、孔子、老子、释迦牟尼、孙思邈、李白、韩愈、韩湘子、马丹阳、王重阳、张载、李柏,等等。南北登顶旅游线路上现有道教宫观、佛教寺庙21处,明清古建120余间,主要是蒿坪寺、观音大殿、斗母宫、文公庙、大爷海庙、太白山神祠、药王殿、药王庙、老君庙、老庙子、钟吕坪寺庙群、远门口十三宫、法王塔、关帝庙、丹阳观、黄龙寺等。现存石碑、石雕、石刻、铜铸像、木雕像、铁塔、铁碑、铁磬、铁钟、铁香炉、铁灯笼等文物3500余件。"栈道千里,通于蜀汉,使天下皆畏秦",太白山东西两侧的褒斜古道、傥骆古道闻名中外,现在可见崖壁尚存的或方形,或圆形石孔,以及残留石梁等古道遗迹。太白山森林公园九九峡部分修复药王栈道、三国栈道,从中可也感受太白鸟道的味道。另外,还有汤峪凤泉宫、古斜峪关、三国古战场,以及诸多年久失修的寺庙遗址,从中可以感受曾经过往的那个年代。

与自古华山一条道不同,人们可从四面八方登上太白山之巅。《太白山志》载明了登上太白山顶的6条主要线路,7条辅助路线。另外,还介绍了2条"鳌山—跑马梁—拔仙台"东西大穿越探险路线。一般游客,如果是第一次登顶太白山,最好选择汤峪河登顶路线,也就是太白山森林公园提供的旅游线路。如果是第二次登顶,可选择红河谷登顶路线,也即红河谷森林公园提供的旅游线路。如果选择从太白山南坡登顶,首选厚畛子登顶路线,即黑河森林公园提供的旅游路线;或者都督门登顶路线,即老县城自然保护区提供的旅游线路。如果对太白山生态系统感兴趣，时间又充足，可以选择当年国民党元老于右任登顶路线，也就是蒿坪登顶路线，这是由太白山自然保护区提供的旅游线路。当然，最刺激、最具挑战意义的是鳌山—跑马梁—太白梁—拔仙台线路，即"鳌—太"探险大穿越，令无数登山爱好者心驰神往。"鳌—太"大穿越，穿越的是太白山国家自然保护区的核心区，不仅需要登山者一往无前的探险精神和训练有素的专业素质，更需要团队合作，并需要得到保护区的批准。

在大秦岭中，太白山是高大、厚重、灵异、神奇、魅力无限之山。虽然我们已经进入索道缆车的时代，毕竟认识太白山需要身临其境，需要时间，需要过程。经过亲密接触，对太白山的认知必然会与日俱增。此道是："一日太白山，只识半截脸；二日太白山，坡脚升峰巅；三日太白山，心灵强震撼；四日太白山，飘然已是仙；五日太白山，千回梦里牵。"

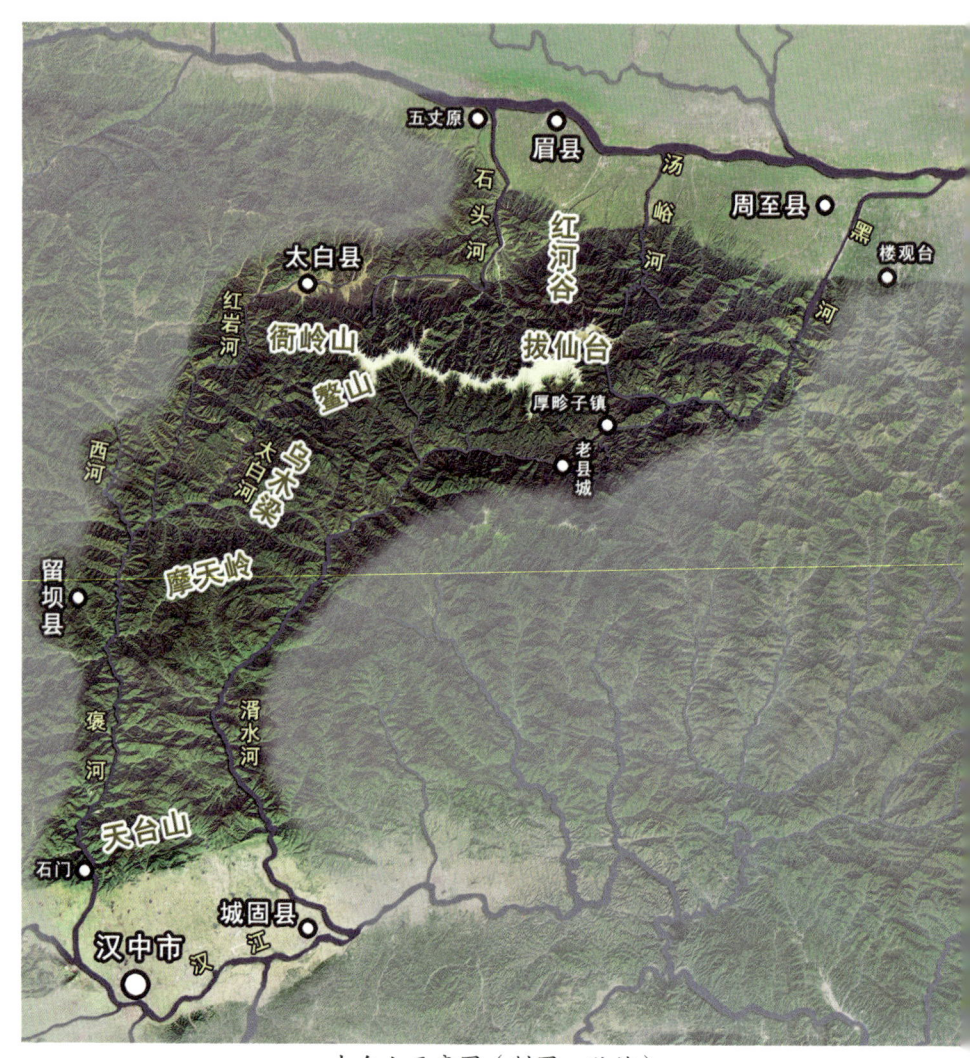

太白山示意图(制图:孙健)

地肺山：野性生灵的天堂

在太白山与终南山之间，有一座优美、纯净、洒脱、神秘的山，这就是地肺山。地肺山是生物岛，野性天堂，多样性的灯塔，也是中国人高品质生活环境的一个必不可少的组成部分。

相信人们熟悉终南山这一概念。然而，关于终南山的山域范围众说纷纭。笔者"秦岭学"系列作品，因按照自然地理单元细分大秦岭，也就需要对大秦岭的每一个自然地理单元予以清晰界定，其中地肺山就是大秦岭的一个重要单元。

终南山有大、中、小三个概念。（1）大终南山，也即广义的终南山。其范围所指可与南山、周南山对应，泛指秦岭在关中的部分，包括太白山、地肺山、小终南山，甚至更大范围。（2）小终南山，即狭义的终南山。是指西安之南山、长安之南山、八水绕长安之南山，处于涝峪至沈河之间。（3）中终南山，从黑河至沈河之间，也即地肺山和小终南山。笔者"秦岭学"著作将地肺山单列，终南山即是指小终南山。

地肺山不是本文的一个新发现，而是一个新表述。从关中平原看，也即从秦岭北麓观察，地肺山就是从黑河口至涝峪口的那一部分，也即介于太白山与终南山之间的一个自然地理单元，看起来像是一点。如果从秦岭南麓看，地肺山远不是一点，而是从渭水河口至旬河口的广大区域，也是大秦岭腹地最富有野性的一个大千世界。

地肺山不是本文的一个新名词，而是一个新用法。唐代温庭筠就曾写有《地肺山春日》："冉冉花明岸，涓涓水绕山。几时抛俗事，来共白云闲。"然而,古文献中的地肺山,出现了多项含义。有终南山别称说,《史记·夏本纪》正义引《括地志》:"终南山,一名地肺山。"有商山别称说,晋皇甫谧《高士传》卷中说道,四皓"秦始皇时,见秦政虐。……乃共入商洛,隐地肺山,以待天下定。"有枯枞山别称说,河南灵宝市西南,《寰宇记》作地肺山。此三说皆言大秦岭之山中之山。也有人认为,江苏句容的茅山,原名句曲山,也称地肺山。

本文采地肺山之名,第一,起因于终南山,一名地肺山。第二,源于森林是地球之肺。第三,也是最主要原因,观看卫星影像图,在大秦岭腹部,于太白山与终南山两大板块之间,有一个重要板块,其山形水系勾勒出一个鲜明的轮廓,酷似肺之状。将这一肺状板块从终南山剥离出来,名以地肺山,可谓形象贴切,恰如其分。

地肺山的外形轮廓,见于四条河流:黑河、涝水河、涝河和旬河。黑河、涝水河是地肺山与太白山的界河。涝河、旬河是地肺山的东部边界,也是地肺山与终南山的界河。涝峪是西安市鄠邑区境内最大峪谷,清朝毛凤枝《南山谷口考》记载,"涝峪殊深(50余公里),石山肖立"。20世纪70年代,宁西林业局修筑公路通往西涝峪,20世纪90年代,朱雀森林公园修筑公路通往东涝峪。西涝峪、东涝峪是涝河的两个源头,西涝源于秦岭东梁(2965米),东涝源于静峪垴(终南山之冰晶顶3015米),东西两涝合流称涝河,出涝峪口北流入渭,全长82公里。涝河是八水绕长安最西之水,古称"潦水"。"潦"本指雨水大,雨后积水成灾。在西安市鄠邑区城西,涝河积水下渗,形成一大美景——渼陂湖。《说文》载:"渼陂在京兆户县,其周一十四里,北流入涝水。"在唐代,渼陂湖尚是一大湖。杜甫《渼陂行》:"岑参兄弟皆好奇,携我远来游渼陂。天地黯惨忽异色,波涛万顷堆琉璃""凫鹥散乱棹讴发,丝管啁啾空翠来。

沉竿续蔓深莫测,菱叶荷花静如拭"。鄠邑区农民画《涝河两岸》也将这种珍贵而美好的记忆收藏。

旬河古称"旬水",源出秦岭麦秸磊(2886.9米)东南侧的甘沟脑(2707米)。旬河河源区有一重要支流江河,其源头是秦岭东梁(2965米)。江河于江口汇入旬河,后流经宁陕、镇安,于旬阳入汉江,河长218公里。旬河是汉江上游左岸最大支流,上游陡急、下游平缓,河流全程高差达2125米,素有八百里旬河不浇田之说。旬阳县城坐落于旬河与汉江汇合处,老城为一狭长山梁,东、南、北三面临水,西以骆驼项与黄坡岭相接,因长期受汉江、旬河曲流河段的侵蚀,天然裁弯取直不断演进,形成"金线吊葫芦"地貌。因这种独特的地理地貌很像是一个太极图,当地人便将旬阳县城称之为太极城。

太极本是阐明宇宙从无极而太极,以至万物化生的过程。太极是道教易学的宇宙论、宗教修养理论和法术理论的重要基本概念。太极图是太上老君的证道至宝,也是至高无上的开天圣器,被视为道教的图腾、道教的旗帜。于是,一旦提及太极、太极图、阴阳鱼,人们就会自然而然联想到道教,联想到道教传人,联想到道教老祖。风云际会,机缘巧合,地肺山北麓的楼观台,即是道教祖庭所在。

尹喜是春秋晚期的一位星象学家,他在地肺山北麓闻仙峪口结草为楼(此谓"楼"),每日登楼以观星相(此谓"观")。一日,忽见紫气东来,吉星西行,预感圣人经过,于是他苦苦守候。不久,一位老者身披五彩云衣,骑青牛而至,此即老子西游入秦。尹喜忙请老子到楼观,执弟子礼,请他讲经著书。老子在楼南之高岗(后称说经台,此谓"台")上为尹喜讲授《道德经》,然后飘然而去。于是,闻仙峪口便是著名的楼观台所在。在闻仙峪西边的一个峪口叫就峪,即是西楼观所在。传说就峪口的大陵山是当年老子羽化登仙的地方，也是道教三清境中的上清境灵宝天尊的道坛。北魏郦道元《水经注》云："就水，北经大陵西，俗谓之老子墓。"清乾隆时在此立墓碑一尊。1957 年，陕西省公布老子墓为第二批重点文物保护单位。

楼观台创始于周，鼎盛于唐，衰落于宋，复兴于今。《辞海》注释："楼观台，亦称'楼观道'。道教派别之一。北魏时以陕西终南山楼观为中心兴起，故名。尊奉老子，以尹喜为祖师。"据史料记载，周穆王曾来此游乐，并建造楼观宫。始皇二十八年（前 219），秦始皇至楼观祭祀老子，于草楼之南建清庙，躬身飨祀。由此，开了老子神化之先河，也拉开道教产生的序幕。汉武帝"慕黄老，好长生"，建望仙宫于观北渭水边，增置道员，给户洒扫。道家学者，隐逸求道之士，方术神仙家云集楼观，研习道法。东汉之后，老子被依托为道教开山祖师，楼观台由此成为道教祖庭。晋惠帝时期，植树 10 万余株，迁来居民 300 多户，专门维护建筑和园林。南北朝时期，北方著名道士大多集中于此，形成了著名的楼观派。唐高祖李渊视老子为唐室先祖，亲来楼观台，建宗圣宫。宗圣宫位于说经台北 1 公里处，原为尹喜观星望气的草楼观遗址。唐玄宗以夜梦老子为名，改宗圣宫为"宗圣观"，并扩大规模。一时间，这里殿宇豪华，道士众多，盛极一时。988 年，宋太宗诏改宗圣观为"顺天兴国观"。1232—1234 年，战乱中累代宫宇焚毁殆尽。1236 年，全真掌教大宗师清和真人尹志平命李志柔为主持修复殿宇，历时七载，恢复唐时规模。1260 年，诏敕复名宗圣宫。至是，楼观道派归入全真道，楼观成为全真道重要基地。1265 年，朝廷三下敕书护持楼观。1341 年，在宗圣宫设立五品道教提点所，颁发铜印一枚。1331 年，山洪暴发，楼观受灾惨重，面目全非。

周代以来，楼观已有2700余年历史，历20多朝。遗留碑碣、石刻70余件，唐欧阳询、苏灵芝所书的碑文，米芾、苏轼、薛绍彭所题诗词的刻石，元赵孟頫、李道谦、高寿羽书写的碑碣，皆是珍贵文物。历代文人学士李白、岑参、卢纶、温庭筠，苏轼、苏辙、王禹偁以及元明清各代留题诗篇，经过搜集整理，尚有六七十篇。这些文物是研究道教的重要资料，在文学艺术上也有很高价值。古籍载："关中河山百二，以终南为最胜；终南千峰耸翠，以楼观为最佳。"宋代苏轼说："此台一览秦川小，不待传经意已空。"米芾赞楼观台为天下第一山。《终南山说经台历代真仙碑记》称："楼观为天下道林张本之地。"据此，楼观得来道教祖庭之说，遂有仙都之名。道教宫观之观，也由此沿袭下来。

道教尊老子为道祖，尹喜为文始真人，奉《道德经》为根本经典，楼观台是天下第一福地。有学者甚至断言："黄帝陵是中国文化的根，楼观台是中国文化的魂。"道教对中国文化贡献巨大，其精髓在于老子的道法自然、庄子的天人合一。道法自然是老子为我们提供的最高级的方法论，即遵循自然，也就是说万事万物运行法则是自然规律。天人合一是人与大自然要合一，要和平共处，不要讲征服与被征服。天人合一是中国文化对人类最大的贡献。大秦岭之地肺山是道教思想的发源地，也以彰显野性的力量实践着道教的根本思想。

在甲骨文里，"野"字的写法是：两个木字中间夹着一个土字。在金文里，野的写法是两个木字（也可以看作是一个林字），下面加一个土字。可以这样理解，甲骨文和金文中的"野"字是指森林中的土地，或者林中土、林下土即为"野"，即是说"野"是尚未开垦的土地。反过来，砍伐了林木的土地、开垦的土地、耕种的土地，是失去野性的土地。因此，"野"字包含了原始的、未驯服的、未开化的、放纵不羁的等多种意思。由此，有野兽、野菜、野草、野花、野果、野猪、野鸡、野牛、野马、野猫等等，也就有了野性、野蛮、粗野、狂野、狼子野心等等。如此一来，越是原始的森林，也就越具有野性特征。

"野性"一词，主要有三层含义：其一，难以驯服的生性。如西汉路乔如《鹤赋》："白鸟朱冠，鼓翼池干。……宛修颈而顾步，啄池磧而相欢。……饮清流而不举，食稻粱而未安。故知野禽野性，未脱笼樊。"韦应物《述园鹿》："野性本难畜，玩习亦逾年。"其二，自由自在，优哉游哉，不受约束。如陆游《野性》："野性从来与世疏，俗尘自不到吾庐。醉中往往得新句，梦里时时见异书。"其三，喜爱自然，乐居田野的性情。唐代韬光是一位隐僧，喜欢山野林泉是再自然不过的事情。韬光《谢白乐天招》："山僧野性好林泉，每向岩阿倚石眠。不解栽松陪玉勒，唯能引水种金莲。白云乍可来青嶂，明月难教下碧天。城市不能飞锡去，恐妨莺啭翠楼前。"野性，可以是万物的本真，可以是一种生态环境，可以是一种生活情趣，也可以是一种审美思维，它带有一种浓重的放荡不羁的色彩，彰显一种难以驯服的生性。如今，虽然说世俗的力量已经深入到我们的血脉，但是，在我们的骨髓中仍然深藏着野性的力量。一旦进入山野泉林之间，深藏于骨髓中的野性力量便会贲张而出，顿时，整个心灵返璞归真，很快与活生生的野性世界合而为一。

地肺山保留了比较完整的纯自然、原生态，即未被征服的野性世界特征，可谓是野山、野水、野物、野景。单就行政辖区而言，地肺山涉及陕西省5个市13个县的部分或全部。包括西安市的周至县、鄠邑区，宝鸡市的太白县，汉中市的佛坪县、洋县、城固县、西乡县，安康市宁陕县、石泉县、汉阴县、汉滨区、旬阳县，以及商洛市的镇安县。这等于是说，地肺山处在5市地理交汇过渡地带。一般而言，过渡地带是边缘地带，也是野性地带。一座山，在 3 个行政区边缘地带比较常见。人常言："一脚踏三县，一鸡鸣三省。"然而，一座山同时处在 5 个市过渡地带非常罕见。就这一点而言，大秦岭之地肺山具有唯一性，这也在一定意义上道明地肺山之野性特征。

地肺山北部的周至县，原作"盩厔"，汉太初元年（前 104）置县，治所设在今终南镇。西安市鄠邑区，原作鄠县，汉初置鄠县。地肺山西南的城固县，设县于周赧王三年（前 312），秦取楚汉中地，置城固县。城固、鄠邑区、周至，三县（区）县（区）龄均超过了 2000 年。而位于地肺山腹地的宁陕县、佛坪县，皆置县于民国时期，县龄仅过百年。一般而言，县龄代表着开发的历史、发展的进程。置县时间越长，野性丧失越多；置县时间越短，越具有野性魅力。这一点，地肺山置县史就是完美的印证。地肺山西北的太白县，设县于 1961 年。太白县占据了大秦岭生态功能区的核心区域。洋县、佛坪、宁陕三县（简称洋佛宁）占据了地肺山的"白菜心"，分享了地肺山的中央地段，也是地肺山最狂野的部分。宁陕、佛坪全境和洋县的地肺山部分，其森林覆盖率均在 90%以上。周至、太白、城固三县，同时占据了太白山与地肺山各一部分，这地肺山与太白山相邻的部分，皆覆盖着莽莽森林，既具有太白山的野性特征，也具有地肺山的野性特质。

地肺山是大秦岭中自然保护区密度最大的区域，已经建设 12 个自然保护区，规划再建 3 个自然保护区，由此形成比较完整的地肺山自然保护区群。以行政区划而言，宁陕县内已建宁东、皇冠山、天华山 3 个自然保护区；佛坪县内已建佛坪、观音山 2 个自然保护区，规划再建 1 个娘娘山自然保护区；洋县已建长青、朱鹮 2 个自然保护区；周至县已建周至、老县城 2 个自然保护区；太白县已建黄柏塬、湑水河 2 个自然保护区；城固县规划建设盘龙、板桥2个自然保护区；镇安县已建1个鹰嘴石自然保护区。地肺山的东南边缘，因各种原因导致森林残破，自然野性不明显。在地肺山北部和东南部，已经建有6个森林公园，分别是位于周至的楼观台森林公园，位于宁陕县的宁东森林公园、天华山森林公园、上坝河森林公园，位于镇安县的木王森林公园，位于石泉县的云雾山森林公园。

新中国建立之时，地肺山保有完整的森林生态系统，继而也成为大秦岭中森林资源最丰富的地区。20世纪50—70年代，陕西省先后建立了六大省属林业局（即六大森林采育企业）。其中，宁东、宁西、龙草坪、长青4大省属林业局局域范围在地肺山，太白林业局一部分也在地肺山。1958年，在地肺山"白菜心"的宁陕县东北部设立陕西省宁东林业局，子午河、旬河、池河等汉江支流源头均在宁东林业局范围。1963年，陕西省太白林业局成立，局域范围跨越三座大山：西部是玉皇山、中部是太白山、东南部是地肺山。同时，也是渭水河、褒河、黑河上游水源区。1966年，在宁陕县西北部、周至县东南角、户县西南角建立陕西省宁西林业局，地理标志是佛坪、周至、宁陕三县交界的光头山（2679米）。周至、鄠邑区、宁陕三县（区）交界的秦岭梁（2822米），最高峰是秦岭东梁（2965米）。宁西林业局是地肺山腹部蒲河、汶水河的河源区。1967年，在佛坪县西北部、洋县东北部设立陕西省长青林业局，也是地肺山腹部金水河、酉河的河源区。地肺山的最高峰昏人坪梁（3071米）是洋县、周至、太白三县的界山，也是长青林业局的最高山。因建立了佛坪自然保护区，长青林业局局域被分为东西两块。1980年8月，陕西省政府批准将长青林业局在佛坪县东北部的龙草坪、西岔河两个林场分出，单独建立陕西省龙草坪林业局。龙草坪林业局西邻佛坪自然保护区，东邻宁西林业局（后设立天华山自然保护区），处在椒溪河的河源区。

与此同时，在5大省属林业局毗邻地界，先后设立了一批国有林场。早在1934年，地肺山北麓就建立陕西省楼观台实验林场，因其地望在道教祖庭楼观台而得名。初建时，称陕西省林务局西楼观林场。之后，隶属关系和林场名称多次变更，1999年正式确定为陕西省楼观台实验林场，一直沿用至今。楼观台实验林场南以秦岭主梁与陕西省宁西林业局接壤，北以山脚为界与周至平原农作区相连，东以首阳山与西安市鄠邑区接壤，西以黑水峪河东梁为界与西安市小王涧林场为邻，南北长约31公里，东西宽约23公里，经营面积3.7万公顷。场内三大高山光头山（2996米）、首阳山（1720米）、四方台（2631米）呈三足鼎立之势，著名的秦岭七十二峪之就峪、闻仙峪、田峪、耿峪分布其间。1987年，陕西省珍稀野生动物抢救饲养研究中心落址楼观台实验林场（其前身为陕西省濒危野生动物急救收容中心），担负国家重点保护野生动物野外抢救、饲养繁殖、科学研究、宣传教育、开发利用重任，建有大熊猫基地、朱鹮基地、金丝猴馆、综合抢救区和兽医院等设施。

1958年，在地肺山平河梁南麓长安河源区，也是宁东林业局中心位置，设立西北农学院火地塘教学试验林场，即现在的西北农林科技大学火地塘教学试验林场。该场东、南、西三面与宁东林业局火地塘林场相邻，北接宁东林业局东峪河管区，东北与宁东林业局旬阳坝林场相连。从平河梁延伸分出的两个大侧梁将林场分成三大部分，这里是科学观察秦岭生态系统的理想地望。教学实验林场实习涉及林学、树木学、植物学、森林生态、森林经理、土壤学等专业课程10余门。国家林业局在此设立秦岭林区森林生态系统定位观测研究站，科技部在此设立秦岭森林生态系统国家野外科学观测研究站。教学实验林场先后承担多项国家攻关课题和省部级课题，开展森林生态学、林木遗传育种学、森林经理学、生物多样性保护、森林保护等方面的实验研究和定位观测，积累了丰富的调查研究资料。

此外，在地肺山中，与宁东林业局毗邻的县属林场有西安市鄠邑区涝峪林场，安康市宁陕县上坝河林场、石泉县云雾山林场，商洛市镇安县木王林场；与龙草坪林业局、宁西林业局、楼观台实验林场毗邻的有西安市周至县厚畛子林场、西安市小王涧林场、佛坪林场；与长青林业局、太白林业局毗邻的有汉中市洋县坪堵林场、汉王山林场，以及城固县中坪林场、小河林场、青龙寺林场。这样，在地肺山中的省属林业局、省属林场，以及县属林场就连成了一大片，占据了地肺山的核心地带，也是地肺山最具野性的地带。林业局、林场的职责是采育，即采伐和培育。因采伐技术加速进步，采伐森林的速度远远超过了培育森林的速度，森林账户入不抵支，出现了严重的森林赤字。日复一日，地肺山森林一天天消失，野性一天天减少，造成极为严重的生态后果。

1958—1959年，西北大学实习队曾在地肺山白菜心的宁陕、佛坪两县发现大熊猫在雪地留下的脚印、窝迹，以及取食竹子的痕迹，也采集到大熊猫粪便。这是一个重要发现，并引发一系列后续动作。1959年，陕西省农林厅组织农林牧工作大队，在地肺山调查野生动物分布情况，并在洋县东北部发现有大熊猫出没。1962年，北京师范大学实习队在汉中市佛坪县三官庙、岳坝两地收集到大熊猫皮及不完整的头骨标本。1963—1964年，陕西省生物资源考察队在汉中市洋县茅坪也得到大熊猫皮，并证实相邻的太白县也有大熊猫分布。1964年，郑光美正式报道了大熊猫在秦岭的分布。1973年，张纪叔等人在佛坪县龙潭子、三官庙、大古坪、大城壕、小南坪等地收集到大熊猫皮8张、头骨2具，进一步证实大秦岭是中国大熊猫的集中分布区。1974年,史东仇等人进行大熊猫生态学调查时,再次获得大熊猫标本。同年,陕西省生物资源考察队对佛坪、洋县、周至、宁陕、太白5县大熊猫、羚牛和金丝猴的数量进行调查,进一步确定佛坪是秦岭大熊猫分布的中心地区。1976年,陕西有关部门向国务院上报《关于建立佛坪自然保护区的请示报告》。1978年12月,国务院批准建立佛坪自然保护区。1979年5月,将长青林业局所属的岳坝、大古坪林场划出,成立中华人民共和国林业部佛坪自然保护区管理局,隶属国家林业部领导。这是在地肺山设立的第一个自然保护区。对长青林业局来说,等于是丢失了一块未被采伐的处女地;对于大熊猫来说,是保住了最后一块原生态的栖息地。1988年,佛坪自然保护区更名为陕西佛坪国家级自然保护区管理局,受国家林业局和陕西省林业厅双重领导。佛坪自然保护区处在汉江一级支流金水河的水源区,东西南北四个方向有多座2000米以上的高山。在北面,除光头山外还有鲁班峰（2904米）、黄桶梁（2810米）、烂店子梁（2762米）,在西面有果树梁（2752米）、灯盏窝（2242米）、观音山（1999米）、明阳山（2007米）,在南面有黑沟梁（2040米）,在东面有鳌山（2574米）、凉风垭（2100米）。也许,正是因为这四面环山的特殊地理结构,使其成为人类活动的天然禁区,也成为野性世界的天然庇护所。

紧接着,毗邻佛坪自然保护区的周至自然保护区成立了。1984年,经省政府的批准,从西安市小王涧林场、周至县厚畛子林场划出部分面积,以及划出相邻部分集体林,建立周至自然保护区,并于1988年晋升为国家级自然保护区。主要保护对象是金丝猴等珍稀动物及其生存环境。保护总面积56393公顷,其中国有土地49849公顷,集体土地6544公顷。周至自然保护区是地肺山内最大的自然保护区。周至自然保护区三面临山,一面临水。内有三座光头山,即西南方向与佛坪自然保护区、老县城自然保护区交界的光头山(2838米),南面与宁西林业局天华山自然保护区毗邻的光头山(2704米),东面与楼观台实验林场毗邻的光头山(2996米)。周至自然保护区内15条大小河流均为黑河右岸一级支流,包括著名的百里黑河大峡谷。在黑河对岸,即是太白山山域。

1993年,经西安市政府批准,在周至县厚畛子林场所属老县城林区建立老县城自然保护区。同年,周至县成立周至老县城自然保护区管理处。2004年,老县城自然保护区晋升为省级自然保护区,2013年晋升国家级自然保护区。在自然保护区体系中,老县城自然保护区算是小不点,但它却是地肺山中海拔最高的自然保护区,区内最低海拔青龙寨1524米,最高海拔鲁班峰2904米。因其四面环山,生态地位非常重要。老县城自然保护区东与周至自然保护区共享秦岭主梁,南与佛坪自然保护区共享鲁班峰(2904米)、黄桶梁(2810米)、光头山(2838米),西与黄柏塬自然保护区共享财神岭(2672米),西北方向是太白山自然保护区,东北方向与厚畛子林场大熊猫走廊带相接。

设立老县城自然保护区的同一年,在北京大学潘文石教授等科学家的呼吁和全球环境基金(GEF)的支持下,长青林业局整体转产安置。1994年,陕西省政府批准设立长青自然保护区是以大熊猫及其栖息地为主的森林和野生动物类型自然保护区,1995年晋升为国家级自然保护区。这样,佛坪自然保护区、周至自然保护区、老县城自然保护区、长青自然保护区4大国家级自然保护区连成了一大片,形成了地肺山自然保护区群的雏形。

1998年,长江流域和东北地区先后发生特大洪灾之后,中共中央、国务院颁布《关于灾后重建、整治江湖、兴修水利的若干意见》指出:"全面停止长江黄河流域上中游的天然林采伐，森工企业转向营林管护。"随即，国家林业局编制《长江上游黄河上中游地区天然林资源保护工程实施方案》，并于2000年10月正式启动实施天然林资源保护工程（简称"天保工程"）。1998年10月28日，陕西省省长程安东发布《关于实施天然林保护工程立即停止省属森工采育企业采伐天然林的命令》（习惯称"禁伐令"）。按照禁伐令规定，省属森工采育企业从1998年11月1日起，停止一切采伐活动，全部转入实施天然林保护工程。随着天保工程和禁伐令的全面实施，开启了恢复与重建大秦岭森林生态系统的伟大进程。地肺山内的林场、林业局，实现了由森林采育到森林保育的转型升级和华丽转身。曾经遭受创伤的地肺山森林生态得以休养生息，并逐步恢复生机与活力，野性世界在扩张，野性力量在增长。

实施天保工程后，2002年3月，宁西林业局在局域西部与龙草坪林业局观音山自然保护区毗邻区域，创建了天华山自然保护区，2008年2月晋升为国家级自然保护区。天华山自然保护区内，天华山（2395米）、光头山（2679米）、鸡公梁（2447米）三足鼎立，蒲河河源诸流分布其间。宁西林业局还在毗邻天华山自然保护区的西河、两河河源区创建了天华山森林公园，背靠秦岭主脊草垭子（2896米）、秦岭梁（2822米）、秦岭东梁（2965米）三大高峰。2003年，龙草坪林业局创建观音山自然保护区，2012年升级为国家级自然保护区。2006年，宁东林业局以平河梁主峰龙潭子（2679米）为核心，创建了平河梁自然保护区，2013年晋升为国家级自然保护区。以沙沟、旬阳坝、火地塘林场森林风景资源为基础，创建了宁东森林公园。2006年，太白林业局以毗邻老县城、长青、太白山三大自然保护区的黄柏塬为中心，创立了黄柏塬自然保护区，2013年晋升为国家级自然保护区。在安康市宁陕县，将宁西林业局部分国有林与邻近集体林捆绑，创建了皇冠山自然保护区；毗邻平河梁自然保护区，利用县属上坝河林场创建了上坝河森林公园。在商洛市镇安县，以县属木王林场毗邻平河梁自然保护区林区，创建了鹰嘴石自然保护区；紧邻鹰嘴石自然保护区，创建了木王森林公园。在汉中市佛坪县，以毗邻佛坪自然保护区的县属林场，规划建设娘娘山自然保护区。在汉中市城固县，毗邻朱鹮自然保护区，以县属中坪林场、小河林场、青龙寺林场，规划建设盘龙、板桥自然保护区。在安康市石泉县，以云雾山林场为基础，创建了云雾山森林公园。另外，早在1983年，在汉中市洋县、城固毗邻地界就建立了著名的朱鹮自然保护区。1988年，中国政府林业部与日本政府环境厅订立《中日共同保护研究朱鹮及其栖息地》合作项目；2001年陕西省政府批准建立朱鹮省级保护区，2005年晋升为国家级自然保护区。也是在1983年，楼观台实验林场在全省率先创建了楼观台森林公园，1992年晋升为国家级森林公园。同是在楼观台实验林场地带，2002年，由陕西省政府、国家林业局、中国科学院、西安市政府联合共建国家级特大型综合植物园——秦岭国家植物园。秦岭国家植物园总规划面积458平方公里，比澳大利亚境内世界上最大的植物园大4倍。园内兼具平地、丘陵、高山，有大峡谷、瀑布、石海、山林等自然景观。园区景观资源居全国植物园之首，以科学研究、科普教育、生物多样性保护和生态旅游为主要功能。

自然保护区和森林公园是世界自然保护联盟（IUCN）定义的保护地的两种重要形式。随着自然保护区和森林公园的纷纷创建，地肺山中的林场、林业局由砍树向观树转变，由采育森林向保育森林转型升级迈出实质性步伐。实施天保工程，实际上是为林场、林业局实施的核心业务转换工程，也即"换心工程"。通过"换心工程"，过去的一个个林场、一个个林业局，如今实际上已是一个个具有中国特色的森林保育组织——自然保护区、森林公园、天然林保护区。如今的一个个林场、一个个林业局，其实就是一个个森林保育所、森林保育场、森林保育局。因具有野性特色而设立自然保护地，反过来，不断增加的自然保护地也撑起了野性世界一片新天地，推动了野性世界扩张和野性力量增长，进一步增加了野性特色。如今，大秦岭朱鹮已经由最初发现时的 7 只增加到 2000 多只，秦岭大熊猫由最少时的 109 只增加到 345 只，秦岭金丝猴和秦岭羚牛由 3500 只增加到约 5000 只，林麝增加到 7000 余只，猛兽金钱豹也时有发现。

地肺山的野性，根源于野性的山、野性的水，从而在大秦岭中构建出一个特色的小生境。太白山是一系列海拔 3000 米以上的高山组成的大山，地肺山与太白山为邻，受太白山庇佑最多。地肺山是一系列海拔 2000 米以上高山组成的山脉，且有着比太白山奇特的高山排列方式。地肺山的山，以倒山字为主，若干倒山字排列在一起，成梳齿状。山字形的底部是地肺山的主脊，从主脊突出来的山梁，即是从主脊上长出的支脉。地肺山西部主脊，即地肺山右肺叶主脊，因与佛爷坪相邻，称之佛爷岭，人们习惯上称之兴隆岭。兴隆岭分为两段，东段岭脊从佛坪境内的光头山到秦岭东梁，这是大秦岭的主梁，也是长江与黄河水系的分水岭，其南麓的水归入汉江，北麓的水归入渭河。西段岭脊并非秦岭主梁，而是秦岭主梁延伸出的支梁。西段兴隆岭是汉江支流湑水河与傥水河、酉河、金水河的分水岭。地肺山左肺叶主脊，人们习惯称之平河梁。由兴隆岭到平河梁，依次排列出若干倒山字来。倒山字的底部，是由一连串海拔 2000 米以上山峰组成的地肺山山脊，它有效阻挡了外部力量的纵向侵入。从底部长出来的支脉，也多在 2000 米以上，它有效阻止了外部力量的横向侵入。与此同时，地肺山之水系，多呈现"中"字形。水路与山路交互影响。这"中"字形水系，似乎在说明，地肺山之水，有出路、不顺畅，即是沿河而上或是顺水而下，也不是一件容易的事情。倒山字形山+"中"字形水，在一定程度助长着地肺山的野性。

地肺山的野性，也与汉江黄金大峡谷有着千丝万缕的联系。流经地肺山南部山口，汉江河道多是峡谷。其中，汉中市洋县至渭门53公里为深切峡谷。洋县小峡口至环珠庙的23公里称之小峡，左岸接纳酉河水后，河身骤束至200米，两岸山岭高出河床100—200米。环珠庙至渭门的30公里，即是最精彩的汉江黄金峡，也即大峡。汉江黄金峡呈大"Ω"字形，紧接着又是一个反置的小"Ω"字形。陆程仅9公里，而蜿蜒曲折的河道长达30公里。黄金峡两岸山岭高出河床300—400米，谷坡倾角50°—60°，河道最窄处仅50米。黄金峡水流急、险滩多，时而山势陡峭、时而奇峰迭出、时而静水流淌、时而浪头扑面，可谓气势磅礴。明朝诗人王任有诗作："九十余里黄金峡，二十四处白云滩。雷向汉中驱乱石，水从天上倒狂澜。铁崖碍日千山险，玉鹨生风六月寒。信宿龙潭幸蚤出，片帆回首抵长安。"

汉江黄金峡在大"Ω"字形两边最宽处分别接纳了金水河、子午河之水。酉河、金水河、子午河，皆是地肺山的中央之河，接纳了来自地肺山的中央之水。尤其是子午河，堪称地肺山中央大河，接纳了宁陕、佛坪之水。子午河下游主河道流经之地，出现了三个"一脚踏三县"：第一个是宁陕、佛坪、石泉三县交界；第二个是佛坪、洋县、石泉三县交界；第三个是洋县、石泉、西乡三县交界。在注入汉江之前，子午河弯弯曲曲，走出了若干个"Ω"字形。汉江上的大小"Ω"形弯曲，子午河若干"Ω"字形弯曲，加上连续的一脚踏三县，足以说明这里是山形水势的复杂地带。这复杂地带,也是地肺山野性成长的重要助推力量。

大秦岭中的野性故事,多出自野性天堂地肺山。不少西安人知道周至有一个老县城,其实这老县城并不是老周至县的县城,而是佛坪县的老县城。清嘉庆年间,设周洋县城于袁家庄。道光五年(1825),废周洋县设佛坪厅(相当于县级建制),厅治设佛爷坪。佛坪厅得名,概因佛爷坪(今老县城村一带)。民国二年(1913),改佛坪厅为佛坪县。这里是秦岭深处、傥骆古道重要节点,海拔1800米,生态环境优美的一座小城。只因政局混乱、社会不稳,导致土匪猖獗。民国十一年(1922)3月,郧天禄匪众袭击佛爷坪,在城西南财神岭上杀死交接的两位县知事(后来称作县长)车正轨、张治。为避让土匪袭扰,1925年佛坪县衙迁回袁家庄(今佛坪县城)。20世纪60年代,佛爷坪划归周至管辖。土匪杀县长的故事因叶广芩《老县城》一书,以及电影《老县城》而广为流传。如今,佛爷坪老县城村也就30来户人家,佛爷坪以及四面的环山皆已划入老县城国家自然保护区。老县城保护区面积不大,但并不妨碍其成为大熊猫、金丝猴、羚牛、林麝、金雕等秦岭生灵的天堂。去过老县城的人,无不将其视作大秦岭里的珍珠翡翠、大秦岭里的香格里拉。

2007—2008年,华南虎假虎照事件闹得沸沸扬扬。华南虎是典型的林栖动物,捕食野猪、野牛、鹿等兽类,因拥有粗壮的牙齿和可伸缩的利爪,捕食异常凶猛,进而成为大秦岭生态系统食物链上的顶级动物,被称为百兽之王、秦岭之王。华南虎是大秦岭生态系统完整性的重要标志。华南虎的消失,意味着秦岭生态系统的完整性、稳定性、持续性遭到严重破坏,需要予以重组、重构、重建,这是一个艰难而漫长的过程,也是一个充满生态风险的过程。因此,华南虎的失踪或是华南虎出现,都称得上是大秦岭生态系统中的重大事件。

华南虎为中国特有，因此也称中国虎。华南虎是原始虎种，头骨长度与头骨宽度的比值较大，体型修长，腹部较细，更接近其直系祖先中华古猫。华南虎在大秦岭至少生活了100多万年，蓝田公王岭遗址就有现代虎化石。直至20世纪上半叶，华南虎还是秦岭山中的寻常之物。1934年5月，现代书画家林散之由太白入秦岭深山，由湑水河南下，转经洋县华阳镇出山抵城固。在其《下太白阻雨山林》中曾写道："山深有豺虎，未晚早关门。"虎多黄昏出来活动，白天潜伏休息，若无惊动难得一见。在自然界，老虎没有天敌，老虎遇到唯一的强敌就是人类。1964年7月21日，《汉中日报》刊登一则消息《龙草坪公社打死一只大彪》。消息称：10多天来，佛坪县龙草坪公社东河生产大队一带群众一直传述着两位同志猎获巨彪，为群众除害。10多年来，这只大彪经常出没，伤害人畜，当地群众受害不浅。消息描述猎杀大彪的过程时说，他们先是击中大彪的前爪，接着又是两枪，击中了大彪的头部，这只巨兽才躺下去了。消息所指龙草坪东河生产大队，也就是如今龙草坪林业局观音山自然保护区所在。关于这一地界，《佛坪厅志》有这样一段描述："东河口两角夹峙，险峻幽僻，水流若柱，俱层峦叠嶂，路极盘纡老林中拔木通道，两面古树，一经蟠折，竟日在青雾苍烟中行走。沿途无客店安顿，为裹粮而前，则捷径不易行矣！"东河大队地处椒溪河河源区，向北翻越秦岭梁后即进入周至自然保护区，这里完全有可能成为华南虎的最后归宿。不少人确信，《汉中日报》报道的大彪，就是最后一只野生华南虎。此后，也有人宣称曾见到华南虎。佛坪县野生动物管护站原站长谢福录曾称：1994年4月11日，他带领猎手在长角坝乡上沙窝村天华山冷杉林为上海野生动物园捕捉羚牛时，突然发现两只华南虎。2004年12月出版的《陕西省野生动物图鉴》称:"1964年华南虎在佛坪发现后,至今在山区群众中仍偶有发现。"如今,人们普遍相信野生华南虎已经消失。不少专家认为,野生华南虎已经灭绝。

新中国成立初期,野生华南虎数量4000多只,数量超过印支虎、东北虎、孟加拉虎的总和。20世纪50—60年代,因除"四害"扩大化,殃及华南虎。除虎如剿匪,需要组织打虎队协同会战。1956年全国收购虎皮达1750张,1979年全国仅收购虎皮1张。持续大规模捕杀,华南虎种群遭受严重创伤。1990—1992年,原林业部与世界野生生物基金会(WWF的前身)开展野生华南虎及其栖息地调查,没有找到野生华南虎活体。根据发现的痕迹和粪便等证据估算,当时可能还存在20—30只华南虎。2000—2001年,国家林业局和世界自然基金会(WWF)进行野生华南虎及其栖息地调查,没有发现华南虎踪迹。

相较于华南虎悲剧,朱鹮算是幸运之星了!朱鹮,古称朱鹭、红朱鹭、红鹤、朱脸鹮鹭等。在历史长河中,朱鹮是古老的鸟仙。油页岩中发现的鹮类化石表明,鹮科鸟类曾生活在距今6000万年前的始新世。朱鹮喜欢栖息于高大乔木顶端,在水田、沼泽、山区溪流附近觅食。在食物链中,朱鹮以小鱼、泥鳅、小虾、青蛙、蟋蟀、蝗虫、田螺等为主要食物,也处于顶级位置,对控制猎物种群有重要作用。朱鹮雄雌同形同色,成鸟全身羽色以白色为基调,上下体羽干及飞羽略沾淡淡的粉红色。头部脸颊裸露,呈朱红色,虹膜橙红色,黑色的嘴细长而向下弯曲,后枕部长着几十根粗长的羽毛,组成柳叶形羽冠,披散脖颈之上。腿不算太长,胫下部裸露,颜色朱红。羽毛洁白如雪,两翅下侧和圆形尾羽部分闪耀朱红色光辉。因性格温顺、体态秀美典雅、行动端庄大方、容颜美丽动人,朱鹮被称为吉祥之鸟。南朝张正见《朱鹭》:"金堤有朱鹭，刷羽望沧瀛。周诗振雅曲，汉鼓发奇声。时将赤雁并，乍逐彩鸾行。别有翻潮处，异色不相惊。"著名作家陈忠实在《拜见朱鹮》一文中用极其优美的笔调写道："一袭嫩白，柔若无骨，在稻田里踯躅是优雅的，起飞的动作是优雅的，掠过一畦畦稻田和一座座小丘飞行在天空是优雅的，重新落在田埂或树枝上的动作也是一份优雅。这个鸟儿生就的仙风神韵，入得人眼就是一股清丽，拂人心垢。头顶一抹丹红，长长的紫黑的喙的尖头竟然是红色，两条细长的腿红色惹眼，白色的翅膀内里却是红色的，像是白面红里的被子，通体嫩白中点缀着这几点丹朱，凭想象尽可以勾勒它的美妙了。"就是这样一种有东方宝石之称，令人爱怜不及的宝贝，一度沦落至濒危境地——1952年日本将朱鹮定为特别天然纪念物，1960年在东京召开的第十二届国际鸟类保护会议上将朱鹮定为国际保护鸟。20世纪60年代末期，苏联境内朱鹮绝迹；20世纪70—80年代，朝鲜半岛朱鹮消失。之后，有日本血统的最后一只朱鹮阿金去世，日本朱鹮灭绝。

历史上中国朱鹮曾广泛分布于黑龙江、吉林、辽宁、河北、北京、山西、陕西、甘肃、内蒙古、河南、山东、安徽、江苏、江西、上海、浙江、福建、台湾等地。20世纪，中国朱鹮数量急剧下降。1964年在大秦岭之嘉陵江流域曾捕获一只朱鹮，之后一直不见朱鹮踪迹。1978年，中国科学院一支科考队对朱鹮可能存在区域开展调查。在3年多时间里，考察行程5万多公里，踏遍黑龙江、陕西、甘肃等16个省260多个朱鹮历史分布点。1981年5月，终于迎来激动人心的时刻，中国科学院动物研究所鸟类专家刘荫增在大秦岭地肺山之洋县八里关乡大店村姚家沟山林中发现两个朱鹮营巢地，7只朱鹮，其中4只成鹮、3只幼鹮。当时，两对朱鹮正忙于哺育幼雏。正当鸟类学家们专心观察这两个稀世珍禽的家庭时,一只幼鸟从巢里掉了出来。幼鸟落地后,专家立刻拣回,火速运到北京动物园。经过鉴定,这是一只雄性小朱鹮。由此,向世界宣告:中国存在朱鹮野生种群!随后,在洋县建立朱鹮保护区,开展一系列救助朱鹮的行动。如今,野生朱鹮数量已由当年的7只发展到2000余只,这无疑是一个令人振奋的成功范例。

大秦岭的动物明星,以大熊猫最为憨态可掬。大熊猫的祖先是始熊猫,距今超过800万年历史,距今70—50万年的更新世中晚期是大熊猫的鼎盛时期。后来,同期的动物相继灭绝,大熊猫却孑遗至今,成为动物活化石,也是中国的国宝。在世界生物多样性保护中,大熊猫是旗舰物种,也是世界自然基金会的形象大使。大熊猫的标准中文名称叫猫熊,即像猫一样的熊。古代典籍中很早就记载过大熊猫。有专家认定,《书经》中的"貔",《毛诗》中的"白羆(pí)",《峨眉山志》中的"貔貅",《兽经》中的"貉"等等,就是当今所说的大熊猫。大熊猫还有花熊、华熊、竹熊、银狗等别名。因脸型似猫、体型像熊,毛色黑白花,秦岭人多称之花熊;因是中华特产的珍奇异兽,曰华熊;因以食竹为主,名竹熊。小熊猫的地方名是金狗,与之对应称大熊猫为银狗。在世界舞台上,首先登台亮相的是来自四川的中国大熊猫。1869年3月,法国苦修会神甫、博物学家戴维在四川雅安宝兴县邓池沟教堂附近发现黑白熊踪迹。在猎人帮助下,戴维得到1只黑白熊,并将其标本和骨骼辗转送到巴黎国家博物馆。经博物馆主任米勒·爱德华兹研究后认为:它既不是熊也不是猫,而是与中国西藏发现的小猫熊相似的另一种较大的猫熊,于是定名为大猫熊。从此,中国大熊猫高调亮相世界舞台。因四川大熊猫率先亮相世界舞台,不少人便将中国大熊猫与四川大熊猫画上了等号。

秦岭大熊猫是中国大熊猫的重要种群。但是,秦岭大熊猫登上世界舞台的时间比四川大熊猫晚一个世纪,直到1964年郑光美发表关于秦岭大熊猫的重要学术论文,在大秦岭中生活了数百万年的大熊猫才慢慢引起了全世界的瞩目。秦岭大熊猫分布最集中、种群密度最高、最具学术研究价值。距今5万—1.2万年以前,秦岭大熊猫与四川大熊猫发生了地理上的隔离,走上了独自发展的道路。目前,秦岭大熊猫多见于秦岭腹地的地肺山和太白山,与四川大熊猫相距遥远。在形态上,秦岭大熊猫与四川大熊猫已形成明显差异,秦岭大熊猫个体略大,四川大熊猫脸长更像熊,秦岭大熊猫脸圆更像猫,且具有较小头骨、较大牙齿。在皮毛颜色上,两者也有不少差别。相比之下,秦岭大熊猫看上去更漂亮、更憨态可掬,堪称中国国宝中的大美人。

秦岭大熊猫不仅靓丽,而且充满野性活力。一度有学者认为,大熊猫濒临灭绝,一个重要原因是繁殖能力不足。如果真如此,大熊猫走上灭绝之路,怕其势已成,势不可当。然而,随着秦岭保护事业的发展,野生大熊猫数量迅速增长的事实,似乎又给人们带来了无限希望。根据调查资料,秦岭大熊猫由1988年的109只,增加到1999年的273只,再增加到2013年的345只。毫无疑问,这是建立自然保护区恢复与保护大熊猫栖息地事业取得的重要成果。同时,这也足以说明,大熊猫的繁殖能力完全可以支持种群稳定的需要,也完全可以满足种群扩张的需要。2007年,向定乾等人在地肺山中的长青自然保护区拍摄到一组5只大熊猫争偶打斗的场景。雌性大熊猫在树上观战,并等待胜利者爬上树来完成交配。这是人类首次观察到大熊猫可以在树上完成交配。这是一次重要发现,在一定程度上或能说明,秦岭大熊猫是一个充满野性、生命力旺盛的种群。除非人为破坏其栖息地,毁灭其生存家园,否则,没有理由怀疑大熊猫会自动走上灭绝之路。

大熊猫的黑白两色，让人联想到太极图，即是以黑白两色形象化地表达了阴阳轮转、相反相成的事物运动规律。大熊猫的憨态步伐，恰巧如同一幅黑白两色构成的运动图画，恰似天人合一的太极图。这样看来，大熊猫更像是道文化的"证道之宝"。公元前500年左右，道文化的祖师老子进驻秦岭山麓楼观台；如今，秦岭大熊猫进驻道家楼观台，共同阐发中国道文化之道、中国大秦岭之道。大熊猫是大秦岭孕育的生态精灵，因其饱含生态与文化特质，大熊猫更像是天人合一的中国道文化标识，也是中国大秦岭标识！

在中国文化中，猴的形象早已深入人心。侯，本是爵位名。《礼记·王制》载："王者之制禄爵，公侯伯子男，凡五等。"周代封建五等爵，侯是第二等。后来，以"侯"名动物"猴"也，彰显了猴在森林动物系谱中的地位。"侯"是"候"的本字，含有"手持箭矢，设伏等待"之意。《白虎通义》载："猴，候也，见人设食伏机，则凭高四望，善于候者也。"猴属灵长类。在大森林中，猴子的体格并不大，其所以能够获得第二等的侯爵之位，不是靠强壮的体魄，而是靠机敏的智慧。猴子多谋善变，将其称为大森林中的机灵鬼，怕是一点也不为过。猴子像是孩童时期的人，机敏聪颖、活泼可爱，因而成为人类的宠物、玩伴，也是娱乐明星。

猴是森林动物，群栖于高山密林，以树上生活为主，也在地面找东西吃。以野果、嫩芽、竹笋、苔藓植物为食，喜食昆虫、鸟和鸟蛋。食物来源不足时，也吃树皮和树根。金丝猴，也称仰鼻猴，属于典型的森林树栖动物，常年栖息于海拔1500—3000米森林中。大秦岭中的地肺山、太白山，皆是金丝猴的理想家园。一种观点认为，100万年前的大秦岭之地肺山是金丝猴的原发地。后来，与大熊猫一样，因地质变化出现了生物隔离，各地金丝猴独自发展，各发展出一个亚种来。戴维是神甫，也是博物学家，他在中国先后发现了 68 种鸟类新种、100 多种昆虫和多种哺乳动物新种。1869 年 5 月 4 日，戴维由猎人手里得到 1 只大熊猫的同时，也得到 6 只长尾巴猴，戴维将其命名为仰鼻猴。如今，中国人习惯将戴维的仰鼻猴称之为金丝猴。

金丝猴与大熊猫几乎在同一生境，如果像戴维一样的博物学大家（1872 年戴维被任命为法国科学学院院士，1896 年被法国地理学会、法国社会科学学会授予金质奖章和大师的荣誉称号）在 18 世纪也能来到大秦岭之地肺山，世界一定会更早认识秦岭大熊猫和秦岭金丝猴。100 万年以来，地肺山中一直生息繁衍着秦岭金丝猴，但秦岭金丝猴走向世界，以至名满天下，尚不足半个世纪。秦岭金丝猴是中国金丝猴中最独特的一个种群，它性情温顺、机警敏捷、攀援如飞，喜群居，雄猴肩上披着一尺多长的金黄色毛，在阳光下闪闪发光，犹如金色的斗篷。秦岭金丝猴将中国金丝猴的优点集于一身，可说是美上加美。电视剧《西游记》里的美猴王，其创作原型就是秦岭金丝猴。人常言树倒猢狲散，树木倒下，森林消失，意味着猴子将失去家园。随着大秦岭中的伐木声声，大片森林倒下，栖息地一点一点消失，与大熊猫一样，金丝猴也走向濒危困境，成为国家一级保护动物。"山中无老虎，猴子称大王"，在华南虎失踪的日子，随着天保工程实施，保护区纷纷建立，秦岭地肺山中的金丝猴种群实现了恢复性增长。

人们已经熟知秦岭四宝：朱鹮、大熊猫、金丝猴、羚牛。所谓秦岭四宝，其实也是地肺山四宝。地肺山是聚宝山，将秦岭的宝贝一一聚集，一一珍藏。羚牛是秦岭四宝之一，也是地肺山四宝之一。然而，羚牛似乎没有能够赢得与朱鹮、大熊猫、金丝猴一样多的彩头。在大秦岭中，分布有大熊猫、金丝猴的地方，一定也可觅得羚牛踪影。而有羚牛的地方，未必能寻觅到大熊猫和金丝猴。在大秦岭中，金丝猴的分布范围比大熊猫广，羚牛的分布范围比金丝猴广。在秦岭四宝中，羚牛的分布范围最广、数量也最大。

秦岭羚牛又称秦岭金毛扭角羚，当地人称白羊或羊子。羚牛不是牛也不是羊，既像牛又像羊。它体形粗壮，长约 2.1 米，重约 300 千克，活像小水牛；它头小尾短，又像羚羊，叫声温顺似羊，性情粗暴如牛；它生就一对似牛的角，从头部长出后突然翻转向外侧伸出，然后折向后方，角尖向内呈扭曲状，故称扭角羚。

羚牛是典型的高寒动物，常栖息于 2000 米以上的高山森林、草甸地带，冬季又迁移至 2000 米以下的针叶林中的多岩区。在大秦岭山中，羚牛分布于秦岭主脊山梁的冷杉林。林下生长的灌木、嫩草及一些高大乔木的树皮皆是羚牛美味佳肴。羚牛白天隐匿于竹林、灌丛中休息，黄昏和夜间出来觅食。羚牛以集群的方式采食，常十多只一起活动，多至二三十只，甚至还有多达百只以上的大群，冬季还会出现数量更多的集群，但偶尔也有单独活动采食的羚牛。秦岭羚牛特指秦岭山中羚牛。羚牛有四个亚种，秦岭羚牛是四个亚种之一，也是最英俊、最霸气的一种。在四个亚种中，秦岭羚牛体形最大，通体白毛间泛着金黄，上下往来于群山之中，纵横捭阖于悬崖峭壁之间，如履平地，威武霸气。在华南虎失踪后，秦岭羚牛不受自然天敌的制衡，越发显露出王者霸气。

与羚牛的王者霸气不同，大秦岭中的另一宝贝——林麝，却处处表现出胆小懦弱的性格。林麝体重只有羚牛的 1/50 至 1/60。在许多方面，秦岭林麝与秦岭羚牛表现出相反的特征，比如羚牛无论雌雄均具短角，而林麝雌雄均无角；羚牛体型雄健，而林麝体型娇小；羚牛性情凶悍，林麝性情怯懦，等等。然而，林麝却是具有重要实用价值的秦岭宝贝。

雄性林麝的鼠蹊部有麝香腺分泌麝香，麝香以香气醇浓，经久不散而闻名于世。麝香是配制高级香水、香精的定香剂，也是刺激中枢神经系统的兴奋剂，用以配制苏醒、强心等急救药物。因此，麝香是国际公认的软黄金。因麝香价格昂贵，猎杀野生林麝以获取麝香屡禁不止，致使野生林麝处于濒危边缘，一些传统中医药名贵验方也因无麝香原料而名存实亡。大秦岭已经成为21世纪中国林麝生存繁衍的希望所在，不仅野生林麝数量逐年增加，人工养殖林麝也呈现出良好势头。

金钱豹也是大秦岭之地肺山中的明星动物。人们不止一次用红外摄像手段获取了秦岭金钱豹的影像资料。豹是接近完美的猎手，矫健灵活、奔跑速度快，时速达113公里。其既会游泳，又会爬树，性情机敏，嗅觉听觉视觉皆好，隐蔽性强、食性广泛、胆大凶猛，无固定巢穴。豹白日伏于树下或卧于草丛，或休息在悬崖石洞中，善攀爬跳跃，独居夜行。常在林中往返游荡，捕食鹿、羚羊及野猪，以及灵猫、猴子、雀鸟、啮齿动物等。地肺山是金钱豹的理想家园。特别是华南虎失踪后，人们希望金钱豹成为秦岭生态系统中的一支重要平衡力量，为建构一个新的、稳定的生态系统做出贡献。

大秦岭南麓汉中南郑县龙岗寺遗址，大秦岭北麓关中蓝田县公王岭遗址，据专家考证这两处是距今100多万年的人类遗存。我们远祖所生活的时代，整个大秦岭皆是野性天堂，苏门牛、剑齿虎、剑齿象、古犀牛、大熊猫漫步于群山之中。"天地玄黄，宇宙洪荒"，我实在想象不出，在100多万年以前，比现代人矮小的古人类，他们是如何在野兽、野山、野水中求生？我实在想象不出，分居于秦岭南北两地的古人类，他们究竟是否有过实质性的跨越交流？如果有，他们是如何克服"天下之大阻"的？究竟是什么人，于什么时候成功跨越了大秦岭？大秦岭之地肺山中的人类足迹最早始于何时？细细想来，在人少而兽多的时代，这些问题也许并不重要。而当来到人多、兽少的时代，这些问题就会变得越来越重要了。

大道沧桑，虎口求生。文明肇始以来，上下5000年，一直不乏翻山越岭，行走于大秦岭，穿行于地肺山的人。"世上本无路，走的人多了，也便成了路"，诸多道路，起初皆为乡野小道，走的人多了，就成为通衢大道。从人少兽多，一直走到人多兽少，甚至有人无兽。在穿越大秦岭的诸多古道中，有两条著名古道穿越了地肺山南北：子午道和傥骆道。这两条古道北口分别在终南山和太白山，南口均在地肺山。

在陕北黄土高原，位于陕西甘肃两省交界处，有一座南北走向的山脉，人称子午岭；在古都长安，有一条南北走向的大道，人称子午大道。沿着这条宽阔笔直的子午大道一路向南前行，即可来到子午镇；由子午镇向南入子午峪，即踏上了子午道。古人以子为正北、午为正南，子午岭、子午道、子午峪、子午河，皆言南北方向。这子午岭、子午峪、子午河、子午道，本是大汉王朝、大唐帝国的"本初子午线"（即0度经线）。从这个意义上说，大秦岭把中国一分为二，不仅以岭脊分出了中国的南方和中国的北方，而且以子午道（延伸至巴山为荔枝道）划分出中国的东部和中国的西部。也就是说，秦岭划分出了中国的东西南北。这种自然地理划分，虽然不是精准计量，却也八九不离十。现代科学技术确定的中国大地原点在咸阳市泾阳县永乐镇，与秦岭主脊与子午道交叉十字相距约100公里。但从这一点来说，大秦岭是中国的中央大山，而地肺山、终南山是中央大山的中央之山。

子午道，也称子午栈道。子午道是自京城长安通往汉中、安康的重要通道。子午道向南连接翻越巴山的荔枝道、米仓道、金牛道，继而成为通向巴蜀地区的重要通道。子午道是一条既翻越终南山，又翻越地肺山的古道。在子午道北口，西安市长安区有一个子午镇，坐落在子午峪的峪口。在子午道南口，汉中市西乡县也有一个子午镇，坐落在子午河的河口，子午河得名与子午道有关。过去，曾以为子午河的正源是长安河，长安河是子午道上重要的一段。安康市宁陕县城曾是子午道上的一个重要驿站，因商贸活跃、人口聚集，由集镇变为城镇。长安河发源于平河梁西南，流经宁陕县城关镇。之所以取名长安河，大概是通往长安之河，或来自长安方向的河流之意，包含着对长安的无限向往与思念之情。沿长安河去往长安，需要翻过平河梁进入月河流域，再翻越鸡公梁进入冷水河谷，再经江口镇，经高关场至沙沟街，越小岭、秦岭，经子午关（关石、石羊关），进入沣河河谷至喂子坪附近，向东翻越沣峪与子午谷分水岭——土地梁，再沿子午河谷而下，出子午峪口抵达子午镇，即可直达长安城。也就是说，长安河是子午道上中间的一段，其他各段需要不断翻越岭脊，转换河流，而这一段只是沿河而上（下），不必做更多努力，也不必冒更大风险，这似乎是得名长安河的又一个原因吧！

子午道具有重要的政治、经济地位。汉平帝元始五年（5），王莽下令修凿子午道，并设置子午关。东汉安帝初年，居住在甘肃南部、青海东部的羌族部落不满东汉朝廷的繁重徭役，结聚起义，屡败汉军，战争持续10余年，汉中多次失守，故道和褒斜道均断，子午道遂辟为驿路，成为国家驿道。唐代国力强盛，穿越秦岭的道路也为之修整一新。唐代杨凝《送客入蜀》："剑阁迢迢梦想间，行人归路绕梁山。明朝骑马摇鞭去，秋雨槐花子午关。"因杨贵妃喜食荔枝，也在一定程度上推动了子午道的兴盛繁荣。杜牧《过华清宫》："长安回望绣成堆，山顶千门次第开。一骑红尘妃子笑，无人知是荔枝来。"子午道南接荔枝道，经荔枝道、子午道，催马扬鞭，三天内新鲜的荔枝即可送达长安。至北宋时，子午道是商旅大路，北口设子午镇（现已改称子午街道）。至明朝时，南口设子午镇，并在池河、五郎坝、饶峰岭设立了巡检司。清代子午道上，长安河畔，出现了准县级建制宁陕厅，以及江口镇、旬阳坝、迎凤坝、两河口等集镇。1958年，沿沣峪口（子午峪西边的一个大峪）修筑了西（安）万（源）公路（G210），这是地肺山、终南山中第一条带有现代气息的柏油沥青公路。西（安）万（源）公路在地肺山中走了子午道的线路，然而，子午镇、子午峪由此被边缘化。不少人只知今有西万路（G210），不知曾有子午道。

地肺山中另一条古道，即傥骆道。傥骆道是一条既翻越太白山，又翻越地肺山的古道，也是一条最具自然野性、最具优美风光的古道。沿途2000米以上的高山不下30座。傥骆道始通于三国，中唐以后，傥骆道成为官道，官员任免，回京述职，多走此路，路上曾经遍布亭帐馆舍，以备军旅之用。唐代德宗、僖宗避兵火，均经此路进汉入川。相传杨贵妃也是经傥骆道沿汉江水而下，入长江达扬州，漂洋过海去东瀛。如今，西安飞往汉中的航路即是沿傥骆道飞行。从西骆谷口入太白山，越骆谷关，循黑河西支流陈家河上游，再越老君岭，沿八斗河、大蟒河河谷、溯黑河西源越秦岭至佛爷坪，进入湑水河流域，翻越财神岭，向西南翻越兴隆岭，进入酉河河源区（大熊猫、金丝猴集中区），经华阳镇沿酉水过茅坪，转而向西沿八里关（发现朱鹮的地方）而上，翻越贯岭梁入傥水河，经白草驿出傥谷口。如果是在夏秋季节，一路上烟岚雾罩、阴雨连绵，河溪湍流如飞。如果是在冬春时分，冰凌垂路，积雪封山，寒风刺骨，行路之难可想而知。如今此地已是人多兽少，穿越傥骆古道，您也许可看到漫山遍野灼灼似火的杜鹃花，两人合抱的参天古木，一望无际的高山草甸。如果足够幸运，您也可能见到秦岭宝贝：大熊猫、朱鹮、羚牛、金丝猴……

历代文人多有与傥骆道高山巨川、密林幽篁相关的震撼心灵之作。唐代元稹《使东川·南秦雪》："帝城寒尽临寒食，骆谷春深未有春。才见岭头云似盖，已惊岩下雪如尘。千峰笋石千株玉，万树松萝万朵银。飞鸟不飞猿不动，青骢御史上南秦。"唐代以后，随着全国行政中心东移，傥骆道风光不再。陆游《频夜梦至南郑小益之间慨然感怀》："客枕梦游何处所，梁州西北上危台。雪云不隔平安火，一点遥从骆谷来。"陆游梦中行进在南郑、小益之间，登上梁州西北的高台，似乎望见了点点报告平安的烽火从遥远的骆谷传来。此梦，表达出诗人怀念战斗生活，寄托驰骋沙场、为国立功的愿望。北宋末年，政治腐败，邮驿松弛。南宋初年，烽火连绵，傥骆道随即废弃。此后，秦岭南北驿路，再未启用傥骆道。唐代崔觐《骆谷》："高峰偃蹇云崔嵬，层崖巨壑长峡开。龙蛇纵横虎豹乱，古栈朽裂埋深苔。行人侧足恐惧过，飞鸟敛翅哀鸣回。君不见德宗注意用奸慝，大驾从此苍黄来。"

20世纪70年代，动员人民公社的民工修筑了周（至）佛（坪）公路（简称老周佛路）。老周佛路一直盘旋于海拔2600米左右，直至"一脚踏三县"（2823米），经厚畛子达佛爷坪。后来，修筑了现代意味的国道G108（简称新周佛路），老周佛路未完工即荒废。如今，新周佛路由黑河口入山，经板房子拐入右岸支流长坪河，穿越观音山，入椒溪河支流小东河（打死最后一个华南虎的地方），沿椒溪河而下，翻越土地梁进入金水河流域，出山至汉中市洋县金水镇。大部分路段出没于地肺山中的自然保护区。修筑周佛路后，傥骆道即被废弃。

随着现代意义的国道开通于秦岭南北，盘旋于危石湍流、悬崖峭壁的古代道路系统失去实用价值，逐步成为尘封的历史记忆。G210，G108 是南北穿越地肺山的两条现代化公路，其繁忙程度非同一般。虽说子午道、傥骆道也曾有熙熙攘攘、人来人往的辉煌历史，但无论如何，难以与 G210，G108 的车水马龙相提并论。从 G210，G108 两条国道向两侧延伸出许多县乡道路，山外的力量沿着新修道路向大山深处渗透，深山中的木材、特产源源不断地沿着新修道路出山。

2007 年，穿越地肺山的道路系统再次发生革命性变化。这一年，西汉高速公路通车，它是国家高速公路网 G5 京昆高速在陕西境内的一段。这是一条穿越地肺山腹部的高速公路。从北麓涝峪谷入山，由东涝峪翻秦岭东梁入旬河支流江河，再次翻越入子午河正源——正河。正河源于秦岭东梁，高速公路沿正河而下，至两河、皇冠、筒车湾、大河坝、桑溪、金水、槐树关、龙亭，以至洋县。与 G210，G108 相比，G5 桥梁隧道占比显著增加。目前，已建成的西安至成都高铁，由涝峪—佛坪以隧道群形式穿越地肺山腹部 2000—3000 米地段。西成高铁地肺山线路总长 135 公里，隧道里程 127 公里，桥隧比达 94%。10 公里以上特长隧道 6 座，其中穿越天华山双线隧道长达 15.9 公里。由古道，到国道，再到高速公路、高速铁路，穿越地肺山的交通格局发生历史巨变：由传统的沿河而上、翻山越岭的栈道，到沿河盘山公路，再到以桥涵为主、钻山过河大穿越，对生态系统的影响降到了最低。这为大秦岭生态保护带来了福音，为在地肺山的野性生灵带来了福音。

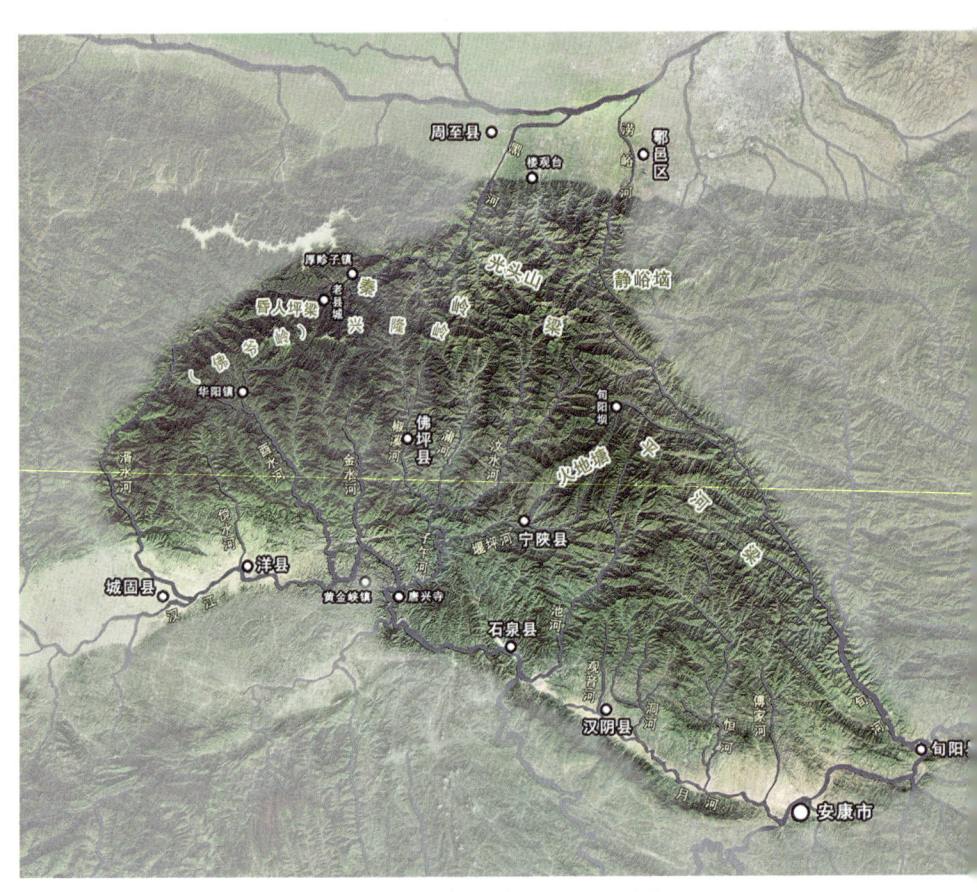

地肺山示意图（制图：孙健）

大熊猫（摄影：赵纳勋）

金丝猴（摄影：赵纳勋）

羚牛（摄影：赵纳勋）

朱鹮（摄影：赵纳勋）

终南山：帝都的生态院落

在中国地理的中央，在 3000 里大秦岭的腹腰，耸立着一座具有灵性的著名山脉，它有一个文质厚重的名字：终南山。

原本亲密依偎的秦岭与渭河，在进入关中腹地后，上演了别开生面的一幕：秦岭微微向南收缩身躯，渭河缓缓向北移动舞步，山与河之间的距离，从 10 余公里扩展到 50 余公里。在将要离开关中腹地时，秦岭又放开身躯，再度与渭河亲密依偎，山河间距得以恢复。秦岭与渭河拱手相让，形成一个半月形地带，为千年帝都制造出理想的生态院落。这段由收到放的秦岭，从黑河谷到灞河谷的秦岭，即是大名鼎鼎的终南山。

《诗经·秦风·终南》曰："终南何有？有条有梅。君子至止，锦衣狐裘。颜如渥丹，其君也哉！终南何有？有纪有堂。君子至止，黻衣绣裳。佩玉将将，寿考不亡！"据说，这是最早记载"终南"一词的文献。显然，终南一出场，就紧密联系着环境优美、物产丰富的生态，联系着达官贵人、锦衣玉食的生活。《诗经·小雅·天保》云："如月之恒，如日之升，如南山之寿，不骞不崩。如松柏之茂，无不尔或承。"这意味着终南山与"寿比南山"或"寿比南山不老松"相关联。如果说终南山是那个时代福禄寿的代名词，怕是一点也不为过。

面对终南山，唐太宗既显露出一代帝王的霸气，又表现出亲近自然的仙气。李世民《望终南山》云："重峦俯渭水，碧嶂插遥天。出红扶岭日，入翠贮岩烟。叠松朝若夜，复岫阙疑全。对此恬千虑，无劳访九仙。"李白自然是仙气十足，《望终南山寄紫阁隐者》云："出门见南山，引领意无限。秀色难为名,苍翠日在眼。有时白云起,天际自舒卷。心中与之然,托兴每不浅。何当造幽人,灭迹栖绝巘。"王维、祖咏、孟郊擅长山水诗,当然免不了歌咏终南山。王维《终南山》:"太乙近天都,连山接海隅。白云回望合,青霭入看无。分野中峰变,阴晴众壑殊。欲投人处宿,隔水问樵夫。"祖咏《终南望余雪》:"终南阴岭秀,积雪浮云端。林表明霁色,城中增暮寒。"孟郊《游终南山》:"南山塞天地,日月石上生。高峰夜留景,深谷昼未明。山中人自正,路险心亦平。长风驱松柏,声拂万壑清。到此悔读书,朝朝近浮名。"林宽的名气不大,而其《终南山》却饱含深意:"标奇耸峻壮长安,影入千门万户寒。徒自倚天生气色,尘中谁为举头看。"无论喜怒哀乐,终南山都是帝都院落的经典景致。

帝都院落中的生态元素,多与终南山息息相关。其中,龙首山、骊山,是终南山的两大杰出子孙。在与终南山分别后,渭河并不寂寞,而是与龙首山、骊山相互关照。汉代资料记载,龙首山"长六十余里,东北临渭水,西南到樊川"。龙首山高处二十余丈,低处五六丈。当帝都清除了森林植被后,龙首隐去了山形,露出原来的面目。从自然地理考察,龙首原、乐游原、少陵原与终南山连为一体。龙首原是汉唐长安城的根基,秦汉长安城在龙首原之北,隋唐长安城转到龙首原之南,闻名世界的千宫之宫唐大明宫即坐落在龙首原的中央。

骊山隔灞河与龙首原相望。骊山是一孤立地垒式断块山(1302米),因山形走势如同一匹骏马而得名。这里虽不是帝都腹心,却因景色优美而成为皇家园林、离宫别苑的精华所在。千百年来,这里流传着女娲炼石补天的故事,并一再发生改变中国历史进程的事件。为博得褒姒一笑,周幽王烽火戏诸侯,以致因笑失天下。70万民夫历时39年为秦始皇营造陵寝，筑得世界第八大奇迹，也激起民怨，终致斩木为兵，揭竿为旗。在鸿门宴上，不乏美酒佳肴，却暗藏杀机，"项庄舞剑，意在沛公"。杨贵妃"回眸一笑百媚生，六宫粉黛无颜色"，唐玄宗"春寒赐浴华清池，温泉水滑洗凝脂"，可最终落得"马嵬坡下泥土中，不见玉颜空死处"。现在，著名的骊山风景名胜，一一将骊山历史故事呈现。依托骊山森林风景资源，西安市临潼区开设了骊山森林公园，灞桥区开设了洪庆山森林公园。

来自终南山的河流水系，构成了帝都生态的水元素。灞河，古称"滋水"。春秋时秦穆公称霸西戎后，遂称之霸水，后加三点水，称灞水。在灞河流域，有着极为丰富的人类遗址。从公王岭蓝田猿人，到半坡原始村落，瓜瓞连绵30余处，时间跨越100万年。尤为珍贵的是，这里是华夏人祖、华夏圣母华胥氏的伊甸园。

灞河接纳了终南山东段北来之水，也接纳了骊山西南来水，因而也成为渭河南岸流域面积最大的支流。灞河、洛河、丹江，三河同源而背流。灞河由东向西，继而折向西北，在西安市灞桥区纳浐河水后在高陵区境入渭河。洛河由西而东，由陕西而流向河南，在洛阳纳伊水后在巩义境入黄河。丹江由西北而东南，由陕西而河南，纳老灌河水，奔湖北丹江口入汉江。沿灞河河谷进入丹江河谷，是帝都长安通往东南的孔道。

无巧不成书。灞河的正源，在地图上的标注就叫道沟峪。相传，西汉末年，刘秀逃避王莽追杀，至峪前急中生智，倒穿鞋入峪中躲藏。当追兵至峪口，显见脚印朝外，又看巨岩壁立，即调师转回，此峪遂名倒回峪，也叫万军回。刘秀手足并用，爬过高岭入灞源，此岭即王爬岭。上马时曾踏过的石头即上马石，刻"光武上马之石"字迹，今残存。灞水青岗坪一巨松势若飞龙，刘秀爬上横卧树枝。在黄袍加身后，刘秀赐名"龙头松"。如今,贯穿中国东南和西北的大通道沪陕高速公路(G40)由此穿越终南山,也为倒勾峪正名为"道沟峪"。

道沟峪之西为流峪,流峪飞峡是一知名景区。流峪口西侧,是著名的公王岭蓝田猿人遗址。流峪之西是蓝田山,流淌的溪水曰蓝溪,蓝溪之上一桥曰蓝桥,因此得名"蓝桥峪"。至今,当地流传着梦断蓝桥的故事。一个叫尾生的男子与一个叫云英的女子相约在蓝桥,因女子爽约,男子痴情守候,终葬身洪水。蓝田山已不见经传,代之而起的是王顺山和玉山。玉山,因曾经出产蓝田玉而得名。王顺山,因纪念二十四孝之一的王顺而得名。20世纪80年代,先后开设了王顺山森林公园、玉山森林公园、莲花山森林公园。

沿蓝桥峪盘旋而上,过蓝田关(牧护关),入丹江河谷,即是古老的蓝关道——从京都长安通往荆楚大地的帝国东南大道(走向与国道312一致)。蓝关道始建商末周初,地位显赫,仅次于帝国东方大道,即潼关道、中华廊道。因途经蓝田关,而称蓝关道;因经过武关,也称武关道;因核心一段曾是商鞅封地,也称商於古道。韩愈有诗作:"云横秦岭家何在?雪拥蓝关马不前。"唐代,江南士人多经蓝关道前往都城长安以谋取功名,因而蓝关道又称商山道、名利路。白居易曾是这条古道上的常客。白居易《登商山最高顶》:"高高此山顶,四望唯烟云。下有一条路,通达楚与秦。或名诱其心,或利牵其身。乘者及负者,来去何云云。我亦斯人徒,未能出嚣尘。七年三往复,何得笑他人。"在《商山路有感》中白居易又写道:"万里路长在,六年身始归。所经多旧馆,大半主人非。"如今,人们喜欢将这条古道称之为秦楚古道。因为它通达楚与秦,一头连着秦国,一头连着楚国。

在蓝桥峪口,蓝关道旁,有一六朝古刹,名曰水陆庵,其原本叫作水陆殿。唐时，水陆殿与上、下悟真寺组成了一个佛寺群，宋、元、明、清曾多次重修。后因水毁，仅存水陆殿。水陆庵是蓝关道上的景致，以古代精巧彩塑闻名，人称小敦煌。壁塑群融绘画、圆雕、浮雕、镂刻为一体，于墙、梁、柱镶满3700多尊自然万物塑像，栩栩如生，方寸之地，气象万千。

"终南之秀钟蓝田，茁其英者为辋川"，在灞河诸支流中，辋川河是仅次于浐河的第二大支流。辋川因河水潆洄，旋转如辋得其名。峪内青山逶迤，峰峦叠嶂，溪流遍布。"晚年唯好静，万事不关心"，王维在辋川购得宋之问所置别业，生活闲适恬静，依山川水势，植花木堆奇石，修筑亭台阁榭，20里川谷、20处美景、20首诗画，如梦如幻。辋川与王维，王维与辋川紧密连接在一起，两者在中国山水诗画中印记深刻。王维在辋川过着半官半隐的生活，也是终南隐士中的一员。在《终南别业》中王维写道："中岁颇好道，晚家南山陲。兴来每独往，胜事空自知。行到水穷处，坐看云起时。偶然值林叟，谈笑无还期。"著名田园隐逸派和山水行旅派诗人孟浩然也是一位终南隐士，与王维并称"王孟"。孟浩然《岁暮归南山》："北阙休上书，南山归敝庐。不才明主弃，多病故人疏。白发催年老，青阳逼岁除。永怀愁不寐，松月夜窗虚。"其实，有人真隐，有人假隐。《新唐书·卢藏用传》记载：卢藏用想做官，隐居在终南山，借此获得名声达到做官目的。后来，司马承祯想退隐，卢藏用建议隐居终南山。司马承祯说：终南山确是通向官场的便捷之道啊。这便是成语"终南捷径"的来历。如今，福银高速公路（G70）穿辋川而过，不再有当年王维享有的宁静，怕是通往官场之路也已经被堵塞。

2012年，陈忠实小说《白鹿原》被改编为电影搬上荧屏，白家和鹿家的故事耐人寻味，白鹿原也因此名声大噪。其实，白鹿原原本就是帝都文化名原。传说，周平王东迁洛阳途中，原上曾有白鹿游弋，由此得名白鹿原。因居灞水之上，古称"灞上"。汉高祖刘邦"沛公军霸上"，驻军扎营处称刘邦营，后世传为刘家营。汉文帝刘恒（其陵曰霸陵，灞河西岸原上），其生母薄太后（其冢曰薄姬冢）亦葬于原上，故也称灞陵原。北宋天圣年间，名将狄青征西时在此安营扎寨，故也有狄寨原之称。

从生态地理看，白鹿原分开了灞河与浐河。浐河是灞河最大支流，人们习惯将二者合称为浐灞。浐河有三源：东源岱峪，河源云台山，谷幽林秀。其下，有汉上林苑之鼎湖延寿宫，承载着黄帝升仙的传说。中源，也是浐河正源，曰东汤峪，又名石门峪，河源月亮石。"桃花三月汤泉水，春风醉人不知归"，在此泡汤已有千余年历史。石门泉暖即是说东汤峪温泉。在石门峪的后山，开设了陕西省紫云山森林公园。库峪是浐河西源，在蓝田、长安交界处，因其水苦，转"苦"为"库"而得名。库峪水出光头山，也称太兴山，亦有铁武当之名。库峪内开辟有库谷道，其上开设陕西省太兴山森林公园。

以库峪为界，库峪之东是帝都生态院落的东院。库峪向西，即进入了滈河流域，也进入了帝都生态院落的中院。少陵原横卧在浐河与滈河之间，汉代以前，少陵原曾称鸿固原、凤栖原，其地势高亢，视野开阔，北望长安，南眺秦岭。汉宣帝葬于此原，因是古杜柏国所在，秦代设杜县，汉宣帝陵曰杜陵，汉代设杜陵县，故名杜陵原。汉宣帝许皇后葬于此原，坟冢比杜陵小，习惯称之少陵，故名少陵原。少陵原向北延伸出乐游原，秦代设宜春苑，汉代设乐游苑，唐代称乐游原。乐游原是唐长安城的最高点。李商隐《乐游原》："向晚意不适，驱车登古原。夕阳无限好，只是近黄昏。"著名的曲江即是少陵原向乐游原过渡地带的一处天然湿地湖泊。

少陵原东侧是浐河之库峪水,西侧是滈河之大峪水。大峪,古称"义谷",也称大义谷,今简作大峪。大峪是滈河河源。唐以前,滈河是渭河一级支流,纳小峪、太乙峪、土门峪水后,沿今皂河(也称漕河、飞渠)北流,从汉长安城西入渭河。现在,滈河与潏河在香积寺附近合流,于西安市鄠邑区秦渡镇附近注入沣河。

大峪水源自光头山(太兴山),与乾佑河背流。北周保定二年(562)自义谷至柞水修筑义谷道。沿乾佑河—旬河顺流而下,可直达金州(今安康),这是古代长安通往安康的最便捷孔道。唐代贞观八年(634)李世民整修义谷道,唐开元五年(717)李隆基整修义谷道,栈道木板改用石条。北宋乾德二年(964)设乾祐关,亦称旧县关。南宋割乾祐给金,贞元二年(1154)加宽义谷道。明天启三年(1623)官兵围剿李自成义军补修义谷道。

大峪之西是小峪,小峪不小,尚在长安八大峪之列。在小峪出山口,其河畔有地名一曰王莽,一曰刘秀。据说,王莽笃信方家术士之言,认为刘秀有天子之气,而此时刘秀正在长安太学读书。于是,王莽带兵追杀。刘秀闻知,慌忙逃跑,王莽军追之。因天色已晚,不辨行迹,各自歇息。第二天刘秀侥幸逃脱。后来,王莽驻军的村子叫王莽村,刘秀藏身的村子叫刘秀村。

小峪的西邻居即是名声显赫的太乙峪。太乙峪头顶有四大光环。其一,终南山光环。"武帝爱神仙,烧金得紫烟",汉武帝曾在此建太乙宫,祭祀太乙神。这也是终南山称之太乙山的来历。在地图上,太乙峪沟垴山顶标注终南山(2604米),这里是终南山地理标志所在。其二,秦岭终南山世界地质公园光环。秦岭终南山世界地质公园由翠华山山崩地貌园区、骊山裂谷地垒构造园区、冰晶顶韧性剪切带与构造混合岩化园区、玉山岛弧型花岗岩峰岭地貌园区、南太白板块碰撞缝合带与第四纪冰川园区等五大板块组成。其中，翠华山山崩地貌是秦岭终南山世界地质公园的核心景区，山崩遗迹规模仅次于塔吉克斯坦的 Usoi 山崩和新西兰的 Waikaremoana 山崩，居世界第三。若论单个崩石体积，则居世界第一。翠华山素有中国山崩奇观、地质地貌博物馆之称。其三，终南山国家森林公园光环。1992 年，开设陕西终南山国家森林公园，划分为南五台、翠华山、石砭峪、罗汉坪四个景区，主要景点多达 58 个。其四，佛教圣地光环。山上有五峰，分别名曰清凉、文殊、舍身、灵应、观音。五峰暗合五台，由此得来五台山之名。因与铜川市耀州区的五台山遥遥相对，所以称之南五台。山上曾有寺庙数百座，多历经战乱如今荒废。现存观音寺、五佛殿、圆光寺、西林寺、圣寿寺塔等。其中圣寿寺塔建于隋代，为西安现存最早的佛塔。南五台峰峦重叠，风景秀丽。《关中通志》评价道："今南山神秀之区，惟长安南五台为最。"

经潏河诸流冲刷，形成的一个小川道，即是著名的樊川。樊川夹于少陵原与神禾原之间，土肥水美，景色秀丽。据说，樊川之樊，乃樊哙之樊。樊川是汉高祖刘邦封给樊哙的食邑，今樊村即樊哙花园遗址。唐时，城南樊川桃树连片，在清明时分，崔护郊游至此，叩门求饮，柴门之内一美貌女子倚桃而立，令崔护销魂荡魄。次年清明，崔复往寻之，却未见女子。于是，题诗门扉，即《题都城南庄》："去年今日此门中，人面桃花相映红。人面不知何处去，桃花依旧笑春风。"由此引出一段韵事，二人终成眷属。传统戏剧《金碗钗》《人面桃花》《借水赠钗》皆述其事，崔护也因一首诗而名垂青史。出生于长安的著名散文家杜牧，年轻时作《阿房宫赋》，晚年居樊川别墅（今瓜洲村），号称樊川居士，后世人称杜樊川，以《樊川文集》传世。盛唐时代，樊川僧侣云集，先后建成牛头寺、华严寺、兴国寺、兴教寺、云栖寺、禅经寺、洪福寺、观音寺，合称樊川八大寺。真可谓一步一珠玑，帝王将相、才子佳人、和尚道士、传闻轶事俯拾皆是。

太乙峪西邻石砭峪，因古时谷口有巨石如鳖得名石鳖谷，又叫石壁谷、石鳘谷，后谐音石砭峪。石砭峪是滈河河源，沟垴是终南山牛背梁，西安—安康铁路、包茂高速（G65），均经过石砭峪，穿越牛背梁。石砭峪的西邻是天子峪，相传因唐高宗李治生于峪内而得名。峪内至相寺又名国清寺，始建于隋文帝开皇初年，古木环绕，景色秀美。隋唐时极盛，高僧辈出。寺内遗碑铭曰"终南正脉，结在其中"。天子峪的西邻是抱龙峪，原名豹林谷。抱龙峪向西是子午峪，古称"子午谷"。子午峪不大，森林植被也乏善可陈。然而，此峪气场大、故事多。古代称北方为子，南方为午。黄土高原上有子午岭、西安有子午大道、终南山前有子午镇，穿过子午峪，秦岭之中有子午道、子午河，至汉江岸边也有一个子午镇。由这诸多子午构建出中国本初子午线。如今的子午峪失去了昔日的繁华。子午峪西侧是沣峪，1958年开通了经由沣峪口的西万公路（G210）。而在此前，从子午峪进山，翻山入沣峪喂子坪，沿沣峪而上，过子午关，翻越秦岭入旬河河谷，经旬阳坝再翻越平河梁，沿长安河入子午河，形成一条南北向古道——子午道，也称子午栈道。刘邦赴汉中就任汉王通过此道。王莽执政期间，升级子午道，设子午关，使其成为连接关中—汉中—巴蜀的一条国道，也是帝都的西南大孔道。"长安回望绣成堆，山顶千门次第开。一骑红尘妃子笑，无人知是荔枝来"，能让杨贵妃喜笑颜开的荔枝，就是经子午道直达长安，因此，子午古道也有荔枝道之名。

石砭峪、天子峪、抱龙峪、子午峪水，皆汇入了潏河，并与滈河在香积寺合流。经滈河诸流冲刷，形成的平川即著名的御宿川，也就是今之王曲川。御宿川比樊川大，"王曲川一个弯，胜过樊川一个川"。在汉上林苑，曾设御宿苑。《三辅黄图》卷四载："御宿苑，在长安城南御宿川中。汉武帝为离宫别院，禁御人不得入。往来游观，止宿其中，故曰御宿。"神禾原在御宿川与樊川之间，是潏河与滈河的分水岭。为什么称神禾原？一说，远古时炎帝神农氏治天下，教稼百谷，有仙鹤衔谷穗降于此地，后人传称为神鹤原。另一说是，贞观元年（627），唐太宗李世民巡游此地，见一禾生双穗，呼其神禾，由此得名神禾原。

沣峪是长安八大峪之首，也是沣河的正源。其源区是凤凰嘴、麦秸磊（光头山），与旬河同源而背流。麦秸磊（2887米）峰顶高山草甸格外迷人。登峰可西眺太白积雪，东观华岳仙掌，南望茫茫林海，北瞰八百里秦川。韭菜滩、骆驼峰、蛤蟆石，形象逼真。1992年批准设立陕西省沣峪森林公园，观音山、万华山、青华山、沣德寺、净业寺（律宗祖庭）、古子午栈道和红军沣峪口会议遗址等景点纷呈。沣峪之东一小峪曰黄峪，峪内一小村曰黄峪寺村，此处是唐代著名行宫翠微宫所在，也是李世民临终之地。李白诗歌："初登翠微岭，复憩金沙泉。践苔朝霜滑，弄波夕月圆。饮彼石下流，结萝宿溪烟。鼎湖梦渌水，龙驾空茫然。"沣峪之西是祥峪，在祥峪与沣峪之间有一古寺叫古观音禅寺，建于唐贞观年间，为终南山千年古刹之一。寺内有一棵千年银杏树，据传为唐太宗李世民手植。祥峪内大锅寺、兴神寺、五神庙、大悲寺、灵岩寺、阎王庙、玉泉庙等，多为明清所建。2000年开设陕西省祥峪森林公园。

高冠峪是西安长安、鄠邑两区的界峪，因山内石帽峰似巨人头戴高帽而得名。高冠峪口高冠潭上有瀑布，"崖口悬瀑流，半空白皑皑。喷壁四时雨，傍村终日雷。"高冠峪西侧有一小峪，名曰紫阁峪。汉代张良在此无量洞避暑，北周时法藏，唐代高僧道宣、楚金、飞锡、慧昭均曾在此修行。李白《君子有所思行》："紫阁连终南，青冥天倪色。凭崖望咸阳，宫阙罗北极。万井惊画出，九衢如弦直。渭水清银河，横天流不息。"紫阁峪之西为太平峪，因隋朝时代在此建太平宫而得名。太平峪沟垴冰晶顶是终南山最高点（静峪脑3015米）。2004年建成太平国家森林公园，2009年成为秦岭终南山世界地质公园的一部分。内有瀑布群，瀑下皆有潭，飞瀑入潭，激起千层雾，形成万道虹，尤以彩虹瀑布、玉带飞瀑、仙鹤桥瀑布、龙口飞瀑引人入胜，称得上是终南山中九寨沟。在圭峰山下，高冠河与太平河口之间，有著名的草堂寺。东晋末年，后秦姚兴皇帝曾在此建逍遥园，后迎西域高僧鸠摩罗什在此苫草为堂，翻译佛经。草堂烟雾是关中八景之一，清朱集义曾写道："烟雾空蒙叠嶂生，草堂龙象未分明。钟声缥缈云端出，跨鹤人来玉女迎。"

沣河之沣本来就是水量丰沛的意思。沣河接纳祥峪、高冠峪、紫阁峪、太平峪等峪口来水后，继而接纳潏河（滈河）水，一路向北，经咸阳市秦都区沣西乡、沣东乡渔王村入渭河。这样，沣河就汇聚了终南山中段北麓的全部水源，由此也成为长安城最重要的水源。

水是生命之源，也是城市之源、帝都之源。一部西安城市史，一部长安帝都史，也是一部沣河开发利用的历史。

3000多年前，周王室从周原来到沣河流域，先在沣河西岸营建丰邑（今西安长安区马王镇），后将重心转移至沣河东岸，建造了镐京（今西安长安区斗门镇），这是中国历史上第一个称"京"的地方。终南山在镐京之南，所以也称之为周南山。在沣河两岸，周王室相继建设了灵台、灵沼、灵囿。灵台是与神灵相通的土台，灵沼是与神灵相通的水池，灵囿是与神灵相通的苑囿，以这种方式来调和神、魂、魄的关系。灵台、灵沼、灵囿有着天然的内在联系。建筑灵台，需从周边平地起土。《三辅黄图》记载灵台："高二丈，周回百二十步。"在灵台取土之处形成洼地，河水入洼成湿地湖面，这就是灵沼（今西安长安区灵沼乡）。以灵台、灵沼为基础，配以相关设施，布局果木蔬菜园圃，放养动物，便形成灵囿。《诗经·大雅·文王之什》中有一首《灵台》，72个字生动形象地反映了营造灵台的场景："经始灵台，经之营之。庶民攻之，不日成之。经始勿亟，庶民子来。王在灵囿，麀鹿攸伏。麀鹿濯濯，白鸟翯翯。王在灵沼，于牣鱼跃。虡业维枞，贲鼓维镛。于论鼓钟，于乐辟廱。鼍鼓逢逢，矇瞍奏公。"诗歌赞美文王设计建造灵台，百姓爱戴文王，自发参与建设，干劲大、工期短。当灵囿竣工，文王来到时，漂亮的母鹿、洁白的鸟儿，它们温顺乖巧、悠然自得。池里的鱼儿，欢呼雀跃。绕灵台、灵沼修建灵囿，被认为是中国古典园林的早期形式，也是后来皇家园林的模板，被尊称为古典园林的始祖。此后，囿的规模成为统治者地位的象征。灵囿也由专指周室苑囿到泛指帝王园林。

秦国定都咸阳后，即开始对渭河南沣河流域进行建设。秦惠王即位后，励精图治，实施以咸阳为中心的宫苑建设计划，并开始建设阿房宫。后来，秦始皇称帝，开始实施大规模建设，阿房宫与万里长城、秦始皇陵、秦直道合称秦始皇四大工程。扩建阿房宫是秦始皇大咸阳计划的一部分，也是秦帝国新朝宫，后世誉为"天下第一宫"。《史记·秦始皇本纪》记载："三十五年（前212），……始皇以为咸阳人多，先王之宫廷小，吾闻周文王都丰，武王都镐，丰镐之间，帝王之都也。乃营作朝宫渭南上林苑中。先作前殿阿房，东西五百步，南北五十丈，上可以坐万人，下可以建五丈旗。周驰为阁道，自殿下直抵南山。表南山之颠以为阙。为复道，自阿房渡渭，属之咸阳，以象天极阁道绝汉抵营室也。阿房宫未成；成，欲更择令名名之。作宫阿房，故天下谓之阿房宫。"阿房宫在潏河古河道之西、沣河之东。沿阿房宫中心线向南延伸，正对着终南山沣峪口。"表南山之颠以为阙"，意味着以终南山为大咸阳城郭南缘，可见气派之大。阿房宫是大咸阳的几何构图中心，是秦新帝都的政治中心，也是秦上林苑的中心。从公元前350年秦孝公在渭南布局上林苑，到公元前210年秦始皇亡，秦上林苑建设持续了140年。秦上林苑内，森林葱翠、树木繁茂，时而有野兽出没，它们则成为皇帝射猎之物。凶猛的野兽一旦被捉就被关进了笼子，因此，上林苑内有狼圈、虎圈，并在一旁修筑台、观之类的建筑。

刘邦也非常喜欢上林苑。《汉书·萧何传》云："后何为民请曰：'长安地挟，上林中多空地，弃，愿令民得入田，毋收稿为兽食。'上大怒曰：'相国多受贾人财物，为请吾苑！'乃下何廷尉，械系之。数日，王卫尉侍，前问曰：'相国胡大罪，陛下系之暴也？'上曰：'吾闻李斯相秦皇帝，有善归主，有恶自予。今相国多受贾竖金，为请吾苑，以自媚于民。故系治之。'"可见，萧何建议开放上林苑，让百姓来耕作，而刘邦不答应。汉惠帝二年（前193），在今兴平城西30里兴建黄山宫，这是史料记载汉代在上林苑的第一处建筑，也足见汉初黄老之学的突出地位。汉文帝在上林苑为太子建了一个园中园。《西京杂记》载："孝文帝为太子，立思贤苑以招宾客。苑中有堂隍六所。客馆皆广庑高轩，屏风帷褥甚丽。"汉武帝实施了扩建上林苑的计划。"于是，上以为道远劳苦，又为百姓所患，乃使太中大夫吾丘寿王与待诏能用算者二人，举籍阿城以南，周至以东，宜春以西，提封顷亩，及其贾直，欲除以为上林苑，属之南山。又诏中尉、左右内史表属县草田，欲以偿鄠、杜之民。寿王奏事，上大说称善。"杨雄《羽猎赋》载："武帝广开上林，东南至宜春、鼎湖、御宿、昆吾，旁南山，西至长杨、五柞，北绕黄山，滨渭而东，周袤数百里。"司马相如《上林赋》载："终始灞浐、出入泾渭。酆镐潦潏，纡馀委蛇，经营乎其内。荡荡乎八川分流，相背异态，东西南北，驰骛往来。"据此，后来常将灞、浐、泾、渭、沣、涝、滈、潏合起来，称之长安八水。其实，原本是上林苑八水。这八水中，灞、浐、潏、滈、沣、涝是来自终南山的渭河支流，可以称之终南六水。其中，灞水、浐水合流，即今之灞河；潏水、滈水注入沣河。涝河古称"潦水"，"潦"与"涝"相通，皆是雨水过多的意思。涝河以西至黑河是终南山西段，也是帝都生态院落的西院。涝河源出涝峪静峪脑（冰晶顶），接纳了皂峪（皂河）、甘峪沟（甘河）、栗峪（栗峪河）之水，在西安市鄠邑区西域形成渼陂湖。杜甫、岑参、韦应物、温庭筠等曾在渼陂湖泛舟游宴赋诗。至宋代，渼陂仍是"翠峰横前，修竹蔽岸，澄波浸空，上下一碧，信乎其气象清绝，为关中山水最佳处也"。

上林苑终南六水实是终南三水：灞、沣、涝。灞河居东，涝河居西，沣河居其中。也正是因为居其中的位置，沣河开发历史最长，利用强度也最大。西汉元狩三年（前120），汉武帝在沣河东岸开凿昆明池，遗址在今西安市长安区斗门街道石匣村、上泉北村、沣镐村、孟家寨、万村、张村、马营寨、白家庄一带，面积10平方公里。《汉书·武帝纪》载："西南夷昆明国有滇池，汉欲伐之，故作昆明池象之以习水战"。经考证，为长安城供水是修筑昆明池的重要目的之一。隋开皇年间修建永安渠，从香积寺西引滈水。经今赤栏桥、郭杜、第五桥，由城南大安坊西街入城。开凿清明渠引潏水，经今韦曲、塔坡、三爻，由大安坊入城。唐开元年间开凿黄渠，由大峪河（龙渠村）引水，经鲍陂调蓄，曲折北流，注入曲江。明成化元年开通济渠，北流至郭村转东筑堤至安定门入城。后复由滈河碌碡堰引水入。明清两朝，以至民国，曾多次疏浚。以农田灌溉而言，明代以前在沣河东岸开沣河渠（俗称张王渠）引水灌田，明代在沣河西岸开高桥渠（韩家庄渠）。清代在沣峪口沣峪河东岸开三官渠，在三官渠口以下沣河西岸开无名渠，在无名渠口以下沣河东岸开暖泉渠，在高冠河西岸开草堂堰、肖家堰，在石砭峪口河西岸开金家堰，在大峪河南岸开王家堰。20世纪40年代，在沣河、滈河交汇口东岸开沣惠渠，灌细柳、义井、镐京农田。

新中国成立后，20世纪50年代建设石砭峪水库、大峪水库，20世纪70年代建郭杜水库、甘河水库、沣西自动闸水库、斗门自动闸水库、小峪水库。20世纪50年代建成滈惠渠，自滈河右岸设闸引水，西北流经韦曲、上塔坡、东江村，东北流经瓦胡同、金花路雨水渠入兴庆湖。20世纪50年代，在沣峪口桥以上东岸开沣峪渠，灌上王、大新农田。在石砭峪口内河东岸开神禾渠，引水入神禾原，1977年神禾渠改建为石砭峪水库东干渠。20世纪60年代，在沣峪口公路桥下开底栏栅工程，引水入滦镇灌区。20世纪70年代，开始大量利用地下水资源，沿沣河一带及河西开凿深井若干。20世纪80年代，由大峪水库为城河供水，由石砭峪水库向城市供水。

"长安三千金世界，终南百万玉楼台"，长安有佛教第二故乡之称，一度是世界著名的佛教翻译与传播中心。四大佛经翻译家——鸠摩罗什、不空、玄奘、义净，分别在四大译场——草堂寺、大兴善寺、大慈恩寺（大雁塔）和大荐福宫（小雁塔）译经。中国历代汉译佛典4700余部，多半出自长安。佛法本一味，因接受者智慧、福德程度不同，即根性高下不同、生存时代与发展环境差异，自然出现认知与修行的差异，也就出现了不同流派。近些年来，兴起了对汉传佛教祖庭的热烈讨论。一般认为汉传佛教分八大宗：三论宗、禅宗、天台宗、华严宗、唯识宗、律宗、净土宗和密宗。这八大宗布教传法之处即是汉传佛教八大祖庭：禅宗祖庭少林寺、天台宗祖庭国清寺、三论宗祖庭草堂寺、唯识宗祖庭大慈恩寺（大雁塔）、律宗祖庭净业寺、净土宗祖庭香积寺、华严宗祖庭华严寺、密宗祖庭大兴善寺。禅宗祖庭少林寺在河南、天台宗祖庭国清寺在浙江，其余汉传佛教六大祖庭均在帝都长安，沣河流域，终南山下。

"一片白云遮不住，满山红叶尽为僧"，所以在长安出现这般世界罕见的佛教盛况，除大唐盛世的因素外，也与终南山下优美的生态环境密切相关。比如辋川，如果现在去看，一定会觉得普通，而在1300多年前，辋川的美丽令人惊艳不已！王维《山居秋暝》："空山新雨后，天气晚来秋。明月松间照，清泉石上流。竹喧归浣女，莲动下渔舟。随意春芳歇，王孙自可留。"王维啸傲林泉、隐避消俗，多咏山水田园，用精妙的语言，向后人记述了唐时的美丽辋川。王维参禅悟理、学庄信道，精通诗、书、画、音乐等，以诗名盛于唐，赢得诗佛美名。王维是长安佛家寺院常客，留下了异常美妙的文字，让我们去了解净土宗祖庭唐时的环境之美。王维《过香积寺》："不知香积寺，数里入云峰。古木无人径，深山何处钟。泉声咽危石，日色冷青松。薄暮空潭曲，安禅制毒龙。"香积寺位于终南山下子午谷正北，神禾原西畔，樊川与御宿川在此拥抱，镐河与潏河汇流萦绕，整个寺院幽而不僻、静而不寂。寺内现存善导塔，修建于681年。706年，即中宗李显神龙二年，修建香积寺，以祭拜佛教净土宗门徒善导和尚。善导和尚是山东临淄人，在终南山修行，著有《观无量寿佛经疏》《般舟赞》等。王维描绘的香积寺生态画卷今日已经难觅踪影，是因为沧海桑田，生态环境发生了变化。

如果再将时光倒推1000年,来看看汉代终南山下上林苑的曼妙。"君未睹夫巨丽也,独不闻天子之上林乎?""东西南北,驰骛往来,出乎椒丘之阙,行乎州淤之浦,径乎桂林之中,过乎泱莽之野。汩乎混流,顺阿而下,赴隘陕之口。触穹石,激堆埼,沸乎暴怒,汹涌滂湃。"透过司马相如《上林赋》的华丽辞藻,我们感受到了大汉王朝的盛世气象,感受到了上林苑的恢宏巨丽,感受到2000年前终南山下的生态环境之美。也许,对今天的人们来说,上林苑最精彩的部分是由山水与动植物构成的生态画卷、美丽的田园风光。上林苑与终南山连为一体,上林苑中的动植物接续了秦岭野生动植物。上林苑中的动植物维持了野性世界的特色。汉成帝都以这个野性世界为基础,点缀了人工建筑,培植了景观园林、生产园林和动物圈舍。

长安有不少称之为曲的地方。杜曲、韦曲、王曲、章曲、宣曲……其中,杜曲是杜氏家族世居地,韦曲是韦氏家族世居地。在当世,杜、韦两大家族显赫齐名,俚语所谓"城南韦杜,去天尺五"也。这些"曲",实际是河流拐弯的地方。长安曲多,反映了流往终南山河流的曲折的实况。在经过长期开垦后,河川面貌发生巨大变化,以致今日要为为何叫曲而争论不休。长安最著名的曲,当然要算曲江,但曲江不是江。这里原本是上林苑中一片天然湿地湖泊,秦时曾建离宫宜春宫。汉武帝时因水波浩渺、池岸曲折,形似广陵之江,取名曲江。所以称江,足见其大。此江中,曾有岸曲而长的洲,称隑州。《汉书·司马相如传》:"临曲江之隑州兮,望南山之参差。"隋代修建大兴城,纳曲江入城郭,称芙蓉池。唐代营建曲江,凿黄渠、辟御苑、筑夹城、建大雁塔、修新开门……"曲江流饮"是名冠京华的游赏胜地。白居易有诗作"细草岸西东,酒旗摇水风。楼台在花杪,鸥鹭下烟中",此时的曲江,已是一处人工湿地景观。时至唐末战乱，人造曲江池因缺少来水而干涸，终被田圃替代。此后，帝都离开长安，且渐行渐远，一去不复也。

终南山是绿色水库，水资源量占关中地表水资源总量的一半。大西安引水，不仅从黑河，也从石头河引水。而黑河、石头河，已经分别引入汉江支流湑水河、褒河之水。目前，从汉江黄金峡至黑河金盆水库的引汉济渭正在进行，其核心是济关中、济西安。

自从 3000 多年前开启长安建城史的那一刻起，终南山下农业化浪潮滚滚而来，人们清除终南山下的原始植被，继而连次生植被也被清除了，代之而起的是人工粗略雕琢的田园系统。时至今日，工业化、城市化浪潮一浪高过一浪，村庄、城镇，以及彼此连接的道路，以高楼大厦为主体构成的水泥森林替代了以动植物为主体构成的森林生态系统。原本雍容华贵的帝都生态院落，变得衣不蔽体，甚至千疮百孔。庆幸的是，在终南山主脉保有最后的相对完整的生态系统，这也是终南山生态修复的最后希望。1987 年设立陕西省牛背梁自然保护区，将东西长 28 公里，南北宽约 15 公里的终南山主脉保护了起来。这等于是保护了终南山的命根子，也是保护了终南山的生态种子。

也许，我们应该有更多的生态自觉：我们的生活生产用水、生态景观用水来自于终南山，来自于大秦岭。长安与终南山、西安与大秦岭始终是一个紧密的水圈、生态圈，也是一个唇齿相依的生命共同体。终南山曾美丽富饶，享有"惇物山"美名，是哺育、护佑千年帝都的绿都终南。帝都长安与绿都终南处在同一个生态院落，一损俱损、一荣俱荣。保护帝都长安，必保绿都终南。保护绿都终南，就是保护生态家园。在重振汉唐雄风，梦幻千年帝都的时候，我们应该更多地关照绿都终南。

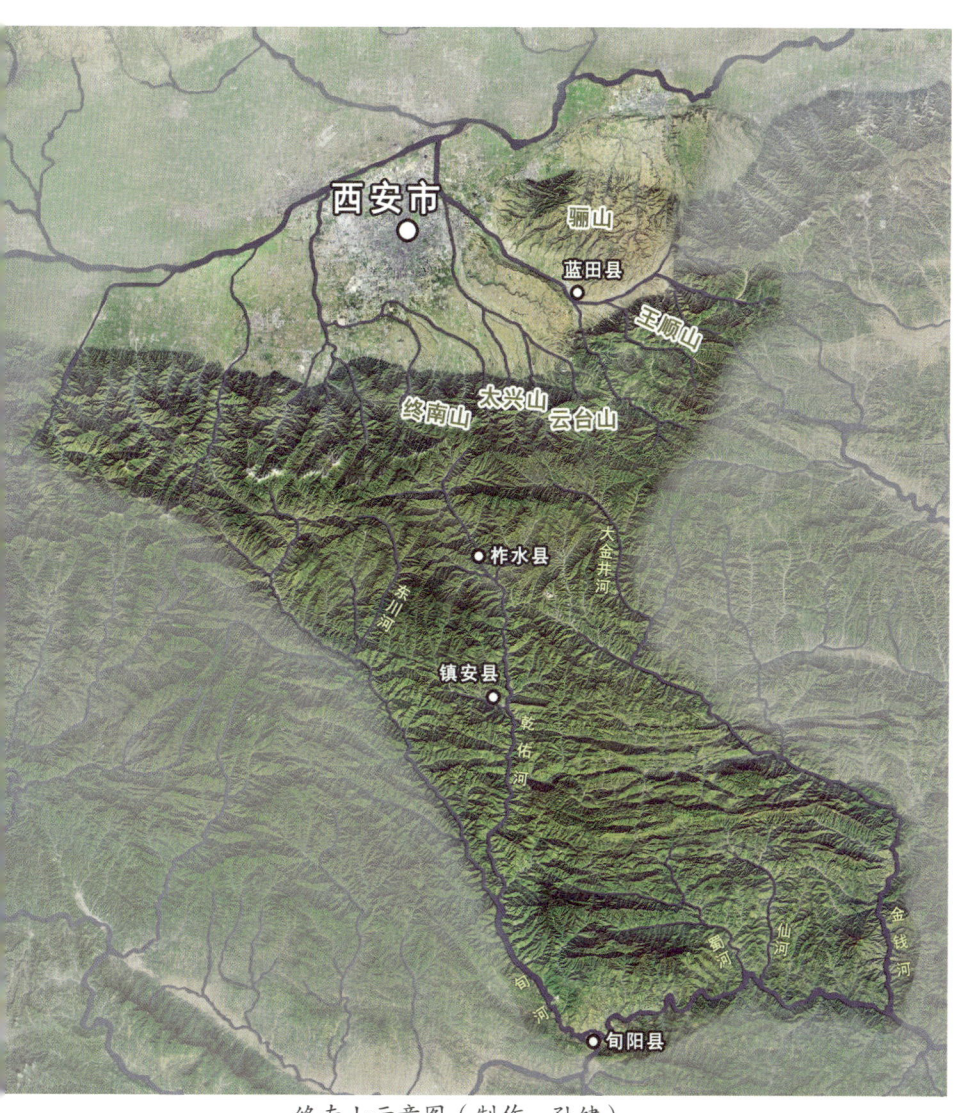

终南山示意图（制作：孙健）

骊山：八千年中华典藏

在关中腹心，秦岭与渭河形成了一个半月形地带。在半月形地带的东部，从灞河与沈河之间，秦岭延伸出了一个支脉，也是地垒式断块山，它有一个响亮而美丽的名字：骊山。骊山并不算高，九龙顶是其最高峰，海拔 1301.9 米。

在历史上，这里的景色异常秀丽，故而称其为绣岭，也称之为郦山。因其山形走势如同一匹骏马，又称之骊山。"日暮夕阳红似火，疑似烽火自西来"，余晖斜阳，一抹红霞，骊山楚楚动人，这便是历代文人骚客赞美的关中八景之一——骊山晚照。

20 世纪 70 年代，考古工作者在骊山脚下发现了一处仰韶文化遗址——姜寨遗址。在发掘的文物中，我们可以看到在 6600 年前先民们生活在这里的场景。考古证实，在姜寨遗址人们至少生活了 3000 年之久。那时，姜寨村落的周边地带尚是郁郁葱葱的原始森林。发掘出土的数以万计的珍贵文物表明，姜寨人创造的文明走在了那个时代的前列。姜寨人已经开始用悠扬动听的乐器陶埙来装点生活，增添情趣。

骊山，注定是一个演绎浪漫传奇的地方。骊山西南、滋水河畔（今称灞河）、蓝田县境，有镇曰华胥。相传，这里是古华胥国所在，黄帝曾"梦游华胥国"。华胥氏是华胥国之主，伏羲、女娲之母，炎帝、黄帝之直系元祖。以此而论，华胥国是中华民族的母国，华胥氏是中华民族的圣母。在《圣经》里，有亚当、夏娃，有令人魂牵梦绕的伊甸园。

伏羲、女娲，即是中国的亚当、夏娃，骊山脚下、滋水河畔的华胥国，即是中华民族的伊甸园。

在骊山之上、西绣岭峰下，有一座庙宇称之为老母殿。这里是祭祀女娲的场所。传说，女娲是一位无比美丽的女神，身材苗条，柔软如龙蛇。于是，神话学家赋予女娲以蛇身形象。女娲不仅抟土造人，而且在骊山炼石补天，以御天灾，后世的人们尊称女娲为骊山老母。女娲死后，葬骊山之阳，今蓝田县境。于骊山之上，则修筑了女娲祠。农历六月十三日，四方群众夜宿骊山祭祀老母，已成千年遗风。

3000年前，西周王室进驻半月形地带，继而骊山也成为西周王室的乐园。骊山上有一烽火台，是西周时期传递战报，征调诸侯兵员的国之重器。公元前781年，周幽王即位。公元前780年，关中一带发生强烈地震，以至于岐山崩塌，泾、渭、洛三河枯竭。然而，周幽王却不问政事，任用奸佞，置百姓于水深火热之中。非但如此，为博得貌若天仙的褒姒一笑，竟在烽火台点燃狼烟，引各路诸侯来到骊山脚下。公元前771年，当犬戎真的入侵时，周幽王点燃烽火，诸侯不再相信犬戎入侵。由此，西周亡了，历史进入了春秋时代。由此，烽火戏诸侯，一笑失天下，也成为千古流传的中华典故。

周王室离开关中，离开骊山之后，秦人来了。英姿勃发的秦人，并没有把骊山当作生前的乐园，而是作为死后的墓园。把骊山收入秦国版图后，秦人改滋水为灞水，并在此设置了芷阳县。因《芈月传》热播，宣太后芈八子进入了公众视野。宣太后死后，即葬于芷阳骊山。《史记·秦本纪》载："昭襄王母，楚人，姓芈氏，号宣太后。""四十二年安国君为太子，十月宣太后薨，葬芷阳骊山。"越来越多的资料显示，芷阳骊山即是秦东陵所在。与宣太后一起，安葬在芷阳骊山秦东陵的还有宣太后之子秦昭襄王，宣太后之孙、昭襄王长子悼太子，宣太后重孙、秦始皇之父秦庄襄王。秦始皇死后并没有葬于骊山西麓的秦东陵，而是生前选择在骊山北麓独立建陵。建造秦始皇陵费时长达39年，征调70余万民力，创造了令世界惊叹的不朽传奇。如今，被誉为世界第八大奇迹的秦始皇兵马俑，也只不过是秦始皇陵的陪葬坑而已。至今，秦始皇陵仍有诸多未解之谜。

秦人创造奇迹的历史，并没有持续太久。楚人后代，带头兴起了灭秦浪潮。这股浪潮，很快席卷全国，并彻底摧毁了庞大的秦帝国。公元前206年，杀气腾腾的项羽大军来到骊山脚下的鸿门。"项王军在鸿门下，沛公军在霸上"，项羽因与先期抵达关中，已经接受秦降诏书的刘邦就如何瓜分秦国发生了重大分歧，项羽一心要诛除刘邦。于是，项羽别出心裁，设下鸿门夜宴。"项庄舞剑，意在沛公"，幸亏，刘邦事先窥得天机，用甜言蜜语化项羽怒火于无形。刘邦没做成关中王，却得来了汉中王。于是，有了"三秦"之名，有了明修栈道、暗度陈仓的典故，有了为期四年的楚汉战争，有了传唱不绝的大汉王朝，有了生生不息的汉族、汉字、汉文化。

"骊山云树郁苍苍，历尽周秦与汉唐。一脉温汤流日夜，几抔荒冢掩皇王。"骊山拥有许多独特的优势，半月形地带最高的海拔优势、美丽的森林生态景观优势、临近帝都长安的地缘优势、日夜流淌的温汤优势。据传说，远在3000年前西周时，在骊山脚下就有星辰汤。《汉武帝故事》载:"骊山汤,初始皇砌石起宇,至汉武又加修饰焉。"北周武帝时,宇文护在此造皇汤石井。隋文帝开皇年间,在此修屋建宇,种植松柏。

大唐,一个比大汉王朝更具豪迈奔放气质的朝代。兼容并包的大唐气象,自然也表现在骊山别宫上。唐太宗时,在此建宫室楼阁,赐名汤泉宫。唐高宗时,改名温泉宫;唐玄宗时,改为华清宫。华清宫依山面水,鳞次栉比,宫城外有缭墙环绕,缭墙之外又罗列建筑。钱维乔《华清宫》:"华清之宫骊山足,玉殿千重相连属。"唐玄宗几乎在每年的十月来到华清宫,岁尽还长安。"十月一日天子来,青绳御路无尘埃""千乘万旗被原野,云霞草木相辉光"。据《临潼县志》记载:从714年到755年,前后40年间,唐玄宗出游华清宫多达36次。华清宫因在骊山,又叫骊山宫,亦称骊宫。白居易《骊宫高》:"高高骊山上有宫,朱楼紫殿三四重。……骊宫高兮高入云,君之来兮为一身,君之不来兮为万人。"

在历史上,似乎没有人赞美周幽王与褒姒的爱情故事。然而,在骊山脚下,唐玄宗与杨贵妃的爱情故事却婉转凄美,千古流传。白居易《长恨歌》:"回眸一笑百媚生,六宫粉黛无颜色。春寒赐浴华清池,温泉水滑洗凝脂。侍儿扶起娇无力,始是新承恩泽时。云鬓花颜金步摇,芙蓉帐暖度春宵。春宵苦短日高起,从此君王不早朝。承欢侍宴无闲暇,春从春游夜专夜。后宫佳丽三千人,三千宠爱在一身。金屋妆成娇侍夜,玉楼宴罢醉和春。……在天愿作比翼鸟,在地愿为连理枝。天长地久有时尽,此恨绵绵无绝期。"骊山有一金沙洞,传说是唐玄宗和杨玉环避开众人秘密约会的山洞,俗称幽洞。至明代,书生刘瑞五冒险探奇,揭开了金沙洞的秘密。洞中有唐玄宗、杨贵妃及众宫娥的白玉雕像,杨贵妃腼腆羞涩,唐玄宗含情脉脉,无不栩栩如生。

安史之乱后,伴随唐朝衰落,华清宫也趋向衰落。后晋高祖时,曾把华清宫改曰灵泉观,赐予道士。至宋时,"汤所馆殿,鞠为茂草"。宋人"刊故宫图于石",后人方览唐华清宫全貌。元代,赵志古等人整修华清宫,曾一度繁华。清代,为了康熙西巡,于1702年重修了华清池,即是康熙驻跸温泉。乾隆《临潼县志》载:"汤井殊名,殿阁异制,园林洞壑之美,殆非人境。"

如今,在大秦岭腹腰与渭河形成的半月形地带,骊山游人如织,人们在这里聆听多姿多彩的中华故事,解读生生不息的中华文明密码。骊山,正在影响着中国,影响着世界。

秦岭骊山文化遗址示意图（制图：孙健）

大商山：古道丹青三千年

商山，秦岭生态的一个重要板块，也是秦岭文化的一个重要板块。

在终南山之东，有两支山脉。拐向东北的一支是华山，正东的一支是蟒岭。华山是秦岭支脉，而蟒岭接续秦岭主脊，是黄河、长江的分水岭。蟒岭北坡是黄河一级支流洛河，南坡是长江二级支流丹江。在丹凤、商南、卢氏三县交界处（一脚踏三县）的玉皇尖（2057.9米）是蟒岭主峰。蟒岭的东界是老鹳河干流，因两岸多鹳鸟而得名。古时，也曾称作斯水、均水、析水。现在筑堰修坝、引水灌田，又名老灌河。由老鹳河东岸，接续秦岭分水岭任务的山脉是伏牛山脉。

蟒岭西连终南山，东连伏牛山，是大秦岭分水岭的一部分。蟒岭隔洛河北望华山山脉，隔丹江南望流岭、新开岭。流岭是丹江、金钱河、银花河之间的山域，是小商山所在，流岭也常称商山。秦汉时期的武关道（蓝关道）、商於道，在唐时也称商山道、名利路。商山古道一半蜿蜒于丹江河谷，一半盘旋于蟒岭山中，著名关隘武关，即在蟒岭之中的武关河畔。在古人眼中，丹江两岸群山皆是商山，包括北岸的蟒岭，南岸的秦王山、流岭、新开岭。这就是文化意义上的大商山。丹江是流淌在大商山之间的水道，也可以称之为商水，商山商水浑然一体。

商山得名，耐人寻味。在今商洛市丹凤县，有一个历史文化名镇商镇。在商镇之丹江南岸有一村庄，叫作商山村。商山之名，起因于此处的山势造型，如同一个"商"字。相传，在夏时，这里是殷契封国。殷契的后代建立国家曰商国，朝代曰商朝。商周时期，此地是古都国所在。春秋属楚，战国归秦（前351年后）。秦孝公二十年（前342），商鞅（原名卫鞅、公孙鞅）因破魏有功，受封商於十五邑，包括了丹江流域大部分地方。卫鞅，因封地为商，而称商鞅、商君。由商山，而商邑、商於、商君、商鞅，继而商镇、商县、商州、商南、商於道、商山道、商州路，以至小商山、大商山。

　　商鞅封邑，治所在今丹凤县城西的古城村。近年来，在古城村遗址清理出土一批文物，包括鱼纹彩绘陶、盂、鬲、盘、陶罐等陶器，铜鼎、铜釜、铜鏊、铜钫等铜器，铜剑、铜剑簇、铜戈等兵器。在建筑构件上有模印小篆"商"字的瓦当、戳印"商"字的瓦片，以及云纹、凤鸟纹瓦当，以及青龙、白虎、朱雀、玄武等纹饰的空心砖。可以说，这是商山里第一个军事、商贸经济、文化中心，在历史上存续了100多年（汉代移至夜村上洛塬，隋唐移至今商州）。商鞅的封邑，原是楚国地盘，因商鞅变法，强盛起来的秦国将其并入版图。人们看到古城村历史遗存，不免要为商鞅变法肃然起敬，为商鞅之死扼腕叹息。

　　在中国历史上，秦国的商鞅推行了一系列改革，史称"商鞅变法"。秦孝公申变法改良之义，先后以商鞅为左庶长、大良造，强力推进变法进程：废井田、开阡陌、重农桑、奖军功、统一度量、建立郡县，实行连坐之法，等等。变法日久，秦民大悦。毛泽东在《商鞅徙木立信论》中说："商鞅之法，良法也。今试一披吾国四千余年之记载，而求其利国福民伟大之政治家，商鞅不首屈一指乎？"因强行变法，商鞅得罪的人太多、积怨太深，加之权倾朝野、功高盖主，受车裂之刑，并祸及全家。虽然商鞅粉身碎骨，而商鞅之法仍存。

　　早在秦穆公时代，因百里奚等贤臣辅佐，秦国一跃而为春秋五霸之一。这一时期，将滋水更名为灞河，南山、周南山也更名为终南山。然而，这并不是秦人称霸道路的终结，而只是在称霸道路上迈出的一小步！至秦孝公时代，在商鞅等贤臣辅佐下，秦国强势崛起。至此，秦人已不满足于雄霸一方，而是要一统天下。当秦人从楚人手中夺得少习关后，随即将其更名武关。并于之后不久，将商於之地封于商鞅。

此时的终南山，在事实上已经成为傲视天下的大秦岭。"南山，天下之阻也"，这只是居于关中一域的看法。此时的秦人，已经站在了秦岭之巅，笑傲群雄，势吞天下！

秦人从咸阳出发，沿灞河河谷而上，翻越秦岭（终南山），进入丹江河谷，与楚人展开了一个多世纪的战争。这条道路，今人习惯称之为秦楚古道。而在秦汉时期，称之武关道、蓝关道，其核心路段，也是秦楚咽喉，起于商（商邑）止于於（柒於），也称之商於古道。武关，秦楚咽喉之锁钥，秦之四塞之一，自是兵家必争之地。

商於之地是秦楚争霸的前沿，继而也是战国时代兵家必争之地。著名的纵横家、外交家和谋略家张仪，为秦国献上了决定国运兴衰的连横之计。秦惠王以张仪为相，以横破纵，瓦解合纵抗秦，促成连横亲秦，以图各个击破。张仪是商於古道上的常客，并一再使用诈术，戏弄楚怀王。公元前313年，秦惠文王意图攻伐齐国，但忧虑齐楚联盟，派张仪入楚游说。张仪利诱楚怀王："楚诚能绝齐，秦愿献商、於之地六百里。"楚怀王不知张仪使诈，不听屈原劝告，果然与齐绝盟。向秦索要土地时，张仪却说："仪与王约六里，不闻六百里。"楚怀王恼羞成怒，发兵攻打秦国。《史记·楚世家》载："（楚怀王）十七年春，与秦战丹阳，秦大败我军，斩甲士八万，虏我大将军屈匄、裨将军逢侯丑等七十余人，遂取汉中之郡（治所今安康）。楚怀王大怒，乃悉国兵复袭秦，战于蓝田，大败楚军。韩、魏闻楚之困，乃南袭楚，至于邓。楚闻，乃引兵归。"这便是历史上著名的丹阳之战、蓝田之战。由此，楚国从强大走向弱小，从崛起走向衰亡。在汉中并入版图之后，加上之前（前316）并入的巴蜀，大秦岭之岷山、米仓山、巴山，皆已并入秦国的版图，秦国已经占有了秦岭的大部分。由此，也极大压缩了楚国在秦岭生存发展的空间，形成了秦楚短兵相接的战略态势。

公元前299年，在秦国攻占楚国八座城池后，秦昭王假称与楚结盟，邀楚怀王至武关进行结盟会谈。当时，流放于西峡县回车镇的屈原，拦住楚怀王的车马，力图劝止。但楚怀王听不进谏言。果不其然，秦伏兵断绝其归路，强迫他割让巫郡、黔中郡（长江三峡南北，从巴蜀攻楚通道）。楚怀王断然拒绝，秦军扣押了楚怀王。次年，秦军出武关，斩楚首5万，占城16座。唐时，杜牧途经武关，写下《题武关》，吊古伤今，感叹时事："碧溪留我武关东，一笑怀王迹自穷。郑袖娇娆酣似醉，屈原憔悴去如蓬。山墙谷堑依然在，弱吐强吞尽已空。今日圣神家四海，戍旗长卷夕阳中。"

公元前280年，司马错率军攻楚，楚献上庸之地。秦昭襄王诈以公主许配楚顷襄王，屈原看出破绽，长跪城外力谏不果。公元前279年，蜀守张若率军沿长江而下，攻占巫郡、黔中郡。同年，白起出武关，攻占邓县（今襄樊）、鄢城（今宜城）、西陵（今宜昌）。公元前278年，秦军趁顷襄王开城迎亲，长驱直进，攻入楚都郢，烧楚王陵。楚国迁都到陈丘（故陈国，今淮阳）。至此，今天称之为南秦岭的岷山、米仓山、巴山、神农架、武当山、荆山，全部并入秦国版图。公元前224年，秦遣王翦统师60万，相持一年后大败楚军，俘虏楚王负刍，俘杀熊启，楚国灭亡，秦楚争霸宣告结束。

屈原是一位改革家，主张法治，"循绳墨而不颇"。然而，屈原的制度创新被楚怀王束之高阁，历史没有为屈原提供成为楚国商鞅的舞台。屈原很早就看出了秦国的野心，而楚怀王、楚顷襄王熟视无睹，非但如此，屈原还被疏远。无奈之下，屈原以《离骚》抒发自己的政治理想。后来，屈原处境愈发艰难，一再被贬谪放逐。屈原第一次被放逐在汉北，即丹江流域之西峡、淅川一带。眼看秦国咄咄逼人，而楚国每况愈下，屈原曾经的政治理想变为政治幻想。古代将未成年而夭折的人，或是为国战死者称为"殇"。楚国诸多将士死于秦楚血战之中，这自然成为屈原心中的举国之殇。于是，屈原《国殇》曰："操吴戈兮被犀甲，车错毂兮短兵接。旌蔽日兮敌若云，矢交坠兮士争先。凌余阵兮躐余行，左骖殪兮右刃伤。霾两轮兮絷四马，援玉枹兮击鸣鼓。天时怼兮威灵怒，严杀尽兮弃原野。出不入兮往不反，平原忽兮路超远。带长剑兮挟秦弓，首身离兮心不惩。诚既勇兮又以武，终刚强兮不可凌。身既死兮神以灵，魂魄毅兮为鬼雄。"漫漫古道，滚滚丹水，掩埋着无数吴戈和秦弓，映射着无尽的忠魂与鬼雄。后来，楚国的命运急转直下，日暮穷途，屈原极度苦闷、彻底绝望，于公元前278年5月5日，投汨罗江自尽。

也许，屈原的国殇，正是秦人的自豪与骄傲。天下一统后，秦楚大战的古道武关道演变为大秦帝国的东南走廊，其地位仅次于长安—洛阳之间的东方大道（两京道、中华廊道）。坐拥天下的秦始皇，曾五次"亲巡天下，周览四方"，三次经由东方大道，两次经由东南走廊，出武关、过丹阳、下钱塘、上会稽……透过临潼兵马俑铜车马，不难想象当年秦始皇出巡时耀武扬威、浩浩荡荡的宏大场景。文献记载，观摩过如此浩大场景的刘邦感叹"大丈夫当如是也"，项羽更是发出"当取而代之"的呐喊。

公元前 210 年 7 月，秦始皇在出巡途中驾崩。此时，秦始皇苦心经营的大秦帝国岌岌可危。次年 7 月，陈胜、吴广于蕲县大泽乡揭竿而起，举起了反秦义旗。其以陈县（今淮阳）为都城，号为张楚（取张大楚国之意）。于是，中原大地处处"斩木为兵，揭竿为旗"，星星之火成燎原之势，反秦浪潮迅速席卷大江南北。紧随陈胜、吴广之后，刘邦，项梁、项羽分别于沛县、会稽举事。鉴于陈胜过早称王，终被自己人杀害的教训，项梁拥立楚怀王之孙熊心为王，依旧号曰楚怀王，并先后定都盱眙、彭城（今徐州）。不久，项梁战死，刘邦、项羽合兵一处。在楚怀王授意下，刘邦率领西路军直奔关中。当刘邦攻打洛阳失利后，放弃从函谷关攻取关中计划，继而向南攻南阳，沿丹江河谷北上，攻击武关。在过武关后，刘邦坐骑诞下马驹，此地即是龙驹寨。刘邦出武关继续北上，出蓝田关，入灞河河谷，长驱直入，直捣咸阳，闻风丧胆、乱作一团的大秦军队不战而溃，秦朝遂亡。可见，秦楚古道是秦亡楚之道，也是楚亡秦之道。

刘邦创建的王朝，没有称楚，而是称汉。王莽篡汉，国号曰新。23 年，绿林军从大洪山出发，沿丹江北上，武关督尉开关相迎。绿林军势如破竹，攻陷长安，火烧未央宫，终结了 16 年的新莽政权。

有学者统计，历史上发生在武关的大小兵战多达 50 余次。秦朝末年，东园公唐秉、夏黄公崔广、绮里季吴实、甪（lù）里先生周术，他们原本是秦始皇时 70 名博士官中的 4 位。商山四皓是《史记》记载的一个隐士团体，因难以承受秦始皇焚书坑儒之痛，长期隐居于商山之中。《紫芝曲》是中国第一首隐士诗，也是一首隐士宣言："莫莫高山，深谷逶迤。晔晔紫芝，可以疗饥。唐虞世远，吾将何归？驷马高盖，其忧甚大。富贵之畏人，不如贫贱而肆志。"其中，"唐虞"是唐尧与虞舜的并称，即是指尧与舜的时代。古人以为，尧舜之世是太平盛世。《论语·泰伯》载："唐虞之际，于斯为盛。"诗歌言："唐虞世远，吾将何归？"已经道明四人隐居的根由。史料记载，刘邦曾邀四皓出山为官遭拒。因刘邦有意废掉太子刘盈，刘盈母亲吕后循张良意，聘商山四皓为太子师。刘邦见四皓辅佐，逐消除改立太子的念头。据说，太子登基后，四皓重返商山，终老山林。曾在商州为官的宋人王禹偁在四皓庙碑中写道："先生避秦，知亡也；安刘，知存也；应孝惠之聘，知进也；拒高祖之命，知退也。四者俱备，而正在其中……先生危则助之，安则去之，其来也，致公于万民；其往也，无私乎一身。此所谓进退存亡不失其正者，千古四贤而已！"

在中国隐士文化和商山文化中，商山四皓是重要一笔，现商洛市洛南县有四皓镇，丹凤县有四皓墓、四皓碑林，商山古路有四皓驿。古往今来，关于四皓的文献俯拾皆是。向来狂放的李白，一口气写了3首与四皓有关的诗。而且，写四皓也不忘一"酒"字。李白《山人劝酒》："苍苍云松，落落绮皓。春风尔来为阿谁？蝴蝶忽然满芳草。秀眉霜雪颜桃花，骨青髓绿长美好。称是秦时避世人，劝酒相欢不知老。各守麋鹿志，耻随龙虎争。欻起佐太子，汉皇乃复惊。顾谓戚夫人，彼翁羽翼成。归来商山下，泛若云无情。举觞酹巢由，洗耳何独清。浩歌望嵩岳，意气还相倾。"四皓庙又称四皓祠，一处在商镇的商山脚下，一处在商州城西。祭祀四皓庙的唐代文人，多会有感而发，留下不朽文字。白居易《题四皓庙》中载："卧逃秦乱起安刘，舒卷如云得自由。若有精灵应笑我，不成一事谪江州。"李频《过四皓庙》："东西南北人，高迹自相亲。天下已归汉，山中犹避秦。龙楼曾作客，鹤氅不为臣。独有千年后，青青庙木春。"

商山四皓的功过是非,元稹和杜牧似乎有不同见解。元稹《四皓庙》:"巢由昔避世,尧舜不得臣。伊吕虽急病,汤武乃可君。四贤胡为者,千载名氛氲。显晦有遗迹,前后疑不伦。秦政虐天下,黩武穷生民。诸侯战必死,壮士眉亦颦。张良韩孺子,椎碎属车轮。遂令英雄意,日夜思报秦。先生相将去,不复婴世尘。云卷在孤岫,龙潜为小鳞。秦王转无道,谏者鼎镬亲。茅焦脱衣谏,先生无一言。赵高杀二世,先生如不闻。刘项取天下,先生游白云。海内八年战,先生全一身。汉业日已定,先生名亦振。不得为济世,宜哉为隐沦。如何一朝起,屈作储二宾。安存孝惠帝,摧悴戚夫人。舍大以谋细,虬盘而蠖伸。惠帝竟不嗣,吕氏祸有因。虽怀安刘志,未若周与陈。皆落子房术,先生道何屯。出处贵明白,故吾今有云。"杜牧《题商山四皓庙一绝》:"吕氏强梁嗣子柔,我于天性岂恩仇。南军不袒左边袖,四老安刘是灭刘。"

"商山名利路,夜亦有人行",隋唐以后,武关道称为商山道,出现了商贸异常繁荣的景象。名称的变化,一定程度上反映了道路作用与功能的变化。与武关道相比,商山道少了"武"、少了"关",少了征战、征服,多出来的是"商"是"山",是金色的名与利。武关道显现秦楚争霸之路本色,商山道显现争名夺利本色。唐贞观七年(633),沿丹江河谷北岸,人们开辟出一条在茂密的森林中穿行的新路。李商隐《商於新开路》:"六百商於路,崎岖古共闻。蜂房春欲暮,虎阱日初曛。路向泉间辨,人从树杪分。更谁开捷径,速拟上青云。"唐代之后,在经多次修缮后,增设了仙娥、商於、洛源、棣花、四皓、桃花、武关、青云、层峰、富水等驿站。商旅驮骡络绎不绝,"商"字本色彰显,"武"字本色淡出。明清时期,开通丹江航运,东南的丝、茶、糖、米、瓷器、香皂一类生活用品,一部分经武关由陆路运至龙驹寨,进而运往商州、关中等地，一部分沿长江、溯汉江进入丹江，水运至龙驹寨水旱码头，再由骡马驮运至大西北。同时，驮运汇集了西北所产的绿丝烟、食盐以及商州油桐、药材、核桃、牛皮等货品，或由陆路经武关向东南运出，或在龙驹寨水旱码头船载顺流而下，直达重镇汉口。"鸡鸣有未寝之人，午夜有可求之市"，昔日繁荣的商贸活动，曾使丹凤龙驹寨发展为大商山中的商贸中心。十里长街上店铺鳞次栉比，十大商帮会馆各霸一方，18座庙宇昼夜香烟缭绕，各种杂耍说唱不绝于耳。

大商山的灵气激越了诗人的才智，诗人的才智又增添了大商山的灵气。商山古道，也是一条唐代诗歌之路。有学者统计，仅唐代往来于商山的诗人就达200余人，留下近千首诗歌。仅白居易一人就写下商山诗20余首。白居易《登商山最高顶》："高高此山顶，四望唯烟云。下有一条路，通达楚与秦。或名诱其心，或利牵其身。乘者及负者，来去何云云。我亦斯人徒，未能出嚣尘。七年三往复，何得笑他人。"元稹七度武关，张九龄四过商州，李白曾在商州盘桓过七八个月。一批又一批的诗人在商山古道上边行边吟，踏歌而来，放歌而去。直至今日，依稀可见商山崖壁之上的栈道孔穴，似乎是将已经飘散在风中的往事——收拢。有李商隐《商於》一诗为证："商於朝雨霁，归路有秋光。背坞猿收果，投岩麝退香。建瓴真得势，横戟岂能当。割地张仪诈，谋身绮季长。清渠州外月，黄叶庙前霜。今日看云意，依依入帝乡。"

商山诗的作者多是晚唐诗人，且多与写下"云横秦岭家何在，雪拥蓝关马不前"诗句的韩愈有着类似际遇，或是遭贬谪出京，或是屡试不中，皆是仕途不顺之人。他们或是停宿于古道驿站，或是行走在古道山间，触景生情，有感而发。这已经不是屈原的《国殇》，而是文人举子的心伤。有些诗作侧重于内心愁苦，有些侧重于商山景物，有些侧重于古道感怀。表现内心愁苦的诗，著名者如李涉，曾隐居庐山，做官不久遭贬谪峡州（今宜昌），内心苦闷非同一般。李涉《题武关》："来往悲欢万里心，多从此路计浮沉。皆缘不得空门要，舜葬苍梧直至今。"毛泽东曾手书李涉的《再宿武关》："远别秦城万里游，乱山高下出商州。关门不锁寒溪水，一夜潺湲送客愁。"孟郊曾隐居嵩山，两试进士不第，遂放迹林泉，清寒终身。孟郊《商州客舍》："商山风雪壮，游子衣裳单。四望失道路，百忧攒肺肝。日短觉易老，夜长知至寒。泪流潇湘弦，调苦屈宋弹。识声今所易，识意古所难。声意今讵辨，高明鉴其端。"吴融参加科举考试24年，登第后仕途并不顺遂，遭谗言，贬荆南。吴融《宿青云驿》："苍黄负谴走商颜，保得微躬出武关。今夜青云驿前月，伴吟应到落西山。"岑参《过武关》："来亦一布衣，去亦一布衣。羞见关城吏，还从旧路归。"显然，岑参是考试不第，求官不成，心境不佳。白居易也曾遭贬谪，多次进出商山。白居易《发商州》："商州馆里停三日，待得妻孥相逐行。若比李三犹自胜，儿啼妇哭不闻声。"《答崔十八》："劳将白叟比黄公，今古由来事不同。我有商山君未见，清泉白石在胸中。"

商山诗歌中，也不乏表现商山美景的名篇。杜牧《入商山》："早入商山百里云，蓝溪桥下水声分。流水旧声人旧耳，此回呜咽不堪闻。"看来，杜牧也曾进入商山。然而，不同时点有不同感受。杜牧《商山麻涧》："云光岚彩四面合，柔柔垂柳十余家。雉飞鹿过芳草远，牛巷鸡埘春日斜。秀眉老父对樽酒，倩袖女儿簪野花。征车自念尘土计，惆怅溪边书细沙。"此诗描述的是一幅山村春日的黄昏，岚烟笼罩山庄，柔桑垂柳掩映农家，禽兽归林、鸡牛进栏、老者对酒啜饮、村姑簪花打扮的图景，诗中景色气氛淳淡而深厚，简朴而亲切。李白受朋友之邀入商山，临别也忘不了赞誉一下商山之美。李白《春陪商州裴使君游石娥溪》："……謇帷对云峰，扬袂指松雪。暂出东城边，遂游西岩前。横天耸翠壁，喷壑鸣红泉。寻幽殊未歇，爱此春光发。溪傍饶名花，石上有好月。命驾归去来，露华生翠苔。淹留惜将晚，复听清猿哀。……"温庭筠多次考进士均以落榜告终，一生很不得志。然而，温庭筠的《商山早行》虽饱含落寞失意和思乡之情，却不失为描写商山初春景色的佳品："晨起动征铎，客行悲故乡。鸡声茅店月，人迹板桥霜。槲叶落山路，枳花明驿墙。因思杜陵梦，凫雁满回塘。"白居易《仙娥峰下作》描写商山美景更为直接："我为东南行，始登商山道。商山无数峰，最爱仙娥好。参差树若插，匼匝云如抱。渴望寒玉泉，香闻紫芝草。青崖屏削碧，白石床铺缟。向无如此物，安足留四皓。……"白居易的好友元稹，虽连年遭贬谪，一旦受命回京，满眼皆是商山美景，不由得心花怒放。元稹《西归绝句》："五年江上损容颜，今日春风到武关。两纸京书临水读，小桃花树满商山。"

商山古道虽没有"蜀道难"，却也不轻松，"仅容单骑，比于蜀道"。这一点，商山诗歌中也得以体现。孟郊《自商行谒复州卢使君虔》："一身绕千山，远作行路人。未遂东吴归，暂出西京尘。仲宣荆州客，今余竟陵宾。往迹虽不同，托意皆有因。商岭莓苔滑，石坂上下频。江汉沙泥洁，永日光景新。独泪起残夜，孤吟望初晨。驱驰竟何事，章句依深仁。"赵嘏《仙娥驿》："翠泾衣襟山满楼，竹间溪水绕床流。行人莫羡邮亭吏，生向此中今白头。"明人吴显也写道："乱石深处是商颜，石磴险地鸟道间。""马惫时防石，山荒不见村。乱烟封古壑，积雪压关门。"从韩愈一句"云横秦岭家何在，雪拥蓝关马不前"，也可辨明商山古道的艰辛。商州城东50里的罗公碥，是最艰辛的一段路程。

长约五六里，悬崖峭壁下的宽度不足 3 尺，上仰巴人洞高高在上，下俯丹江水激流险滩。清代钟麟书《罗公碥记》记述，水落时，商旅从江滩行，水涨时水漫路断，只能走碥路。"岩倾苔滑，石齿如剑，人马相扶以度，摇摇然。旁观者皆神惊，一失足颠坠附不可稽"。于是，乾隆年间，一个叫罗文思的商州知州，"遂捐廉俸五百，招募石工，辟成大道。又在碥道边上凿石为栏，并在道左右壁宽敞处僻出行人临时歇脚之地"。因此，这段路被称为罗公碥。

商山古道一直沿用至 20 世纪 30 年代。1936 年，穿越秦岭的牧护（虎）关隧道竣工，西荆（西安—荆州）公路建成通车。由此，商山古道完成了使命，淡淡隐藏于历史烟尘之中。进入 21 世纪，两条西北—东南方向的高速公路——沪陕高速（G40）、福银高速（G70）穿山而过，商山进入高速时代。

21 世纪以来，商山商水欢歌笑语，大步流星迈入生态文明新时代。在追赶工业化、城镇化的浪潮中，无数山区深处的追浪人进城就业，山林得以休养生息。丹水是秦岭湖的重要集水区，也是重要水源保护地，一江清澈的丹江水或南下或北上。由此，生态成为商山的重要标识，绿色成为商山的主色调。韩偓《商山道中》："云横峭壁水平铺，渡口人家日欲晡。却忆往年看粉本，始知名画有工夫。"商山原本就是一幅天然的美丽生态画卷，重现美丽商山生态画卷，已经成为当代商山发展的主旋律。

在历史上，商山曾经是"殇"山、"伤"山、"商"山。现在以及未来，商山将是"尚"山，是引领绿色、生态、时尚之山。

大商山示意图（制图：孙健）

太华山：中华文明的华表

黄河在青藏高原漫步，在黄土高原徘徊，在晋陕峡谷奔腾，经过4000余公里的长途跋涉之后，在一个被称作潼关的地方，与久久等候上亿年的父亲山秦岭浪漫相遇。这是一次创世纪般的相遇，一次感天动地的相遇，母亲河接纳了来自父亲山的渭水、洛水，孕育滋生了巨丽辉煌的河渭文化、河洛文化。伟大的华夏文化、光耀世界的中华文明，由此开枝散叶，开花结果，远播四方。

在古汉语中，"华"或"夏"皆指中国、中国人。现代汉语中，"华"字地位上升，并替代夏，继而成为指代中国、中国人的最重要的文字标识。而"秦"字、"汉"字，也是中华、中国、中国人的重要文字标识。

"华""秦""汉"三个字，皆与父亲山秦岭密切相关。父亲山以华山之名与母亲河浪漫相遇。华山古称"太华""太华山"。有人说，我们族群居于华山之周，因山而名族曰华。也有人说，因山处在华夏族群地理中心，由族而名山曰太华、太华山。无论如何，华山在中国群山中地位突出，她是一个伟大民族的特殊记忆。

华山，其形如华，此华并非一般的草木之华，而是中华民族始祖母——华胥氏之华。华胥氏是中华民族创世纪的人物，是伏羲、女娲之母，也是黄帝、炎帝先祖。有人说：华胥即华夏。华夏族群，即是华胥氏族群的缩略简称。"华"本是草木之花，盖植物精华，聚天地精华。华胥氏是采集时代的族群首领，也是天地精华的总代表。华胥氏的灵魂精神依归了华山，塑造了华山。也就是说，华山是华胥氏魂魄所归，精灵所塑。

华胥氏是中华民族始祖母,华山是中华民族之根脉。

夏商周、秦汉唐,以至于清,从来没有一个王朝或政权以华取名。然而,"华"字在中国文化具有崇高的地位。"中国"一名已经有3000年文字记载,它代表着华夏正朔,代表着中央之国。"中华"一词,即是中央之国与华夏之族的组合。中华之"中",乃中央之国之中;中华之"华",乃华夏之华,华山之华,追根溯源是华胥氏之华。也许,这正是如今的华山古人称之为太华的深层含义。1921年在河南三门峡市渑池县仰韶村发现了距今7000—5000年的仰韶文化。仰韶遗址分布以华山为中心,全国5200余处,其中陕西2040处,河南、甘肃、山西各1000处。也许,因为如此,华山是理所当然的"中华山",秦岭是"中国岭"。

以今天的眼光来看,广义的华山山脉并非一座孤山,而是大秦岭的一列山脉、一大支脉。华山山脉发端于洛南、蓝田、商州三县区交界处的山结华台子,时而高耸挺拔,时而逶迤和缓,直达郑州巩义洛河入黄口,蜿蜒迂回500余公里。具体来说,华山山脉由西向东,依次为草链岭、少华山、(狭义)华山、小华山(小秦岭)、崤山、邙山,六部分合起来,即是华山山脉。

草链岭是华山山脉主峰所在,最高海拔2645米。因岭上数峰相连,犹如链条,加之布满草甸,仰望宛如一条青草链而得名。草链岭植物垂直分布明显,栎、白桦、杜鹃、红桦、冷杉、草甸自下而上,羚牛、鹿、野猪、狼、红狼、狐狸、果子狸、獾等哺乳动物漫步其间。山顶有第四纪冰川石海,人迹罕至,籍籍无名。但源于草链岭的两条河流却非同凡响,一是向西流至西安的灞河,一是向东流至洛阳的洛河。

与草链岭相连的是有小华山之称的少华山。少华山与太华山是姊妹山,张衡《西京赋》将二者并称"二华"。《山海经》记述道:"小华之山,其木多荆杞，其兽多牸牛，其阴多磬石，其阳多㻬琈之玉。"2002年，设立陕西省少华山森林公园。少华山池潭遍布，飞瀑高挂，奇石林立，星罗层叠，以谷幽、水秀、石奇、林茂而见长。

华山（狭义）位于华山山脉腹心，是国家AAAAA级景区。最高海拔2154.9米，山体倚天拔地，四面如削，千尺幢、百尺峡、苍龙岭、鹞子翻身、长空栈道，异常险峻，被誉为奇险天下第一山。华山五峰：五云峰（北）、朝阳峰（东）、落雁峰（南）、莲花峰（西）、玉女峰（中）。朝阳、落雁、莲花三峰鼎峙，"势飞白云外，影倒黄河里"，人称天外三峰。其余36小峰罗列于前，虎踞龙盘，气象森森。随着风云变幻，华山千姿万态，云华山、雨华山、雾华山、雪华山，如人间仙境一般。华山有72个半悬空洞，20余座道观。玉泉院、都龙庙、东道院、镇岳宫是全国重点道观。华山的动植物资源颇有特点，以华山松、油松、栓皮栎、辽东栎、锐齿槲栎、槲栎、椴树、山杨等树种为主，其间有金雕、豹、黑鹳等20余种国家保护动物。

华山的东邻居是小秦岭，也有小华山之称。小秦岭的主体在豫陕两省交界的灵宝市境内，地理位置非常重要，西临潼关，东据崤函。最高峰老鸦岔，海拔2413.8米，山地坡度多在45°以上，山峰尖峭，山脊陡峭，险、奇、峻堪比华山。国家在此设小秦岭国家级自然保护区，分布有红豆杉、银杏等国家保护植物13种，金钱豹、金雕、金猫、林麝、黑鹳等国家保护动物27种。

小华山的东部边界为弘农涧，其东南皆是崤山。崤山位于陕西商洛市洛南县，河南灵宝市、卢氏县、陕县、渑池、洛宁县结合部，其大部分在三门峡市辖内。《水经注》载："崤有盘崤、石崤、千崤之名，故曰三崤。"卢氏县官道口之西南崤山海拔1300—1500米，最高点冠云山海拔 1866.1 米。河流切割，山体破碎，呈现波状起伏中山地貌。卢氏县官道口东北至陕县硖石一段，海拔在 1300 米以上，崤山主峰青岗峰（甘山、千山），海拔 1902.6 米。硖石东北是崤山尾闾，至渑池被大面积黄土覆盖，呈低缓山地分布，山坡西北坡陡峻、东南坡和缓，现为单斜山地态。

崤山向东延伸即是邙山，在义马、新安、孟津、偃师、巩义境内。古时，邙山树木森列、苍翠如云、山川绚丽、风光宜人。如今原始植被无存，海拔 250—300 米，呈黄土丘陵状。邙山在洛阳市北，为古代帝王埋骨处。邙山上的大小土包，尽是历代帝王将相、达官显贵的墓冢。有东汉、曹魏、西晋、北魏四朝帝王陵墓及皇族、大臣陪葬墓千座以上。秦相吕不韦、汉光武帝、汉献帝、西晋司马氏、南朝陈后主、南唐李后主、诗人杜甫、书法家颜真卿及王铎等名人墓葬也在此处，俗谚曰："生在苏杭，死葬北邙。"此地现有中国第一座古墓博物馆——洛阳古墓博物馆。

华山山脉是渭河与洛河、黄河与洛河的分水岭。其中，草链岭—少华山—华山一段，是渭河与洛河的分水岭；小华山（小秦岭）—崤山—邙山一段，是黄河与洛河的分水岭。由华山山脉与渭河、黄河、洛河构建的"一山三河"地带是中华文明的核心地带。在"一山三河"地带，有渭河、洛河塑造的两大平原，滋养了西安、洛阳两大闻名世界的古都。西安建城史 3000 余年，西周、秦、西汉、新、东汉、西晋、前赵、前秦、后秦、西魏、北周、隋、唐 13 个朝代以西安为都，西安的都城史有 1100 年；洛阳建城史达 4000 余年，夏、商、西周、东周、东汉、曹魏、西晋、北魏、隋、唐、后梁、后唐、后晋 13 个朝代以洛阳为都，洛阳的都城史达 1500 年。两者合起来，先后约 20 个王朝在华山脚下建都。在 2000 余年间，帝国都城在西安、洛阳之间转换反复。人们常用西都、西京指代西安，用东都、东京指代洛阳。在"一山三河"地带，在西安、洛阳两大古都之间，由黄河与华山夹峙形成一个狭长地带，形成往来于帝国两大都城之间的天然走廊，堪称"中华帝国走廊"或"中华廊道"。中华廊道见证了诸多重大历史事件，写就了中华民族光辉壮丽的篇章。

周武王即位时，周的疆域西自灵台，东至河洛，有汉水、汝河地区，所谓三分天下有其二。周灭商而王天下，其时已至，其势已成。周武王时，大会诸侯于盟津。《史记·殷本纪》载："周武王之东伐，至盟津，诸侯叛殷会周者八百"。这即是著名的盟津之誓，也称八百诸侯会盟津。周武王时，率军在牧野与商决战，商军阵前倒戈，引周军入殷都，纣王自焚，商亡。由此，中国历史进入了周代纪年。

公元前1043年，周武王去世。因周成王年幼，由武王之弟周公旦和召公奭联合辅政。二人遂决定分陕而治。三门峡市陕县之南，中华廊道上有一塬面，称之陕塬。所谓分陕而治，就是以陕塬为界，把西周王朝的统治区划分为东、西两大行政区。《左传·隐公五年》记载："自陕而东者，周公主之；自陕而西者，召公主之。"古籍所称陕西，皆指陕塬以西地区。元代之后，陕西省之得名，亦源于此。

周敬王四年（前516），周室祸起萧墙，敬王受迫于王子朝。晋国出兵救援，王子朝与旧僚携周室典籍逃楚。据说老子有失职之责，于是离宫隐退，骑一青牛欲出函谷关，西游秦国。汉刘向《列仙传》载："老子西游，关令尹喜望见有紫气浮关，而老子果乘青牛而过也。"《史记·老子韩非列传》载："于是老子乃著书上下篇，言道德之意五千余言而去，莫知其所终。"这5000余言，即是《老子五千文》，也称《老子》，更多时候被称作《道德经》。虽只有5000余言，却对中国文化，乃至世界思想文化产生极为重要的影响。老子过函谷关，走中华廊道，这是中国文化史上必须记述的重大事件。函谷关也因此被视为老子著述《道德经》的灵谷圣地，道家文化的发祥地。

函谷关位于弘农涧西岸，刚好处在中华廊道的中央，向来有"天开函谷壮关中，万谷惊尘向北空""双峰高耸大河旁，自古函谷一战场"之说。《辞海》解释："因关在谷中，深险如函而得名，东自崤山，西至潼津，通名函谷，号称天险。"函谷关扼守崤函咽喉，西接衡岭、东临绝涧、南依秦岭、北濒黄河，地势险要。谷底蜿蜒、道路相通、空谷幽深，人行其中如入函中，关道两侧绝壁陡起、峰岩林立、地势险恶、地貌森然。素有"车不方轨，马不并辔"之称。《太平寰宇记》称："其城北带河南依山，周巡五里余四十步，高二丈。"《读史方舆纪要》载："今自新安以西，历渑池、硖石、陕州灵宝、阌乡而至于潼关，凡四百八十里。其地皆河流翼岸，巍峰插天，……终日走硖中，无方轨列骑处。"

当秦孝公从魏国夺得中华廊道控制权后，将函谷关建设成为最重要的军事战略基地。此时，以秦人的视角看，函谷关以东是关东，也是关外，而函谷关以西是关西、是关内，也是关中。最早的关中，即是指函谷关以西地带。到后世，继而发展出"四塞之固，金城千里"的说辞，言说关中是指函谷关（后来是潼关）、武关、大散关、萧关之中。

位于西方的秦国强势崛起，引来东方诸国的不满与愤恨。在秦孝公之后，秦惠文王于公元前325年称王，这是秦国第一王。秦惠文王北扫义渠、南平巴蜀、南下商於、东出函谷，吞并天下的企图昭然若揭。东方诸国明显感到强秦压力，合纵制秦成为共识。公元前318年，魏、赵、韩、燕、楚五国合纵攻秦，楚怀王为纵长。因燕、楚暂时受秦威胁不大，扰疑观望，仅有魏、赵、韩三国出兵。三国联军攻至函谷关，被秦军击退,第一次合纵攻秦失败。公元前298年,秦攻楚,战于析(今西峡),占城邑10余座。乘秦军久战疲惫,齐、韩、魏联合攻秦,苦战3年,击败秦军并攻下函谷关,秦归还韩之武遂、魏之封陵等地,第二次合纵攻秦得胜。公元前294年,秦军出函谷关,大举进攻韩、魏,次年在伊阙(龙门)歼灭韩魏联军24万。数年之内,连下宛(今南阳)、邓(今孟州)、桓(今桓曲)、轵(今济源)等61座城邑。秦昭王不满称王,自称西帝。引起东方大国强烈反对,公元前287年,齐、楚、赵、魏、韩、燕联军攻秦。秦主动取消帝号,并将之前所占城池部分归还,五国联军撤兵,第三次合纵攻秦即宣告结束。公元前260年,在著名的长平之战中秦军大胜,坑杀赵国40万降兵,并于同年灭义渠,兵锋所向披靡,东方大国为之震惊。公元前247年,魏、赵、韩、楚、燕组成联军,在河外(河南)大败秦军,尾追至函谷关后撤军,第四次合纵攻秦取胜。公元前246年秦王政即位,五年四次攻魏,三次攻韩,一次攻赵,获得大片土地,在战略上对赵、魏、韩三国形成包围态势。公元前241年,赵、魏、韩、燕、楚再度组成联军合纵攻秦,一开始进攻顺利,快速突破函谷关,直至距秦都咸阳七八十里的蕞地(临潼北)。秦强力反击,击溃联军,第五次合纵攻秦宣告失败,此后再无机会攻秦。公元前238年,秦王政亲政,公元前230年灭韩,公元前228年灭赵,公元前225年灭魏,公元前223年灭楚,公元前222年灭燕,公元前221年灭齐。秦始皇"灭诸侯,成帝业""数年之中尽兼天下"。公元前221年,39岁的秦王政称始皇帝,中国进入大秦帝国时代。

秦朝末年,"天下苦秦久矣",各路起义烽火连天。在名义上,楚怀王是领袖,实际上各路人马各有打算。为了激励士气,凝聚力量,楚怀王出一计策。《史记·高祖本纪》载:"与诸将约,先入定关中者王之。"

意思是，谁先拿下关中，谁就是关中王。这是一种巨大的诱惑，也等于是建立了有效的激励机制，在一定程度上加速了大秦岭帝国的瓦解。在进军函谷关的紧要历史关头，项羽在崤函之地坑杀了 20 万秦军降卒。由此，项羽失去人心，也在一定程度上削弱了项羽争夺天下的软实力。项羽一门心思要攻夺函谷关。刘邦心思缜密，绕开了易守难攻的函谷关，从中华廊道西南秦岭山地迂回进军，突破了秦楚古道上的武关，率先入定关中。虽然刘邦没能如期坐上关中王的位子，却为日后夺得天下积累了人望。

大汉帝国，疆域辽阔，统治稳定，加之函谷关周边地带曾经郁郁葱葱的森林消失，黄河岸边淤积出可以行军的滩地，在中华廊道上，函谷关的军事意义远不如前。汉武帝于（秦）函谷关地望设置了弘农郡（今灵宝），在新安县新建（汉）函谷关。据说，新建函谷关的原因很特别，西汉名将杨仆"数有大功，耻为关外民，上书乞徙东关，以家财给其用度"。因杨仆"以家财给其用度"，汉武帝"徙函谷关于新安"，使杨仆成为关内人，落得顺水人情。因此，在中华廊道上有两座函谷关，即位于灵宝的秦函谷关和位于新安县的汉函谷关。

至东汉末年，中华廊道上的两个函谷关均无险可守。于是，东汉建安元年（196），曹操为防关西兵乱，始设潼关。潼关成为秦汉函谷关的替代品。由此，中华廊道上的战略重心由函谷关移至潼关。

东汉覆亡后，魏晋南北朝时期，这是中国历史上较为混乱的时期，也是中华廊道上潼关战略地位较为显赫的时期。建安十七年（212），曹操与马超、韩遂潼关大战，潼关之名，始见于史。西晋永嘉三年（309），晋朝南阳王司马模守关中，部将赵染以蒲坂（今永济蒲州）降前赵君主刘聪，刘聪使赵染攻长安战潼关。东晋咸和三年（328），后赵武帝石虎攻前赵蒲坂，与刘曜战潼关。咸和九年（334），后赵河东王石生举兵长安，与石虎之子石挺攻战潼关。东晋永和六年（350），前秦君主苻坚之弟苻雄与后赵雍州刺史杜洪战潼关，苻坚遂入关中。东晋太元十八年（393），氐帅杨佛嵩叛乱，河南太守杨期追之，战于潼关。东晋义熙十二年（416），姚懿以蒲坂叛乱，后秦末帝姚泓遣将屯潼关。义熙十三年（417），刘裕伐秦，前锋王镇恶抵潼关攻蒲坂。姚泓使姚绍督军5万守潼关，又遣兵救蒲坂。义熙十四年（418），长安乱，朱龄石奔潼关，赫连勃勃占领关中。

南北朝是中国历史上的大分裂时期，潼关依然具有重要的战略意义。南朝宋元嘉二十七年（450），雍州刺史刘诞遣其属柳元景自南阳北出，入卢氏，拔弘农，进潼关。元嘉二十九年（452），雍州刺史臧质分道向潼关。魏人闻之，遣军屯守。北魏孝昌三年（527），莫折念生关中起义，遣其党据潼关，既而魏复得之。未几，萧宝寅以关中叛，遣兵守潼关。北魏永熙三年（534），高欢入洛，魏主西入关。欢自追迎之，至弘农，攻陷潼关，进屯华阴。寻退屯河东，使别将薛瑜守潼关。宇文泰复攻潼关，斩瑜。南北朝时，北周愍帝宇文觉于潼关打败东魏大将窦泰，改潼关为潼谷关。

在中华廊道潼关与秦函谷关之间，有一狭长地带，史称"桃林""桃林塞"。《辞源》载："桃林，地名。又名桃林塞、桃原、桃园……其地约相当于今河南灵宝市以西、陕西潼关县以东地区。"在这里，流传着夸父逐日的故事。《山海经·海外北经》记述："夸父与日逐走，入日，渴欲得饮。饮于河渭，河渭不足，北饮大泽。未至，道渴而死。弃其杖，化为邓林。"夸父死后，其身躯化作了一座山——夸父山，也就是小华山（小秦岭）。夸父的手杖化作邓林，也就是桃林。因桃林地势险要，后人称桃林塞。桃林塞在函谷关的关内，在潼关的关外。与函谷关、潼关相比，桃林塞守备起辅助作用，特别是小华山山大林密，宜于伏兵，可出其不意。一旦函谷关失守，桃林塞可作为屏障，可阻击来犯之敌。当敌军进犯潼关时，桃林塞又是关前战场。要想攻破潼关，必先经过桃林塞。唐天宝十四载（755），安禄山叛唐，多次从崤函之地进攻潼关，且被唐军击退。后来，唐玄宗听信杨国忠谗言，迫使哥舒翰放弃守关拒敌，率兵出关应敌，两军苦战桃林，安禄山伏兵纵火焚烧唐军，并以精骑自南山迂回出击，唐军大败，潼关、长安相继失守。杜甫《潼关吏》："哀哉桃林战，百万化为鱼。"

历史上，发生在函谷关的重要战争13次，而发生在潼关的重要战争多达45次。李世民《入潼关》："崤函称地险，襟带壮两京。霜峰直临道，冰河曲绕城。古木参差影，寒猿断续声。冠盖往来合，风尘朝夕惊。高谈先马度，伪晓预鸡鸣。弃繻怀远志，封泥负壮情。别有真人气，安知名不名。"1703年，大清康熙帝视察大河上下，仰望潼关城墙，惊叹不已，称其天下第一城。据《山海关志》评论道："畿内之险，惟潼关与山海关为首称。"

在以长安（西安）为都的帝国看来，中华廊道是东方大道；在以洛阳为帝都的帝国看来，中华廊道是西方大道。千百年来，在中华廊道上，抑或是东方大道、西方大道上，人们不仅听到了铿锵的战马嘶鸣声，也可以听到悠扬的商队驼铃声。从这个意义上说，中华廊道是中华帝国的京畿大道、中央大道，也是黄金大道。

丝绸之路形成于公元前2世纪，兴盛于6—14世纪，沿用至16世纪。2014年6月22日，在卡塔尔多哈召开的联合国教科文组织第38届世界遗产委员会会议上，由中哈吉三国联合申报的丝绸之路成功申报世界文化遗产。世界遗产委员会建议名为"丝绸之路：长安—天山廊道的路网"。全部申遗点33处，中国22处、哈萨克斯坦8处、吉尔吉斯斯坦3处。除西安、洛阳城内申遗点外，还包括了位于中华廊道上的新安汉函谷关遗址、崤函古道石壕段遗址。

经我们研究发现，黄河与秦岭（华山）相交汇形成的中华廊道是古代中国，也是当代中国的东西大动脉。从江苏省连云港市至甘肃省天水市的310国道（G310）经过中华廊道；连接江苏连云港市和新疆霍尔果斯市的连霍高速（G30）经过中华廊道；陇海铁路、兰新铁路与哈萨克斯坦铁路接轨的新亚欧大陆桥，以及连接东西部的高速铁路，均经过中华廊道。

华山，中华圣山，永久镌刻着中华民族发展的历史印记。

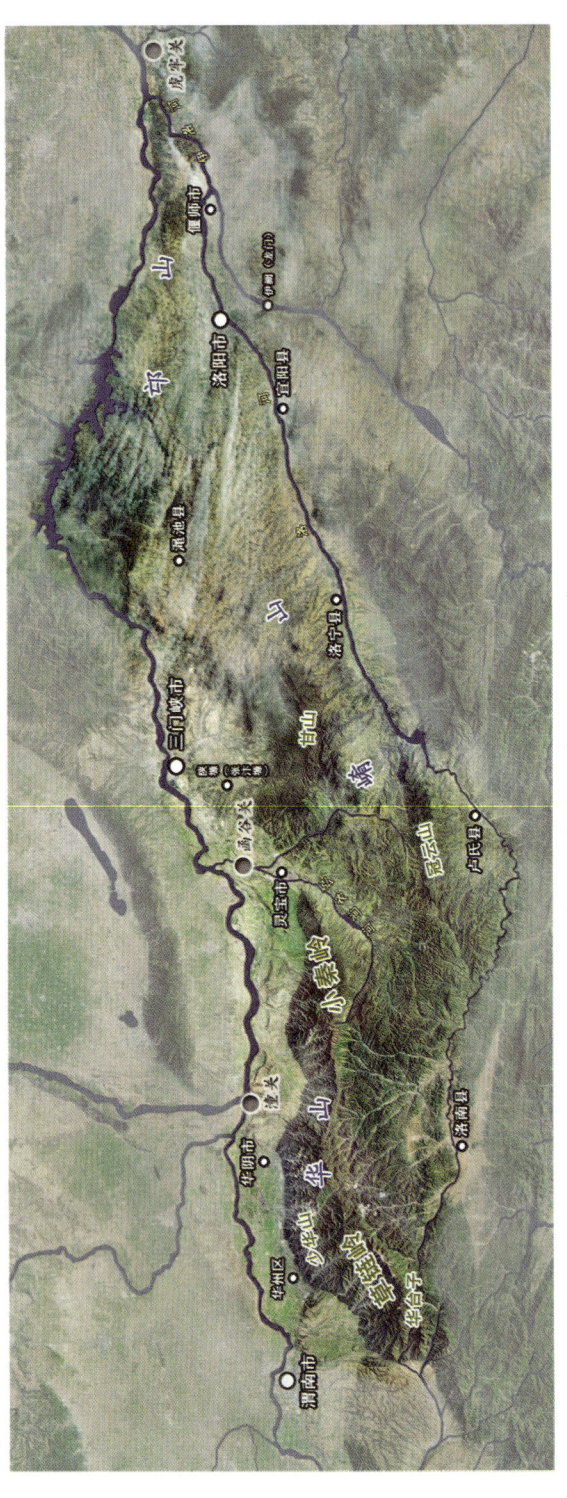

大华山示意图（制图：孙健）

伏牛山—嵩山：闪耀中原的灯塔

大秦岭主脊沿着大商山（蟒岭）向东，延伸出四大板块：熊耳山、伏牛山（狭义）、外方山和嵩山。这四大板块合起来，即是广义的伏牛山：伏牛山—嵩山。伏牛山—嵩山是大秦岭的一个特殊地理单元，是黄河、长江、淮河的分水岭。秦岭—淮河一线，构成完整的中国南北分界线。

熊耳山与大商山之蟒岭相连接。熊耳山从卢氏县起步，向东北方向凸起，绵延至河南省栾川、洛宁、嵩县、宜阳、伊川境内，是黄河流域之洛河、伊河与长江流域之老鹳河的分水岭。熊耳山南连伏牛山（狭义），隔洛河北望崤山，隔伊河东望外方山和嵩山。熊耳山有三大高峰：洛宁县全宝山（2103.2米）、嵩县鹰嘴山（1859.6米）、宜阳县花果山（1831.8米）。

"熊山不墨千秋画，白云积雪映仙境"，全宝山森林葱郁，秀丽清幽，遍布奇峰、异石、曲溪、飞瀑、玉雾、地下河。林中多漆树，布满倒"人"字刀痕，树与树之间扎有简易爬梯。漆树用生命之琼浆装扮人类生活，宁愿栉风沐雨，哪怕遍体鳞伤。登上熊耳主峰全宝山，既有"举头红日近""一览众山小"的豪气，又有"下窥指高鸟，俯听闻惊风"的意境。熊耳山道教文化可追溯至唐，兴盛时期道士上百。熊耳山与武当山渊源极深，相传祖师在此修道成仙，之后辗转武当山。

熊耳山生物资源丰富，生态环境良好。2004年河南省政府批准，在洛宁、宜阳、嵩县、栾川四县交界的熊耳山主脊两侧，以全宝山、故县、三官庙、宜阳、陶村、王莽寨、大坪7个林场森林资源为基础，构建了熊耳山自然保护区，面积32524.6公顷。保护区内植物151科680属1895种，分布乔木33科150属400种，灌木21科60属210种，草本74科408属1120种。国家二级保护植物8种，三级保护植物18种，省级保护植物21种。动物6纲44目226科527属2000余种。其中，国家一级保护动物3种，二级保护动物22种，省级保护动物20种。

伊河是洛河的一大支流，也是一条具有重要生态与文化意义的河流。伊河发源于熊耳山南麓（今洛阳栾川县陶湾镇），穿流于伏牛山四大板块——熊耳山、伏牛山、外方山、嵩山之间，流经栾川、嵩县、伊川后，穿伊阙而北出，至偃师与洛水汇合。伊河与洛河汇合后，称伊洛河，西方历史学家称伊洛文明是东方的两河文明。

伊阙—龙门，洛阳之南大门。在此，香山与龙门山对峙，伊水中流，恰如天然门阙，自古称之"伊阙"。伊阙是京师洛阳沿汝河南下北上的必经之路。东汉时，始设伊阙关，为洛阳八关之一。公元前293年，爆发伊阙之战。秦将白起率军与韩、魏、东周联军对峙伊阙，秦军全歼联军24万，俘公孙喜，攻占伊阙，夺取五城。韩国精锐损失殆尽，秦国由此打开了南下中原的大门。

西晋时，伊阙已有山寺。493年，北魏孝文帝迁都洛阳，并开始在伊阙凿窟造佛。北魏以至隋唐，前后持续400余年，构建出一幅"精舍临峭壁，千龛绕层阿"的壮丽画卷。隋炀帝置都洛阳，宫门正对伊阙，由此伊阙得名龙门，沿用至今。这里松柏苍翠，寺院林立，以唐代十寺最为有名。白居易写道："洛都四郊山水之胜，龙门首焉；龙门十寺观游之胜，香山首焉。"精美的雕像与青山绿水交相辉映，形成了旖旎葱茏、钟灵毓秀的龙门山色、伊阙风光。唐陶翰《晚出伊阙寄河南裴中丞》："冉冉时将暮，坐为周南客。前登阙塞门，永眺伊城陌。长川黯已空，千里寒气白。"龙门石窟今存窟龛2300多个、佛像10万余尊、碑刻题记2800多块（通）、佛塔80座，2000年被列入世界文化遗产。

在伏牛山深处，有一个重要行政单元——嵩县。号称"九山半陵半分川"的嵩县，处于伏牛山四大板块的结合部。嵩县西北是熊耳山、南部是伏牛山、东部是外方山、东北部是嵩山。嵩山大部分山域并不在嵩县境内，而嵩县却因嵩山起脉而得名。嵩县南部的玉皇顶（鸡角尖）是伏牛山最高峰，其降水分别注入黄河（伊河）、长江（汉江）、淮河（北汝河）三大流域。这种一县跨三域，三大流域分水山，皆具有非同一般的地理意义。在这里创建了白云山国家级自然保护区、白云山国家级森林公园、国家AAAAA级景区。

伏牛山起脉于熊耳山，东西长200余公里，南北宽40—70公里，因形如卧牛而得名。伏牛山隔丹江支流老鹳河，西与大商山相望；隔洛河支流伊河，北与熊耳山相望，隔沙颍河支流沙河，北望外方山；向南接入南阳盆地。伏牛山是黄河流域、长江流域，以及淮河流域的分水岭。主脊老界岭略呈西北—东南走向，山势陡峭，沟壑纵横，峰峦叠嶂。伏牛山主脊由西向东，坐落着三大高峰：老君山（2192米）、鸡角尖（玉皇顶2222.5米）、石人山（2153米），堪称中原屋脊。伏牛山主脊向东延伸，至南阳市方城县东北中断，出现了长达30公里，宽8—15公里的缺口，即著名的方城缺口，是华北平原与南阳盆地的天然孔道。

老君山，本名景室山。只因有一石峰酷似老君座像，眼、鼻、嘴轮廓清晰，栩栩如生，人称伏牛山山神。相传，守藏室史李耳在老君洞修炼成仙，飞身而起，径到景室山安下身来。道教尊老子为太上老君，唐太宗易名为"老君山"，从此景室山亦名"老君山"。鸡角尖是伏牛山第一高峰，为栾川、西峡、嵩县三县界山。鸡角尖上观日出看云海犹如黄山观日之妙。晴日山体呈青紫色,清晰雄伟;阴时云雾缭绕,时隐时现,其景壮观异常。登上玉皇顶,可西望华山、北眺黄河、东瞰龙门、南瞻武当。

由老界岭分出三大支脉。北支脉从嵩县、鲁山、南召三县交界至方城缺口,长100余公里,是长江支流白河与淮河支流沙河的分水岭。自西向东,主要山峰有龙池(2129米)、石人山(尧山2153米)、松垛(1577.2米)、关山(1134.4米)。在白河谷地以北,海拔多在400—1000米,鸭河口以东,山体破碎。沙河谷地南侧鲁山、方城境内,山势低缓,断续分布。石人山坐落在平顶山市鲁山县西,本名尧山,因尧帝之孙刘累祭祖立尧祠而名。山峰奇特,瀑布众多、森林茂密、温泉质优,集雄、险、秀、奇、幽于一体,有华山之险、峨眉之峻、张家界之美、黄山之秀。中支脉是白河与湍河分水岭,位于南阳市南召、内乡、镇平三县交界地带,由西北向东南延伸70余公里,主要山峰有白草尖(1845米)、石撅崖(1756米)、银虎曼(1630米)、宝天曼(1574.4米)、牧虎顶(1795.1米)、云磨垛(1156.3米)、野人垛(1432.6米)、唐王寨(1329米)、驻马山(1061.2米)、五垛山(1665米)、定南针(1049.2米)。南支脉经西峡中部延至内乡西部,山势较低,多呈孤立状分布。主要山峰有高峰印(1073米)、玄山(859.5米)、新寨(798.5米)。1993年发现伏牛山恐龙蛋化石群,是当年轰动世界的新闻。在南阳市西峡县丹水镇三里庙村设立西峡恐龙遗迹园,已暴露恐龙蛋化石1000多枚。至少有16个产蛋层,发现大量鸭嘴龙、禽龙、原角龙、肉食龙等骨骼,特别是巨型长形蛋、戈壁棱柱形蛋为世界罕见。现已确定西峡蛋化石6科9属13种,分别占中国总数的1/2、世界总数的1/3。数量之大、种类之多、分布之广、保存之好,堪称世界之最。

伏牛山是一个自然保护区、森林公园、地质公园、旅游景区荟萃的山域。1980年，在内乡县万沟林场基础上，建立宝天曼省级自然保护区，这是河南省第一个自然保护区。1988年宝天曼晋升为国家级自然保护区。2001年联合国教科文组织批准宝天曼加入世界生物圈保护区网络，是河南省第一个世界生物圈保护区。1982年在栾川老君山林场基础上建设老君山自然保护区，在西峡黄石庵林场基础上设立西峡老界岭自然保护区，在嵩县五马寺林场基础上设立龙池漫自然保护区，在鲁山林场基础上设立石人山自然保护区。1992年原林业部与世界自然基金会（WWF）将伏牛山确定为全球重要意义区域，森林生态系统自然保护优先领域。1993年中国人与生物圈国家委员会把宝天曼纳入中国生物圈保护区网络。1997年国务院批准上述5个保护区合并，将南召乔端、内乡万沟、西峡黄石庵、嵩县五马寺林场部分林区划入，建立伏牛山国家级自然保护区，属森林生态类型自然保护区，主要保护对象为过渡带综合性森林生态系统和珍稀濒危物种、珍贵树种及其生存环境，面积56024公顷。保护区内动植物资源丰富，保存着较为完整的天然次生植被和原生植物群落，被誉为中原的植物资源库、野生动物庇护所。分布有银杏、杜仲、香果树、榉树、野大豆、秦岭冷杉等31种国家重点保护植物，以及河南特有植物河南石斛、伏牛杨、河南铁线莲、河南鹅耳枥、河南翠雀、河南蹄盖蕨等。野生动物资源有金钱豹、林麝、金猫、豺等48种国家重点保护动物，以及大量未知昆虫。

2006年6月，南阳市整合宝天曼国家自然保护区、宝天曼国家森林公园、宝天曼国家地质公园、西峡恐龙蛋化石群国家级自然保护区、伏牛山国家地质公园和南阳独山玉国家矿山公园的地质资源，成功申报世界地质公园。中国南阳伏牛山世界地质公园总面积954平方公里，主要地质遗迹保护面积338平方公里，设置八大核心景区：中国西峡恐龙遗迹园、西峡老界岭、西峡龙潭沟、内乡宝天曼、七星潭、云露山、镇平五朵山、真武顶风景区。

外方山是广义伏牛山中相对独立的一个山域，隔伊河西望熊耳山，隔沙河南望伏牛山，隔汝河北望嵩山。在行政区域上，外方山处在鲁山县、汝州市、汝阳县、嵩县四县市接壤地带。春秋时，楚国一度强大，并占据了方城。于是，方城之北地的山，便称作外方山。嵩山也在方城之北，也是外方山所指。只不过，今细分山域将其分作两大块。

嵩山介于北汝河、伊洛河、黄河之间，是广义伏牛山的一部分，也是3000里大秦岭浓缩出最精彩的尾端。夏商时，称之为"嵩高""崇山"。西周时，称之为"岳山"。公元前770年平王迁都洛阳后，以"嵩为中央、左岱、右华"，定嵩山为中岳。因天地之中，五代后称"中岳嵩山"。696年，武则天封禅嵩山，曾改中岳为神岳。宋以降，恢复中岳嵩山之称。

班固《白虎通》曰："中央之岳加嵩高字者何？中岳居四方之中而高，故曰嵩高也。"《诗经》曰："嵩高惟岳，峻极于天。"《史记》云："昔三代之君，皆在河、洛之间，故嵩高为中岳，而四岳各如其方。"嵩山曾名崇山，而"崇"字本义即是山之宗。可见，嵩山在中国文化中的地位之高，无与伦比；嵩山的文化气场之大，非同凡响。

在嵩山之东，除新郑裴李岗外，典型遗址还有新郑沙窝李、唐户村、新密莪沟、长葛岗河、临汝中山寨、许昌丁集、郏县水泉，以及嵩山之西巩义铁生沟等。碳14断代年代为公元前6200—前5500年。裴李岗遗址群向人们叙述8000年前华夏先民在嵩山之周从事原始农业、手工业和家畜饲养业的情形。在裴李岗文化发展700年后，华夏文化进入仰韶文化时期。今新郑、新密一带是古有熊氏族居地，古曰"有熊国"。相传

5000年前，黄帝出生的轩辕丘即在这一地带。如今，在新郑、新密之间的高速公路尚设有轩辕丘出口。西汉年间，在轩辕丘建造了轩辕故里祠，此后历代都有修复。明穆宗隆庆四年（1570），在祠前建轩辕桥。清康熙五十四年（1715），祠前立轩辕故里碑。乾隆二十九年（1764）修葺，《重修大殿记》记述："古传郑邑为轩辕氏旧墟，行在北有轩辕丘遗迹，乃当年故址。"

嵩山之周的洛阳、郑州、许昌、平顶山，以及开封（老丘、启封、大梁、卞梁）、商丘（栗、朱、葛、高辛、亳、虞），皆是夏商建都之所。偃师二里头遗址是中国夏文化的代表，典型遗址还有临汝煤山、禹州瓦店、新密新砦、巩义稍柴、登封王城岗等，具体年代为公元前2100—前1700年。二里头遗址群讲述的是中国第一个王朝夏以嵩山为中心的生产、生活、生态场景。相传，舜封禹为夏伯，禹的儿子启在嵩山之阳，颍河上游的登封、禹州一带创建夏。早期史籍中多称"古阳城""阳翟"，今登封、禹州为夏国、夏邑。《水经·颍水注》载："颍水自堨东迳阳翟县故城北，夏禹始封于此为夏国。"《史记·周本纪·集解》引徐广曰："夏居河南，初在阳城，后居阳翟。"《竹书纪年》记载："帝即位于夏邑，大飨诸侯于钧（夏）台，诸侯从。"后夏迁都山西安邑。夏后氏帝相失国后，少康中兴，众灭寒浞，奉少康归于夏邑，诸侯始闻之，立为天子，建都少康城（今禹州顺店康城村）。商汤曾将夏禹后裔封于此。西周此地为历邑（栎邑），周武王封弟于康。春秋初年，郑国强盛，地位显赫，以新郑为都，少康为别都。公元前636年，翟（狄人）据栎，因在嵩山之阳，而名阳翟（狄）。公元前408年，韩国都自平阳迁阳翟。公元前375年，韩国灭郑，由阳翟迁都新郑。公元前370年，韩都复迁阳翟。公元前230年秦灭韩，置颍川郡，郡治阳翟县。

嵩山之西域，自古享"崤函帝宅，河洛王国"之谓，有"河山拱戴，形胜甲于天下"之名，得"天下之中、十省通衢"之誉。中国古代帝喾、唐尧、虞舜、夏禹的故事，以及河图洛书多与洛阳有关。《竹书纪年》记载，从夏朝第三任君主太康至夏桀，皆以斟寻（二里头遗址）为都。商汤即位商部落首领时定都南亳（今商丘），推翻夏后氏政权后，在夏都斟寻附近（偃师商城遗址）另建新都，史称"西亳"。公元前770年，平王东迁洛邑，建东周王城。东汉、曹魏、西晋、北魏，营建汉魏洛阳城。隋唐两代洛阳古城设计精湛，著名的"七天建筑"——天阙、天街、天门、天津桥、天枢、应天门、天堂南北纵贯，是中国古代最华丽的都城中轴线。洛阳有着5000多年文明史、4000多年建城史和1500多年建都史，先后有105位帝王在此定鼎九州。中华文明首萌于此，道学肇始于此，儒学渊源于此，经学兴盛于此，佛学首传于此，玄学形成于此，理学寻源于此。以洛阳为中心，形成了河洛文化和河洛文明——华夏文明的重要源头、核心成分。

嵩山向北直抵黄河岸边，黄河与嵩山相峙，形成咽喉要塞。对嵩山之西来说，这里是东大门；对嵩山之东来说，这里是西大门，可谓"锁天中枢，控地四鄙"。巩义因"山河四塞、巩固不拔"而得名。在巩义、荥阳交界地带是著名关隘虎牢关，又名古崤关。古崤关与函谷关，一东一西，遥相呼应，构成古都洛阳的东西两道大门。据《穆天子传》记载："天子猎于郑，有虎在葭中，七萃之士擒之以献，命蓄之东虢，因曰虎牢。"西周时，虎牢属古东虢国地界，归郑国管辖。公元前719年，郑败燕师于虎牢。公元前672年，周王室"子颓之乱"，郑杀王子颓，惠王复辟。郑国因功获赐虎牢以东地区。公元前570年，晋国占领虎牢。公元前376年，韩国由虎牢灭郑。战国时代，齐、楚、燕、韩、赵、魏，山东六国曾驻兵虎牢关与秦国对抗。公元前 249 年，秦蒙骜伐韩，韩献成皋（虎牢）。秦代设虎牢关，汉置成皋县，因名成皋关，魏、晋为黄马关，隋设金堤关，东晋赵主石虎讳"虎"为"武"，唐代避高祖李渊祖父讳亦改"虎"为"武"，即为武牢关。宋真宗以虎牢关为"玉关之枢会""鼎邑之要冲"，诏改行庆关。明洪武四年（1371）改古崤关，明晚期至清复为虎牢关。因在汜水之西，也称汜水关。在历史上，发生于虎牢关的战争多达数十起。《三国演义》虚构了一个三英战吕布的故事：曹操联合十八路诸侯讨伐董卓，上将吕布一连打败众将之后，刘备、关羽、张飞三兄弟在虎牢关与吕布大战。吕布虽勇，毕竟以一敌三，最终战败。此后，刘关张三人名满天下，吕布之勇名冠三军。公元前 230 年，秦灭韩国，于广武山建敖仓，储积粮食并派驻重兵，荥阳一跃而为军事重镇。公元前 209 年，陈胜、吴广率军攻荥阳，与秦军大战，吴广战死。楚汉之战，刘邦与项羽在此对峙，以鸿沟为界，中分天下。《史记·刘敬叔孙通列传》载："（刘邦）与项羽战荥阳，争成皋之口，大战七十，小战四十"。唐初，秦王李世民在荥阳虎牢关、牛口峪一带与割据势力窦建德决战，以 3000 铁骑败敌 10 万大军，迫使盘踞洛阳的王世充投降唐朝，奠定了唐朝统一天下的根基。这就是史上著名的虎牢关之战。

嵩山居天地之中，登封居嵩山之中，其地理特殊性不言而喻。以登封为中心，分布着洛阳、郑州、许昌、平顶山，及其下辖汝阳、汝州、郏县、禹州、新郑、新密、荥阳、巩义、偃师、伊川等县市。夏朝曾在阳城建都，即禹都阳城（王城岗古城）。秦置阳城县，汉设崇高县。隋改崇高县为嵩阳县。696 年，武则天登嵩山封中岳，大功告成后，遂改嵩阳县为登封县，阳城县为告成县。金代，两县合并，称登封县。1994 年设登封市。2010 年 8 月 1 日，在巴西首都巴西利亚召开的第 34 届世界遗产大会宣布，中国河南登封"天地之中"历史建筑群正式成为世界文化遗产。登封有 16 处全国重点文物保护单位，22 处河南省重点文物保护单位，6700 多件文物珍品。列入世界文化遗产的历史建筑群包括：太室阙和中岳庙、少室阙、启母阙、嵩岳寺塔、观星台、会善寺、嵩阳书院、少林寺常住院、初祖庵、塔林等 8 处 11 项。这一组历史建筑群，历经汉、魏、唐、宋、元、明、清，构成了一部中国中原地区 2000 年建筑史。

嵩山注定是中国文化的重要读本。嵩山国家森林公园两大主体架构，分别称作太室山和少室山。太室山是嵩山东峰（1440 米），主峰称峻极峰（1491.7 米）。据传，夏禹第一个妻子涂山氏在此生下夏启，山下建有启母庙。因涂山氏是夏禹的正妻，在古代妻子所居叫室，故称之"太室山"。与太室山相对，少室山是嵩山西峰。少室山又名季室山，主峰连天峰，海拔 1512 米，也是嵩山最高峰。据传，夏禹的第二个妻子，也是涂山氏之妹栖于此，在山下建有少姨庙，故山名曰少室山。

太室山和少室山各有 36 峰，每一山峰皆有经典名称。太室山"三十六峰如髻鬟，行人来往舒心颜。白云蓬蓬忽然合，都在虚无缥缈间"，主峰峻极峰，以《诗经·大雅·嵩高》"峻极于天"得名，清乾隆帝曾游此赋诗立碑，亦称御碑峰。山上有中岳庙、嵩阳书院。登峰远眺，西有少室侍立，南有箕山面拱，前有颍水奔流，北望黄河如带。俯瞰脚下，峰壑开绽，凌嶒参差。诸多山峰，据其方位、形状、外貌、遗迹、神话传说而命名，每一峰名包含一个有趣的故事。少奇峰东西起伏如眠龙，故有"华山如立，中岳如卧"之说。玉镜、狮子、虎头、玉柱、香炉、罗汉、玄龟、卧龙、老人、石笋、卓剑嵩山等峰是以形状外貌而命名。玉镜峰"皎皎冰盘营百围，广寒宫殿见依稀。春山万叠浑如洗，浮翠光中一镜飞"。卧龙峰"头角低回藓蔓封,蜿蜒端似卧真龙。旱乾岁祷多灵应,时见油云出此峰"。老翁峰"翳雾埋云皓首翁,难将书传考前踪。商山羽翼朝家后,化作中天一石峰"。卓剑峰"一峰卓立列嵩中,紫气腾腾射斗虹。昨夜洞宾经过此,却遗长剑倚崆峒"。起云峰、望洛峰、太阳峰、连天峰等以其方位命名。望洛峰"凭高懒上三山顶,望远偏惊两月空。试向此间登眺处,洛阳形胜在嵩中"。太阳峰"榻摇经影来山麓,锡柱晴光出岭头。独步高明时正午,顷令万壑失阴幽"。少阳峰"晓星才撤曙方明,乘兴探奇陟少陵。忽觉丹霞来袭体,不知旭日自东生"。连天峰,峰势独高,望之若与天接,可谓"天连嵩岭岭连天,晓抹青云晚带烟。且说匡庐高万丈,与天连也未相连"。为嵩山山峰命名也是统治者神化自己的好办法,许多峰名与汉武帝有关。相传,汉武帝在一峰下获玉人,而峰上黄云如盖,即得名黄盖峰;汉武帝至一峰下,听闻山呼万岁,即曰万岁峰;汉武帝曾在一峰下棋,故名会仙峰;汉武帝封禅系马之所,自然称之系马峰,等等。

太室山东麓、黄盖峰下有中岳庙。秦时始建,本名太室祠,汉武帝时增修。北魏时,改称中岳庙。唐宋时,多次扩建。明崇祯十七年(1644),毁于大火,清代重修。今之中岳庙,保留明清官式建筑规模、格局和风格。中岳庙最大规模建筑中岳大殿,又叫峻极殿,面阔九间、进深五间,重檐歇山式殿顶、黄琉璃瓦顶、七踩和九踩斗拱、透花棂子门窗,金碧辉煌,素有"台阁连云,甍瓦映日"之称。太室山南麓,有嵩阳书院,原本嵩阳寺,始建于北魏太和八年(484),初为佛教场所。隋炀帝大业年间(605—618),更名嵩阳观,为道教场所。宋仁宗景祐二年(1035),更名嵩阳书院,为讲授儒家经典场所。明末毁于兵火,清重修增建。嵩阳书院内有古柏三株,汉元封六年(前105)汉武帝游嵩岳,见柏树高大茂盛,遂封其为大将军、二将军和三将军，三将军柏毁于明末。将军柏为原始柏树，树龄4500余年。

嵩山腹地、少室山中、五乳峰下，坐落着一座佛寺，取名少林寺。嵩山少林寺独步天下，既是少林武术的发源地，也是佛教禅宗的祖庭。少林寺建于北魏太和十九年（495）。唐初，少林寺十三棍僧救过秦王李世民。贞观年间，重修少林寺。唐时，少林寺即享有盛名，以禅宗与武术并称。千余年来，少林僧人潜心研究佛法与武学，影响极其深远。民国时期，军阀石友三几乎将其焚毁殆尽。现存山门、方丈室、达摩亭、白衣殿、千佛殿等，天王殿、大雄宝殿等已修复。少林寺之塔林是唐以来主持墓地，已建250多座。

嵩山历来为享祭之山。相传，始皇帝东巡曾"登礼于斯"，少林寺内有一秦槐，秦始皇封其大夫槐。五岳祭祀，始于汉武。汉代以后，嵩山显耀。汉武帝嵩岳礼祭，听到山呼万岁，特为崇奉，令祠官加增太室祠。禁伐其草木，以山下三百为之奉邑，名曰崇高。唐高宗和武则天常住洛阳，嵩岳成为礼祭和巡幸之地。相传嵩山凤凰台，即是因其登临之时凤凰飞集其上而得名。唐玄宗于开元十八年（730），命祀嵩岳以王礼，封岳神为中天王。宋真宗诏加封号为中天崇圣帝。元武宗加封号中天大宁崇圣帝。明太祖朱元璋称其嵩岳。在中国历史上，曾有30多位帝王登临嵩山。

伏牛山归入秦国版图之前，秦国已有内史、陇西郡、蜀郡、巴郡、汉中郡、南郡，牢牢控制了大秦岭的西部、北部和南部。公元前272年，秦将白起攻楚占宛，秦置南阳郡。由此，伏牛山南麓归入秦国版图。公元前249年，"使蒙骜伐韩，韩献成皋、巩，秦界至大梁，初置三川郡"。以境内黄河、洛河、伊河三川而得名三川郡。由此，熊耳山、伏牛山北麓、嵩山西北麓归入秦国版图。公元前230年，"内史腾攻韩，得韩王安，尽纳其地，以其地为郡，命曰颍川。"颍川郡以颍水得名。由此，嵩山东南、外方山尽入大秦之地。

大秦岭是中央山脉，华山、嵩山正如两颗闪耀着无限文明之光的珍珠镶嵌其中。中国人是华夏子孙、龙的传人，有责任也有义务保护好大秦岭。护佑秦岭，也是在护佑生生不息的中华文明。

伏牛山示意图(制图:孙健)

第五章

秦岭芯学

秦岭简史

秦岭芯说

中国大秦岭,从不同学科、不同视角,得来不同的赞誉和美名。比如,中华脊梁、中华父亲山、中国中央山脉、中国人的中央公园、自然博物馆、地质博物馆、生物基因库、中部水塔,等等。这诸多赞誉与美名,皆是从一个侧面反映了大秦岭。如何综合概述和精准描述大秦岭,这是"秦岭学"的任务。我觉得,有三个字"中国芯"(Chincore),可以将上述内容全部包含其中。

随着大秦岭知识创新迈入新时代,"秦岭学"取得突破性进展,这便是找到了自己的核心字,即是一个"芯"字。以"芯(core)"论秦岭,缜密而贴切。大秦岭是中国芯(Chincore),这不是赞誉,也不是美名,而是秦岭厚实内涵的高度浓缩,可谓恰如其分、名至实归!

大秦岭是丝路中国芯。由亚欧非三大陆,构成了世界地缘政治学中的世界岛。在世界岛的中央地带,横卧着一条巨大的山系,从中国的大秦岭到欧洲的阿尔卑斯山,这就是世界昆仑山——世界岛的脊梁,世界岛的中央山脉。在地理大发现之前,世界岛即是全世界,古丝绸之路是连通世界岛的贸易干道,也是世界岛腹心的中央大道。古丝绸之路是古长安通往古罗马之路,也是从中国大秦岭通往阿尔卑斯山之路。人类古文明的发源地古华夏、古印度、古波斯、古巴比伦、古埃及、古希腊……全部布展在世界昆仑山。世界昆仑山—古丝绸之路就是人类文明之藤,就是轴心时代的那个"轴"。就此而言,世界昆仑山与古丝绸之路具有同等的地理意义。古丝绸之路将人类古文明紧密连接在一起,阿尔卑斯

山是古丝绸之路的"欧洲芯"，大秦岭是古丝绸之路的"中国芯"。以古长安为中心的大关中地区，以古洛阳为中心的河洛地区，都曾经是丝绸之路的核心经济区。毫无疑问，这是"丝路中国芯"的最好注脚！

大秦岭是地理中国芯。大秦岭、昆仑山、帕米尔是中国境内的世界昆仑山，也是中国境内一脉相承的中央山脉。与帕米尔、昆仑山相比，大秦岭是伸进中国腹心地带的中央山脉。大秦岭居中，有着非常宏阔的地理连接。大秦岭连接着东中西三级阶地，连接着西北、西南、华中、华北四大政区；连接着陕西、河南、湖北、重庆、四川、青海、甘肃6省1市；连接着青藏高原、黄土高原、关中盆地、华北平原、江汉平原、云贵高原、四川盆地、横断山脉八大地理板块。大秦岭将关中、中原、荆楚、巴蜀、羌藏、甘青六大生态圈连接为大秦岭生态圈。在中国地理板块中，大秦岭是最重要的板块、最核心的板块，也是最关键的板块，是名副其实的地理中国芯。

大秦岭是生态中国芯。大秦岭统领着中国的南方与北方，既是南方与北方的气候分界线，又是南方与北方的结合体。正是从这一点来说，大秦岭将中国一分为二，又将中国合二为一。大秦岭提携着黄河与长江，既是黄河与长江的分水岭，又将黄河与长江兼容为一体，形成一个宏阔的山水组合——一山两河。大秦岭是中国生态命门、中国森林宝岛、中国生物基因库、中国自然博物馆、中国绿肺、中国绿芯、野性的天堂。2014年，京津冀用上了秦岭水，与大秦岭结成紧密的生命共同体，进一步扩张了大秦岭生态圈。大秦岭是中华文明生生不息、永葆生机活力的核心生态家园。不仅是在中国，在全球范围内，像大秦岭这般具有特别生态意义的山脉也不多见。

大秦岭是人文中国芯。大秦岭是中华文明原生地，是中华民族的圣山。大秦岭南北养育着两大天府之国——关中平原与成都平原；东西孕育了两大千年帝都——古长安与古洛阳。渭河滋润了长安，洛河滋润了洛阳，长安与洛阳皆是大秦岭孕育的千年帝都。宋代以前的中国，是中华民族以大秦岭为政治、经济、文化中心的中国，体现了非凡的创造力。华胥氏是伏羲、女娲的母亲，是中华民族的元祖母。伏羲一画开天，造就了万世中华文芯。《易》不是宗教，胜于宗教。《易》是中华文明大道之源，诸子百家的思想总根源。"万变不离其宗"，中华文化的"宗"即是《易》。中华民族海纳百川、自强不息的精神源泉即是《易》。伏羲八卦，即是先天八卦，俗称"连山易"。《易》经过周文王和孔子的两次提升改造，出现《周易》《易传》。经周文王改造的八卦，又称文王八卦、后天八卦。《周易·系辞传》载："易有太极，是生两仪，两仪生四象，四象生八卦。"太极是一，是道，是天地未分时的混沌元气。大秦岭是华夏族的本部所在，精神家园所在。

大秦岭是美丽中国芯。秦岭是中华地理标识。大熊猫是秦岭珍宝，也是世界认知度较高的中国符号之一。大秦岭之中，嵩山、华山、骊山、武当山、终南山、太白山、龙门山、麦积山、九寨沟、神农架、长江三峡、黄河三门峡、秦岭湖、秦兵马俑、黄帝陵、大雁塔、白马寺、少林寺，等等，它们皆可称为中华地理标识，皆是中国符号。华山是秦岭靓丽的一座山峰，是中华文明绚丽的华表。华山提携着渭河与洛河，统领着两个千年帝都长安与洛阳。早期的华夏文化——仰韶文化，以华山为中心，在渭河流域、洛河流域分布最为集中。中华之"华"，源自秦岭之"一山"——华山之华；汉族之"汉"，源自秦岭之"一水"——汉水之汉。

大秦岭，中国芯（Chincore）——丝路中国芯、地理中国芯、生态中国芯、人文中国芯、美丽中国芯，这就是"秦岭五芯说"。中国芯

（Chincore），大秦岭至为尊贵而神圣无比的称谓。中国芯（Chincore），"秦岭学"的一个核心定义，也是"秦岭学"语境的核心词汇。我们应当无比珍惜，无比爱护！

阅读链接

CHINCORE 中国芯

中国芯是综合研究大秦岭生态特点与人文特质后，从汉语言体系出发，作者总结得出的一个重要结论，从而形成的一个全新概念。大秦岭是中国芯——丝路中国芯、地理中国芯、生态中国芯、人文中国芯、美丽中国芯。

最近赴美国考察学习，在耶鲁大学有一个学术交流，以"大秦岭·中国芯"为题，向美国朋友介绍世界昆仑山、中国大秦岭。然而，如何将中国芯翻译成英文，以期准确表达大秦岭是中国芯这一主题，似乎成为一个不大不小的问题。

"中国"一词，翻译成英文，即是China。汉语"芯片"一词，来源于英文chip，如果望文生义，直译中国芯，即是China chip，这可以在一定程度上反映大秦岭是重要生物基因库，是中国生态芯片的内涵。但是，这很难表达出大秦岭是中国文化底片的意思。英文"center"一词，有中心、中央的意思，用China center可反映出大秦岭是中国中央山脉、腹心山脉的含义，却难以反映出大秦岭是中国生态芯片的内容，也反映不了中国文化底片的含义。

有人建议使用"core"一词，可以一举两得。"core"有果仁、果核、果心、核心、精髓、要义，以及中心部分、基础部分等含义。于是，将"中国芯"译作 China core，似乎是比较理想的选择。然而，China core 容易被译作"中国核心"，而不完全是中国芯。

有鉴于此，别出心裁，我觉得也可以把 China 与 core 连接起来，固定下来，成为一个全新的整体符号 Chincore，用来专指"秦岭学"意义上的中国芯。Chincore 读作"秦酷儿"，也很中国，很秦岭。

兵马俑

黄帝陵

秦岭字芯

汉字，又称中国字，它是中华文化的显著特征之一，也是中华文化源代码之一，中华文化特色DNA片段。

汉字是独立起源的一种书写体系，其最大特点是每个字都是形、音、义的统一体。汉字并不是人类最古老的文字，但最早的甲骨刻符，距今也已有7000余年历史。大约在3500年前，甲骨文书写系统趋于成熟。之后，经历了大篆（籀文）、金文、小篆、隶书、楷书、行书，逐渐演化至今。

仓颉是在汉字创制史上极为重要的一个人，最早记载仓颉的文献出现在春秋战国之际。《荀子·解蔽》记载："故好书者众矣，而仓颉独传者，一也"。《吕氏春秋》记载："奚仲作车""仓颉作书"。当然，口耳相传的故事，自然要比文献早出许多。对于一个民族而言，创制属于自己的文字，自然是惊天地、泣鬼神的伟大创举。经过历代提炼，仓颉成为中国人心目中的汉字始祖。

在中华文化中，仓颉是一位介于神话与传说之间的人物。无论是从神话学，还是民族学，抑或是民俗学角度考察，仓颉都是中华民族历史上的一位造字圣人。其实，仓颉的贡献，也许在于搜集了流传各地的图画文字，并系统加以整理，继而加速了中国文字发展。也就是说，真实的情况，仓颉是前无古人的汉字整理者。无论如何，仓颉的名字已经与汉字创制紧密连接成为一个整体。

中国人尊重圣人，一个重要行动就是修筑纪念地。自汉代以来，全国出现多处仓颉陵、仓颉庙、造字台。其中，以陕西白水仓颉庙最早最著名，是中国同类遗迹中唯一的全国重点文物保护单位。汉景帝时，废白水县，建粟邑县。其缘由在《淮南子·本经》中可以找到："昔者，仓颉作书而天雨粟、鬼夜哭。"可见，在汉初，白水已是官方认定的仓颉故里。

仓颉庙内有仓颉墓冢，有历代碑石：东汉延熹五年仓颉庙碑、五胡十六国时广武将军碑、唐仓公碑、宋大宋仓公碑，等等。院内的古柏也在叙述着仓颉庙的历史沧桑，40余棵古柏虬枝盘旋，各具姿态，也各得其名："二龙戏珠""丹凤朝阳""奎星点元""青龙戏柏""兽龙戏牡丹""宝莲灯"，等等。其中，"奎星点元"是汉前古柏。

在陕西境内有两条河，皆称之洛河。其中一条，就是白水仓颉庙所在的洛河，也称北洛河；另一条洛河，即是南洛河。北洛河流淌在黄土高原腹心地带，是渭河的一级支流，而南洛河流淌在大秦岭的腹心地带，是黄河的一级支流。只不过，南洛河原本称作"雒河""雒水"。在推行简化汉字时，改"雒"为"洛"。

洛河，源自草链岭，穿流于华山山脉与蟒岭—伏牛山之间。洛河与伊河汇流之际，塑造了洛河盆地，这里即是古都洛阳的家园。洛阳处在秦岭之中，而"中国"一词原本即是指洛阳。秦岭与渭河、秦岭与洛河分别为千年帝都长安和洛阳各自塑造了一个理想的生态院落。在两大生态院落之间便是太华—华山山脉。华山之阴是渭河，华山之阳是洛河。

华山，统领着长安与洛阳，提携着渭河与洛河。华山与渭河、洛河，组成了小"一山两河"地带。这里是华夏族早先活动的核心地带，堪称是华夏本部。仓颉是华夏本部的核心成员，自然活动在以华山为中心的区域。北洛河的白水是仓颉故里，而南洛河上游的洛南，则有"汉字故里"

之称。

洛南在华山之南，曾与华阴对应，称之为华阳。有资料显示，仓颉造字的地点，即在洛河流域。在《河图玉版》中记载，仓颉曾是一位部落首领，以阳武为都，号仓帝。在位时，向南巡狩其领土，登上阳虚之山，沿洛水而下，在玄扈洛汭之处，发现灵龟负书，仓颉拜受洛书。洛汭在洛河流域，当是无疑。然而，是陕西的洛南，还是河南的洛宁，各执一词。不管怎样，洛南、洛宁皆有确指的仓颉造字纪念建筑。

其实，对于大秦岭研究而言，仓颉造字是在洛南还是在洛宁，是在陕西还是在河南也许并不重要。重要的是，它在洛河流域，在秦岭之中。在洛河流域，还有河图洛书，千百年来，人们总是把河图洛书与伏羲八卦联系在一起。《易·系辞上》载："河出图，洛出书，圣人则之。"以华山为中心，密集分布的仰韶文化遗址中，备齐了《易经》、龙、汉字等这些中华元素。

汉字、《易经》、龙，是中华文化的三大元素，也是中华文化与其他文化的显著区别。汉字、《易经》、龙，皆与秦岭息息相关。

秦岭佛芯

公元前 565 年，古印度迦毗罗卫国蓝毗尼，即今尼泊尔南部的提罗拉科特，诞生了一位圣者——乔达摩·悉达多，其与中国的老子、孔子出生在同一个世纪。他就是佛教创始人释迦牟尼。因其出生在 4 月 8 日，这一天也称之为佛诞日。

释迦牟尼，本意是"释迦族的圣者"。在中国传统文化中，尊奉释迦牟尼为佛祖。释迦牟尼年少时，喜欢无拘无束的游历生活。到 29 岁时，决意彻底舍弃王族生活，专心出家修行。到 35 岁时，终于顿悟成佛，即"佛陀"，意为觉悟者、智慧者。此后，释迦牟尼游历印度各地，播撒觉悟、智慧，讲述佛教原始教义。

在公元 1 世纪，经过 500 余年岁月洗练后，佛教沿世界昆仑山，顺着丝绸之路，向东西两个方向迅速传播。这一时期，中国的政治、经济、文化中心尽在大秦岭脚下。两汉时期，佛教即传入中国。然而，汉传佛教的标志性事件，却发生在东汉时期。一直以来，流传着"汉明感梦，初传其道"的说法。也就是说，佛教正式传入中国，源于汉明帝的一个梦。梁代慧皎《高僧传》云：64 年，"汉明帝梦金人飞行于庭，以占所梦，傅毅以佛对。帝遣郎中蔡愔、博士弟子秦景等往天竺。愔等于彼遇见摄摩腾、竺法兰二梵僧，乃要还汉地，译《四十二章经》。腾所住处，今洛阳雍门白马寺也。"此二梵僧，上等客人，自是官方接待，其住处原名曰鸿胪寺，秦时曰典客。为表彰白马驮经之功，68 年，汉明帝将此鸿胪寺改名白马寺。二梵僧所译《四十二章经》是中国第一部汉译佛经，白马寺是中国第一座官办佛教寺院，后者被称为中国佛教的"释源"和"祖庭"。

东汉时，洛阳是中华帝都所在，也是汉代中国佛教中心所在。佛教传入洛阳之时，正是东汉由光武中兴到明章之治的鼎盛之际。在帝都洛阳，佛教文献翻译工作取得了重要进展。据《开元释教录》记载，从汉桓帝到汉献帝，即189年至220年的31年间，译出经典187部379卷。然而，精致的佛教经典并不能遏制汉室衰亡直至崩溃的大趋势。无奈，经由短暂的三国时代后，中国进入了一个空前大分裂的时代。

三国之后，长安即成为中国佛教中心。竺法护是中国早期的佛教译经家、月氏侨民。在西晋时，竺法护从大漠来到秦岭脚下，在长安从事译经数十年。284年至308年，译出各类经论154部309卷。大乘佛教重要经典《法华经》，竺法护以《正法华经》为题译出。384年，羌人姚苌叛秦，次年擒杀氐羌苻坚，剿灭前秦，自立后秦。姚苌、姚兴、姚泓，祖孙三世称帝，以长安为都。法显与唐玄奘齐名，是赫赫有名的中国佛学大师。399年，法显从秦岭脚下的长安城出发，沿丝绸之路去往天竺取经求法，历时14年，游历20余国，带回《大般泥洹经》《摩诃僧祇律》《长阿含经》等多部梵文经典。法显不仅在中国佛教史上享有崇高地位，在中国留学史上也是影响千古的人物。鸠摩罗什是享誉世界的著名佛学家，曾游学天竺诸国，列中国四大译经家之首，被尊为中国佛教八宗之祖。401年，鸠摩罗什来到秦岭脚下，在后秦姚兴护持下，大兴译经事业，南北俊秀仰止，门生弟子3000人，其中以道生、僧肇、僧睿、道融最为杰出，称为"什门四杰"。鸠摩罗什的译经场所是姚兴皇帝的逍遥园，因苫草为堂而得名草堂寺。在草堂寺，译出经、律、论、传，多达94部、425卷。所译经籍种类，遍及大小三藏教禅诸家。其中《大品般若经》《中论》《百论》《十二门论》《大智度论》，使得龙树般若性空之学至此文备义明。《成实论》《阿弥陀经》《十住毗婆沙论》《金刚经》《法华经》《维摩经》等译著，文妙义精，古今佛界皆遵。后来，以上述诸经为基础，有三论、四论、成实学派兴起，及天台、禅、净等诸宗成立。隋唐时，高僧吉藏以三论为依据，创立三论宗，尊鸠摩罗什为三论宗始祖，草堂寺为三论宗祖庭。

在后秦，发生的另一佛教事件即是开启了建造麦积山石窟的历史进程。麦积山所在的地方，在隋唐时曾设秦岭县，因在秦岭北麓而得名。麦积山是秦岭的一座孤峰，因山形酷似麦垛而得名。麦积山石窟开凿在悬崖峭壁之上，经各代开凿扩建，洞窟密如蜂房，栈道凌空飞架，层层相叠，美不胜收。麦积山石窟也曾"有龛皆是佛，无壁不飞天"，后因潮湿而壁画剥落。麦积山飞天，有泥塑、雕刻、绘画、薄肉塑四种形式，她是美丽的少女，飘曳的衣裙、飞舞的彩带，凭借云彩凌空翱翔。后因在唐开元年间发生了一次强烈地震，麦积山石窟的崖面中部塌毁，窟群分为东、西两个部分。全部石窟194窟，其中东崖54窟，西崖140窟。麦积山石窟被誉为"中国四大石窟"之一，有"东方的雕塑馆"之誉。

北魏是一个具有鲜明造佛兴佛特色的朝代。386年，鲜卑族拓跋珪称帝，国号曰魏，史称"北魏"，都平城。439年，魏道武帝拓跋焘统一中国北方。493年，魏孝文帝拓跋宏迁都洛阳。在以平城为都时，北魏即开凿了著名的云冈石窟。白居易有诗云："洛都四郊，山水之胜，龙门首焉。"北魏迁都洛阳后，随即开凿龙门石窟。后历东魏、西魏、北齐、隋唐、五代以及北宋，大规模营造400余年，南北长1公里。龙门石窟密布于伊水东西两山峭壁之上，今尚存有窟龛2345个，佛塔80余座，造像10万尊，最大佛像高达17.14米，最小仅2厘米。碑刻题记

2800余品,其中龙门二十品是中国书法魏碑精华,褚遂良伊阙佛龛碑是初唐楷书艺术的典范。龙门石窟是北魏、唐代皇家贵族发愿造像最集中的地方,具有浓厚的国家宗教色彩。龙门洞窟中,北魏占30%,唐代占60%,其他朝代占10%。龙门石窟是佛教文化的艺术表现,也折射出当时的政治、经济以及文化时尚。石窟中保留着大量的宗教、美术、建筑、书法、音乐、服饰、医药等方面的实物资料,它是一座大型石刻艺术博物馆。

与龙门石窟同时代建设的著名佛教寺院还有嵩山少林寺。因在嵩山五乳峰下,少室山的茂密丛林之中,得名少林寺。东天竺人,佛陀跋陀罗曾为魏孝文帝讲经。魏孝文帝为跋陀尊者设禅林,开凿云冈石窟。495年,魏孝文帝敕建少林寺,跋陀尊者是首位住持。506年,印度高僧勒拿摩提、菩提流支,先后到少林寺开辟译场。527年,释迦牟尼佛第二十八代徒菩提达摩到少林寺传授禅宗,著有《少室六门》上下卷,包括《心经颂》《破相论》《二种入》《安心法门》《悟性论》《血脉论》6种,后传法于慧可、慧光。因少林寺十三和尚助唐有功,受到唐太宗封赏,赐田千顷,水碾一具,并称少林僧人为僧兵。从此,少林寺名扬天下,被誉为天下第一名刹。唐宋年间,少林寺拥有土地14000亩,寺基540亩,楼台殿阁5000余间,僧徒2000多人。达摩开创的禅宗,在唐代得以迅猛发展,并成为最大宗派,达摩因此被尊称禅宗世祖,少林寺被尊称禅宗祖庭。

当历史进入隋唐时代的时候,长安又一次成为中国佛教中心。627年,唐贞观元年,玄奘沿丝绸之路西行5万里,到达印度佛教中心那烂陀寺取经。历时17年,学遍大小乘各种学说,带回佛舍利150粒、佛像7尊、经论657部,玄奘及其弟子译出75部、1335卷。玄奘译著《大般若经》《心经》《解深密经》《瑜伽师地论》《成唯识论》等。所著《大唐西域记》十二卷,记述玄奘西游经历的110个国家及传闻得知的28个国家的山川、地邑、物产、习俗等。《西游记》即以其取经事迹为原型。645年正月,玄奘返回长安。此时,因辽东战役,唐太宗驻跸洛阳。玄奘奉诏,在洛阳宫仪鸾殿受到太宗接见。玄奘初见太宗时,即希望前往嵩山少林寺译经,未获太宗允许,三月初一从洛阳折回长安。在唐太宗支持下,玄奘在长安设立译经院(国立翻译院)。648年,太子李治因追念生母,下令在北魏净觉寺、隋无漏寺的原址上建造大慈恩寺。同年12月,唐太宗为玄奘举行了盛大的入寺升座仪式。今日之大雁塔,即是昔日的慈恩寺塔。大慈恩寺是唐长安城最著名、最宏丽的佛寺,玄奘在这里领管佛经译场,创立汉传佛教八大宗派之一的法相宗,也称唯识宗、慈恩宗。因此,大慈恩寺即是法相宗的祖庭所在。664年,玄奘圆寂,先葬于白鹿原,669年改葬樊川凤栖原,并修建五层灵塔。次年,因塔建寺,唐肃宗题"兴教"二字。从此,取名兴教寺,或称大唐护国兴教寺。兴教寺号称唐代樊川八大寺之首,也是佛教八宗之法相宗的祖庭之一。

早在汉灵帝时,在长安即建有佛教寺院——卧龙寺。早先称福应寺,隋称福应禅院,唐又称观音寺。宋初,高僧惠果入寺住持,终日高卧,时人呼其"卧龙和尚",宋太宗时更名卧龙寺。晋武帝年间,265年至290年,于长安城建造大兴善寺,初称遵善寺。北周明帝在原址建造陟岵寺。582年,隋文帝诏建大兴城,敕令迁寺于新都,命为国寺。因隋文帝北周时曾为大兴郡公,而寺址又位于靖善坊内,故取"大兴"二字和靖善坊一"善"字,合名大兴善寺。大兴善寺的开山祖师,是隋文帝布衣知友——灵藏大师。587年,召慧远、慧藏、僧休、宝镇、洪遵、昙迁入京,是为"六大德",并有僧众300余人,令其为国行道。唐开元四年至八年（716—720），善无畏、金刚智、不空，即"开元三大士"在大兴善寺翻译秘籍500余部，大兴善寺由此成为长安三大译场之一，也成为密宗祖庭。不空为玄宗、肃宗、代宗三朝帝师，唐至德元载（756）住持大兴善寺。与寺内行息灾咒法，设灌顶道场与戒坛，大兴善寺与青龙寺并称密教中心道场。隋时，于终南山北麓建造净业寺。唐初，高僧道宣入寺弘法道场。后人因道宣长期居住终南山，尊称其所弘《四分律》为南山宗，亦尊称其为"南山律祖"，净业寺也成为律宗的发祥地，律宗的祖庭。唐高宗开耀元年（681），于终南山下建造香积寺，唐代曾盛极一时。香积寺处在子午峪口正北，神禾原西畔，北接樊川，南临镐河，镐潏合流萦绕于西。王维《过香积寺》："不知香积寺，数里入云峰。古木无人径，深山何处钟。泉声咽危石，日色冷青松。薄暮空潭曲，安禅制毒龙。"香积寺是净土宗祖庭。华严寺位于少陵原半坡，居高临下，俯瞰樊川。华严寺由初建到以后数百年间，无高大殿堂建筑的记载，只是凿原为窟，安置佛像及僧众居住。从塔记看，这里曾有华严宗初祖杜顺坐定身骨的墓塔、二祖智俨塔、三祖贤首塔、四祖澄观塔。华严寺是中国佛教华严宗的祖庭。

唐长安城寺庙林立，大唐气象也表现在佛教寺庙上。汉传佛教八大宗派：唯识宗、三论宗、天台宗、华严宗、净土宗、禅宗、律宗、密宗。除天台宗祖庭在浙江国清寺外，其余七大祖庭全在大秦岭脚下，且除禅宗祖庭少林寺外，六宗祖庭在终南山下。以此而论，大秦岭即是中国汉传佛教的佛芯所在。

在西安城，不仅有汉传佛教，也有藏传佛教。最典型的即是广仁寺。1705年，康熙来陕西巡视时，拨专款敕建。广仁寺是达赖、班禅等大喇嘛进京朝觐时的行宫，又称喇嘛寺。广仁寺是中国唯一绿度母主道场，也是陕西唯一藏传格鲁派寺院。

　　藏传佛教与汉传佛教，皆是中国佛教的重要组成部分。秦岭佛国，不仅有汉传佛教，也有藏传佛教。大秦岭之西倾山、岷山，就是以藏传佛教为主的区域。其中，最具代表性的便是拉卜楞寺。拉卜楞的藏语意思是"活佛大师的府邸"。拉卜楞寺位于西倾山大夏河流域，是藏传佛教格鲁派六大寺院之一，也是世界藏学府。由此可见，长安、洛阳不仅是大秦岭脚下的两座千年帝都，也是两大中国佛教中心。

大慈恩寺

白马寺

七个秦岭

毫无疑问，秦岭山脉只有一个。然而，"秦岭"一词，却有着各种各样的含义。截至目前，人们至少是在以下几个意义上使用"秦岭"一词。

首先，本原意义上的秦岭。"秦"，原本是甘肃省天水市清水县的一个小地方，在今天也称之"秦亭乡"。因非子的养马才能，公元前897年，周孝王将这个叫秦的小地方封赏给非子。由此，非子便成为秦非子，其后代以"秦"为名号。于是，有了秦国、秦朝、秦始皇……于是，"秦"字在中国历史文化中占据了举足轻重的地位。在东汉，班固以"秦"名山。班固《西都赋》："睎秦岭，睋北阜，挟沣灞，据龙首。"这是古文献中第一次出现"秦岭"一词。显然，班固所言秦岭即是西都长安的南山。至班固时，周代和汉代，皆曾以长安与洛阳为都。唯独秦代，不曾在洛阳立都。以"秦"字名长安之南山，独具匠心。汉长安城在渭河南岸的龙首原上，自然只能看得见南山的岭脊部分，难以看到山的全貌。所以，称之为秦岭，而不称秦山。可见，"秦岭"一词原本是指长安的南山。因此，不少文献指出：秦岭，一曰终南山。

其次，传统意义上的秦岭。无论是春秋五霸之一的秦国，还是战国七雄之一的秦国，抑或是开创中华千年大一统格局的大秦帝国，皆立都关中，立都陕西。所以，陕西的简称即是"秦"。久而久之，人们习以为常，便把秦岭等同于关中的南山、陕西的南山。然而，如今的陕西，是历史上版图最小的陕西。"陕西"一词，源于分陕而治。这里的"陕"即河南三门峡市黄河南岸秦岭北坡的陕塬。陕西，即陕塬以西。在宋代，陕西路的行政版图东至陕塬,西抵青藏高原上青海一带的黄河岸边。如今,这一地带的人,依然在说陕西话,听秦腔。这一地带的南山,自然也是陕西的南山,也是文化意义上的秦岭。抵达青藏高原黄河东岸的秦岭,与具有万山之祖之称的昆仑山一脉相承。后来,从陕甘分治再到陕甘分省,作为行政单元的陕西,其版图出现大面积的收缩。而事实上的秦岭,并不会因此而缩小。也就是说,秦岭的范围,早就不是现在陕西境内的南山。

第三,地理意义上的秦岭。不少人所知道的秦岭,是中学地理课本讲述的秦岭—淮河一线为中国南北方分界线。既然如此,淮河向西,具有中国南北分界线意义的山脉,皆可称之为秦岭。这其中,自然也就包括河南豫西的山脉。结合前文所述,由河南嵩山向西直达青藏高原黄河东岸,所有东西向山脉,皆可称之为秦岭。东西长度超过1500公里,可谓"三千里大秦岭"。高峻挺拔的秦岭阻挡了南来的水汽,也阻挡了南下的冷气,从而使得秦岭北麓与秦岭南坡呈现出显著不同的地理生态样貌,维持着南稻北麦、南船北马的中国南北大格局。长期以来,人们重视分而不重视合。其实,所谓南北分界线,不是一条线,而是一个带,更多地表现出南北过渡地带特征。秦岭山里,既有中国的南方,又有中国的北方。既不是典型的北方,也不是典型的南方;或者说,既像是南方,又像是北方。其实,也是一种既南又北的格局。因此,秦岭是中国的北方,也是中国的南方,中国的南方与北方共享了大秦岭。

第四,生态意义上的秦岭。黄河、长江是母亲河,大秦岭是父亲山。大秦岭与黄河、长江组成的"一山两河"地带,是中国心脏地带。秦岭有四宝:水、森林、文脉和美景。第一宝即是秦岭水。水是生命之源,生态之根脉。大秦岭是黄河、长江、淮河的分水岭,也是黄河、长江、淮河共享了大秦岭。在长江流域，秦岭孕育了汉江、嘉陵江。在嘉陵江与汉江之间，是玉皇山和大巴山。嘉陵江南北流向，塑造了四川盆地，精气聚结于重庆。汉江东西流向，塑造了江汉平原，精气聚结于武汉。如今，来自秦岭的汉江水北上，滋润北京城，滋润京津冀，滋润华北大平原。在黄河流域，秦岭孕育了渭河、洛河。渭河塑造了关中平原，精气聚结于西安；洛河塑造了洛河盆地，精气聚结于洛阳。长安与洛阳是两大千年帝都。华山是渭河与洛河分水岭，统领着长安与洛阳。华山与渭河、洛河组成的小"一山两河"地带，是中华文明的本部所在。嵩山是洛河与淮河的分水岭，是中国的王城集结地，堪称是大秦岭的东方王冠。

第五，全球意义上的秦岭。在6亿年前，秦岭尚是一片汪洋大海，是古地中海的一部分，与现代地中海连为一体。此时，华北、华南两大板块隔海相望。后来，经过多次全球范围的造山运动，秦岭洋以"推手风琴方式"关闭，海水被由东向西、从北向南逐一挤出，褶皱隆起为山脉。经过复杂而深刻的造山过程，秦岭、巴山、岷山、西倾山相继隆起，并合体为大秦岭。再后来，在印度次大陆撞击下，青藏高原快速崛起，大秦岭西部随之抬起，并形成了今天这种四兄弟姿态各异的大格局。如今，从卫星影像图上看一目了然，可以发现亚欧大陆中央横卧着一巨大山系，由中国腹心地带的大秦岭，经青藏高原、帕米尔高原、波斯高原、土耳其高原，一直到欧洲的阿尔卑斯山，长达1.2万公里。这一巨大山系，即是世界昆仑山。世界昆仑山是世界岛上的中央山脉，秦岭是东方之首，阿尔卑斯山是西方之首。帕米尔高原是世界昆仑山的腹腰，向东伸展出昆仑山—大秦岭，构成了中国的中央山脉。

第六，法律意义上的秦岭。大秦岭布展在青海、甘肃、陕西、河南、四川、重庆、湖北6省1市。各省市的秦岭，自然适用各自的政策法律。陕西秦岭处在大秦岭的腹腰地带，约占全部秦岭的1/4。嘉陵江、汉江、洛河的源头，以及秦岭主峰太白山皆在陕西。在地理、生态、人文三维度上，陕西皆是"最秦岭"。"最秦岭"的陕西，也最先在法律意义上践行了"绿水青山就是金山银山"的理念。2007年，陕西破天荒颁布实施了《陕西省秦岭生态环境保护条例》（以下简称《秦保条例》）。在中国，以山脉为对象进行立法保护，这是首例。于是，地理属性、生态属性、人文属性的秦岭成为具有法律属性的秦岭。秦岭法律属性，建立在地理、生态、人文属性的基础上。于是，在自然边界的基础上，秦岭有了法律边界。《秦保条例》，就像是为陕西秦岭量身定制的"金钟罩"，由核心到外围，设置了三层保护结构和保护机制。2017年，第一次修订了《秦保条例》，相信在不久的将来，还会有更新版的《秦保条例》，为秦岭建立更为全面牢靠的保护。

以上六个秦岭，皆是从一个方面定义了秦岭。当我们以秦岭为对象，进行多学科、全方位的综合性研究，也就可以得到一个"秦岭学"知识视野的大秦岭。在"秦岭学"知识视野中，地理、生态、人文是一个三维偶合系统。在这样的三维偶合系统中，大秦岭获得了极为特别的地位。这种特别地位，可以用一个"芯"字来表示。即丝路中国芯、地理中国芯、生态中国芯、人文中国芯、美丽中国芯。

以上六个秦岭，再加"秦岭学"意义上的秦岭，也可算作是"七个秦岭"。

秦淮风光（摄影：赵少勋）

中国岭·中华岭

China是中华、中国的英文译名,也是瓷器的英文译名。稍微有点英语基础的中国人,似乎觉得中华、中国的英文译名China,一概源自中华瓷器在西方世界的重要影响力。其实,这是一个时期一些不明真相的学者牵强附会之辞,也是一个不得不纠正的文化误解与信息误读!

英语世界中,"瓷器"一词,最初用名"chinaware",其中"China"本为中华、中国之意,"ware"是指陶器、器皿、器具、制品、货品等物件。china与ware合起来,构建出chinaware,直译为中文,即是中华器物、中华货品等。瓷器、丝绸、茶叶,皆是欧洲人喜欢的"chinaware"。所以,有了丝绸之路,有了茶马古道。后来,省略了ware,赋予China以瓷器的特别含义。由此,也是向世人宣示:瓷器是中华文明瑰宝,中国是瓷器之国。也就是说,"China"的本义即是中华、中国,后来也指代中国特色制品瓷器。不能颠倒过来说,China是瓷器,也指代中华、中国。

那么,为何China是中华、中国?一种观点认为,"China"一词大致出现在隋唐时期,来源于老关中话中"长安"(古音作cháng nǎn)。也就是说,China是古长安的音译缩写。中国长安与意大利罗马、希腊雅典、埃及开罗,并称为世界四大古都。在中国历史上,周秦汉唐是最具世界影响力的四大王朝。关中曾是天府之国,长安是天府之国的核心,周秦汉唐四大王朝皆置国都于长安。如今,中国首都在北京,国际社会常以北京来指代中国。汉唐盛世,万国来朝,各国以长安指代中国,似乎也在情理之中。

然而，这是另一种文化误解和信息误读，远离事实真相！以下观点，也许更接近真相，也更合理、更具影响力。2000多年前，经过数代励精图治，秦国从商鞅变法中强势崛起，并以雷霆之势，纵横捭阖、驰骋千里，将韩、赵、魏、楚、燕、齐，置于秦的名下，铸造了华夏一统的万世基业。这是中国历史上的重大事件，也是世界历史上的重大事件。由此，大秦帝国的威名远播，可谓"使天下皆畏秦"。特别是由东向西，沿着亚欧大陆、丝绸之路，秦之强、秦之威不胫而走。西方世界诸国，皆谓东方大国为"秦"。当然，在古老年代，这种信息传播是渐进性的，由近及远，经过中亚、南亚、西亚、东欧、西欧，最终传遍全世界。

如今，中国大陆采用汉语拼音方案，将秦岭拼音作 Qin Ling，而中国台湾依然采用韦氏拼音法，将秦岭译作 Ch'in Ling。韦氏是英国驻华公使，发明韦氏拼音法是为方便英国人学习汉语，当然也方便了中国人学习英语。韦氏拼音法似乎准确告诉我们：Ch'in 即是秦的音译。China 是在 Ch'in（秦）后面加了一个字母"a"，用以表示地域。比如非洲 Africa、美洲 America 等，后面皆有一个字母"a"。China（中华、中国）是 Ch'in（秦）在西方世界固化了的文字符号。由此，秦（Ch'in）也就成为中华、中国永久的国际代名词。也就是说，在西方话语体系中，中华、中国（China）即是秦（Ch'in），秦（Ch'in）即是中华、中国（China）。这种固化了的文字符号，就像汉语朝鲜、日本所表达的含义一样，它与后世的改朝换代、政权更迭并无关联。

有资料进一步指出，Ch'in（秦）是英语中华、中国及各种非汉语中其他同源名称的原形。清代外交家薛福成曾任出使英国、法国、意大利、比利时四国大臣。在《出使四国日记》中薛福成写道：英语称"中国"为"采依那"，法语为"细纳"，意大利语为"期纳"，德语为"赫依纳"，拉丁语为"西奈"。这些叫法及其意义,都是秦(Ch'in)的不同音译。这一观点,与1986年出版的《剑桥中国秦汉史》相互印证。美国斯塔夫里阿诺斯在《全球通史:从史前史到21世纪》里也写道:"如果说中国的英文名字(China)由秦(Ch'in)而来,那是恰当的。"

最近,研读美国作家马立博所著的《中国环境史:从史前到现代》。这是迄今为止,第一部全面阐述中国生态环境变迁的扛鼎之作。在书中,马立博确信:"秦汉时期对于中国历史来说如此重要,英文中'China'即来源于秦(发音Ch'in),而后的中国人则自称为'汉'(人)。"中国人自称为"汉"(人)而不自称为"秦"(人),盖因后世"罢黜百家,独尊儒术",由于过于信奉法制,把推崇武功的秦政贴上了"暴政"的标签,甚至称其为"暴秦"。于是,秦受诟病,遭贬损。但是,这似乎并没有减损秦(Ch'in)获得的国际影响力。

在周秦汉唐四大王朝中,秦帝国享国时间最短。然而,大秦帝国以其举世无双的卓越成就,在中国和世界历史文化中刻画出极为深邃的印记。秦朝之前,中国原本是一个诸侯国分立的世界。大秦帝国实行郡县制,彻底改变了诸侯国各自为政的分立状态。秦朝国祚区区14年,但后世继承了大秦开创的天下一统体制,继而成为中华民族生生不息的重要制度基础。秦始皇兵马俑被誉为世界第八大奇迹,秦阿房宫更加美轮美奂。

在古代,秦具有无可比拟的影响力。在西方,以秦(Ch'in)命名了中华、中国(China);在海内华夏,中国人以秦命名了一座伟大的山脉——秦岭(Ch'in Ling)。西倾山、岷山、迭山、岷峨山、鸟鼠山、朱圉山、齐寿山、麦积山、玉皇山、太白山、地肺山、终南山、太乙山、太华山、崤山、邙山、商山、伏牛山、熊耳山、嵩山,等等诸多名山大川,统统归入大秦岭的名义之下。

山与山不同，秦岭是以一个强大帝国命名的山脉。高山仰止，独领风骚。大秦岭雄健起步于青藏高原东部，纵横驰骋于黄土高原南缘，完美收官于华北平原西垂。由海东（青海东部）而豫西（河南西部），峰回路转 1500 余公里。透过大秦岭的山川水系，将中国大西北、大西南，以及华中、华北、华东紧密连接成一体。继而，大秦岭成为中国地理的中央版块、核心板块。

秦岭，绝不是一般意义上的一座山脉，她是中国中央地带的巨大山系，被誉为"中国中央公园"。她是黄河与长江的分水岭；她是中国南方与中国北方的地理分界线；她是连接中国大陆三大阶梯、东西南北四大方位的核心板块；她是野性的天堂，生灵万物的庇护所，也是荟萃各种思想，传承不同文化流派的精神家园；她是秦人的祖山、中国的脊梁，也是中华的父亲山；她是中国的生态命门，也是中国的地理标识。

Ch'in（秦）是 China（中华、中国）之基。大秦岭是秦朝、秦国、秦人的国脉，也是大中华、大中国的国脉。

秦岭风光（摄影：赵纳勋）

中国式生态伦理

"父亲山""母亲河"是中外大辞典尚未收录过的一对新词。这一对时代新词,颇具中国特色。父亲山、母亲河,是中国生态环境与中国伦理文化最精巧的连接,人与自然和谐相处、和谐相悦最精致、最生动、最深情的表达。

大秦岭,隐藏着中国生态密码,是中国生态的光辉灯塔;大秦岭,隐藏着中国人文密码,是中国人文的光辉灯塔;大秦岭,是中华脊梁,是中央山脉,是值得万世景仰的中华父亲山。

母亲,一个无比崇高、无比圣洁的称谓。《说文》曰:"母,从女,象裹子之形。又曰,象乳子。"也即是说,"母"有两种字义:其一是怀孕女子挺着大肚子的象形;其二是女子跪坐用双乳喂养子女的象形,字形中两点即是女子的双乳。母亲是子女生命的来处,母亲孕育生养了子女。对于子女来说,母亲当然无比崇高、无比圣洁。

父亲是子女生命的另一半来处,是与母亲一样崇高、一样神圣的称谓。"父"是"斧"的本字,本是"持斧"的象形。人类最早的时代是石器时代,最初的斧是石斧。如今看来,石斧简单粗糙,然而它却具有划时代意义。石斧曾是二三百万年间人类最重要的劳动工具。持斧劳作并不轻松,持斧的男子理应赢得尊重。"父亲"一词,就是这种尊重的深情浓缩。人未必都有子女,但每个人一定有父母。"父母",人伦关系中最核心的词汇。每一个人,对父母都饱含着难以用文字表达的深情与敬意。

人世间，父母是最亲的人。亲，繁体写作"親"。由"亲"与"見"两个部分组成。造字之初，亲象形是"辛"。"辛"是在皮肤上刻字的刻刀象形，带有皮肤被撕裂的感觉。子女，就是从母体中撕裂而出。"辛"与"見"组合，自然是刻骨铭心而又常常相见的人。后来，在"辛"字下加一"木"字，演变为"親"字，可演绎为彼此相邻、空间靠近的树木，以此表示关系近、感情好的人。这也就由父母的"亲"扩展到了其他的"亲"。

把父母与子女两代人组合到一起，形成了一个字，即是"孝"字。《说文》曰："孝，善事父母者。从老省，从子。子承老也。"也就是说，"孝"字由两部分组成，一部分是头发稀疏的老者象形，以"老"字代表父母，一部分是代表子女的"子"字。子女在身旁服侍、奉养父母即是"孝"。在五帝时代，就已经出现了孝的观念。及至春秋，经孔子整理，遂成"孝道"。孔子曰："孝，德之本也"，后世进一步发展，便有了"百善孝为先"。

父母有父母，父母的父母也有父母，……上溯250万年，直至人类先祖。子女有子女，子女的子女也有子女，及至子子孙孙、生生不息。在人类之外，尚有万物生灵。不知道人类之外的生灵是否有子孙、父母、先祖的意识，反正人类有，这是一种宝贵的意识。远在战国时代，大思想家荀子曾说："先祖者类之本也。"今天，我们自认是炎黄子孙。其实，这等于是说，炎黄二帝代表了我们的祖先，也代表了我们的根本。在"先祖者类之本也"一句的前面，荀子还说："天地者生之本也。"生，生灵万物之生，也是生生不息之生。在这里，人类是生灵万物的一部分，先祖是生生不息的一环节。《周易》曰："天地之大德曰生"，老子言："道生一，一生二，二生三，三生万物"，又言："人法地，地法天，天法道，道法自然"，庄子继言："天人合一。"在2000多年前，中国的思想先锋就将人与自然放在合一的境界，这无疑是中国古代最灿烂的思想瑰宝。

中国古人与自然关系思想瑰宝中，常以天地指代宇宙，指代大自然。《庄子·达生》曰："天地者万物之父母也。"大自然孕育生养了万物，既是万物之父母，当然也是人类之父母。山脉、江河是大自然的骨脉，也是大自然的代表。人们常以河山、江山来指代国家、疆域之内的大自然。江河蜿蜒透迤、温柔流淌，具有女性气质、母亲品格，于是人们将生养自己的江河称之母亲河。山岳身躯伟岸、高耸挺拔，具有男性气质、父亲品格，于是人们将生养自己的山岳称之为父亲山。一方水土养一方人。母亲河、父亲山，这是人与自然新型关系的深情表达，并没有什么人去刻意规定，而是自然而然。

与人人都有自己的母亲一样，人人都有属于自己的母亲河。笔者出生和成长于北洛河河畔，北洛河是渭河的一个支流，自认为北洛河就是母亲河。后来，笔者在渭河的另一条支流漆水河河畔的杨凌读大学，自认为漆水河也是母亲河。再后来，先后在渭河河畔的西安、宝鸡工作，终究觉得渭河是母亲河。与我一样，生养于渭河流域的人，一定认为渭河是母亲河。

同样的道理，相信中国人都认为黄河是中华民族的母亲河。黄河发源于青藏高原巴颜喀拉山北麓的约古宗列盆地，源头一段称约古宗列曲。黄河曾先后以海河、淮河为入海口，流域涵盖青海、四川、甘肃、宁夏、内蒙古、山西、陕西、河南、山东等省区，现于山东注入渤海，全长5464公里。黄河流域土层深厚、四季分明、雨热同季，在8000年前即孕育了农田作业系统。黄河之所以成为中华民族的第一大母亲河，是因为：（1）中华民族上古神话故事，比如盘古氏、有巢氏、燧人氏、华胥氏、伏羲氏、女娲氏、神农氏、轩辕氏等故事发生地在黄河流域。（2）

中华古代文化遗址，特别是新石器文化遗址，比如大地湾文化、半坡文化、仰韶文化等等，密集分布于黄河流域。（3）黄帝以来，上下5000年，有4000多年帝都位于黄河流域，其中长安、洛阳两大古都，加起来的都城史超过了3000年。（4）中国特色语言符号文字，甲骨文、金文、石鼓文、大篆、小篆、隶书、楷书，几乎悉数出自黄河流域。（5）中国思想源头——《易经》《诗经》，以及儒家经典、道家经典、佛家经典，绝大部分出自黄河流域。（6）自周代以来，中国人自称华夏人，或华人，而华夏的核心即是以华山为中心的两大区块关中平原和河洛地区。（7）中华民族成型的精神标识，如黄帝陵、兵马俑、长城等，皆在黄河流域。（8）黄河的最大支流渭河是中华民族早期的伊甸园和天府之国。可以说，为了中华民族的发展，黄河流域严重透支，这也成为黄河流域诸多生态环境问题的总根源。

值得指出的是，春秋战国时期是中华民族发展史上的一个非常重要的时期。春秋五霸、战国七雄，以及诸子百家，多数在黄河流域。在秦统一中国之前，有关华夏族先祖的上古传说故事多已成型，建设大一统国家的理论基础也已准备妥当。也就是说，自春秋战国时代起，华夏族就已形成了国家大一统的向心力、凝聚力。争取国家统一，维护国家统一，已经成为中华民族精神的重要组成部分。于是，以渭河为摇篮的秦国走上了历史巅峰，并成就了万世伟业。之后，秦始皇统一度量衡，以及"车同轨、书同文、行同伦"，进一步强化了国家统一力量。

长江是中国最大河流，流域涵盖青海、西藏、云南、贵州、四川、甘肃、陕西、河南、重庆、广西、广东、湖南、湖北、江西、安徽、江苏、浙江、福建、上海等19个省、区、市，于上海注入东海，全长6397公里。在历史上，长江曾数次庇佑华夏之正朔，因而也是中华民族公认的母亲河。

长江流域文明源远流长，特别是在中华民族遭遇危难之际，其作用更加重要。

大江大河是大自然向人类文明馈赠的珍贵礼物，世界级江河更是稀世珍宝。对于一个国家而言，拥有世界级大河，也就拥有了世界级资源。地球上国家很多，而世界级大河不多，不少国家连一条享誉世界的大河也没有。多数国家河流细小而流域复杂，几乎找不到关于母亲河的共识。世界大河多穿越多国疆域，沿岸各国共享世界大河。比如，发源于青藏高原的澜沧江是世界第七长河，全长4688公里，其中中国段2161公里（含界河），流出中国国境后称湄公河。湄公河流经缅甸、老挝、泰国、柬埔寨、越南，注入南海，沿岸国家以湄公河为母亲河。

一般认为，尼罗河是世界第一长河，也是埃及的母亲河。事实上，尼罗河源于布隆迪高原，流域涉及卢旺达、刚果民主共和国、坦桑尼亚、肯尼亚、乌干达、苏丹、埃塞俄比亚和埃及等国，跨越了世界上面积最大的撒哈拉沙漠，最终注入地中海，全长6600多公里。非洲的刚果河是非洲第二长河，河长4000多公里。发源于沙巴高原，流域涉及赞比亚、刚果民主共和国、中非、刚果共和国、喀麦隆、安哥拉等国家，注入大西洋。

亚马孙河是世界长度第二、水量第一的大河，有河流之王的美誉。亚马孙河被定义为巴西的母亲河，其实亚马孙河也是一条国际性河流。她源于秘鲁，流域涵盖厄瓜多尔、哥伦比亚、委内瑞拉、圭亚那、苏里南、玻利维亚和巴西等国家，在流经世界最大平原亚马孙大平原后，注入了大西洋。

莱茵河是欧洲最具浪漫色彩的河流，也是一条著名国际河流。莱茵河发源于阿尔卑斯山北麓的瑞士境内，流经列支敦士登、奥地利、法国、德国，于荷兰鹿特丹注入北海。莱茵河全长仅1320公里，其中800多公里在德国境内。德国国土面积的40%在莱茵河流域。因此，莱茵河有"德国的摇篮""德国的母亲河"之称。

与莱茵河源头相距不远，另一条著名的国际河流是多瑙河。多瑙河是欧洲第二长河，也是世界上干流流经国家最多的河流。多瑙河发源于德国西南部黑林山，流经德国、奥地利、斯洛伐克、匈牙利、塞尔维亚、黑山、克罗地亚、保加利亚、罗马尼亚、摩尔多瓦与乌克兰等10个国家，全长2850公里。多瑙河在罗马尼亚注入黑海（内海），也算是一条内陆河。多瑙河流域山清水秀，一派田园风光，多瑙河如一条蓝色飘带蜿蜒其中，人们赞美其为"蓝色的多瑙河"。多瑙河不单是"奥地利的母亲河"，它对沿岸国家均具有重要意义。

与多瑙河长度接近的是南亚第一大河——恒河。恒河源于喜马拉雅山脉印度一侧，横越北印度平原（即恒河平原），流经北方邦，与其最大支流亚穆纳河汇流后，再流经比哈尔邦、西孟加拉邦，进入孟加拉国与雅鲁藏布江合流，注入孟加拉湾。恒河全长2600多公里，其中印度境内2100多公里，孟加拉国境内500多公里。恒河是印度与孟加拉共享的圣河、母亲河。

俄罗斯的国土面积全球第一，拥有欧洲第一长河——伏尔加河。伏尔加河源于东欧平原西部的瓦尔代丘陵中的湖沼间，流经森林带、森林草原带和草原带，全长3690公里。河源海拔228米，注入里海的河口海拔低于海平面28米，因落差小，水流缓慢，沙洲、浅滩、废河道广为分布。伏尔加河水滋润着沿岸数百万公顷肥沃的土地，俄罗斯人将其称为母亲河。勒拿河是世界第九大长河，也是俄罗斯境内最长河流，源于贝加尔山西坡，沿中西伯利亚高原东缘曲折北流，注入北冰洋拉普捷夫海，全长 4400 公里。俄罗斯还与别国分享了大江大河。额尔齐斯河是世界第六大长河，河长 5410 公里，注入北冰洋，由中国、哈萨克斯坦、俄罗斯三国分享。黑龙江是世界第十大长河，由中国、俄罗斯分享。黑龙江南源额尔古纳河源于大兴安岭西侧，北源石勒喀河源于蒙古肯特山，两源汇合称黑龙江，注入鞑靼海峡，河流全长 4350 公里。叶尼塞河是俄罗斯水量最大的河流，也是一条世界级大河，由蒙古与俄罗斯分享。

加拿大的版图面积仅次于俄罗斯，其境内最大河流为圣劳伦斯河。这条河流大部分河段由加拿大与美国分享，起源于安大略湖，经加拿大境内后注入大西洋的圣劳伦斯湾，全长 1200 多公里。圣劳伦斯水系同五大湖一起构成了世界上最大的淡水水系。

美国不仅与加拿大分享了圣劳伦斯河，还拥有世界第四长河——密西西比河。密西西比河源于落基山脉密苏里河支流红石溪，注入墨西哥湾，全长 6021 公里。在印第安语中，"密西西比"意为众水之父，也称作"老人河""母亲河"。美国国土面积全球第四，拥有世界第四大河，可谓实至名归。

相比较而言，享有世界大河，中国举世无双。世界十大长河，其中五大河的源头在中国。中国不仅与俄罗斯分享了两条世界大河额尔齐斯河和黑龙江，还与缅甸、老挝、泰国、柬埔寨、越南分享了另一条世界大河澜沧江（湄公河上游中国境名称）。更有特色的是，中国完整拥有了两条世界大河黄河与长江。

中国的两大母亲河，也是世界闻名的两大姊妹河。黄河、长江皆发源于世界屋脊青藏高原。由此，青藏高原也得来"中华水塔"的美名。长江源区位于唐古拉山脉最高峰各拉丹冬峰，海拔 6621 米。黄河源于巴颜喀拉山雅拉达泽雪山区，期间有数十座海拔 5000 米左右的雪峰。两大母亲河将世界屋脊与东海、渤海相连接。长江、黄河从青藏高原出发，一路向东，流经中国三大地理阶梯，分别注入东海、渤海。中国有四大气候带，其中长江流经了两大气候带：高原山地气候带和亚热带季风气候带；黄河流经了三大气候带：高原山地气候带、温带大陆性气候带和温带季风气候带。黄河流经青藏高原、黄土高原、蒙古高原，及至华北平原，将湿地湖泊生态系统、草原生态系统、荒漠生态系统、森林生态系统、海洋生态系统紧密联系在一起。长江流域也很丰富多彩，第一级阶梯包括青海南部高原、川西高原和横断山高山峡谷区，一般海拔高程3500—5000米；第二级阶梯为秦巴山地、四川盆地、云贵高原和鄂黔山地，一般高程500—2000米；第三级阶梯由淮阳山地、江南丘陵和长江中下游平原组成，一般高程500米以下。处于第一、二级阶梯过渡带的金沙江、雅砻江、大渡河，处于第二、三级阶梯过渡带的长江三峡、汉江、沅江、清江等均为地貌类型复杂多样的地带，也是生态多样性极为丰富的地区。中国文化具有非同寻常的包容性，在很大程度上来自两大母亲河在生态系统上的多样性。

父亲山是与母亲河相匹配的山。与母亲、父亲是长相厮守、形影不离的夫妻一样，父亲山与母亲河也是老死相望、不离不弃的山与水。母亲河来自父亲山，溯母亲河而上，一定是父亲山。父亲山护佑母亲河，沿父亲山而下，一定是母亲河。说起来道理很简单，然而实际情况却很复杂。在世界各国，有母亲河说法的不在少数，而有父亲山之说的少之又少。为何会出现"有母无父"的情况？大抵是因为，在地理空间和文化传承上，母亲河的身份容易确认，而父亲山的身份不易确认，甚至是不愿确认。

为什么父亲山的身份不易确认，或者不愿确认？理由大致有三：其一，一条河流流经多个国家，也即多个国家拥有同一母亲河。发源母亲河的山脉，往往是源头所在的国家所有。在文化上，不大可能接受将别国的山脉作为本国本族的父亲山。比如，奥地利的母亲河是多瑙河，而多瑙河的源头在德国黑林山，宁愿没有父亲山，也绝不接受黑林山是奥地利父亲山的说法。欧洲的多条河流均发源于阿尔卑斯山，如果欧洲是一个国家，将阿尔卑斯山视作父亲山应该没有文化障碍。南美洲的安第斯山脉是世界最长山脉，其长度是喜马拉雅山的3倍多。因其纵贯南美大陆西部，素有"南美脊梁"之称。从智利最南端的合恩角，穿越阿根廷、玻利维亚、秘鲁、厄瓜多尔，一直到哥伦比亚、委内瑞拉，绵延9000余公里。南美河流多发源安第斯山脉，如果不考虑文化因素，安第斯山就是南美国家共有的父亲山。其二，历来存在确定江河源头的难题。像国际著名的大江大河，亚马孙河、尼罗河、密西西比河，以及长江、黄河的源头，从古到今都存在争议。比如，在中国古代，以为岷江即是长江的源头。加之，大江大河的河源区一般是无人区，就是通过现代科技手段正式确定江河源头，特别是江河的正源，因其缺少人文意向，人们也很难接受将其视作父亲山。第三，有的母亲河的河源区并无山，或是山峰不明显，最典型的当属俄罗斯的母亲河——伏尔加河。其河源区是丘陵、是湿地湖泊，并无山峰存在，当然不可能视其为父亲山。综合以上三点，母亲河的生态取向与文化取向具有一致性，而父亲山的生态取向和文化取向出现了错位现象，有母亲河的国家未必就有父亲山。

中国不仅是一个多大江大河的国家，而且也是一个多高山的国家。青藏高原，实际是一个高山大聚会的场所。在青藏高原腹地，有一列山脉即是中华神山昆仑山。在简化合并汉字以前，"昆仑"本写作"崑崙"。《说文》曰："昆，昆仑，山名。从山，昆声。"在解释"仑"字时，又曰："仑，昆仑也。从山仑声。"也就是说,"昆仑"二字是一座山的专用字。"昆"字的本义即是诸多山脉,指群山组成的山系。"仑"字的本义是诸多山脉中"辈分最高"的山。就是单从文字字义解释,"昆仑"含有群山之山、万山之祖的意味。加上西王母的故事经后世道家演化,不断为昆仑蒙上层层神秘面纱。"昆仑"一词,最早见于《山海经》。在《山海经》成书的先秦时期,今天所言昆仑山尚不在华夏版图。对于中华民族而言,曾经的昆仑一直具有神秘色彩,人称"中华第一神山"。

以今天的视角看,青藏高原的巴颜喀拉山和唐古拉山是中华民族两大母亲河的源头所在,也是两大流域的分水岭。巴颜喀拉山是昆仑山脉的一部分,如果据此说,中华民族的两大母亲河皆发源于昆仑山,一点也没有错。一般认为,巴颜喀拉山西接可可西里山,东连邛崃山、岷山。其实,重要的是,无论是明接还是暗接,巴颜喀拉山都连接着大秦岭。一个基本的根据是,大秦岭是长江与黄河的分水岭。如果岷山也是长江与黄河分水岭(分出长江流域的白龙江、岷江与黄河流域的白水、黑水),岷山也会与西倾山一道,成为大秦岭的组成部分。西倾山是巴颜喀拉山在青藏高原上的"尾巴",同时也是大秦岭的"头"。长江流域的白龙江(嘉陵江支流)发源于西倾山,黄河流域的夏河、洮河发源于西倾山。以西倾山开头,大秦岭接续巴颜喀拉山成为长江与黄河的分水岭。从这个意义上讲,大秦岭是走出青藏高原的巴颜喀拉山,巴颜喀拉山是走进青藏高原的大秦岭。假若从东向西,一直沿着大秦岭的分水岭脊走,走过西倾山—岷山分水岭,即可进入巴颜喀拉山分水岭,再往西即走上昆仑山岭脊,再沿着昆仑山岭脊一直走,即可走上帕米尔山结(高原),这里是欧亚大陆山脉的大本营。以此而论,大秦岭是昆仑山的延续,大秦岭与昆仑山一脉相承,大秦岭就是来到中华版图腹地的"昆仑"——

一，一条河流流经多个国家，也即多个国家拥有同一母亲河。发源母亲河的山脉，往往是源头所在的国家所有。在文化上，不大可能接受将别国的山脉作为本国本族的父亲山。比如，奥地利的母亲河是多瑙河，而多瑙河的源头在德国黑林山，宁愿没有父亲山，也绝不接受黑林山是奥地利父亲山的说法。欧洲的多条河流均发源于阿尔卑斯山，如果欧洲是一个国家，将阿尔卑斯山视作父亲山应该没有文化障碍。南美洲的安第斯山脉是世界最长山脉，其长度是喜马拉雅山的3倍多。因其纵贯南美大陆西部，素有"南美脊梁"之称。从智利最南端的合恩角，穿越阿根廷、玻利维亚、秘鲁、厄瓜多尔，一直到哥伦比亚、委内瑞拉，绵延9000余公里。南美河流多发源安第斯山脉，如果不考虑文化因素，安第斯山就是南美国家共有的父亲山。其二，历来存在确定江河源头的难题。像国际著名的大江大河，亚马孙河、尼罗河、密西西比河，以及长江、黄河的源头，从古到今都存在争议。比如，在中国古代，以为岷江即是长江的源头。加之，大江大河的河源区一般是无人区，就是通过现代科技手段正式确定江河源头，特别是江河的正源，因其缺少人文意向，人们也很难接受将其视作父亲山。第三，有的母亲河的河源区并无山，或是山峰不明显，最典型的当属俄罗斯的母亲河——伏尔加河。其河源区是丘陵、是湿地湖泊，并无山峰存在，当然不可能视其为父亲山。综合以上三点，母亲河的生态取向与文化取向具有一致性，而父亲山的生态取向和文化取向出现了错位现象，有母亲河的国家未必就有父亲山。

中国不仅是一个多大江大河的国家，而且也是一个多高山的国家。青藏高原，实际是一个高山大聚会的场所。在青藏高原腹地，有一列山脉即是中华神山昆仑山。在简化合并汉字以前，"昆仑"本写作"崑崙"。《说文》曰："昆，昆仑，山名。从山，昆声。"在解释"仑"字时，又曰："仑，昆仑也。从山仑声。"也就是说,"昆仑"二字是一座山的专用字。"昆"字的本义即是诸多山脉,指群山组成的山系。"仑"字的本义是诸多山脉中"辈分最高"的山。就是单从文字字义解释,"昆仑"含有群山之山、万山之祖的意味。加上西王母的故事经后世道家演化,不断为昆仑蒙上层层神秘面纱。"昆仑"一词,最早见于《山海经》。在《山海经》成书的先秦时期,今天所言昆仑山尚不在华夏版图。对于中华民族而言,曾经的昆仑一直具有神秘色彩,人称"中华第一神山"。

以今天的视角看,青藏高原的巴颜喀拉山和唐古拉山是中华民族两大母亲河的源头所在,也是两大流域的分水岭。巴颜喀拉山是昆仑山脉的一部分,如果据此说,中华民族的两大母亲河皆发源于昆仑山,一点也没有错。一般认为,巴颜喀拉山西接可可西里山,东连邛崃山、岷山。其实,重要的是,无论是明接还是暗接,巴颜喀拉山都连接着大秦岭。一个基本的根据是,大秦岭是长江与黄河的分水岭。如果岷山也是长江与黄河分水岭(分出长江流域的白龙江、岷江与黄河流域的白水、黑水),岷山也会与西倾山一道,成为大秦岭的组成部分。西倾山是巴颜喀拉山在青藏高原上的"尾巴",同时也是大秦岭的"头"。长江流域的白龙江(嘉陵江支流)发源于西倾山,黄河流域的夏河、洮河发源于西倾山。以西倾山开头,大秦岭接续巴颜喀拉山成为长江与黄河的分水岭。从这个意义上讲,大秦岭是走出青藏高原的巴颜喀拉山,巴颜喀拉山是走进青藏高原的大秦岭。假若从东向西,一直沿着大秦岭的分水岭脊走,走过西倾山—岷山分水岭,即可进入巴颜喀拉山分水岭,再往西即走上昆仑山岭脊,再沿着昆仑山岭脊一直走,即可走上帕米尔山结(高原),这里是欧亚大陆山脉的大本营。以此而论,大秦岭是昆仑山的延续,大秦岭与昆仑山一脉相承,大秦岭就是来到中华版图腹地的"昆仑"——

中国脊梁。这一点，也是大秦岭成为中华父亲山的第一大理由。

大秦岭所以成为中华父亲山，还有三大理由：（1）大秦岭是中国的生态命门。大秦岭崛起于中央腹地，它高大挺拔而宽广博雅的身躯不仅分出了长江、黄河两大流域，而且分出中国的南方和北方（巴颜喀拉山不具有这一重要特征）。两大母亲河、南方与北方缠绕着大秦岭，似乎是向人们述说"一阴一阳谓之道"，这是中国易学表述矛盾法则亘古不变的命题。也就是说，大秦岭构筑出一幅演绎中国伦理的山水画卷。这是何等壮美雄奇的自然美景，同时又是何等富有中国特色的人文精神！（2）大秦岭是大中华的地理标识。秦始皇统一中国前，大秦岭分属于不同国家。秦始皇统一中国的重要一步，就是首先将巴蜀收归版图，然后将大秦岭周边国家一一纳入版图，最终形成大一统的大秦帝国。中国分裂分治时期，皆是分裂分治大秦岭。中国的大一统时期，皆是大秦岭的大一统，得秦岭者得天下。长江、黄河是大中华统一的重要地理标识，大秦岭也是大中华统一的重要地理标识。（3）Ch'in（秦）是China（中华、中国）的文字符号。秦始皇统一中国后，其威名远播，西方世界各国以秦（Ch'in）称呼中国（China）。司马迁则以"秦"命名了一座伟大的山脉——秦岭。在韦氏拼音中秦岭即Ch'in Ling。直接翻译过来，秦岭即是"中国岭""中华岭"。大秦岭是在中国中央腹地绽开的一幅史诗般的山水画卷，是最具代表性的中国地理标识，也是最具代表性的中国符号。以上四条，足以彰显秦岭的独领风骚，无与伦比。

最近30年来，国际上兴起了一门新学科——生态伦理学或环境伦理学，也叫大地伦理学。在过去的汉语言体系中，生态与伦理似乎是两回事。"伦"字的本义是人伦，即人与人之间的条理、次序、辈分。《说文》曰："仑，辈也。从人，仑声。一曰道也。"简单地说，伦理即人与人相处的道德准则。

生态与伦理搭配，要形成生态伦理，必然是要求将伦理——人与人相处的道德准则扩展到人与自然相处的道德准则。从世界范围来看，道德关怀由人与人延伸到人与自然，继而建立起人与自然相处的道德准则，这无疑是人类一次伟大的道德飞跃。仔细想一想，所谓生态伦理，只不过是中国传统文化中天人合一、道法自然的一种新表述。孔子曰："启蛰不杀，则顺人道；方长不折，则恕仁也。""断一树，杀一兽，不以其时，非孝也。"其实，《易经》中的"厚德载物""生生谓之易"，孔子的"仁爱"，老子的"玄德"，墨子的"兼爱"，韩愈的"博爱谓之仁"，即是中国传统文化由"推己及人"到"推己及物"的特色博爱思想。宋代程颢云："以己及物，仁也。推己及物，恕也。"庄子曰："天地者，万物之父母也。"当代中国人前进一步，将河作为生命之母——母亲河，将山作为生命之父——父亲山。这是中国特色博爱思想的具体化，也是一次顺应时代需要的飞跃转型，她体现了中华特色博爱思想的大情怀、大智慧。石顺义《父亲山母亲河》："抬头一座山，俯首一条河。山叫父亲山，河是母亲河。山上森林是父亲的手，夏遮风雨秋来送野果。河中流水是母亲的歌，温柔动听年年唱给我。父亲山啊母亲河，山高耸来河清澈，养育了儿女一辈辈啊，滋润着人间好生活，高山青青是父亲的爱，年年岁岁屹立我心窝。河水碧碧是母亲的情，涓涓不息，终年难割舍。父亲山啊母亲河，山高耸来河清澈，山清水秀是儿女的福啊，山清水秀是人间的乐……"父亲山、母亲河，这是当代中国生态伦理最精彩、最高级的表达形式。"看得见山，望得见水，记得住乡愁"，这是依恋山河，眷恋父母的另一类情感表达。

中国特色的博爱思想，必将演绎出 21 世纪全新的发展观——兼爱发展观。所谓"兼爱发展观"就是人与自然互惠的发展观、父母与子女互惠的发展观，也是可持续发展观、科学发展观的核心意涵。这种发展观也是一种"孝的发展观"。与兼爱发展观对应的是"专爱发展观",也就是人类专注自身利益而不顾及自然,子女专注自身利益而不顾及父母,这是短期利益挂帅,急功近利,不计后果的发展,也是一种"啃老发展观"。相信人类终将放弃专爱发展观,继而选择兼爱发展观,走上可持续发展之路。在中国文化中,兼爱发展观并不是一种新思想,而是一种新表述。两种发展观在中国历史上进行了长期较量,兼爱发展观并不占上风。也许,中国的兼爱发展观是一种早产的思想认知。终究而言,两种发展观较量,取胜的关键在于人与自然的力量消长。过去,近距离面对大自然,人与自然的关系还比较模糊,不够清晰。如今,人类可以用卫星的高度和卫星的视角审视人与自然的关系,人类终于认识到日益临近的生态危机。这是在21世纪,人类终将选择兼爱发展观的根本原因。

父亲山、母亲河,也就意味着人类屈尊自降一辈,山、河是人类的长辈。同时,也意味着人类与万物是平辈的。人类与万物共享栖息地,人类与万物拥有共同的父母。也就意味着,人类与万物是手足、是兄弟。曾几何时,人类盛气凌人,征服自然、改造自然是多么豪迈的情怀。工业化以来的300年,全球生物多样性迅速减少。"皮之不存,毛将焉附?"如果地球生态系统全面崩溃,必将造成不可逆转的灭顶之灾——一切文明成果将化为乌有。相信人类会就此打住,改弦更张,开启一个向自然化、生态化迈进的新时代。人类已经意识到:人类是地球生态系统中的人类,人类在地球生态系统中学习进步,人类的生态智慧在不断升级转型。由畏惧自然、远离自然,到顺应自然、尊重自然,再到亲近自然、热爱自然;由视自然如敌人,人与自然搏斗、征服自然,到视自然如兄弟,人与自然和谐相处,再到视自然如父母,人与自然和谐相悦。由在专爱发展观指导下追求"金色GDP",不讲伦理的经济增长,将生态系统人工化，到在兼爱发展观指导下追求"绿色GDP"，讲求生态伦理的经济发展，将人工系统生态化，人类与自然的关系悄然发生重大而深刻的变化。倘若这般，人类大幸，万物大幸，大自然大幸！

现在，正是父亲山大秦岭生态修复的关键时候。父亲是长辈，孝敬大秦岭这座父亲山，这是全体中华儿女应尽的生态伦理义务。那么，如何算是孝敬好父亲山？借用孔子答弟子的话："色难！"即父母的和颜悦色是孝的最高境界。孝敬父亲山大秦岭的最高境界，也就是让其焕发出过往的生机与活力。

父亲山大秦岭，这不是简单的文化溯源，也不是简单的生态伦理，更不是为了喊口号，图好听。我们当以回天之力去报答父亲山的付出。回馈父亲山，全民大行动。鉴于父亲山大秦岭在中国生态与中国文化中的双重重要性，对其实行特别保护政策势在必行。如，制定专门的法律法规，使父亲山大秦岭保护工作法律化、制度化；整合零星分散的自然保护区、风景名胜区、水利风景区、森林公园、湿地公园、地质公园，以及各种自然与人文资源，创建8—10个具有国际感召力和影响力的国家公园，从根本上解决动物栖息地碎片化、岛屿化难题；加大保护秦岭的宣传力度，提高全民保护秦岭的自觉意识，坚决制止一切侵害大秦岭生态健康的行为，让父亲山大秦岭生态系统得以休养生息，再现美丽容颜。

秦岭风光（摄影：赵纳勋）

伏羲女娲合璧山

1992年，在湖北出版了一部奇书——《黑暗传》。就是这部《黑暗传》，被认为是中华民族的创世史诗。2011年，经国务院批准，《黑暗传》被列入第三批国家级非物质文化遗产名录。

《黑暗传》是大秦岭巴山一带千年流传的歌谣唱本，神话故事的汇集。它以文字整理的方式，向世人讲述了代代口耳相传的创世纪的神话。天体之初，一片混沌，黑暗之中，长出了露水珠。浪荡子吞下了这滴露水珠，其尸体五分。从此，世间有了实体，有了海洋，浮现出昆仑山。昆仑山流出血水，血水化为盘古，盘古开天辟地。天地之间，金石、草木、禽兽，幻化为各路神仙。神仙们互相争斗，天昏地暗。就在这时，爆发了滔天洪水，前来淹没罪恶。在洪水中，黄龙与黑龙缠斗，在吴天圣母帮助下，黄龙击败了黑龙。于是，黄龙感恩，诞下一枚龙蛋相谢，吴天圣母吞下了龙蛋。洪水中浮现出五条巨龙，捧出一个宝葫芦。吴天圣母打开葫芦，里面竟是兄妹二人：伏羲和女娲。吴天圣母劝其成婚，并生下了各路创世神。从此，有血有肉的人类诞生了。也因此，伏羲、女娲是龙的传人，也是开启华夏民族香火的亚当、夏娃。

在《黑暗传》传说故事发生地不远处，安康市平利县是女娲故里，在县城建有女娲广场，在县域西北有一座山，称之"女娲山"，古时称"中皇山"。在女娲山上，曾经有女娲庙。如今，女娲庙已是历史遗迹，可供游人览胜。据传，这里曾是女娲氏的治所，也是女娲炼石补天的地方。女娲山海拔984米，覆盖红松，四季葱郁。登上女娲山，可观日出、觅云海，浮想大千世界，遥想当年伏羲女娲创世纪的波澜壮阔。与平利县毗邻，十堰市竹山县也有一处女娲山。相传，这里也是女娲炼石补天的地方。如今，女娲山风景区内，大小22座山峰仰首相望，女娲祭坛就坐落在主峰上。

大秦岭东部余脉，即在河南嵩山有一列山脉，古称"浮戏山"，今称伏羲山。伏羲山布展在新密、登封、巩义、荥阳等五县市交界地带，素有鸡鸣五县的说法。伏羲山东西绵延50余公里，主峰五指岭，海拔1084米。因传说伏羲曾在此教民蚕丝、创画八卦而得名。在伏羲山核心区域，有伏羲大峡谷，如今已是游人熙攘的国家AAAA级景区。"河出图，洛出书，圣人则之"，在伏羲山西北的不远处，便是洛河与黄河交汇地带，也是河图洛书的出处所在。传说，河图洛书指引伏羲演绎出阴阳八卦。在晋代，这里即建有龙马负图寺，又称河图寺、龙马寺。乾隆时，称之伏羲庙，是专门祭祀伏羲氏的场所。在洛河流域，流传着伏羲女儿宓妃降临人间的凄婉而美丽的传说。宓妃迷恋洛河的美丽景色，于是，加入了有洛氏族群，并向有洛氏传授结网捕鱼，狩猎放牧技术。后来，宓妃经受万般磨难，终得后羿解救。三国时，著名文学家曹植以宓妃故事为原型创作了《洛神赋》。

大秦岭一带伏羲、女娲的故事，比比皆是，不胜枚举。如果我们能够展开丰富的想象力，伏羲山、女娲山就不是一个点，也不是一个山头、一个山脉，而是可连成一大片，整整一座大秦岭。伏羲山向西延伸，山连山、峰连峰，一直延续至青藏高原，延续至黄河，延续至昆仑山。女娲山向东西扩展，即是大巴山和大岷山。以白龙江—汉江一线划界，北部的大秦岭即是伏羲山，南部的大秦岭即是女娲山。如此一来，大秦岭即是伏羲山与女娲山的结合体。也就是说，大秦岭由伏羲山与女娲山合体而成，如日月同辉、珠联璧合一般。在这个意义上，大秦岭也可以称作合璧山。

由此，联想到《黑暗传》中的滔天洪水，这洪水似乎就是滚滚长江水、滚滚黄河水、滚滚汉水与渭水；由此，联想到《黑暗传》中流出血水的昆仑山，这昆仑山即是大秦岭；由此，联想到《黑暗传》中的五条巨龙捧出的宝葫芦，在陶器出现以前，来自大自然的葫芦就是天下最好的容器；由此，再联想到宝葫芦中的兄妹，这兄妹就是伏羲、女娲，就是伏羲山、女娲山，就是伏羲山与女娲山合璧的大秦岭；由此，联想到《黑暗传》中帮助黄龙而战，又劝兄妹成婚的吴天圣母，这便是伏羲氏、女娲氏的母亲，也是中华民族的元祖母华胥氏。这不是一般的浪漫故事，而是中华民族创世纪的壮丽史诗。大秦岭与黄河、长江组合而成的"一山两河"地带，因具有极高的初级生态生产力和优越的地理与气候条件，而成为采集狩猎时代人类活动的天堂。继而，也成为农业文明的起源地，中华文明的重要起源地。

在关中腹地，大秦岭北麓、渭河南岸、灞河流域，自古就有华胥故里的传说。这里，也是110万年前，蓝田猿人活动的区域。灞河右岸、灞渭之间、骊山峰顶，有一庙宇，称仁宗庙，也称人祖庙，在秦代称之始皇祠。东汉《三秦记》载："骊山巅有始皇祠"。在汉代，也称之汉露台、露台祠。《长安志》载："露台祠在县东南三十里即始皇祠也。"古文献载："骊山绝顶始皇祠，俗名人祖。"古匾"人祖庙"，至今犹存。在人祖庙周围，亦分布有神秘而奇异的景观：拜天地石、神龟石、磨盘石、伏羲创八卦、女娲补天。

"圭""卦""邽"（邽）三个字，潜藏着古老的伏羲文化密码，也是中华文化的源密码。"圭""卦"皆是伏羲所创，以"圭"为基础发明了"卦"。《易》也称羲经，伏羲画八卦，文王至卦辞。公元前688年，秦武公置邽（圭阝）县（今清水）。秦合六国后，以邽邑置上邽县（今清水），在今临渭北置下邽县。天水，因古有邽县、成纪（今秦安）之名，向来被认为是羲皇故里。北魏郦道元《水经注·渭水》载："故渎东迳成纪县故城东，故帝太皞、庖牺所生之处也。"唐代司马贞在《补史记·三皇本纪》中记述："太昊庖牺氏，……，而王母曰华胥，履大人迹于雷泽，而生庖牺于成纪。"自古以来，这里就有祭祀伏羲的传统。秦汉以至明清，祭祀不断，相沿成习。天水伏羲庙，本名太昊宫，俗称人宗庙。始建于明成化十九年（1483），清光绪十一年（1885）第九次重修后，其规模宏大，原占地达1.3万平方米，现仅存0.66万平方米。

在天水市麦积区渭南镇，有一山脉，称卦台山，又名画卦台。明代胡缵宗《卦台山记》云："成纪之北，约三十里，曰三阳川。其西北隅有台焉，羲皇画卦处也。"相传这里是伏羲氏仰观天、俯察地，始画八卦的地方。卦台山翠拥庙阁，渭水环流，钟灵毓秀，气象不凡。登临卦台山顶，俯瞰三阳川，"S"形渭河将椭圆形三阳川一分为二，俨然是一幅天然的太极图。联想到天水秦安的大地湾遗址，联想到"圭""卦""邽"蕴藏的文化密码，人们似乎有理由相信，这里就是名副其实的"羲皇故里"。

对于中华民族，伏羲居功至伟。至迟在春秋战国时期，已经出现对太昊伏羲的文字记载。《左传》《管子》《周易》《庄子》《荀子》《列子》《国语》《世本》《逸周书》《山海经》等典籍，皆有所及。《周易·系辞下》："古者包牺氏之王天下也，仰则观象于天，俯则观法于地，观鸟兽之文与地之宜，近取诸身，远取诸物，于是始作八卦，以通神明之德，以类万物之情。作结绳而为网罟，以佃以渔，盖取诸离。包牺氏没，

神农氏作……神农氏没,黄帝、尧、舜氏作,通其变使民不倦,神而化之,使民宜之。"

太昊伏羲是继天而王,炎黄诸帝,继伏羲而王。司马迁著《史记》,从黄帝写起,并没有为伏羲立传。但是,司马迁在《太史公自序》中说:"余闻之先人曰:'伏羲至纯厚,作易八卦'。"其实,这也是在肯定伏羲的文化贡献。至东汉,史学家班固的《汉书》已经突破《史记》局限,将帝王世系从黄帝推至伏羲。《汉书·古今人表》也将伏羲列在炎黄二帝之前,从而确立了太昊伏羲"三皇之首""百王之先"的人文地位。晋代皇甫谧《帝王世纪》专述帝王世系、年代及事迹,上起三皇,下迄汉魏。论述三皇时,首列伏羲,次为女娲、炎帝。唐高祖《命萧瑀等修六代史诏》、唐太宗《修晋书诏》,均以伏羲为中华文化肇始者。

自古以来,龙在中国人心中一直都有特殊的地位。而龙文化的源头即在伏羲,也就是说,中国龙图腾,与伏羲氏的业绩有着极为密切的联系。七八千年前,伏羲部族兴起,兼合天下。经整合后,伏羲部落联盟即以龙为图腾。《左传》载:"伏羲氏以龙纪,故为龙名官。"《补三皇本纪》载:伏羲"有龙瑞,以龙纪官,号曰龙师。"《竹书纪年》载:"太皞伏羲氏,风姓之祖也,有龙瑞,故以龙命官。"《纲鉴易知录》载:伏羲氏"春官为青龙氏,又曰苍龙;夏官为赤龙氏;秋官为白龙氏;冬官为黑龙氏;中官为黄龙氏"。

有资料进一步指出,太昊伏羲氏统领中华九大部落,这也是中国分九州的历史渊源。在结盟之前,九部各自有自己的图腾,如蟒蛇、雄鹿、老虎、鳄鱼、巨蜥、苍鹰、红鲤、白鲨等,伏羲本部图腾即是蟒蛇。在结盟之后,以伏羲部蟒蛇图腾为主干,将其他部落图腾元素结合在一起,选用了鳄鱼图腾的头,雄鹿图腾的角、老虎图腾的眼、巨蜥图腾的腿、苍鹰图腾的爪、红鲤图腾的鳞、白鲨图腾的尾、长须鲸图腾的须,创造出一个兼容各方的新图腾——龙。可见,从一开始,龙图腾即是各部落整合的一个结果,各民族大团结的一个象征。毫无疑问,龙,并不是世间俗物,而是人文圣物。"龙"字,在甲骨文、籀体字中,即是龙图腾的象形。有学者据文字象形分析判断,"龙"是电闪雷鸣时的象形。"龙"字的左边,是一个夸张的"音"字,乃雷鸣之音。"龙"字的右边,描绘的弯曲之形,乃是闪电之相。风雨来临,乌云汹涌,电闪雷鸣,有伸有曲,这便是"龙"。在中国文化中,"龙"的象形,可以说是至高无上,无可匹敌。

龙图腾是众多部落图腾诸元素的结合体。闻一多《诗与神话·伏羲考》载:"龙,究竟是什么东西呢?我们的答案是:它是一种图腾,并且只存在于图腾中而不存在于生物界中一种虚拟的生物,因为它是由许多不同的图腾糅合的一种综合体。"李泽厚《美的历程》说道:"这可能意味着以蛇图腾为主的远古华夏氏族,部落不断战胜、融合其他氏族、部落,蛇图腾不断融合其他图腾元素,逐渐演变而为一种臆想中的龙图腾。"王东《中国龙的新发现——中华神龙论》中提出:"龙,源于图腾又超越图腾,是文化创造,也是中国人创造出来的反映民族文化精神的吉祥符号和美好象征。"

非常遗憾,人们没能在大地湾遗址发现龙的影子。然而,在距今7150余年的宝鸡北首岭遗址,人们惊喜地发现,在彩陶细颈瓶上绘有龙纹。就目前而知,这是秦岭一带最早的龙的象形。龙的象形、概念和内涵,也在与日俱增、与时俱进,逐步得到深化、得到升华,以至于能大能小、能上能下、能明能暗、能起能卧,擅爬会游、善于变化、上天可飞、入水可藏。在中华知识宝库中,龙,是沟通天地的吉祥瑞兽。龙,中华民族精神符号、文化标志,在维系中华民族感情、民族精神上,发挥着无与伦比的凝聚力、感召力和吸引力。正因为如此,龙图腾一经诞生,就在中华民族灵魂深处烙下最深刻的印记,就被视为中华民族最神圣之物。

大秦岭与黄河、长江组合而成的"一山两河",是中国地理的心脏地带,是中华文明的摇篮所在,也是华夏民族的本部所在。由伏羲女娲开启的民族香火生生不息,世代相传。如今,13亿中国人尽是龙的子孙、龙的传人。进入新时代,龙,依然是中华民族最神圣的图腾符号。然而,我们是进化论者、无神论者,不大相信神秘不经之说。但是,我们相信,炎黄二帝是中华民族的共同祖先,并由此向上追溯,伏羲、女娲是中华创世纪的始祖。

中国的秘密道路

2017 年，对于大秦岭来说，是不平凡的一年。2017 年的下半年，有两条穿越大秦岭的铁路建成通车。一条是兰州至重庆的兰渝铁路，沿东南—西北方向穿越大秦岭。2017 年 9 月 27 日，兰渝铁路全线通车。重庆与兰州的运输距离由之前的 1466 公里缩短至 886 公里。全线桥隧比例高达 72%，其中兰州铁路局管理段桥隧比达 83%，而其中岷县至广元段桥隧比高达 90.3%。也就是说，在大秦岭中，兰渝铁路的 90% 以上，要么高高架起在桥上，要么深深隐藏在隧道之中。

2017 年穿越大秦岭的另一条铁路，即是沿东北—西南方向穿越的西安至成都高速铁路，简称西成客专或西成高铁。1958 年建成宝鸡—成都铁路，人类第一次有铁路穿越大秦岭，人们形象称之为"钢铁蜀道"。2017 年 12 月 6 日，首条高速铁路——"高铁蜀道"建成通车。西成高铁开通后，西安到成都通行时间由 16 小时缩短至 3 小时。"高铁蜀道"以"隧道群"形式穿越秦岭，10 公里以上特长隧道 7 座，其中天华山隧道 16 公里，秦岭东梁 14.8 公里，何家梁、金家岩均超过 12 公里。西成高铁陕西段桥梁 127 公里，隧道 189 公里，桥隧比高达 92.1%，其中汉中境内桥梁 78.9 公里，隧道 119.3 公里，桥隧比达 95%。穿越秦岭段 135 公里，隧道 127 公里，占比高达 94%。也就是说，穿越秦岭的 135 公里高铁，94% 以上在不见天日的隧道中。

大秦岭中的西成高铁，宛若一条隐藏在中国深处的秘密道路。然而，现在是过去的延展，当代交通是古代交通的升级，真正称得上秘密道路的,不是穿越大秦岭的当代高速铁路、高速公路,也不是现代公路和现代铁路,而是穿越大秦岭的古道系统。斗转星移,沧海桑田,曾经繁忙的大秦岭古道系统,如今已经成为可以面向世界申遗的文化遗产、文物古迹,成为尘封在中华民族的记忆深处的秘密道路,成为隐匿在绿水青山深处之中的秘密道路。

中国进入新时代,"要致富,先修路"的标语,可谓众人皆知、家喻户晓。其实在古代,人们很早就明白了修路致富的道理。早在500多年以前,欧洲人开辟了新航路,发现了地球的另一半。因为开辟新航路,人类进入大航海时代,也迈入了全球化时代。因为新航路,欧美国家迅猛崛起,并成为世界的主宰者。早在2000多年前,汉武帝凿空西域,构建出帕米尔高原东西贸易互联互通的丝绸之路。因为丝绸之路,人类进入世界岛时代。因为丝绸之路,从古长安到古罗马,从东方的大秦岭到西方的阿尔卑斯山,实现了世界昆仑山、世界岛联动,推动了东西方文明的互学互鉴。早在3000多年前,商周之际,华夏族人用秦岭古道将父亲山大秦岭的东西南北连接在一起。因为秦岭古道,中华文明进入"一山两河"时代。因为秦岭古道,两大中华母亲河黄河、长江连接成一个整体;也因为秦岭古道,"秦""华""汉",成为中华文明的标志性符号。

大秦岭以无比宽广的触角,紧密连接着六大生态圈:甘青生态圈、关中生态圈、中原生态圈、荆楚生态圈、巴蜀生态圈、羌藏生态圈。也就是说,六大生态圈与大秦岭生态系统重叠共生。

实现六大生态圈借力发展,就必须互联互通,以形成一个完整的大秦岭生态圈。为此,古代的中国人,穿越高山峻岭,冲破重重险阻,在大秦岭中修筑了密集的道路系统——大秦岭古道系统。总体而言,大秦岭古道系统呈现出"三纵三横"的大格局。所谓"三纵"，是指南北走向穿越大秦岭的三大古道群；所谓"三横"，是指东西走向，与大秦岭主梁呈平行走向的三大古道群。

首先，要说一下大秦岭古道系统的"三横"。"三横"分别是指：（1）中华廊道：沿渭河—黄河走向洛河，从古长安前往古洛阳，连接起两个千年帝都，将关中生态圈与中原生态圈紧密连接为一体。（2）峡江古道：沿长江三峡，连接巴蜀生态圈与荆楚生态圈。（3）汉水道：沿汉水流向，从汉中到襄阳，融合关中生态圈、巴蜀生态圈、荆楚生态圈。特别是中华廊道和峡江古道，处在古代中国地理板块的腹腰，因黄河三门峡和长江三峡，成为连接中国东西交通的战略咽喉。因此，也彰显函谷关、潼关的重要性。也因此，日寇侵略中华时，未能进入关中、蜀中，为中华民族抗击日本法西斯提供了战略缓冲。

中华廊道——帝都的东方大道。华山山脉周边有三条重要河流，即塑造关中的渭河，塑造河洛地区的黄河、洛河。此三河与华山一起，构建出"一山三河"地带，这里是中华文明的腹心地带。华山西面的长安、东面的洛阳，皆是闻名世界的千年帝都。周、秦、汉、隋、唐，这几朝帝国的都城在长安与洛阳之间更替。人们常用西都、西京，指代古长安；用东都、东京指代古洛阳。在古长安与古洛阳之间，黄河与华山（小秦岭）夹峙，造成一狭长地带，是连接两大帝都的走廊，也是西进东出的走廊——中华廊道。中华廊道是中国最古老的道路，见证了中华民族兴衰的重大历史事件。中华廊道沿线，分布着大量新石器时期的文化遗址。远古时期，轩辕黄帝率族人由关中西部向嵩山一带游徙，以及夏启率军征伐有扈氏，秦人迁往西垂，皆经行此道。周时称"周道"，也称"桃林路"。秦时为"驰道"，也称东方大道，也称函谷路。具体路线，自咸阳渡渭水折东行，经长安聚、轵道（今西安东北）、芷阳（今临潼西）、骊邑（今临潼北）、鸿门、戏亭等地，沿渭水南行，经郑县（今华州）、平舒（今华阴西北）、宁秦（今华阴东），出函谷关，至雒邑（今洛阳）。西汉初年，刘邦在东方大道上筑新丰城，凡自长安东出者必经新丰，故又称"新丰道"。自汉长安城东出宣平门，过灞水、新丰城，东渡阴盘水、戏水至阴盘驿，过零水，经临渭、华州、华阴，出函谷关，至雒阳（今洛阳）。东汉时，在原桃林塞置潼关，此后改称"潼关道"。唐德宗时，钦定为"大路驿"，即主干驿路。自唐以后，帝都离开长安、洛阳。至宋代，中华廊道被称为汴州—潼关—长安道，纳入以中原京都为中心的驿路系统。元代，由京都通向各省驿路"路名即以所趋向之省为名"，潼关道改名"陕西路"。清代时，潼关道是京师官马西路的组成部分，为皋兰官路和四川官路所共用。左宗棠任陕甘总督时整修，拓宽路基达10—33米，在两侧植杨柳1—2行，绿如帷幄，人称"左公柳"。

峡江古道——连接荆楚与巴蜀。在巴蜀生态圈与荆楚生态圈之间，相隔着崇山峻岭、滩险流急、交通艰险的长江三峡。巴蜀东出，必经三峡。战国以来，巴蜀住民在三峡悬崖峭壁上凿孔架木、设栏盖棚，硬生生地修筑出空中道路。当年秦人击楚，即是先灭巴蜀，然后沿峡江古道而下。刘备入川，以及后来与东吴的抗争，也发生在峡江古道上。毫无疑问，峡江古道是古代交通史上的一大奇观。峡江古道大多开凿于高出江面数十米的临江峭壁上，这是一个令人惊心动魄的高度。在三峡大坝蓄水以前，行驶在三峡峡谷之中，依然随处可见绝壁上的栈道。风箱峡"风箱"一侧，在绝壁之上，镌刻"天梯津隶""开辟奇功"八个大字，即是在赞美峡江栈道奇迹。如今，峡江古道已成为最深刻的人文记忆之一。在与长江三峡相通的大宁河小三峡里，在三峡大坝未蓄水之前，逆河而上，还可以看见峡谷西岸绝壁上依然残存大量栈道孔，排列整齐，6寸见方、孔深2尺、孔距5尺。枯水季节，高于河面15米。铺上路面，即是一条绝壁道路。人行其上，如在空中。除主河道外，各条支流也有类似道孔，东接湖北竹溪，北连陕西镇坪，西通重庆市城口县境，形成了达数千公里古栈道网。如此古栈道，缺乏史料记载，新近研究倾向于其是历史上巫咸国的古盐道。古盐道历史悠久，最早可追溯到4000年以前。

汉水古道——汉江两岸的背影。在古代，汉江两岸运输全靠马帮一点点走出来，沿汉江顺水而下，畅行千里，通江达海。载着生漆、苎麻、木耳、桔子、桐油、茶叶"下水"去汉口，"上水"时携带洋油、洋布、洋烟等南货。大小船只往返穿梭，年深日久，形成紫阳、恒口、蜀河、白河繁华码头。因航运衰落，古镇遗迹残存，老铺商号和船帮会馆成为历史深处的记忆。

下面，再说一下大秦岭古道系统的"三纵"。"三纵"分别是指：（1）从秦地通往荆楚，将关中生态圈与荆楚生态圈连接为一体的秦楚古道群。（2）从秦地通往巴蜀，将关中生态圈与巴蜀生态圈连接为一体的秦蜀古道群。（3）从巴蜀通往甘青，将巴蜀生态圈、羌藏生态圈和甘青生态圈连接为一体的蜀陇古道群。"三纵"是连接黄河与长江两大流域，也是连接中国北方与中国南方的大通道，也是穿越大秦岭古道系统的主体部分。相较于"三横"而言，"三纵"的研究比较广泛。

关中生态圈至荆楚生态圈的古道群。主要有三条道路：武关道、义谷道、上津道。武关道是帝都的东南走廊，也是秦楚古道群的主干。武关道大约形成于商末周初，大致沿灞水河谷与丹水河谷东南而行。荆楚部族首领鬻熊（Yù Xióng）受封楚子，在率族人自关中移居荆楚途中，开拓成道。史书记载"周公奔楚（今河南淅川）"，亦行此道。秦汉之时，武关道也称蓝关道，因核心路段起于"商（商邑）"止于"於（柒於）"，也称之商於古道。武关是秦楚咽喉之锁钥，"秦之四塞"之一，自是兵家必争之地。"商山名利路，夜亦有人行"，隋唐以后，武关道称为商山道，出现了商贸异常繁荣的景象。武关道显现秦楚"争霸之路"本色，商山道显现"争名夺利"本色。商山古道，也是一条唐代诗歌之路。有学者统计，仅唐代往来于商山的诗人就达200余人，留下近千首诗歌。唐德宗时规定："从上都至汴州为大路驿。从上都至荆南为次路驿。"可见，武关道的地位仅次于大路驿。唐以后，武关道不再是国道，却依然是连接西北与东南的捷径。历代武关道的路径变化较大。秦汉时，文献仅提及灞上、蓝田、峣关、武关、析、郦、丹水等地。谭其骧《中国历史地图集》所标汉武关道由商南县西折向东南，越四道岭，过湘河，经荆紫关、淅川老城东行抵南阳。唐时，商山道路径比较明确：由长安东行，过灞桥后折向东南，经蓝田县坡底村，上七盘岭，绕芦山南侧，过蓝桥到蓝桥镇，溯蓝桥河而上，经牧护关（唐蓝田关）翻越秦岭梁，顺丹水七盘河下黑龙口，折东行，经商州、丹凤县出武关，经商南县富水镇出陕境，经西峡、内乡县至南阳。宋元明清，基本沿用唐武关道干线。清代西安至商州的官马支路，即是原武关道。

义谷道是秦楚古道群中最西的一条。资料显示，北周保定二年，配合陈国进攻北齐，宇文邕倡议修筑义谷道。因今长安大峪在古时称义谷，得名义谷道。自大峪进入义谷，跨越秦岭主梁后，经柞水太峪河入乾祐河南下，再经镇安、旬阳至金州（今安康）。北周天和三年（568）建成，全长290公里，其中柞水境内60公里有26处栈道，长约28公里。大峪（今义谷）西邻是小峪，曾称"锡谷"，东邻库峪，沿库峪道、锡谷道翻越主梁后，两道皆并入义谷道。因军事用途，唐代曾多次维修义谷道。

上津道是大秦岭腹地路途最短,也最年轻的一条秦楚古道。如今,在十堰市郧西县汉江北岸有一条河,名曰金钱河。其原名,称作"甲水"。唐朝中期,因安史之乱,从运河通黄河经渭水达长安的漕运被迫中断,中华廊道被藩镇所阻,商山道运输吃紧,由东南运往帝都长安的物资过多,由此需要开辟新的道路。白居易有诗作《长庆二年七月自中书舍人出守杭州路次蓝溪作》:"东道既不通,改辕遂南指,自秦穷楚越,浩荡五千里。"后来,商山道也不能通,唯有取道江汉一线,先集中襄阳,再溯汉水而上。随之,甲水成为黄金水道,由此将东南物资运往长安。一时间,上津路成为维系大唐王朝的国脉。商人认为,甲水航运寸水寸金,遂称甲水为"金钱河",相沿成俗。金钱河下游东岸,坐落着上津古城。设有五门,东曰通郧、北曰接秦、南曰达楚、西曰通汉,西南辟一门曰便民。因可"朝秦暮楚",曾是秦楚交往之要津。《陕西古代道路交通史》载:上津路由襄阳溯汉水 360 里至均州(今丹江口),又西 113 里至郧乡县转运院,陆运上津。到达上津县后,或西南陆行至旬阳,再入汉水运洋州、梁州,北转关中;或直接北运至商州达长安,上津一时成为水陆槽挽的中心,称为"上津路"。

　　关中生态圈至巴蜀生态圈的古道群。关中至巴蜀的古道群,一般统称为"蜀道",不少人熟悉"蜀道难,难于上青天"。其实,由关中通往巴蜀的古道,不是一条而是若干条,形成大秦岭中规模最大最密集的古道路群。包括子午道、傥骆道、褒斜道、祁山道、金牛道、米仓道、荔枝道。其中,陈仓—金牛道,是连接两大生态圈的主干道。因地处大秦岭东西之中轴线上,且呈正南正北走向,可称之为穿越大秦岭的中央大道。当代宝鸡至成都铁路与陈仓—金牛道的路径大体相同。陈仓道是陈仓—金牛道北段,也称嘉陵道、散关道、故道。从古陈仓清姜河入山,翻越秦岭主梁，沿嘉陵江而下至汉中。因沿嘉陵江主流南下，也称之"嘉陵道"。西周时代，陈仓渭水之南有一小国——散国，在秦岭主梁北侧曾设置大散关，嘉陵道也称散关道。因始皇二十六年（前221），在嘉陵江上游地带，以今凤县为主体，涵盖留坝、太白、两当的部分设置故县。所以，散关道也称故道。故道是一条古老的国道。在台北故宫博物院，存有一件国宝级文物——西周晚期青铜器散氏盘，其铭文有出现"周道"一词。据王国维考证，此周道即是故道。在大秦岭古道系统中，陈仓道南接金牛道，构成完整的陈仓—金牛道。金牛道修筑于春秋战国时代。在翻越大秦岭通往巴蜀的道路中，金牛道是关键一段。陈仓道的东侧，在战国时代即修筑有褒斜道。至汉代，在陈仓道与褒斜道之间，于凤州至武关驿之间，修筑了经由连云寺，翻越紫柏山的连云道，因从西边的道路（陈仓道）又回到东边的道路（褒斜道），故亦称"回东道"。在西北方向，汉代修筑了与陈仓道相连接的祁山道。由此，形成了以陈仓—金牛道为主干的蜀道大格局，成为大西北与大西南连通的官驿大道。

在今汉中市汉台区褒城镇（历史上曾设褒城县）一带，即是古褒国的地界。传说，周幽王意欲讨褒国，褒人知悉后，献美女褒姒乞降。《史记·周本纪》记述："褒姒不好笑，幽王欲其笑万方，故不笑。幽王为烽燧大鼓，有寇至则举烽火。诸侯悉至，至而无寇，褒姒乃大笑。幽王说之，为数举烽火。其后不信，诸侯益亦不至。"西周遂亡。唐诗云："恃宠娇多得自由，骊山举火戏诸侯。只知一笑倾人国，不觉胡人满玉楼。"此道是"烽火戏诸侯，一笑失天下"。在那个时代，褒国通往西周都城的唯一官道就是故道。也就是说，褒姒当从故道来到关中。

关于金牛道，有一个颇具传奇色彩的故事，即"金牛粪金"。据传说，秦惠文王意图巴蜀，遂采纳大将司马错的计策，诈言秦"天降石牛，夜能粪金",并致信蜀王称愿与蜀国友邻,赠石牛献美女,恳请迎接。蜀王开明氏派五力士在大小剑山、五丁峡一带峭壁处日夜劈山破石,凿险开路,入秦迎美女运石牛。等道路开通后,秦军长驱直入,巴蜀亡国。后来,这一故道遂名为石牛道,也叫金牛道。这个传奇故事,载于《太平御览》卷八百八十八引《蜀王本纪》:"……秦惠王时,蜀王不降秦,秦亦无道出于蜀。蜀王从万余人东猎褒谷,卒见秦惠王。惠王以金一笥遗蜀王,蜀王报以礼物,礼物尽化为土。秦王大怒,臣下皆再拜贺曰:土者地也,秦当得蜀矣。秦惠王欲伐蜀,乃刻五石牛,置金其后,蜀人见之,以为牛能大。便金牛下。有养卒以为此天牛也,能便金。蜀王以为然,即发卒千人,使五丁力士拖牛成道,致三枚于成都,秦得道通,石牛力也。"金牛道北端在汉中境内,有五丁力士迎取金牛和美女的五丁关,金牛道南端七曲山下有山崩压五丁的五定祠。故有"地崩山摧壮士死,然后天梯石栈相钩连"。

金牛道是秦吞并天下发端之路。《史记·范雎列传》载:"栈道千里通于蜀汉,使天下皆畏秦。"秦国击败了巴蜀,完全掌控了陈仓—金牛道,使得关中与成都两大天府之国合二为一。于是,秦的国力大幅度提升。对于中华统一来说,陈仓—金牛道居功至伟,堪称是"中华统一之路"。

大散关、剑门关,是中国历史上的两大名关,也是陈仓—金牛道上一北一南两大咽喉地段的关隘。在这个意义上,陈仓—金牛道,也可称为散关—剑门道。大散关,因处在周朝散国区域而得名散关,后人习惯称之为大散关。大散关是陈仓—金牛道北口的咽喉锁钥,向来为兵家必争之地。历史上发生战役 70 余次。刘邦明修栈道、暗度陈仓出现在这里;三国时曹操西征张鲁,亦经此地;诸葛亮二出祁山,也是这里;宋金两军也曾长期争夺大散关。陆游诗作"楼船夜雪瓜洲渡,铁马秋风大散关"则成为千古名句。剑门蜀道,肇始西周,是金牛道核心地段,至今遗存古桥梁、古建筑、古碑刻、古寺庙、古城址、古树名木等珍贵文物,被誉为"世界陆路交通史上的活化石"。剑门关地处陈仓—金牛道的南段,因大、小剑山中断处两旁断崖峭壁、峰峦似剑、对峙如门,故称之剑门。翠云廊是金牛道一段,古称"剑州路柏",民间称"皇柏",亦称"张飞柏",是罕见古行道树群体,被誉为"蜀道灵魂"。三国时,在此垒石为关,以为屏障,称剑阁,又称剑阁关,唐代以后称剑门关。在中国古代史上,剑门关是没有被正面攻破过的关口。李白《蜀道难》:"剑阁峥嵘而崔嵬,一夫当关,万夫莫开。"据此,人们赞誉剑门关是"天下第一关"。前人留有"天下雄关""第一关""剑阁七十二峰"等碑刻。

紧邻陈仓—金牛道的古道,即是褒斜道。褒斜道是陈仓道最早的竞争者。"褒",即褒水,今之褒河;"斜",即斜水,今之石头河。古称"褒水",实为今褒河下游河段。褒河与石头河,河源区皆在太白县城东秦岭主梁衙岭一带,两者同源而背流。褒斜道正是利用了褒水与斜水同源背流的特点,由眉县斜谷入秦岭,翻越衙岭进入汉中,全长约249公里。褒斜道最晚修筑于战国时代。公元前314年,秦惠文王派张仪、司马错伐蜀,即是经褒斜道行军。其后,因少整修而荒废。汉武帝原打算将四川粮食经褒斜道运往关中,计划将其修建成一条运粮水道。终因水湍石大,无法如愿。汉武帝元狩年间,公元前122—前117年,"发数万人作褒斜道五百余里",实际是整修了褒斜道。《史记》载:"道果近便。"东汉明帝永平四年,即61年,"诏书开余,凿通石门"。石门也就是今天人们所说的石门隧道。据记载,开凿石门隧道,动用"广汉、蜀郡、巴郡徒二千六百九十人",于东汉永平九年(66)竣工。石门是大秦岭中最早的人工隧道。开凿石门使用的最关键技术,被称之为"火焚水激"。清代《栈道歌》:"积薪一炬石为坼,锤凿既加如削腐。"因开凿石门,褒斜道更加通畅。北魏《石门铭》云:"穹隆高阁,有车辚辚……千载绝轨,百两更新。"如今,古石门已被褒河水库所淹没。褒斜道也已被姜眉公路、宝汉公路、宝汉高速所取代。从褒斜道进入巴蜀,也需要接入金牛道,形成褒斜—金牛道的大格局。

傥骆道——便捷而险峻的古道。傥骆道,开通晚,废弃早。通于三国,盛于隋唐,废于南宋。傥骆道北口,在周至骆峪,沿骆峪口上山,经厚畛子,越兴隆岭,沿酉水河,经华阳、经八度翻山,沿傥水出山至洋县,全长约240公里。这条道路,山高谷深,人烟稀少,行程较短,便于藏兵、调兵和出奇兵。有趣的是,刘秀起兵与傥骆道并不密切,且正史中未见记载,但傥骆道上,诸多传说与刘秀相关。如马道梁上的支锅石,相传是刘秀行军至此支锅造饭。此处山脊称蟒岭,相传一条大蟒曾为刘秀助战,在此化作蟒岭。唐武德七年(624),唐高祖整治疏通,置骆谷关。至此,傥骆道始为官道,并保持通畅。784年,唐德宗李适躲避朱泚兵变,经傥骆道逃难来到汉中。黄巢起义,唐僖宗取傥骆—金牛道,经汉中逃亡成都。有传说,当年杨贵妃经由傥骆道,再沿汉江水路入长江到达扬州,并漂洋过海去了东瀛。南宋初年,烽火连绵,金兵至傥骆道,大焚驿舍,铺兵逃散,邮驿中断,傥骆官道随即废弃。此后,山路漫漫、道路崎岖,傥骆道降格为民间道路。电影《老县城》记述土匪杀县长的故事,即发生在这条民间道路上。今日从西安飞往汉中的航线,即是沿傥骆古道飞行。

子午道——帝都长安正南的古道。汉中《石门颂》作于东汉,其中便有"高祖受命,兴于汉中,道由子午"的记述。以此文而论,刘邦穿秦岭入汉中，经由子午道。即是说，在汉代以前，已有子午道。长安帝都的正南方有一峪口，曰子午峪，子午道正是从子午峪入秦岭。子午峪不大，并不接近秦岭主梁。因此，要从子午峪翻越支梁入沣峪，先过石羊关，沿沣河而上，翻越秦岭主梁，再顺旬河而下，翻越平河梁，或进入长安河河谷，或进入池河河谷，沿河而下至汉江北岸，最后沿汉江而上至汉中，全长约500公里。王莽主政时，修整了子午道，并置子午关（即石羊关）。此后，子午道成为正式的官道。《汉书·王莽传》载，西汉平帝元始五年："秋，莽以皇后（王莽之女）有子孙瑞，通子午道。子午道从杜陵直绝南山，径汉中。"秦汉时期，由四川、汉中向帝都的物资输运，多取陈仓—金牛道，或是褒斜道。自王莽修整子午道并设置子午关后，子午道成为帝都长安通往汉中、巴蜀的重要通道，其作用超过陈仓道，形成了子午—金牛道、子午—荔枝道、子午—米仓道的新格局。

祁山道——最容易记住的古道。祁山道是沿西汉水河谷修筑的一条古道，诸葛亮六出祁山，其中祁山即是指这条道路。祁山道接入陈仓道，再接入金牛道，形成祁山—陈仓—金牛道的大联通格局。祁山道所经过的礼县—祁山堡—（小）天水的西汉水河谷地带，正是秦人发迹的地方，史称"西垂"，也称"西犬丘"。秦人祖先在这一带生存发展了300年，如今这里有秦人第一座墓园，有秦源文化博物馆。在朱圄山与齐寿山之间，大秦岭主梁出现了一个洼陷地段，也即是天水豁口，这为翻越秦岭主梁、进出秦岭南北开启了方便之门。在陇地与蜀地之间，古代的道路即是祁山—陈仓—金牛道。

米仓道——萧何追韩信之路。萧何追韩信，应是从兴元府治南郑出发往南至巴州，在名为孤云、两角的山顶，方赶上韩信。不少人相信，萧何追韩信的典故即发生在米仓道，并推断汉之前已有米仓道。周显王七年（前362），楚国从汉中向南扩展，占有巴州、黔中，这大概是关于米仓道的记述。米仓道始于汉中南郑，过米仓山而入南江县，再往南入巴中，沿巴河南下江州（今重庆），或经蓬州（今南充蓬安）顺庆（今南充）下合州（今重庆合川）抵江州。因穿越米仓山而得名，长250公里。《读史方舆纪要》记："自南郑而南，循山岭达于四川保宁府之巴州，为米仓道。"《三国志·张鲁传》中有"鲁乃从汉，奔南山，入巴中"以及《华阳国志》载："（建安）二十年，魏武帝西征张鲁，鲁走巴山。"《太平广记》载："兴元之南，有大竹路。通于巴州。其路则深溪峭岩，扪萝摸石，一上三日，而达于山顶。行人止宿。则以缒蔓系腰，萦树而寝。不然，则堕于深涧，若沉黄泉也。复登措大岭，盖有稍似平处，路人徐步而进，若儒之布武也。其绝顶谓之孤云两角，彼中谚云：'孤云两角，去天一握。'淮阴侯庙在焉。昔汉祖不用韩信，信遁归西楚，萧相国追之，及于兹山，故立庙貌。王仁裕尝佐褒梁师王思同南伐巴人，往返登陟，亦留题于淮阴祠。诗曰：'一握寒天古木深，路人犹说汉淮阴。孤云不掩兴亡策，两角曾悬去住心。不是冕旒轻布素，岂劳丞相远追寻。当时若放还西楚，尺寸中华未可侵。'崎岖险峻之状，未可殚言。"在唐代，米仓道一度设驿站，辟驿路。南宋之后，米仓道日渐凋敝。

荔枝道——最具浪漫色彩的古道。米仓道已是三秦入三巴的捷径，但仍满足不了杨贵妃吃新鲜荔枝的需要。为让杨贵妃吃到新鲜荔枝，唐玄宗下令自涪州（今重庆涪陵）置专驿直通长安。荔枝道的基本路线是：涪陵起步，经垫江、梁平、大竹、达州、宣汉、万源、镇巴、西乡，接子午道。荔枝道与子午道连接，即形成荔枝—子午道，全程长约1000公里。白居易《荔枝图序》载："荔枝生巴峡间，壳如红缯，膜如紫绡，瓤肉莹白如冰雪，浆液甘甜如醴酪。"苏轼《荔枝叹》载："永元荔枝来交州，天宝岁贡取之涪。"宋人范成大《妃子园》小序载："涪陵荔子，天宝所贡，去州里所有此园。"

连接巴蜀生态圈、羌藏生态圈、甘青生态圈的古道群主要是民间道路、商业道路，很少有官方文献记载。较为知名的分别是阴平古道、岷山古道。秦岭古道系统中，阴平古道最是一鸣惊人。因三国时邓艾"裹毡而下"而闻名，因过阴平郡境而得名。《三国志》载："冬十月，艾自阴平道行无人之地七百余里，……又粮运将匮，频于危殆。艾以毡自裹，推转而下，将士皆攀木缘崖，鱼贯而进。先登至江由，蜀守将马邈降。"古今公认，阴平道是"山高如云表，玄鹤尚怯飞"的险路。阴平古道，也是大秦岭里的茶马古道。因通行的大部分区域在今陇南，也称"陇南道"。而陇南古称"武都"，又称"武都道"。唐贞元年间，因扩军急需马匹，而番地需要茶叶，官方设立边贸以茶叶换马匹，就成为当时的官方政策。直到清雍正十三年（1735），官营茶马交易终止，民间茶马互换延续到民国。茶马交易的茶叶主要来自巴蜀生态圈，马匹主要来自羌藏生态圈、甘青生态圈，连通三大生态圈的陇蜀茶马道得以繁盛。具体有两条线路，其南线即是阴平古道：南起成都，经江油、平武、青川、碧口、文县、武都、宕昌、岷县、卓尼，直达临潭（古称"洮州"）。同时，碧口到成都还有经白水、昭化的水路。北线即是祁山—陈仓道。如今，阴平道上著名险境已划入唐家河国家级自然保护区。高山峻岭，幽壑深谷，人迹罕至，萋萋荒草淹没了征战喧沸，恰好是国宝大熊猫的理想栖息之地。

岷山古道——具有藏彝特色的古道。在新石器时代，岷山古道就是巴蜀生态圈与羌藏生态圈、甘青生态圈交流的大通道。至魏晋南北朝，岷山道成为巴蜀生态圈通往陆上丝绸之路的南线主干道。唐宋明清以来，也是汉藏茶马古道的重要干道。两晋南北朝是中国大分裂时代，因中原战乱，巴蜀生态圈经岷山道走上丝绸之路。《南史·裴松之传》记载："时西北远边，有白题及滑国遣使，由岷山道入贡。"白题、滑国，在今乌兹别克斯坦一带。这一时期，羌藏生态圈和甘青生态圈的主人是吐谷浑。巴蜀商人沿岷江而行，从松潘黄胜关入吐谷浑，与西域各国通商交好。至隋唐，也未能打通西南夷道，巴蜀丝绸亦走岷山道。在吐鲁番，"益州半臂""梓州小练"皆是畅销货。五代时，沿用岷山道。《元和郡县图志》卷三十二载："故桃关在县（汶川县）南八十二里，远通西域。公私经过，惟此一路。"1996 年，青海海西蒙古族藏族自治州都兰县古墓群考古发现，丝织品数量多达 350 余件，其中有大量北朝至盛唐时期的巴蜀丝绸（蜀锦）。

3000 多年来，"三纵三横"的大秦岭古道系统，将两大母亲河——黄河流域与长江流域连接为一体，将中国北方的帝国都城与中国南方的锦绣河山连接成一体，将六大生态圈连接为一个生态圈——大秦岭生态圈。在中华文明史上，大秦岭古道系统，深藏着中华民族自强不息、永葆生机的进化密码。在世界文明史上，大秦岭古道系统，镌刻着巨丽辉煌的创世篇章。

大秦岭古道示意图（制图：孙健）

秦岭风光（摄影：党双忍）

第六章

经略秦岭

秦岭简史

中国的生态根脉

黄河、长江是两条世界级大河,也是中国两大母亲河。以长度而论,长江是世界第三大河,黄河是世界第五大河。

在地球上,中国是一个完整拥有两条世界大河(即中国两大母亲河——黄河、长江)的国家。更富特色的是,中国拥抱的两大母亲河,出双入对,相依相偎,不离不弃。她们一道发源于世界第三极——青藏高原,如同一对亲密的姐妹,十指紧扣,携手东行,一同归入浩渺的太平洋。

黄河、长江,中国的两大母亲河,竟出落为成双成对的姊妹河,无疑是大自然鬼斧神工铸就的地理奇观。有如此鬼斧神工的山脉,当推中华父亲山——大秦岭。

号称世界屋脊、地球第三极的青藏高原,像是一个高山聚会的地方。说其是"高山毕至",也许恰如其分。于是,在地球上形成了一个令人刮目相看的高山群落,一个"高山组团的高原",于是,青藏高原也叫"青藏山原"。

青藏高原发端于帕米尔高原,以帕米尔山结为根基,向东南向东北呈发散状。向东南部发散,在其边缘形成高峻的喜马拉雅山;向东北部发散,在其边缘是昆仑山、阿尔金山、祁连山;在东南部,青藏高原止于横断山脉;而在东部,青藏高原与大秦岭对接。在青藏高原内部,由西向东,由南向北,依次排列着喀喇昆仑山脉、冈底斯山、念青唐古拉山、唐古拉山、可可西里山、巴颜喀拉山、阿尼玛卿山等系列高山。

384

在青藏高原的腹部，由西向东排列着可可西里山、巴颜喀拉山。巴颜喀拉山是昆仑山的一个支脉，全长约 800 公里，这对于东西长达 3000 公里的青藏高原来说，显然只是一个小不点。巴颜喀拉山主峰海拔 5267 米，不要说与南方远亲喜马拉雅山（8844 米）相比，就是与南方近邻唐古拉山（6621 米）、西邻居可可西里山（6305 米）、北邻居阿尼玛卿山（6282 米）、东邻居邛崃山（6250 米）相比也要矮半头，即便是与青藏高原的平均海拔（4000—5000 米）相比，它也很不起眼。

在高山毕至的青藏高原上，巴颜喀拉山并不出众，甚至算不上是一个高者。然而，巴颜喀拉山却是一个值得称道的贤者。这是因为，巴颜喀拉山以其并不高大，甚至有点弱小的身躯，滋养了黄河与长江。在巴颜喀拉山西段的雅拉达泽山（5202 米）以东，有一个约古宗列盆地（4500 米左右），盆地内 100 多个沼泽湖泊像散落的无数珍珠，晶莹闪亮。其中，包括著名的星宿海、扎陵湖、鄂陵湖，这里就是黄河的发源地。此地南麓，即是长江的北源所在。

巴颜喀拉山凸起的山顶常年积雪，白雪皑皑，因山势和缓，山间草甸、沼泽中野生动物悠然漫步其间。巴颜喀拉山就是以这般柔美的身段，左手牵着黄河，右手牵着长江，一路向东。在经过最高峰果洛山（5369 米）后，便来到了黄河九曲第一湾，也就来到了松潘高原，也即若尔盖草原。若尔盖草原连接着西倾山、岷山，连接着大秦岭。

若尔盖草原处在四川、甘肃、青海三省交界处，是一个群山环抱的高原盆地。站在盆地环顾四周：隔九曲黄河第一湾西望是阿尼玛卿山，视线转向西北，望见的分别是西倾山、迭山、岷山、邛崃山、果洛山。邛崃山是横断山脉的东列山脉，也是青藏高原的东部边缘。西倾山连接的是：黄河流域之黑河、大夏河、洮河的源头，长江流域岷江、白龙江的源头。也就是说,西倾山接续了巴颜喀拉山,具有黄河与长江分水岭的意义。

西倾山也称西羌山、西强山,蒙古、藏混合语意即"西面的大鹏山"。西倾山地处青海省东部与甘肃省西南部交界地带,在青海河南蒙古族自治县,甘肃玛曲县、碌曲县境内,最高峰哲合尔拉布肖,海拔4510米。西倾山大致呈东西走向,与大秦岭走向基本一致。《尚书·禹贡》言明:"西倾、朱圉、鸟鼠,至于太华。"西倾山是连接巴颜喀拉山与大秦岭的关键一环,也是青藏高原连接大秦岭的关键一环。西倾山是昆仑山之尾,也是大秦岭之首。在地质构造上,西倾山为东昆仑山与大秦岭地槽褶皱系的连接地段。在地理上,黄河东岸的西倾山与黄河西岸的日月山(祁连山支脉)遥遥相对,处于青藏高原向黄土高原的过渡地带。青藏高原(第一级阶地)在东南方向通过横断山脉连接着云贵高原(第二级阶地),在东北方向通过西倾山连接着大秦岭,并逐步过渡到黄土高原(第二级阶地)。

以黄河、长江分水岭的角度观察,大秦岭与巴颜喀拉山紧密相连,一脉相承。巴颜喀拉山是昆仑山的支脉,也可以说,大秦岭是走出青藏高原的昆仑山,昆仑山是伸进青藏高原的大秦岭。在两大母亲河分水岭意义上,巴颜喀拉山长约800公里,大秦岭长约1600公里。如果把大秦岭放在"高山毕至"的青藏山原,怕是连小不点也算不上。大秦岭的高度只及青藏高原群山的坡脚。然而,大秦岭毕竟是走出青藏高原的昆仑山。当诸多高山悄然隐退之后,正是大秦岭称雄览胜的天下。由此,大秦岭开启了一个全新的大格局:黄河、长江分水岭在山系中的弱势地位发生了根本改观。

大秦岭横卧在中国地理版图中央:头(西倾山)枕青藏高原,伸开左臂搂抱（秦岭北）黄土高原，张开右臂牵住（秦岭南）蜀楚大地，一双大脚（秦岭东段）蹬住了华北、江汉平原。如此这般，大秦岭将中国地理的第一阶梯、第二阶梯、第三阶梯紧密连接在一起，雄浑阔达、恢宏壮丽、独具一格。

大秦岭是中央山脉，可以说"得秦岭者得天下"。自大秦帝国以来，无论是明修栈道、暗度陈仓，或是得陇望蜀，抑或是"得蜀望陇"，中国历史上一再演绎了"得秦岭者得天下"的壮丽故事。大凡分裂的时期，多是大秦岭首尾不能兼顾，南北不能兼得的时候。大凡强盛统一的时期，必定是大秦岭东南西北全部纳入版图的时候。如此这般，大秦岭在中华文明发生发展过程中发挥了无可比拟的作用，继而成为中华民族崇敬爱戴的父亲山。

大秦岭处在黄河、长江的地理中心，也处在中国地理的中心，也是中国的地理中枢。由于大秦岭是在低海拔地带突起的山脉，所以阻滞了南方气流北上，也阻滞了北方气流南下，从而成为中国自然地理过渡的加速器，一些原本是以百公里计量的自然景观，在大秦岭浓缩为以百米度量的垂直分布。由此，引起了一系列非同寻常的自然地理变化。

大秦岭是中国的中央空调

大秦岭阻滞气流运行，使中国南北表现出显著差异。在夏季，大秦岭使湿润的海洋气流不易深入西北，使其以北的气候干燥。在冬季，大秦岭阻滞北方寒潮南侵，减轻了南方遭受冷空气侵袭的强度。由此，大秦岭成为亚热带与暖温带的分界线，成为中国的中央空调。在全球范围，这都是非常独特的地理现象。

大秦岭以南为亚热带，一月的平均气温在0℃以上，河流不结冰；大秦岭以北为暖温带，一月平均气温在0℃以下，河流结冰。以气候垂直分布来说，大秦岭南坡自下而上可以分出亚热带、暖温带、温带、寒温带、亚寒带5个气候带；大秦岭北坡缺少最下面的亚热带，其他4个气候带与南坡相同。与此相适应，大秦岭成为湿润地区和半湿润地区的分界线。大秦岭以南是湿润地区，年降雨量在800毫米以上，雨季长、降水多；大秦岭以北是半湿润地区，年降雨量在800毫米以下，雨季短、降水少。大秦岭是南北植被的分界线，大秦岭以南以常绿阔叶林为主，以北以针叶林、落叶阔叶林等为主。大秦岭又是土壤和农业的分界线，以南的土壤以红壤为主，农田以水田为主，农作物以水稻小麦为主，一年两熟或三熟；以北的土壤以黑钙土为主，农田以旱田为主，农作物以小麦玉米为主，一年一熟或两熟。

大秦岭是中国的中央水库

山是江河之源。中国大秦岭的生态意义不仅在于分水，更在于涵养水、供给水。大秦岭能够同时向黄河、长江两大母亲河注水。人们称三江源地区是中华水塔，大秦岭就是中央水库。除发源了淮河外，"两江四河四库"是大秦岭被誉为中央水库的集中代表。

"两江"即大秦岭南麓的嘉陵江和汉江。汉江是长江第一大支流，嘉陵江是长江第二大支流。陕西宝鸡的玉皇山（主梁，2819米）将大秦岭一分为二，以西是嘉陵江流域，以东是汉江流域。玉皇山西侧是嘉陵江正源（东源）所在；甘肃天水齐寿山（主梁，1951米）是嘉陵江中源西汉水的源头所在，在陕西略阳县注入嘉陵江；西倾山是嘉陵江西源白龙江源头所在，于四川广元注入嘉陵江。嘉陵江于重庆朝天门汇入长江。玉皇山东侧是汉江北源褒河源头所在，玉皇山南向大支脉紫柏山是汉江中源沮水所在，再向南的凤凰山是汉江正源玉带河所在。汉江三源于汉中合流，于武汉汉口汇入长江。

"四河"是大秦岭北麓的四条重要河流，由东向西分别是：（1）洛河，古称"雒水"。三门峡以下黄河南岸最大支流。源出西安蓝田县、渭南临渭区、华州区和商洛洛南县交界箭峪岭、龙凤山一带，流经古都洛阳，接纳伊河水后于巩义市河洛镇注入黄河。（2）渭河，古称"渭水"。源出甘肃定西市渭源县秦岭支脉鸟鼠山，流经陇西高原、关中平原，于潼关注入黄河。渭河是黄河第一大支流，也是流经西安的历史文化名河。（3）洮河源出西倾山东麓，水量仅次于渭河。于刘家峡水库库首注入黄河。洮河东以鸟鼠山与渭河分水，西以长岭山与大夏河分水。（4）大夏河，古称"漓水"。源出西倾山北麓，经夏河县城东北流，出土门关进入临夏盆地，在刘家峡水库库尾注入黄河。

"四库"即三峡水库、丹江口水库、三门峡水库、刘家峡水库。其中，丹江口水库有亚洲天池、中国第一人工淡水湖、南水北调中线工程水源地、中国重要湿地保护区等称号。水域面积1022.75平方公里，蓄水量290.5亿立方米。南水北调中线工程由丹江口水库引水，重点解决北京、天津、石家庄、郑州等沿线20多座大中城市缺水问题，并兼顾沿线生态环境和农业用水。

大秦岭是中国中央物种基因库

　　大秦岭是万物生灵自由生长的乐园，这里生物多样性极为丰富。大秦岭涵盖亚热带、暖温带、温带、寒温带、亚寒带，多样的气候造就了多样的物种。从亚热带到寒带的植物，在大秦岭中均有分布。大秦岭南侧以落叶阔叶和常绿混交林为基带，自下而上有常绿、落叶阔叶混交林、落叶阔叶林、针阔叶混交林。大秦岭北侧自下而上有落叶栎林带、桦木林带、针叶林带和高山灌丛草甸带。有资料显示，大秦岭是青藏高原、西南、华中、华北等多种植物区系交汇区，也是古北界、东洋界两大动物区系交汇区，具有极为显著的生态区位优势。大秦岭是具有全球性保护意义的生物多样性重要地区之一。

　　数千年来，伴随着人类农业化、工业化、城镇化的进程，大秦岭因被过度使用，森林面积减少，质量下降，不少物种失去家园，没有逃脱灭绝的命运。值得庆幸的是，大秦岭山势陡峭，有不少悬崖绝壁，人迹罕至，继而成为森林精灵的天然庇护所。如今，大秦岭依然保有弥足珍贵的生物多样性，并成为举世公认的中国中央物种基因库。仅陕境秦岭（不包括陕境巴山）就有种子植物3400多种，其中特有种植物192种。陆生脊椎动物642种，其中兽类142种，鸟类338种。国家Ⅰ、Ⅱ级重点保护野生动物80种，其中朱鹮、大熊猫、羚牛、金丝猴、豹、林麝、金雕、白冠长尾雉、红腹角雉、血雉、红腹锦鸡等属珍稀濒危动物。两栖爬行类动物77种，大鲵最具代表性，是中国特有的最大有尾两栖动物。大熊猫、金丝猴、朱鹮、羚牛，被誉为秦岭四宝。

　　大秦岭的四大板块皆是物种丰富地区，特别是太白山、地肺山最为丰富。太白山坡脚至山顶垂直高差达3300多米，是生灵栖息的秘境。与太白山毗邻的地肺山,可谓一段"深藏不露"的秦岭。因其主体部分深藏于太白山之后而鲜为人知。太白山、地肺山地处西安、宝鸡、汉中、安康、商洛5市交界地带,这一地带也是陕境秦岭中自然保护区最集中区域。1965年设立太白山国家自然保护区,这是大秦岭建立的第一个自然保护区。随后,在此区域相继建立佛坪、长青、观音山、老县城、周至、湑水河、牛尾河、黄柏塬、摩天岭、天华山、皇冠山、平河梁,以及朱鹮等10多个自然保护区,形成一个集中连片的自然保护区群,为秦岭生灵提供了栖息地、庇护所。

大秦岭是中国地理标识,也是陕西地理标识。陕西在保护大秦岭方面走在了前列,专门制定了《陕西省秦岭生态环境保护条例》和《陕西省汉江丹江流域水污染防治条例》,以推动秦岭保护、修复。让生灵因保护而跃动,秦岭因生灵跃动而精彩纷呈。

大秦岭是中央氧吧、绿色碳库

大秦岭不仅是中央空调,调节着南北气候,也是中央空气清洁器,在内陆腹地空气净化过程中发挥着重要作用。生活在城镇乡村的居民一旦进入山间林区,精神上会为之一振,这源于呼吸和感受到了自然、清新的优质空气。当走出山间林区,走进城镇乡村时,人们立即失去了呼吸优质空气的感受,甚至会有所不适。

人的呼吸与森林呼吸息息相关。人的呼吸是吸入氧气,呼出二氧化碳;森林的呼吸与人的呼吸互补,吸入二氧化碳,呼出氧气。在人群密集的地方,不仅人的呼吸集中,而且车辆、机械运作也需要消耗氧气,排出二氧化碳，所以氧气的浓度会低一些，二氧化碳的浓度会高一些。相反，在大山深林树木葱郁，森林将二氧化碳中的碳转化为生物质，同时释放出氧气，所以氧气的浓度高而二氧化碳的浓度低。光合反应是植物最神奇的本领，也是生物圈发展的核心能力。通过光合作用，将二氧化碳（或硫化氢）和水转化为有机物，并释放出氧气（或氢气）。大秦岭的最大资源就是光合反应能力，最大宗也最特色的"山货"就是人们需要的优质空气，也就是所谓的大氧吧。

大秦岭不仅是大氧吧，也是绿色碳库。人们越来越清楚地认识到，文明的足迹也是碳的足迹。在自然界，碳以多种形式广泛存在。在地球上有四个碳库：陆地生物圈绿碳库、水圈蓝碳库、地质圈黑碳库、大气圈灰碳库。绿碳、蓝碳、灰碳是可逆、可循环之碳，绿碳变灰碳，灰碳也可变绿碳；蓝碳变灰碳，灰碳也可变蓝碳。然而，黑碳转变为灰碳后，灰碳无法变回黑碳，这是碳危机症结所在。灰碳如幽灵一般，游荡徘徊在空中。大气中二氧化碳浓度急剧上升，已经成为21世纪人类面临的严重生态危机和环境灾难。解决此问题的必由之路有二：一是减少碳源，主要是减少黑碳排放，建立节能减排的低碳机制，发展低碳经济，推行低碳生活。二是增加碳汇（收集贮藏碳），以消减空中游荡的灰碳，最有效路径是增加绿碳库存。农作物年复一年，周而复始，汇碳又放碳，既是碳汇又是碳源。与此不同，森林以多年生树木为主体，蓄积量年年累积，只要不被破坏，就是一个净汇碳过程。

远离海洋的中央腹地，人们难以享受海洋生产的优质空气。大秦岭中的森林就成为中央腹地优质空气的主要来源。森林是地球之肺，大秦岭就是中央腹地之肺。森林带着生命灵气，带着灰碳化绿碳的宝器。陕西省森林生态服务功能评估报告显示：2014年陕境秦岭（不包括陕境巴山)森林生态服务总价值 2007.5 亿元,其中固碳 1592 万吨,释氧 4262 万吨,固碳释氧服务价值超过 600 亿元。这是一笔巨额的生态收入,也是隐性的生态利益。因此,中国大秦岭被全部划入天然林保护工程实施区。大秦岭中森林绝大部分被界定为国家公益林,享受生态补偿和管护补助。恢复与重建森林,修复大秦岭森林生态系统,本身就是建设中国中央氧吧和绿色碳库。

"终南惇物寓京华",人与自然共生在一个生态圈,各自占据不同生态位。只有各得其所,方能相得益彰;只有和谐共生,方能和谐共赢。人是生态圈中的人,空气、水、食物、物用,皆来自生态圈,后回归生态圈。首先,人参与生态圈空气交换。氧气是生命的慈母,健康就在呼吸之间。人在生态圈中呼吸,从空气中获得氧气,并向空气中排放二氧化碳,即吸氧放碳。与此偶合,生态圈中的绿色植物,特别是森林,从空气中捕获二氧化碳,向空气中放出氧气,此即固碳释氧、吸碳放氧。大秦岭生产的优质空气,就是中央腹地居民的生态福祉。一个健康的大秦岭,能够生产更多的优质空气,提升人的生命质量。其次,人参与生态圈水循环。人的骨骼 22% 是水,皮肤 72% 是水,肌肉 76% 是水,血液 83% 是水,人体重的 2/3 是水。从这个意义上说,人是水做的,水是生命之源。摄入水又排出水,人是生态圈水循环的重要参与者,与生态圈进行广泛的水交换,水质量直接关系生命质量。大秦岭是中央绿色水库,涵养水源,净化水质,关系中央腹地 10 个省市数亿人口的水安全。第三,人参与生态圈食物交换。人需要的食物药物,基础来源是生态圈中植物的花、果实、根、茎、叶。动物类食物药物,也以植物资源为基础。在农业兴起之后,人工栽培植物、饲养动物,并没能完全替代天然食物,特别是天然中草药。原生态食物是食物中的宝贝,山货特产历来受到追捧。"秦地无闲草"

的大秦岭就是中央物种基因库，也是药用生物资源宝库，仅《太白山本草志》就载有1412种。其中，秦岭七药、秦岭丹药独具优势。因为大秦岭，才有神农尝百草的故事流传，才有《神农本草经》《千金方》等中医医学精典的问世。第四，人要从生态圈中获取物用材料。所谓开门七件事：柴米油盐酱醋茶。柴，排在七件事的第一位。木材、薪材曾在中国人生产生活中占据重要位置。"卖炭翁，伐薪烧炭南山中"，大秦岭曾是中国最主要的木材、薪材来源地。

"闲云潭影日悠悠，物换星移度几秋。"曾经，木材、薪材是大秦岭出产的宝贝，食物、药物是大秦岭出产的宝贝。采伐木材、薪材，要毁树毁森林，采集食物、药物，要残树残森林。这是大秦岭历史的荣耀，也是永远的伤痛。如今，大秦岭输出的最大的山货特产，已不再是木材、薪材、食物、药物，而是优质空气、优质水。森林生态系统具有自生产能力，生产优质空气、优质水是树的本真，森林的本真。保护树、保护森林、保护大秦岭，就等于保护中国的生态命门，保护中华民族的命根子。

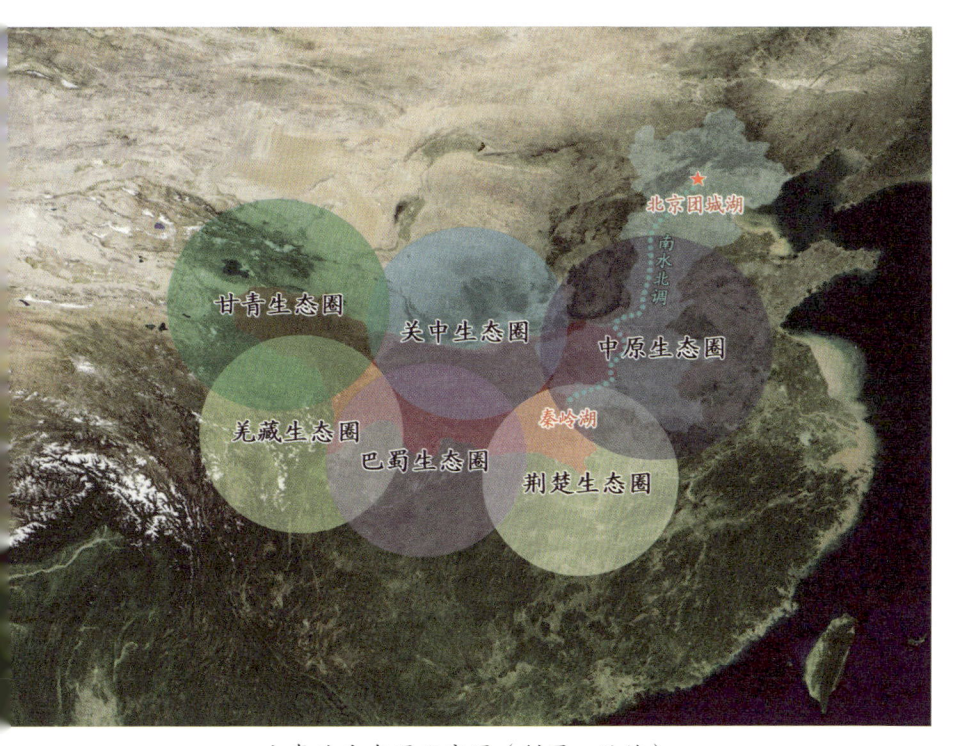

大秦岭生态圈示意图(制图:孙健)

华夏生命之源

2014年12月12日下午14时32分,南水北调中线工程正式通水。来自父亲山——大秦岭腹心的汉江水,从秦岭湖(丹江口水库)东岸出发,沿华北平原西部边缘的输水总干渠,千里迢迢来到北京颐和园团城湖。从此,秦岭湖水将源源不断输入团城湖,惠及六朝古都,也是当今中国的首都北京。通水两年间,秦岭湖已向团城湖输水19.4亿立方米,北京城直接受益人口超过1100万。

从秦岭湖到团城湖,一渠清水沿华北平原西缘向北1200余公里,先后输入河南的南阳、平顶山、许昌、漯河、周口、郑州、焦作、新乡、鹤壁、濮阳、安阳,河北的邯郸、邢台、石家庄、保定、廊坊、衡水、沧州,首都北京、直辖市天津等20多个城市。这一南北狭长的受水地带,是中国历史上开文明之先河的珍珠链地带,也是当今中国水危机最深重地带之一。从秦岭湖引来天池圣水,对中华文明源区可持续发展具有重大战略意义。

华北平原是由黄河、淮河、海河、滦河塑造的大平原,所以也称黄淮海平原。中国七大流域,这里占了三大流域。秦岭湖与团城湖紧密连接,也是长江、淮河、黄河、海河四大流域的紧密连接,以长江最大支流汉江之水接济淮河、黄河、海河之水,这是中国水资源的战略重组,也是中国水生态格局的巨大变化。它显示了华北平原的重要性,也向世人揭示了秦岭水的重要性,秦岭生态的重要性。

山是大地的乳房,水是大山的乳汁。周秦汉唐至今,秦岭水养育着

第六章 经略秦岭

中国著名的三大古都——长安、洛阳、北京。我联想到发源于秦岭山脉中汉水所塑造的江汉平原，秦岭嘉陵水塑造的四川盆地、直辖市重庆，秦岭之水养育着中国四大直辖市中的三大直辖市。大秦岭是中国中央山脉，秦岭之水养育了中华上亿人口。水，大秦岭最重要的生态产品。

冥冥之中，天佑中华。在2200多年前，"汉"尚是一个带有苦涩之味的字。"汉"与"难"相通，繁体"漢"与"難"，承载着一种荒野、一种迁徙、一种流浪的生活。汉水，起初仅指汉江上游的一小段。其上，是漾水、沔水。在接纳褒水后，始称汉水。进入峡谷地带之后，称之沧浪水。出峡谷地带后，称之襄水。在仙桃以下，直至入长江口（汉口），称为夏水。岁月荏苒，斗转星移，"汉"字在中国文化中的地位迅速提升。

对汉情有独钟，也投射出汉江情愫。从此，汉不再是一条江的一段，而是一大流域的全称。人们喜欢将汉江与长江、淮河、黄河合起来，并称"江淮河汉"，喜欢将地上汉江比作天上的银河，称之为"天汉"。

的确，汉江非比寻常。汉江流域15.9万平方公里，原本皆是茂密的森林。妩媚纯净的汉水，婉若一条律动的彩练，蜿蜒透迤于神秘而美丽的大森林之中，美轮美奂。后来，在汉江中下游、南阳盆地，因人口密集，垦殖过度，导致森林消失，水质下降。在汉江上游，曾经荒蛮的浅山区，人口迁徙繁衍，毁林耕种，水土流失；在深山区，山高坡陡，依然维持着生物多样性，保有完整的森林生态系统。汉江高品质水，如同琼浆玉液，就是这深山老林的杰作。

汉江上游，穿行于秦巴山的中央。由汉江分隔的秦巴山，原本是一大山系。因北岸曾是周朝、秦朝的南山，人们习惯称之为秦岭，也称南山、周南山。汉江南岸曾是古巴国疆域，人们习惯称之为大巴山，也是南秦岭。合二为一称之秦巴山，或者大秦岭。在汉江北岸，著名山脉有紫柏山、玉皇山、太白山、地肺山、终南山、商山以及伏牛山,从这些山脉中发育了沮水、褒河、湑水河、酉水河、金水河、子午河、池河、月河、旬河、金钱河、丹江、老灌河等。在南岸,著名山脉有米仓山、大巴山、神农架、武当山,这些山脉发育了濂水河、冷水河、南沙河、牧马河、任河、岚河、黄洋河、坝河、白石河、堵河等。汉江水系呈不对称树枝状,北岸山高路长、支流多,河网密度大。

从玉带河到夏河,从涓涓细流到滚滚长江,人称"三千里汉江"。汉江的长度1577公里,是渭河长度(818公里)的两倍,是洛河长度(446.9公里)的三倍多。汉江地表水资源总量566亿立方米,是渭河地表水资源总量的9倍多,相当于整个黄河流域地表水资源量的总量。汉江之水丰且优。1987年有监测数据以来,秦岭湖水质一直稳定在国家二类及以上标准。28个水质监测指标,全年大部分时间属国家一类标准,在汛期总磷和高锰酸盐两项指标属国家二类标准,高于调水要求的三类水质标准。

在离开大秦岭腹心地带之前,汉江深情接纳了两大支流——堵河、丹江,这也为秦岭湖提供了充足的水源。堵河是汉江南岸最大支流,因流经古庸国境内,堵河也称为庸河。堵河有西源、南源两大源头。西源是堵河正源,发源于有"小神农架"之称的化龙山国家级自然保护区南侧。在河源段,先后称平溪河、南江河、汇湾河、泗河,至十堰市竹山县与官渡河汇合后称堵河。官渡河是堵河南源,发源于神农架林区西部边缘大九湖、小九湖(枯水期为高山盆地),流经堵河源国家级自然保护区以及张湾区后,于郧县堵河口村入汉江。河长330公里,流域面积1.24万平方公里。

丹江是汉江北岸最大支流,也是秦岭湖的重要一部分。丹江古称"丹水""赤水""淅水""粉青江"等。丹江源于终南山、华山、商山山结，与灞河、洛河同源异流，灞河西流西安，洛河东流洛阳，丹江东南流入汉江。主要支流有银花河、武关河、清油河、淇河、老灌河。丹江流域颇富特色，峡谷与宽谷交替出现：秦岭峡谷、商丹盆地、流岭峡谷、竹林关宽谷、湘河街峡谷、荆紫关盆地、关防滩峡谷、李官桥盆地、江口峡谷。丹江流域面积 1.73 万平方公里，占秦岭湖集水区的 18% 以上。与汉江汇合后，在丹江形成秦岭湖之丹库。

丹江，因丹江口水库而名声大振。以致不少文献将干流汉江与支流丹江合起来，称作"汉丹江"。丹江河谷是连通关中平原与南阳盆地的咽喉要道。秦楚古道，也称蓝关道、武关道，曾是周秦汉唐的东南大道。古道上的武关（少习关），即是著名的关中四关之一。早在战国时期，丹江航道已经开通，上至商洛市丹凤县龙驹寨，下达老河口，顺丹江下汉江入长江，形成一条黄金水道。在鼎盛时，荆紫关码头日泊船百余艘，帆樯林立十余里。铁路、公路兴起后，丹江航道日渐凋敝。

1973 年丹江口水库下闸蓄水后，在干流汉江形成了汉江库区汉库，在支流丹江形成了丹江库区丹库。2012 年加高水库大坝后，水域面积扩大至 1050 平方公里（10 个安康瀛湖），就长度而言，汉库大于丹库。汉江回水长度 194 公里，丹江回水长度 93 公里。就水面而言，丹库大于汉库。丹库水面最宽处李官桥一带达 20 余公里，最窄处关防滩一带不足 300 米。水位最深处也在丹库，达 80 余米，蓄水量 290.5 亿立方米。南水北调中线工程一期年调水 95 亿立方米，中远期规划年调水 130 亿立方米。

丹江口水库在大秦岭腹心地带，沿汉江、丹江河道，于群山环抱之中，形成状如蟹爪一般的人工湖泊，这就是秦岭湖。秦岭湖由两部分构成：

在汉江上的水面称汉江湖（汉库），在丹江上的水面称丹江湖（丹库）。因秦岭湖水面辽阔，在亚洲是首屈一指的人工淡水湖而被称为亚洲天池。

秦岭湖，碧波千顷、山清水秀、景色如画、魅力独具。数十里狭长江面，奇峰夹岸对峙，陡壁峭拔，野藤倒挂，山环水绕，如此景致的丹江小三峡（云岭峡、太白峡、雁口峡），不是长江三峡胜似长江三峡。

不少人存有认识误区，以为秦岭湖是属于河南、湖北的"掌上宝贝"。其实，陕西才是"幕后英雄"。秦岭湖集水区涉及陕西、湖北、河南3省，汉中、安康、商洛、十堰、南阳、洛阳、三门峡7个市40个县（市、区）。其中，陕西28个县（尚没有包括宝鸡的太白、凤县，西安的周至），湖北8个县，河南4个县。从汉江源头到秦岭湖大坝，上游长度925公里，陕西境内657公里，占71%。集水区总面积9.52万平方公里，其中陕西6.23万平方公里，占68.1%；湖北2.12万平方公里，占23.3%；河南0.79万平方公里，占8.7%。有人只知道河南省的丹江，其实，丹江河长390公里，在陕西省境内249.6公里，占64%。似乎也可以说，秦岭湖"三分天下"，陕西有其二。

1998年长江大洪水之后，国家在汉江上游全域实施了天然林保护工程、退耕还林（草）工程，开启了全面的森林保护与生态修复。先后建立起数十个自然保护区和上百个森林公园、湿地公园、水利风景区。自从国家南水北调中线工程启动以来，陕西、湖北、河南三省全力推进《丹江口库区及上游水污染防治和水土保持"十三五"规划》实施工作。秦岭湖是大秦岭的乳汁，代表着大秦岭的森林系统、生态环境和生态品质。从长远计，以汉江上游全域为园区，实行三省联动，创建秦岭湖国家公园，将是一项重大战略行动。

水是生命之源。从秦岭湖向团城湖输水开始，从北京、天津、石家庄、郑州等地用上秦岭水的那一刻算起,偌大的黄淮海平原融入了秦岭水圈、融入了秦岭生态圈,与大秦岭结为一个紧密的生命共同体。一荣俱荣,一损俱损。以上所述似乎都在表明:大秦岭处在中国腹心,大秦岭生态圈是中国生态圈的核心,大秦岭的命运关乎周边地带,关乎长江、黄河,关乎华北平原,关乎中华民族。

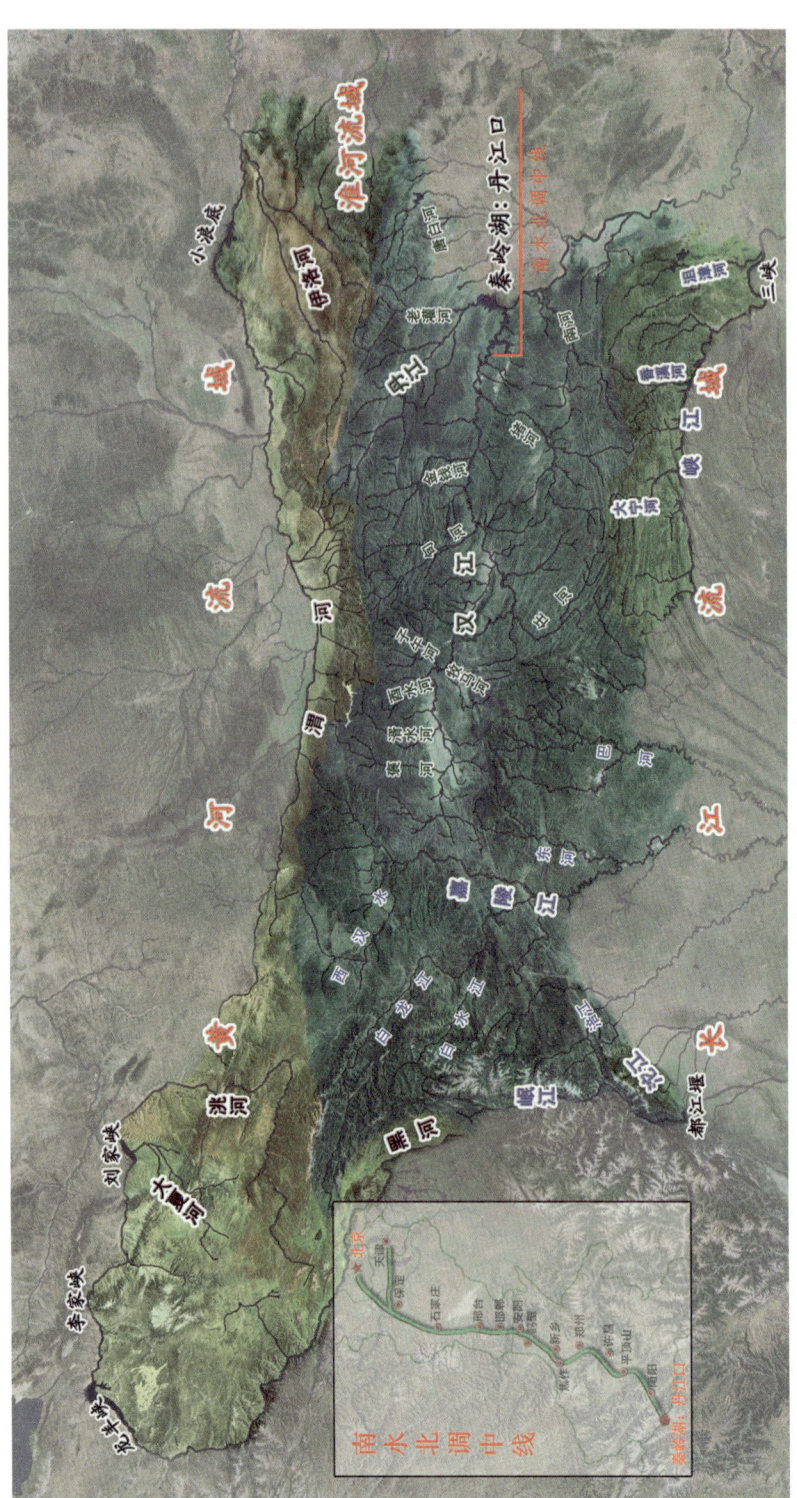

大秦岭水域示意图（制图：孙健）

秦岭风光（远景：秦岭顶部）

中国的森林宝岛

在经历农业化、工业化、城镇化之后,出现了森林面积萎缩、森林质量衰减的局面,并由此带来一系列复杂而深刻的生态环境问题。这迫使越来越多的人、越来越多的国家,更加深刻地认识和研究森林的功能、森林的价值、森林的重要性。

森林的功能、价值和重要性,主要表现在以下八个方面:(1)森林是空调大师。森林植物吸收二氧化碳,减少温室气体,减少热效应。森林植物释放氧气,吸收大气悬浮颗粒,提升空气质量。(2)森林是绿色水库。森林植被如同海绵一般,能够滞留、吸收降水,形成泉水和地下水。同时,森林植物叶面蒸腾水分,增加空气湿度,改善水循环。(3)森林是土壤保姆。森林植被根系固定土壤,使土地免受雨水直接冲刷,防止水土流失和土地荒漠化。(4)森林是生物基因库。森林是以乔木为主的生物群落的总称。森林是野性生灵的栖息地和庇护所,支撑着遗传多样性、物种多样性和生态系统多样性。(5)森林是生命画卷。春夏秋冬,沟壑峰岭,远近高低,森林演绎出不同曲调的生灵之歌、生命画卷。(6)森林是山珍之源。被称为山货特产、山珍海味的食物、药物和水源,皆是出自森林生态系统的森林产品。(7)森林是生态材料。森林出产木材,曾是家居建材的主要来源。如今,森林依然是制作木器、木建筑不可或缺的材料来源。(8)森林是再生能源。生物质贮存太阳能,以森林为载体,通过光合作用,太阳能转化为生物能。森林曾是生产生活常规能源的最主要来源。

简而言之，森林是陆地生态系统的主体，也被形象比喻为地球之肺。森林的数量与质量决定着森林的生态系统功能，决定着陆地生态系统的功能，决定着陆地呼吸的深度和强度。从文明发展看，森林是文明的摇篮，从智慧之火到衣食住行，无不来自大森林。森林是文明的保姆，源源不断地提供着清新的空气、清洁的水源和优质的食药。

令人揪心不已、扼腕唏嘘的是，作为地球之肺，森林已丧失了一大半；作为文明的摇篮，森林已经残破不堪；作为文明的保姆，森林已经孱弱体衰。然而，这一切，缘起于一个残酷无情的现实——森林大陆被肢解为森林岛屿。

陆地的大部分表面，曾经广泛覆盖着郁郁葱葱的森林，我们可以称其为森林大陆。在人类文明的农业化、工业化、城镇化过程中，大肆清剿、围噬森林。平川、缓坡、台原上的森林，逐步被农田、厂矿和村镇侵蚀，并最终被其占据。由此，陆地的生态面貌发生了翻天覆地的变化。侥幸保存下来的森林，多是不适宜于耕种，不适宜于建厂、筑城的山地。在中国卫星影像图上，细心的您一定会发现，森林大陆不复存在，现存的森林，就像是一个个绿色的岛屿，漂浮在由农田建构的汪洋大海之中。这就是森林岛屿，或称森林岛。

由森林大陆到森林岛屿，这是农田、厂矿、城镇等人工系统扩张的必然结果。同时，这也必然意味着森林植被的大量丢失，以及与之相伴随的物种消失、生物多样性减损。岛屿状存在的森林，因强烈的人类活动干扰，严重减损了生态系统功能。特别是小面积、零星分散的森林小岛，生态系统功能衰竭，生态服务十分有限。大面积、成规模存在的森林大岛，生态系统功能相对完整，继而成为有效的野性生灵的庇护所。因而，森林大岛也是高度稀缺的、值得珍视的森林宝岛。

由森林大陆到森林岛屿，先后经历了数千年时间。这是一个不可逆的过程，人类无法从森林岛屿时代返回森林大陆时代。珍惜森林，就是要珍惜森林岛；保护森林，就是要保护森林岛；修复森林，就是要修复森林岛；科学利用森林，就是要科学利用森林岛。特别需要指出的是，要优先保护、修复森林大岛，也即森林宝岛。要坚决防止森林大岛被肢解为森林小岛。如果森林大岛蜕变为森林小岛，而森林岛也一个一个无形消失，必然意味着离人类文明终结的日子不远了。

毫无疑问，当今中国的森林，即是由若干森林岛屿组成，包括面积较小的森林小岛和面积较大的森林大岛。中国的森林大岛已经为数不多，且多在边境地带。大秦岭是中国中央山脉，黄河、长江两大流域的分水岭，亚热带与暖温带气候、南方与北方的分界线，也是中国生物多样性的核心区。以森林岛的视角看，大秦岭是中国版图中央的森林大岛，也是非常难得的森林宝岛。汉江水、嘉陵江水皆是来自大秦岭森林宝岛中央的琼浆玉液，丹江口水库是大秦岭森林宝岛上的中央水库，也是亚洲最大的人工湖。甘肃的甘南、陇南，四川的广元、巴中，陕西的汉中、安康、商洛，湖北的十堰、襄阳，河南的洛阳、南阳等，其全部或大部位于大秦岭森林宝岛上。

中国的森林生态功能集中在森林岛上，大秦岭森林宝岛的作用尤为突出。保护森林岛，特别是保护大秦岭森林宝岛，需要持之以恒、久久为功。大秦岭全域是天然林保护工程实施区，因此要打击各种乱砍滥伐行为，积极退耕还林、人工造林、封山育林，最大限度让森林休养生息，尽最大努力恢复与重建森林。国有林场是大秦岭的绿宝石，也是压舱石。在大秦岭，陕西有 122 个国有林场。要通过去市场化、去产业化改革，真正使国有林场成为大秦岭森林岛的生态脊梁。森林公园是大秦岭森林岛上的绿色明珠。在大秦岭，陕西建立的森林公园已经达到57个，这一数字还在增加。森林公园是森林观光区域，也是森林保护区域，要坚持保护优先、科学利用，切实发挥好保护与观光两大职能。自然保护区是大秦岭森林岛的白菜心，也是生态核心。陕西已设立27个自然保护区。要建立国家公园体制，改变动物栖息地保护区孤立、分散、不连片的现状，推动自然保护区、森林公园、国有林场三者的融合发展。

陕西、甘肃、河南、青海、四川、重庆、湖北6省1市共享大秦岭森林岛上的优质资源，同时也各自承担着保护、修复与利用大秦岭森林岛的历史重任。大秦岭是中国地理标识，大秦岭森林岛是中国森林宝岛、中国生态脊梁，其生态福祉惠及全中国，保护、修复与利用大秦岭森林宝岛也需要举全国之力。

大秦岭——中国的森林宝岛，当代中国的上林苑，继而也是中国生态文明建设的核心区域所在、关键区域所在、希望区域所在。

秦岭风光（摄影：党双忍）

秦岭精气

寿比南山，在中国是一个妇孺皆知的成语。出自《诗经·小雅·天保》："如月之恒，如日之升，如南山之寿，不骞不崩。如松柏之茂，无不尔或承。"这里的南山，即终南山，也称中南山、周南山，是秦岭在关中腹心地带与渭河离合所形成的半月形地带的一段。秦岭松柏常青，因而寿比南山，也引申出"寿比南山不老松"的话语来。

在诗经中，将秦岭与长寿联系起来的还有《国风·秦风·终南》："终南何有？有条有梅。君子至止，锦衣狐裘。颜如渥丹，其君也哉！终南何有？有纪有堂。君子至止，黻衣绣裳。佩玉将将，寿考不忘！"或许，人们难以判断诗作中的主人是谁，但十分清楚的是，在古人眼中，秦岭是"陆海"，秦岭郁郁葱葱的森林是雍容华贵的象征，是永不褪色的象征，也是生命长长久久的象征。

1930年，列宁格勒大学杜金（B.P.Toknnh）博士研究发现，植物的花、叶、木材、根、芽等组织的油腺，会不断分泌出一种挥发性有机物，能杀死细菌和真菌，防止林木中的病虫危害和抑制杂草生长。这种挥发性有机物即是芬多精，其字面含义是植物杀菌素。几乎所有的植物，都会具有生成芬多精的机能。有人进行实验，把阿米巴之类的原生动物，或伤寒、霍乱、白喉等病原菌放在新鲜的碎叶旁边，过上片刻时间，病原菌就会被杀死。由此说明，植物具有防御霉菌或细菌的反应机制。

芬多精的主要物质成分，英文称之terpenes，用汉字表示，即是萜类（萜tiē）。萜是一大类碳氢化合物，萜类大多具有芳香气味，也是植物精油的主要成分。植物精油大量用于食品工业、化妆品以及芳香疗法。日本只木良也博士对萜类的生理功效进行了研究，其结果是：单萜烯具有麻痹、驱虫、抗炎性、降血压、抗肿瘤等18种生物学性质；倍半萜烯具有驱虫、抗菌、抗炎性、降血压、抗肿瘤等15种生物学性质；双萜烯具有抗菌、降血压、抗肿瘤等9种生物学性质。

不同的树种，所释放的芬多精有所不同。同一种树的不同阶段，芬多精的数量、种类也不完全相同。一般来说，松柏杉桧等裸子植物，其释放的芬多精居植物之冠，这抑或是其长寿的重要原因。所有植物的根茎叶，都含有芬多精以供防卫之用。并且，随着植物寿命的增加，会演化出更强有力的防卫力量。王振澜教授对台湾扁柏不同树龄、不同部位精油含量的研究结果证明：树龄越大，精油含量越高。科学家对8种柏科植物叶片单萜含量进行了排序，结果是崖柏居首。崖柏是柏科崖柏属6种针叶树的统称，是与恐龙同时代的植物，也被称之为植物活化石。李时珍在《本草纲目》中记载，崖柏具有神奇的功效，崖柏茶吃一年，延寿十年；吃二年，延寿二十年。松柏是典型的长寿树，皆是百木之长，自古有"千年松，万年柏"的说法。以松柏为主的森林环境，即是有利于健康长寿的生态环境。我们由衷赞叹，在3000年前，中国先人就以松柏来比喻长寿，真是智慧超群！

在人体各系统中，呼吸系统与外界接触最频繁，接触面积最大。在静息状态下，成年人的呼吸道每日要承载12000升气体进出，有3亿—7.5亿肺泡参与气体交换。体外的气体，也就是呼吸环境中的空气，其质量优劣，对人的呼吸系统将会产生重大影响。森林是人类文明的摇篮，人类进化的过程大部分时间在森林生态环境之中。森林生态环境中的空气，是经过芬多精净化与优化的空气，是自然而然的森林空气，也可称之为优质空气。呼吸在森林生态环境中，呼吸系统就处在零负担的环境中，因而呼吸顺畅而平和。

然而，当清除森林植被之后，人们的生产生活处于缺林少绿的环境之中。因树木大量减少，也就意味着经芬多精净化与优化的气体减少。缺少自然而然的优质空气，呼吸系统的环境负担也就随之而来。加之，农业化、工业化、城市化带来的空气污染，呼吸系统的环境负担加重。在环境负担重压下，呼吸系统患病的概率增加了！当代不少城市病，都是远离森林生态环境的一个结果！治疗这些城市病，必须回归森林生态环境，呼吸到自然清新的森林空气，减轻身心负担，清心润肺，神清气爽。森林可启智，花香能医病。这也许就是当今世界流行森林康养的重要理论基础。

中南林业科技大学吴楚材教授为芬多精取了一个中国名字"植物精气"。植物精气与植物精油一字之差，两者同宗同源却形态不同，其物质成分有相同有不同，其功效自然也是有相同也有不同。植物精油是人工提取的自然物，自然是用于人工制造出来的环境。植物精气是自然挥发的自然物，自然是存在于自然环境，利用于自然环境。植物精气（芬多精）是由植物的油性细胞分泌出来的一种气。这种气挥发于空气之中，通过呼吸，人体接受了这种气，并由此带来适度的刺激作用，促进免疫蛋白增加，调节植物神经平衡，增强人体抵抗力，达到抗菌、抗肿瘤、降血压、驱虫、抗炎、利尿、祛痰，以及安定心神、促进新陈代谢等功效。

中国在植物精气研究上，走在了世界的前列。中南林业科技大学的研究指出，植物精气若通过肺泡上皮进入血液，可作用于延髓两侧的咳嗽中枢，具有止咳作用；如通过呼吸道黏膜进入平滑肌细胞，可促使肌肉舒张，支气管口径扩大，从而解除哮喘。植物精气可增加空气中臭氧和负离子含量，增强空气舒适感，对咳嗽、哮喘、慢性气管炎、肺结核、神经官能症、心律不齐、冠心病、高血压、水肿、体癣、烫伤等都有一定疗效，尤其是对呼吸道疾病的效果显著。

吴楚材教授带领的课题组完成了150种树木叶片、103种木材、22种花、18个树种林分精气分析，鉴定出440种植物精气的化学成分。科学研究表明：在植物精气里，单萜类化合物最有生理功效；在树木中，松科、柏科最有利用价值。马尾松、云南油杉、云南松、湿地松、火炬松、西伯利亚落叶松等针叶精气中，单萜烯含量在90%以上，杉树单萜烯含量81.84%。然而，并不是所有植物精气都对人有益，有些植物精气含有有毒成分，如灵香草、夜来香等。

古人并不掌握植物精气这个概念，但事实上，利用植物精气消毒、治病，已有数千年历史。四五千年以前，埃及人就利用植物精气处理木乃伊，以消毒防腐。3000多年前，中国人就将艾草插在门上驱邪，也就是驱虫杀毒。2000多年前，中国人就制作了药枕。在中国古代医书中，早就有花香能治病的记载，甚至在死后，也要躺在由松材或是柏材制作的棺木里！

在20世纪中后期，欧洲林区出现了森林医院。这种医院，设于森林生态环境中，没有医生，不用药品，也不设门诊和病房。人们在林间曲径和树下泉边散步休息，吸收利用森林植物散发的植物精气，这时植物精气即是森林药物，因而被称为森林疗法。效仿国外做法，中国兴起了森林康养。

森林生态系统，显然不是单一树种，而是多种树木的组合。在森林生态系统里，自然有着多种多样的树木，多种多样的植物精气，将其组合起来，即是森林精气。不同森林生态系统，具有不同的林分结构，不同的树木组合，也就是不同的植物精气组合，不同的森林精气。世界各国的森林，皆有着各国的森林精气。中国各地的森林不同，也有着各地不同的森林精气。也就是说，因森林生态系统各异，森林精气也就自然不同。

秦岭森林精气，简而言之，即是秦岭精气。秦岭精气，孕育了秦岭大熊猫、金丝猴、朱鹮、羚牛等秦岭精灵。秦岭精气，也是大秦岭制造出的一种气场，它已存在了数亿年的时光，滋养了黄河与长江，滋养了中国的南方和北方，也滋养了中国的西部和东部。秦岭精气是中国腹心之气、天地之正气。在中国历史上，长达 2000 余年的长安—洛阳时代，也是秦岭精气穿天透地而孕育出的果实！

如何科学认识秦岭精气，保护秦岭精气，培育秦岭精气，利用秦岭精气，并以秦岭精气为依托，发展秦岭精气旅游、秦岭精气民宿、秦岭精气康养，已经成为新时代"秦岭森林 + 服务业"面临的重大课题，也是大秦岭知识创新面临的一个重要课题。

秦岭时代

在与秦岭相关的著述中，我曾提出长安—洛阳时代的概念。由周代在长安建都算起，至宋代在开封立都结束，在长达 2000 年时间里，中华文明的中心在长安与洛阳之间轮流转换。由是，长安、洛阳成为闻名世界的两大千年帝都。以长安、洛阳为中心的 2000 年中华史，即是长安—洛阳时代。

这是以帝都所在为观察点而作的时代定名。如果以江河流域为观察点来看，长安是渭河的作品，洛阳是洛河的作品。而黄河把渭河、洛河连接在一起，因此，长安—洛阳时代即是一条大河——黄河的作品。如果以山脉视角观察，华山是渭河、洛河、黄河的分水岭，华山统领着长安与洛阳。因而，长安—洛阳时代，即是华山时代。长安与洛阳同处大秦岭脚下，一座大山孕育了两大千年帝都。因而，长安—洛阳时代，即是秦岭时代。

其实，中华民族的历史、中华文明的历史，远不是由周代算起的 3000 余年。中华民族的秦岭时代，也远非只有 2000 余年。早在 2000 多年前，司马迁就曾敏锐地指出："昔三代之居，皆在河、洛之间"。所谓"三代"，即是夏商周。所谓"河洛"，河是黄河、洛是洛水，河洛即是黄河与洛水之间的地带。中华之"华"，为华山之"华"，皆因华山山脉是黄河与洛水之间的中央山脉。根据"夏商周断代工程"公布的《夏商周年表》，夏朝始于公元前 2070 年，夏与商的分界是公元前 1600 年，商与周的分界是武王伐纣之年，即公元前 1046 年。前文所述长安—洛阳

时代，即是武王伐纣以来的秦岭时代。

为全面深化对中华文明起源的认知，展现早期中国的社会图景，继夏商周断代工程之后，开启了中华文明探源工程（以下简称探源工程）。2018年5月28日，国务院新闻办召开新闻发布会，公布了探源工程取得的重大研究成果。从已经发布的探源工程研究结果可知，5000年中华文明绝非虚言，而是中华大地上的真实存在。距今5800年前后，黄河、长江中下游以及西辽河等区域，已经出现了普遍的文明起源迹象。距今5300年以来，中华大地各区域陆续进入了文明阶段，可谓是满天星斗。距今3800年前后，中原大地脱颖而出，形成了更为成熟的文明形态，并向四面八方辐射，开始在中华文明总进程中发挥引领者作用。当一轮红日之后，满天的繁星便会悄然隐去，这并不是说满天繁星不存在了，而是星星的光辉与太阳的光辉融为一体，这就是中华文明、中华文化的多元一体。

这里，很有必要深入了解"中原"一词的内涵。提起"中原"一词，人们首先联想到河南。中原大地，似乎已经是河南省的代名词、河南省的文化标识。其实，在中国文化语境中，"中原"一词含义极为广泛。就像秦岭不局限于陕西一样，中原也不局限于河南。中原，最早见于《诗经》。《诗经·小雅·吉日》记述："漆沮之从，天子之所。瞻彼中原，其祁孔有。"诗歌描绘了周宣王田猎并宴会宾客的事迹，漆、沮二水，均在陕西境内。这里的中原，其本义是原野之中，田野之中。

在《尚书·禹贡》中，天下被划分为九州，而居九州之中的是豫州。豫州的中心在洛阳，故豫州也称中州。如果把九州构成的天下比作原野、田野，九州之中的豫州，自然就是中原了。如果九州构成的天下是一个联邦国家，洛阳也就是"中国"了！洛阳在秦岭，中原自然也在秦岭。

然而，九州是人为划分出的地理方位，不是地理范围，也不是行政区划。因此，中原就不是一个省。诸葛亮《出师表》曰："今南方已定，兵甲已足，当奖率三军，北定中原"。南宋陆游《示儿》曰："死去元知万事空，但悲不见九州同。王师北定中原日，家祭无忘告乃翁。"可见，中原是地理与文化的双重概念。在文化上，中原指代华夏文明发祥地，中华文明的摇篮。

探源工程初步勾勒了尧舜时代到夏商之际1000年华夏文明的社会图景。公元前2000年之前，中原、辽西、海岱、长江中下游地区，全面进入了文明起源的阶段，并保持了各自独立演进的姿态，可谓百舸争流，亦可为万木争春。然而，在公元前2000年前后，中华大地上的文明发生过一次重大转型——在各种文明中，中原文明强势崛起。中原是中华的地理枢纽，具有会聚各地优秀文化的地理条件，并由此获得了巨大的发展优势和发展潜力，可谓万木争春而一枝独秀。尧舜禹、夏商周，皆在中原立都。华夏文明，就像是一座矗立在中原的光辉灯塔，熠熠生辉、光芒万丈！

中原的优势，不仅是因地理枢纽带来的地理优势，还在于因纬度适中带来的生态优势。生态是初级生产力，也是最基本的生产力。"天地者，万物之父母也"。生态系统是人类文明的母体。从全球范围观察，人类文明主要分布在北纬35°附近的生态地带，这是一条黄金生态带。中原是中华文明的原生地，就恰巧分布在北纬35°左右。这里的山脉、盆地、台原、川坝、森林、湿地、河流，与光热水气土五要素优化组合，春夏秋冬四季分明，可谓是黄金搭配，非常适宜于人类早期的经济活动——种养业的发展。公元前2500年前后，在中原已经发展出粟、黍、稻、豆、麦，也称五谷农业，畜牧业则有猪、牛、羊、鸡，等等。相比较而言，辽西地处北域，生态单调、作物单一、气候干凉、种养困难。长江中下游水网密布，易于病虫流行，起步艰难，发展受限。

探源工程锁定了六大遗址，这六大遗址全部集中在中原，分别是：（1）西坡遗址，可能与黄帝时代的有关活动相关；（2）陶寺遗址，可能是尧舜时代的都城；（3）王城岗遗址，可能是大禹所建的禹都阳城，（4）新砦遗址，可能是夏代开国之君夏启之居；（5）二里头遗址，可能是夏代中晚期的都城；（6）大师姑遗址，夏代晚期的重要城邑。

在探源工程的六大遗址中，大师姑遗址在年代上可谓是资历最浅，历史地位也最低。大师姑遗址位于嵩山东北边缘靠近黄河的地带——荥阳广武镇大师姑村。这是一处单纯的二里头文化城址，探源工程判断是夏王朝的东方军事重镇，或是一个方国的都邑。大师姑城址始建于二里头文化二、三期之交，在二里头文化四期偏晚阶段至二里岗下层偏早阶段之间即被废弃。

比大师姑遗址年代略早一点的是二里头遗址。二里头遗址南临古洛河、北依邙山，包括二里头、圪垱头和四角楼三个自然村，现存遗址面积300万平方米。二里头是经过缜密规划的大型王都，这里有中国最早宫城——紫禁城，最早"井"字形大道——城市主干道网，最早中轴线布局的宫室建筑群、最早车辙、最早官营手工作坊区、最早铸铜作坊、最早绿松石器制造作坊、最早青铜礼器群，从遗址规格上看，对应着王城。早在1959年夏天，考古学家在夏墟调查时就发现了二里头遗址。由此，拉开了夏文化探索的序幕。二里头文化遗存，开始于公元前3000年前，兴盛于公元前2100年至前1600年之间，特别是公元前1800年至前1600年间，其兴盛时间段对应着夏。《史记·夏本纪》载："太康居斟寻、羿亦居之，桀又居之。"羿即后羿，为东方夷族的一个首领，他趁太康无道、夏民怨愤，入居斟寻，执政，拒太康于外。太康卒，扶仲康即王位，仍居斟寻。专家据此推测，二里头即是"太康居斟寻"的"斟寻"。

比二里头遗址资历更深、年代更早的是新砦遗址。新砦遗址处在嵩山东麓，位于新密市刘寨镇新砦村。主要遗存为龙山文化晚期和二里头文化早期，参考年代为公元前2050年至前1750年。新砦遗址是一处设有外壕、城壕、内壕三重防御设施的大型城址，这反映出其都邑性质。新砦遗址符合《水经注》描述的夏启之居地望特征。因此，专家推断新砦遗址是夏代开国之君夏启的都邑，也即夏启之居。

在年代上，王城岗遗址比新砦遗址又要略早一点。在颍水上游，登封市告成镇的八方村有一土岗，人称望城岗，此即王城岗遗址所在。最先发现的是遗址上东西并列着的两座小城，绝对年代为公元前2050年至前1994年；后又发现大型城址，确认是在小城废毁后所建新城。目前的权威解读是，小城可能是"鲧作城"，大城是"禹都阳城"。"禹都阳城"是大禹在嵩山之阳修建的都邑阳城。大禹死后，儿子启继承了大禹的地位。从此，王位世袭制取代了禅让制度。公元前21世纪，夏王朝建立，中国由原始社会进入了奴隶社会。

大禹继承的是尧舜的基业，也就是说尧舜是大禹的前辈。探寻尧舜时代，自然是探源工程重要任务。中国古代经历了邦国、方国、王国、帝国四个阶段。邦国、方国是中国早期国家的两种形式。在中国字中，"国"字就"很中国"。"国"字的繁体，写作"國"。最早的"國"字，没有外面的方框，只是方框里的"或"，其本义是有武力守卫的城邑，也就是邦国。后来，在"或"外加方框，表示城邑有了外围的城郭，也是城墙，它代表着方国时代的来临。也就是说，"或""國"，其实反映的是城邑、都邑的规制、性质。在探源工程的六大遗址中，唯一不在秦岭范围的，是尧舜都城陶寺遗址。在山西省襄汾县陶寺村的陶寺遗址，面积280万平方米，绝对年代在前4300年至前3900年之间。在晋西南汾河下游和浍河流域，已发现同类型的遗址70余处。陶寺遗址的城址规模大，且有与之匹配的王墓、观象台、宫殿、仓储区、手工业区等。从陶寺遗址分析，当时社会贫富分化悬殊，少数贵族大量聚敛财富，形成特权阶层。专家认定，陶寺遗址是邦国之尾、方国之首。2015年6月18日，在国新办举行的"山西·陶寺遗址发掘成果新闻发布会"上，中国社会科学院考古研究所所长王巍介绍陶寺遗址考古重大成果：陶寺遗址就是尧的都城，是中国进入文明阶段的重要标志。

尧舜的前辈是黄帝。找见了尧舜，接下来就是找黄帝。黄帝在哪里？探源工程提供的答案似乎是：黄帝在秦岭！前文论及，中原是中华的地理枢纽，而在秦岭与黄河之间，也即华山与黄河之间，有一个深刻影响中国历史进程的峡谷地带，特别是潼关与函谷关之间的峡谷地带，堪称是中华枢纽的枢纽。笔者将这一枢纽的枢纽，称之为中华廊道的核心地段。在中华廊道的核心地段，有一"塬"——南倚秦岭荆山（亦曰夸父山），北抵黄河岸边，人称"黄帝铸鼎塬"。这里正好处在北纬35°附近，数千年来一直流传着与黄帝有关的美丽传说。古时，与黄河亲密接触的秦岭荆山一带曾出现了严重的自然灾害。于是，轩辕黄帝从昆仑山来到了秦岭荆山，在这里炼仙丹为百姓治病。"黄帝采首山铜，铸鼎于荆山下。鼎既成，有龙垂胡髯下迎黄帝。黄帝上骑，群臣后宫从上龙七十余人，龙乃上去。余小臣不得上，乃悉持龙髯。龙髯拔，坠黄帝之弓。百姓仰望。黄帝既上天，乃抱其弓与龙胡髯号，故后世因名其处曰鼎湖"。黄帝靴子埋在铸鼎塬，即是荆山黄帝陵。在铸鼎塬形成的聚落遗址中，包括北阳平、西坡、东常、轩辕台等50余处。其中，西坡遗址是探源工程首选。

黄帝时代是万邦林立的时代,自然不会有尧舜方国的气势,更不会有夏代王国的规模。历代不少文献,也将黄帝与荆山黄帝铸鼎塬联系起来。《山海经》载:"华山之东,秦山之端有荆山。"据《史记·封禅书》《汉书·郊祀志》《水经注》等记载,这里是黄帝铸鼎与登仙处。汉武帝曾建鼎湖宫,以纪念黄帝。唐德宗贞元十七年(801)立《轩辕黄帝铸鼎原碑铭并序》,此碑是国内发现专门记述轩辕黄帝事迹的最早碑铭。碑铭载:"以治人之性命,乃铸鼎兹原,鼎成上升,得神帝之道。"诗仙李白也曾作诗《鼎原》歌咏荆山黄帝铸鼎塬:"黄帝铸鼎荆山涯,不炼黄金炼丹砂;骑龙飞去太清家,云愁海思令人嗟。"而陈子昂歌咏了《轩辕台》:"北登蓟邱望,求古轩辕台……"

荆山黄帝铸鼎塬所在的行政区域,今天叫作灵宝,而最早称之为湖县,自然是取了鼎湖之意。湖县南依秦岭,东靠函谷关,西连潼关,北界黄河。西汉初置,属京兆尹。至东汉、三国、魏晋,属弘农郡。南北朝时,北魏改湖县为湖城县。北周明帝二年(558),置阌乡郡,领阌乡县。阌乡,本湖县一乡名。阌,古文"闻"字也。隋开皇三年(583),废阌乡郡,置虢州,领阌乡县。1954年,阌乡并入灵宝县。

黄帝铸鼎塬聚落遗址群,是一处仰韶文化庙底沟类型的大型遗址。庙底沟类型是仰韶文化最为繁盛的时代,大约存在于公元前4005—前2780年。与仰韶文化一样,庙底沟类型也是以河洛为中心,以华山为中心,以豫陕晋靠近秦岭的地带为中心,西到甘青,东至海岱,北至河套、辽宁,南至江汉。庙底沟类型与黄帝时代基本吻合,出土的器物特征与黄帝时代所使用的器物相一致。黄帝出生、建都、立业,全部集中在秦岭山地与黄土高原的过渡地带。

最初的陕西,是指陕塬之西。这里的"陕塬",在陕州,是华山东延崤山后向北伸出的台塬。在地理地貌上,陕塬与黄帝铸鼎塬非常相似。因为周公与召公以陕塬为界,实行分陕而治,才有了陕西之名。可以说,荆山黄帝铸鼎塬是在秦岭、在华山,也是在陕西。关中乃天府之国,"关中"一词,最早出现在春秋时代,"关"是函谷关,函谷关以西称之关内,也称关中。因此,也可以说,荆山黄帝铸鼎塬是在秦岭、在华山,也是在关中。相较于黄帝而言,炎帝似乎要更久远。炎帝故里在天府之国的西府,古称"陈仓",即现在的宝鸡。于是,炎帝在天府之国的西府,黄帝在天府之国的东府。伏羲女娲是炎黄二帝的直系远祖,而伏羲女娲的生母是华胥氏。华胥故里在天府之央、关中之中,秦岭与渭河在这里形成了一个半月形地带。这一半月形地带,以灞河为界,分东西两部分。华胥故里处在半月形地带的中央,也是关中腹心的腹心。在这一地带,有七八千年的老官台遗址,六七千年的姜寨遗址、半坡遗址。在文化年代上,皆早于黄帝时代,也早于炎帝时代,大致可以追溯到伏羲女娲时代。

2018年7月12日,《自然》杂志刊发了一项重大考古成果。在天府之国的半月形地带,发现了212万年前旧石器时代人类活动遗址——上陈遗址。这是迄今为止,非洲以外最早的人类遗址。在此之前,曾在这一地带发现过约160万年前的公王岭遗址,约50万年前的陈家窝遗址,我们将在此遗址活动过的人统称为"秦岭人"。半月形地带、秦岭北麓、骊山南坡、灞水河岸,越来越成为中华民族心目中的华夏之源,无限景仰的中华伊甸园。

中华文明的发展离不开对外来文化的吸收融合。世代中国人喜爱的面食,来自于加工过的小麦。而小麦,就是很久很久以前的外来之物。《诗经·周颂·思文》载:"贻我来牟,帝命率育。"这里的"来"即小麦,"牟"

是大麦,由此说明,西周时期关中已种植小麦。《诗经·豳风·七月》载:"九月筑场圃,十月纳禾稼。黍稷重穋,禾麻菽麦。"《吕氏春秋》载:"其深殖之度,……今兹美禾,来兹美麦。"这时秦国已种植冬麦。

小麦原产西亚新月沃地。大约10000年前,人类开始栽培小麦。其后,小麦逐步传入欧洲、非洲和南亚、东亚。大约4500年前,小麦传入中国。西汉农学家"督三辅种麦",并在《氾胜之书》中系统地记述了关中麦田施肥、耕地、播种、管理以及收获、贮藏等技术。至汉代小麦替代了粟、黍,成为黄河流域种植的最主要农作物。

可以设想,如果将小麦粒如稻米一样蒸饭或煮粥,不仅味道不好吃,而且难以咀嚼消化。如果将煮熟的小麦粒舂碾成小碎粒,称之麦屑,再蒸煮成麦饭或麦粥食用,就更容易消化。这种食用方法延续了很长一段时间,以至在中国古代文献中,小麦是下等人食用的劣等谷物。颜师古注《急就篇》载:"麦饭豆羹皆野人农夫之食耳。"上等人若食用麦饭,会被认为廉洁朴素的表现,甚至是因守孝而自残的需要。

人们很少注意到,大秦帝国的统一进程可能与小麦存在有很大关联。当年,秦国崛起势头迅猛,居秦岭东部的韩国很是胆怯。于是,就想出来一个"疲秦计",派水利专家郑国到秦国修渠——在泾河与洛河之间修筑巨大的灌溉工程,企图消耗秦国国力,阻挡秦国东进的力量。然而,令韩国没有想到的是,小麦是一种最适宜灌溉的作物,郑国渠建成后,秦之国力大增,反而加快了兼并天下的进程。这是小麦的力量,也是知识的力量,人才的力量。在这种力量的支配下,首先亡国的即是轻视秦的韩国。

"探源工程"利用DNA技术探得,不仅今日之小麦是外来之物,连黄牛、绵羊等也是外来移民。从多处早期矿冶遗址推断,中原的青铜冶炼技术，也是源自中亚地区。由此，我们联想到世界昆仑山，联想到丝绸之路。这是一条由东方大秦岭到西方阿尔卑斯山之路，经由这条世界昆仑山之路，东方世界的丝绸、茶叶、瓷器，还有造纸术、印刷术、四书五经、黄老之学，传播至西亚、中东、地中海沿岸，传播至整个西方世界。同时，西方世界的小麦、黄牛、绵羊、玻璃、皮毛、青铜、生铁等金属冶炼技术，还有佛教、拜火教、天主教传播至中国，传遍东亚，传遍东方。

由此我们联想到，在地理大发现之前，兴盛的丝绸之路把世界的东方与世界的西方紧密连接在一起。中国在世界的东方，因为丝绸之路，中国向西。于是，中国的帝都在长安，在洛阳，在世界昆仑山的东方之首——大秦岭。在世界地理大发现之后，人类进入大西洋时代、海洋时代，中国向东发展，海上贸易兴盛起来。于是，丝绸之路远去，世界昆仑山时代远去，秦岭时代远去。如今，来到了"一带一路"时代，预示着世界昆仑山时代在回归，秦岭时代也在回归。

第六章 经略秦岭

秦岭：分层而居

本文所说秦岭，是指《陕西省秦岭生态环境保护条例》所规范的秦岭，即陕西秦岭中的法域秦岭。陕西秦岭是大秦岭的一部分，"法域秦岭"是陕西秦岭的一部分。

一座山脉，为人与自然皆提供了多维立体生态空间。秦岭，中国中央地带的一座伟大的山脉，自古以来便赢得了无数赞誉。陕西秦岭，集中了秦岭精华。陕西秦岭呈现北高南低、西高东低，西北高、东南低的总态势。宝鸡、西安的秦岭，高于渭南的秦岭，更远高于商洛、安康的秦岭。陕西秦岭的最高海拔是位于宝鸡、西安交界处的秦岭主峰太白山拔仙台，海拔约3771.2米；最低海拔是旬阳县鱼窝铺汉江出境处，水平面约185米，两者垂直高差超过了3500米。于是，秦岭提供了足够多的生态圈层，也为人与自然和谐共生，抑或是人与动物分层而居创造了理想的生态空间。这是在人类经略秦岭数千年之后，依然能够保持生机与活力，依然能够保有6000余种动植物，依然能够以生物多样性而著称于世的一个主要原因。

科学认识秦岭复杂多样的生态空间结构，已经是"秦岭学"研究的重大课题。本文提出了生态圈层的概念，并由动植物分层分布的规律出发，提出了分层而居的概念。由此，不仅可以为秦岭空间结构研究建立起一个新的支点，也为秦岭分层而治提供重要的理论基础。

秦岭的顶部即是秦岭生态圈层的顶部，也可以称为秦岭无人区。在面积上，秦岭无人区是秦岭生态圈层中的少数。也许，您立即会问：秦岭有无人区吗？其实，与您一样，我也曾反复问过这一相同的问题。有人回答说有，有人回答说没有，为此而展开的争论并无休止。由于缺少对无人区的标准定义，仁者见仁、智者见智，因此，究竟秦岭有没有无人区，就得看怎么定义，怎么一个说法了。

众人皆知，喜马拉雅山的珠穆朗玛峰是世界最高峰，常年被冰雪覆盖，这该算是无人区了吧？然而，20世纪以来，全世界攀登珠峰的人一波接一波，以至无数人将尸骨永远留在了登顶珠峰的路途上。中国有四大著名的无人区——羌塘、可可西里、阿尔金和罗布泊，人们称之为生命的禁区。21世纪以来，一队又一队的人群向四大无人区挺进，奋勇争先，要在生命的禁区留下自我生命的足迹。由此可见，所谓"无人区"，不是没有人到达，不是没有人攀登，也不是没有人穿越，而是不具备人类生活的基本条件、人类驻足生存的生态空间。

在地球表面，相当一部分地理空间是不适宜人类驻足生存的生态空间，并一直保持着原始的荒蛮状态。世界自然保护联盟（IUCN）使用了"wilderness"一词，来描述原始荒蛮的生态空间，翻译为中文即对应荒野或荒原，也可对应无人区。一般认为，"荒野"的定义是大面积自然原貌得到基本保留或只被轻微改变的区域，其中没有永久或明显的人类聚居点。中国的四大无人区被认为是典型的荒野或是荒原。保护荒野已经成为全球生态环境保护的时代潮流。其实，仔细琢磨，荒野对应着文化，无人区对应着有人区，两者皆不排斥，甚至是肯定非人类生命栖息繁衍的生态空间。荒野也好，无人区也罢，所要表达的核心思想是具有原真性的生态空间。"荒"字的本义是长满荒草的沼泽，荒野的本义是荒凉的原野，是尚未被文明驯化的化外之地。因此，荒野带有不够文明，等待开发的意味。中国曾有北大荒、荒山荒坡的叫法。中国文化力量，似乎是要"灭荒"。然而，秦岭无人区是动物的居所，充满了野性的力量。秦岭无人区并不是荒凉的原野，堪称是繁盛的原野。秦岭无人区不需要开发，是要禁止开发，以保护其野性。因此，本文选择使用"秦岭无人区"一词。

秦岭是横亘于中国心脏地带的中央山脉，被称为中华脊梁。古往今来，中华民族经略秦岭，已有数千年的历史，并形成"三纵三横"的秦岭古道系统。"三千里大秦岭，五千年中华史"。也因此，秦岭被誉为中华父亲山。在历史上，秦岭并不是人类活动的禁区，自然也不乏人类活动的足迹。然而，不可忽视的是，秦岭是青藏高原以东中国大陆的最高山脉。海拔在2000米以上的陕西秦岭，属于秦岭的顶部。有诗云："太乙近天都，连山接海隅""连峰去天不盈尺，枯松倒挂倚绝壁""重峦俯渭水，碧嶂插遥天""石拥百泉合，云破千峰开"。秦岭的顶部重峦叠嶂、岭脊突兀、土壤瘠薄、四季冷寒，并不宜于人类驻足生存。生存难度从下列诗句中可以窥见："云横秦岭家何在，雪拥蓝关马不前""西当太白有鸟道，可以横绝峨眉巅""黄鹤之飞尚不得过，猿猱欲度愁攀援"。长期以来，人类围绕秦岭的活动主要集中在海拔1000米以下秦岭的底部。当翻山越岭时，因借道通行的需要，短暂闯入了秦岭的顶部。在少许停留后，旋即又离开秦岭的顶部，经过秦岭的腹部，重归秦岭的底部。21世纪以来，新修建的高速公路、高速铁路，不再翻越秦岭的顶部，而是直接穿越秦岭的底部或是秦岭的腹部，笔直的桥涵隧道替代了曲路缠腰。如此一来，秦岭的顶部俨然是一个动物的世界、野性的天堂，较好地保有了秦岭生态系统的独特性、完整性、原真性。与广袤深邃、四望无际的四大无人区相比，在秦岭无人区里，山峰林海替代了戈壁荒原，这里是中国心脏地带的深山老林，是中华文明起源地的活水源头。对于中华民族而言，秦岭的底部是中华文明的原生区，秦岭的顶部是生态系统独特性、完整性、原真性的具体体现。所以，秦岭无人区是繁盛的原野，是秦岭的生态根脉所系，是中国最具生态价值的无人区。

根据葛安新研究团队提供的数据，陕西秦岭面积583.3万公顷，其中林地497.1万公顷，占秦岭总面积的85.2%，森林覆盖率72.58%。海拔2000米以上秦岭的顶部面积为40.49万公顷，占秦岭总面积的6.9%。其中，海拔2000—2500米生态圈层面积占5.7%，为亚高山针叶林带；海拔2500—3000米生态圈层面积占1.0%，为亚高山草丛草甸带；海拔3000米以上占0.2%，即是高山荒漠，属于荒凉的世界，生态系统非常脆弱。在2000米以上秦岭的顶部，建设用地面积0.0443万公顷，农耕地面积0.0138万公顷，两项占比皆微乎其微，以至于不能用百分比，只能用千分比、万分比来表示。已经设立的秦岭自然保护区，其范围内的农耕地面积占到保护区总面积的2.4%。也就是说，秦岭的顶部农耕地面积的占比，要远小于自然保护区农耕地平均占比。秦岭的顶部建设用地，主要是属于穿越借道性质的道路、电力、通信、测控用地。有资料显示，在康乾盛世之时，玉米、土豆联合进攻秦岭，特别是进攻了秦岭的长江流域、秦岭的缓坡地带，大多被开垦为耕地。之后，玉米、土豆的势力进一步向秦岭的上层发展。但是，在秦岭的顶部，开垦农耕地的极限并没有突破海拔2200米。秦岭的高海拔农耕地，主要分布在太白山周边的太白、周至两县，紫柏山周边的留坝县、勉县和凤县。根据农耕地规模粗算，充其量仅有数十散户人家。在秦岭的顶部，相信这数十散户人家并不影响将秦岭的顶部称为无人区。况且，随着工业化、城市化进程，秦岭高海拔区域农耕地已经撂荒弃耕，山林得以休养生息，荒野的力量日益增加。秦岭的顶部将重回宁静和谐的世界。

人们熟知,大熊猫、朱鹮、羚牛、金丝猴是秦岭四宝。在秦岭四宝当中,朱鹮是涉禽,是秦岭精灵,生活于稻田湿地,主要栖息于海拔 1200—1400 米的疏林地带。大熊猫、金丝猴、羚牛是森林动物,是秦岭宝贝,主要栖息于中高山地。秦岭生态调查资料显示,大熊猫栖息于海拔 1000—2500 米;羚牛栖息于海拔 1200—3200 米;金丝猴、林麝、金钱豹栖息于海拔 1500—3000 米。海拔 1000—2500 米秦岭的腹部是秦岭大熊猫、金丝猴、朱鹮、羚牛、林麝、金钱豹、红腹锦鸡等珍稀野生动物富集区。在人类力量上升后,海拔 2000 米以上秦岭的顶部成为秦岭生态系统的最核心区域——秦岭生态核心区,也是秦岭宝贝最后的栖息地和最后的避难所。研究和建构秦岭无人区的重要使命,也许就是为了更好地安顿秦岭精灵、秦岭宝贝,更好地提升秦岭生态系统功能和生态环境价值。

秦岭的不同生态空间具有不同的生态容量,继而表现为不同的生态圈层。秦岭生态圈层在南北坡也有不同表现,海拔高差在 200 米左右。在秦岭的顶部以下,以垂直起降 500 米来划分秦岭生态圈层,我们可以清晰观察到秦岭生态圈层的空间特征。海拔 1500—2000 米之间的生态圈层,为针叶阔叶混交林带,面积为 117.5 万公顷,占秦岭总面积的 20.2%。其中,建设用地面积 0.35 万公顷,占该生态圈层面积的 0.3%;农耕地面积 2.15 万公顷,占该生态圈层面积的 1.8%。可见,这一生态圈层的建设用地、农耕地占比,要低于秦岭自然保护区内的平均数。据调查,21 世纪以来,秦岭内的人类活动在生态圈层上表现出进一步下移的总趋势。也就是说,这一生态圈层是准生态空间。这一生态圈层,与秦岭的顶部毗邻,是秦岭的顶部向下的自然延伸,也是秦岭生态核心区的生态缓冲带。然而,太白县是一个特例。太白县建制始于 1961 年,县治咀头镇，海拔 1543 米，是唯一坐落于秦岭的腹部的县城，也是唯一海拔超过 1500 米的镇。

在海拔 1000—1500 米之间的秦岭生态圈层，是阔叶针叶混交林带，面积为 229.8 万公顷，占秦岭总面积的 39.4%。其中，建设用地面积 2.17 万公顷，占该生态圈层面积的 0.9%；农耕地面积 21.67 万公顷，占该生态圈层面积的 9.4%。在以海拔 500 米为单元的秦岭各生态圈层中，这一生态圈层的面积最大，占比最多。在建设用地、农耕地占比上，这一生态圈层也介于上下两个生态圈层之间，凸显出其生态过渡地带性质。不少资料指出，秦岭农业经济活动比较理想的区域在海拔 1000 米以下。秦岭海拔 1500—2000 米与海拔 1000—1500 米的两个生态圈层，人类活动较少，自然生态系统比较稳定，也是秦岭生态系统的重要缓冲区。这两个生态圈层合起来，构成秦岭的腹部。总体来说，秦岭的腹部是秦岭的顶部与秦岭的底部的中间地带，也即生态过渡地带。

海拔 1000 米以下是秦岭的底部，为落叶阔叶林带，是秦岭鸟类和大鲵、细鳞鲑的主要栖息地，因靠近河谷、通联便利、光热充足而成为较理想的人类的居所。除太白县外，其他县城均在秦岭的底部。海拔 1000 米以下秦岭的底部，面积为 195.6 万公顷，占秦岭总面积的 33.5%。海拔 500—1000 米之间的秦岭生态圈层，其面积为 175 万公顷，占秦岭总面积的 30%。其中，建设用地面积 6.6 万公顷，占该生态圈层面积的 3.8%，比上一生态圈层增加了 2.9 个百分点；农耕地面积 44.6 万公顷，占该生态圈层面积的 25.5%，比上一生态圈层增加了 16.1 个百分点，这凸显了秦岭的底部生态圈层的经济利用特性。秦岭海拔 185 米以上，500 米以下的生态圈层，可以称为秦岭最底层，主要分布在汉丹江流域的安康、商洛。秦岭最底层面积为 20.6 万公顷，占秦岭总面积的 3.5%。其中，建设用地面积1.5万公顷，占该生态圈层面积的7.3%；农耕地面积7.0万公顷，占该生态圈层面积的34.1%。从土地资源利用结构观察，在秦岭各生态圈层中，海拔1000米以下秦岭的底部，是经济社会相对活跃的圈层。与寂静的秦岭无人区相比，这里是嘈杂的秦岭有人区。

适应陕西秦岭生态环境保护的需要，我们把海拔2000米以上秦岭的顶部设定为核心保护区，把海拔1500—2000米之间的生态圈层设定为重点保护区，海拔1500米以下的生态圈层设定为一般保护区。归类合计，海拔2000米以上面积占秦岭总面积的6.9%，海拔1500—2000米之间的面积占秦岭总面积的20.2%，海拔1500米以下的面积占秦岭总面积的72.9%。建设用地面积、农耕地面积的生态分层占比分析结果是：2000米以上的占比微少，1500—2000米之间分别占3.8%和3.2%，而1500米以下分别占96.2%和96.8%。也就是说，秦岭内95%以上的建设用地和农耕地分布在一般保护区内。

事实上，秦岭的无人区不仅仅包括海拔2000米以上秦岭的顶部，还包括海拔1000—2000米的秦岭的腹部和海拔1000米以下秦岭的底部的生态核心地带。陕西秦岭是有鲜明生态核心的山脉，这个生态核心就是秦岭主峰太白山。太白山上的大爷海是大自然造就的秦岭天眼。不仅秦岭的顶部以秦岭天眼为中心，秦岭的自然保护区群也以秦岭天眼为中心。围绕秦岭天眼分布着34处自然保护区、46处森林公园，38处风景名胜区、7处文化自然遗产、7处湿地公园、4处地质公园。以秦岭天眼为中心的自然保护区群非常亮眼：太白山、老县城、周至、观音山、天华山、皇冠山、平和梁、鹰嘴石、佛坪、长青、胥水河、牛尾河、黄柏源、摩天岭、桑园、紫柏山、神沙河，等等。颇具规模的秦岭自然保护区群，从秦岭的顶部，经秦岭的腹部，直达秦岭的底部。其中，太白山国家自然保护区，上达秦岭顶点（3771.2米），下至秦岭的腹部（1120米）；佛坪国家自然保护区，上至秦岭的顶部（2904米），下达秦岭的底部（980米）；长青国家自然保护区，上至秦岭的顶部（海拔3010米），下至秦岭的底部（800米）。牛背梁国家自然保护区属于终南山的顶部，也属于终南山的腹部，从海拔2886米降落至海拔1100米。如果说太白山国家自然保护区是秦岭海拔最高的自然保护区，那么朱鹮国家自然保护区就是秦岭海拔最低的自然保护区。朱鹮国家自然保护区最高海拔2200米，最低海拔只有420米，且是唯一兼具高山与盆地类型的国家自然保护区。

秦岭自然保护区群是以森林生态系统为主要保护对象的保护地体系。秦岭保护区群森林覆盖率83.3%，林草覆盖率95.3%。虽然说不能将自然保护区等同于自然上的无人区，但自然保护区的生态核心区和缓冲区拒绝了人类活动，应该算是法律设定的野性天堂，也即法律意义上的无人区。由于各个自然保护区的设立在时间上有先后，再加上行政区划分割等原因，每一个自然保护区都是一个相对独立的岛屿。在不同的自然保护区之间，事实上出现了非保护区空挡。同时，在秦岭的顶部，部分岭脊海拔高度在2000米以下，秦岭无人区并没有完整地联结在一起，也呈现岛屿化存在。鉴于此，《陕西省秦岭生态环境保护条例》明确规定，秦岭主脊，也即黄河流域与长江流域的分水岭两侧各1000米（水平投影距离，下同），主要支流分水岭（1500米以上岭脊）两侧各500米，均设置为禁止开发区，也可理解为法律上的秦岭无人区。这样一来，就把岛屿化的秦岭的顶部、岛屿化的自然保护区，连结为一个完整的生态空间，从而形成一个法律意义上的秦岭无人区，在法律意义上构建出秦岭的生态核心区。由此，可以通连秦岭的顶部、秦岭的腹部、秦岭的底部，构建出一个理想的野性世界。

秦岭北麓是一个特例,也是一个传奇,秦岭最美关中弯。当秦岭进入关中,山岭就像是战前列阵的士兵一样,齐刷刷地排列在关中盆地的南缘,并摆出了一个大 pose——秦岭关中弯。一道道蜿蜒的河流,恰似柔美曼妙的女神,亲吻和滋润着关中大地。在渭河与关中弯之间,形成了一个多姿多彩的半月形地带。秦岭关中弯岭脊突兀、高山深谷、巉岩断崖,不适宜于农耕活动。秦汉以来,果林业就难以立足;明清以来,玉米、土豆亦难有立足之地。"卖炭翁,伐薪烧炭南山中","欲投人处宿,隔水问樵夫"。由此可见,秦岭关中弯是帝都长安的薪柴供应地,也即能源基地。在秦岭北麓的底部,曾是皇室离宫别馆、达官贵人别业之所在。目前,秦岭北麓是旅游资源开发强度最大、旅游景区最为密集的区域,部分沟峪呈现全面开发、过度开发的态势。

陕西秦岭南北极不对称,秦岭北麓是关键少数。秦岭北麓渭河流域面积约占秦岭总面积24%,其中,海拔2000米以上的面积,约占秦岭的顶部面积的40%。如今,秦岭关中弯亦然是关中的生态根脉,也是关中的地理标识和精神标识。森森威严而又塑型独特的秦岭关中弯,造化出无数堪称是世界级的地理、生态、文化传奇。秦岭关中弯造化了关中生态根脉——秦岭七十二峪;造化了以奇险闻名世界的风景名胜区——华山风景名胜区;造化了华夏文明的伊甸园——骊山典藏;造化了中华腹心的地质博物馆——终南山国家地质公园;造化了离国际化大都市西安最近的国家自然保护区——牛背梁国家自然保护区;造化了中国南北气候分界线的生态标识——太白山。自然,秦岭关中弯最经典、最雄伟、最传奇的造化当属是造化了卓越的天府之国,造化了周秦汉隋唐的繁盛,造化了享誉世界的中华千年帝都古长安。秦岭保护,不仅关系生态根脉,而且关系中华文脉。

在秦岭生态圈层中,秦岭无人区是关键少数。秦岭是中国生态命门,秦岭无人区蕴藏着生态命门的先天之气。秦岭是中国森林宝岛,秦岭无人区是宝岛中的宝岛。秦岭是中国生物基因宝库,秦岭无人区是宝库中的宝库。秦岭是中国腹心绿色水库,秦岭无人区是绿色水库的活水源头。秦岭隐藏着中国生态密码,秦岭无人区是生态密码的富集区,秦岭无人区是秦岭生态核心区,保护好秦岭无人区是秦岭保护的首要任务!

在大秦岭中,陕西秦岭是关键少数。终南阴岭秀,秦岭陕西美。秦岭是中华地理标识,更是美丽陕西的生态旗帜。秦岭无人区就是这面生态旗帜上最耀眼、最璀璨的绿色明珠。穷破坏、富保护;避世入山、入世进城;乱世开山、盛世兴林。保护秦岭,保护中华脊梁,保护中华父亲山,保护中华生态根脉,其时已至,其势已成。

秦岭风光（摄影：向定乾）

秦岭法学

秦岭处在中国腹心地带，曾被古代的智者赞誉为"陆海"。中华民族经略秦岭，已有数千年历史。在经历数千年之后，秦岭，依然能够保有生物多样性，保有生态系统的相对完整性和相对原真性，根本原因就在于秦岭有着极强的自我保护能力和完备的自我保护机制。简单来说，可概括为以下四个方面：

首先，秦岭具有非凡的拒止能力。秦岭不是一般的山，而是巍峨挺拔、绵延逶迤、博通东西、统领南北、合和天下的巨大山系。无论是从哪个方向，进山还是出山，皆非易事。秦岭是著名的褶皱断层山，密集而强烈的褶皱、断层千姿百态，并由此形成了千变万化的小生境，而小生境生成了生物多样性，且褶皱系数越高，生物多样性越丰富。与此同时，隆起、褶皱、断层在一定程度上也阻止了外来力量，包括人类力量的进入。特别是秦岭关中弯，从海拔 500 米左右拔地而起，在水平距离 20 公里内，拔高 2000—3000 米，如同在平原上矗立的一道绝壁，阻止了南下或是北上的人群。所以，才有"夫南山，天下之阻也""蜀道之难，难于上青天"。也正是因为人类认为的"阻""难"，为秦岭留住"绿色宝库"美名立下了首功。

其次，秦岭具有惩戒进入者的能力。在猎枪出现以前，依靠肌肉力量的人类，并没能成为站在秦岭生态系统食物链顶端的动物。在"人少而兽多"的时代，鲁莽进入秦岭的人，必然要面临蚊蝇侵袭、虫蛇毒杀，或者猛兽屠杀的威胁，有可能被自动整合而进入秦岭食物链系统，并成为秦岭生态系统的有机组成部分。这让进入者心有戒律，不敢恣意妄为。这种惩戒，对人类而言，显然是精神与肉体的双重惩戒。"云横秦岭家何在，雪拥蓝关马不前"，在人类心灵深处，秦岭是难以言状的酸楚、神秘莫测的生境，人们对其充满了敬畏之心。

第三，秦岭具有驱离进入者的能力。秦岭主峰太白山，海拔3771.2米。"太白积雪六月天"，太白山很早进入冬季，极端最低气温零下50℃。太白山四周，由高山到低山，由腹心到边缘，陆续进入冰雪世界。冰雪封山之后，在秦岭里即会形成一个又一个的寒冷而无援的孤岛。在冰封之前，上山的人群，都会提前撤离。由此，秦岭以自然的力量还自己以宁静。整整一个冬季，秦岭的中高山地带都进入了寂静的世界。当春暖花开，喧闹而美丽的季节来临之时，与之相伴而来的，还有暴雨、山洪、滑坡、塌陷、泥石流，等等。这些被人们视之为灾害，其实也是自然现象，它是秦岭生态系统向不友善进入者发出的驱逐警讯。

第四，秦岭具有自主修复生态系统的能力。这种修复能力，曾经很有效很强大。秦岭，原本是野生动植物的家园。但部分已经被人类永久侵占。秦岭的顶部，是尚且健在的秦岭生态根脉。野生植物的种子是飞行高手，风儿、蜂儿、鸟儿，都是野生植物种子飞行的帮手。野生动物与野生植物缠绵，一定会"闻风而动"，紧随野生植物脚步找到新的栖息家园。已经被人类侵占的地盘，当人类放手还给秦岭时，秦岭就一定能够用顶部的生态资源，年复一年，修复失去的家园，恢复曾经的生机活力。

毫无疑问，随着科学技术的进步，人类已经获得了超级强大的力量。秦岭所具有的四种保护能力，被人类一一突破。纵然有的也只是局部的突破，但对秦岭生态系统造成的影响却是深度且具全局性的。如今，已经不是"人少而兽多",而是"人多而兽少"。人多了,自然少了。原始的、本真的、优美的生态环境,更成为稀缺品、奢侈品。

在早期的历史中,人类使用肌肉的力量,力量比较弱小,也显得比较贫穷。因为贫穷,人们进山索取山货,或者是借道秦岭,对秦岭生态系统造成了一定程度的影响,主要是损害了秦岭浅山的植被,好比是损害山的肌肤,对秦岭来说如同是疥癣,这即是"穷破坏"。秦岭依靠自身的力量,假以时日,便可以将穷破坏予以修复。即就是这样,古人也讲究要遵循四时,不可过度索取,竭泽而渔,可称之为"穷保护"。后来,人类找到了肌肉以外的力量,也逐渐富裕起来,不再满足于仅仅向秦岭索取山林资源,而是觊觎秦岭山中的矿藏资源,觊觎秦岭深处的森林美景,觊觎在城镇找不到的一切,于是,对秦岭的破坏,由浅山走向深山,由山的肌肤走向山的骨血,这就是"富破坏"。由此,秦岭遭受的是伤筋动骨之痛,秦岭生态系统走向崩溃的边缘,仅仅依靠自身的力量已经无法修复。穷保护对应着穷破坏,更多时候是借助伦理道德。对于富破坏,需要实行富保护,也就是在凭依伦理道德的基础上,启动法律保护机制,实现"以德治山"与"依法治山"相结合。

过去,人是生态系统的"产出",也是生态系统的最大受益者。现在,因人的过度贪婪、过度索取,成为秦岭生态系统安全的直接威胁。今天,秦岭生态环境保护之所以成为一个重要议题,在根本上是因为人类在无限使用自己的超级能力。而这种能力,超越了生态系统的自我保护能力,继而严重危及生态系统安全。因此,生态保护就是人类要主动控制自己的能力。

人类如何控制自己的能力?首先,人类要自觉自醒,要控制自己的欲望。要深刻意识到,人与自然是生命共同体,人与自然和谐共生,一荣俱荣，一损俱损。人类过度使用自己的力量，毁掉的不仅是自然，也是自己的家园。人类要控制自己的力量，使之与生态系统的自我保护能力相适应，使生态系能够实现自我调节、自我修复。其次，控制人类自身力量的力量，防止贪欲膨胀、行为失控，在根本上讲，要以法律的强制力为保障，实行法律保护机制。法律保护机制是人类的终极保护机制。第三，人类要用自己已经掌握的科技力量，支撑秦岭生态修复进程。

陕西秦岭是大秦岭的一部分，但不是一般的部分，而是腹心的部分、核心的部分、精华的部分。在保护秦岭生态根脉与人文根脉上，陕西使命光荣，责任重大。《陕西省秦岭生态环境保护条例》就是一部肩负着保护中华父亲山重要使命的地方性法规，开创了"绿水青山就是金山银山"的生动法律实践，也为全面依法保护大秦岭开了先河。

依法保护秦岭，须得坚持"法法秦岭"的基本原则。前面一个"法"，是指法律法规规定，法律实践活动；后面一个"法"是受制的意思，是尊重遵循，是学习效法。这里的"秦岭"即是"秦岭生态系统的自我保护机制"。法法秦岭，也就是要尊重秦岭，顺应秦岭，把秦岭的自我保护机制转换为法律规范、法律条文。

首先是拒止。在自然拒止机制的基础上，建立法律拒止机制。秦岭高海拔地区、秦岭主梁、主要支脉、自然保护地等，为秦岭的生态根脉所系，也是秦岭生态修复的根基所在，应当列为秦岭极重要保护区，形成"海拔＋园区＋廊道"连片保护模式，实行准国家公园体制，采取特别保护措施，严格禁止人类力量自由进入；极重要保护区下一圈层，是重要保护区，应当严格限制人类经济活动；重要保护区之下的圈层是一般保护区，应当精准制定"负面清单"，阻止不当进入。

其次是惩戒。在自然惩戒机制的基础上，建立法律惩戒机制。对秦岭原住民,以及合法的进入者,应当实行法律约束,也就是形成秦岭行为戒律,使之不得随意而为,促其成为秦岭生态环境的保护者,而不是破坏者。陡坡地种植应当采取水土保持措施,不得开挖山体、侵占河道建构设施,不得向河道直排污水、倾倒垃圾,禁止非法捕猎野生动物,或引入外来物种,禁止在封山育林、封山禁牧区开垦、采石、取土、挖根、割漆、放牧等,以及严禁采伐天然林等等。所有的违法行为,都应依法受到惩处,决不能失之于宽,产生"破窗效应"。

第三是驱离。在自然驱离机制基础上,建立法律驱离机制。这是法律保护工具箱中最严厉的手段。要依法强制拆除违法建筑,关闭违法开采企业等。已经进入的矿产资源开发企业、小水电工程,严重影响秦岭生态系统功能完整性,法律规定退出的一定要限期退出。

第四是修复。在自然修复机制基础上,建立法律修复机制。过度开垦的耕地、不当开挖的矿山、拆除违法建筑留下来的"伤疤",自然修复旷日持久,甚至希望渺茫。因此,需要采取人工措施,利用现代科技手段,加快治理修复步伐。鼓励各种社会力量大力参与秦岭生态修复,帮助野生动植物建起新的家园。

总之,秦岭具有独特性、唯一性。以保护秦岭生态系统的完整性、原真性为目标,人类就需要控制自己的欲望,控制自己的力量,把自我保护机制与法律保护机制结合起来,把"以德治山"与"依法治山"结合起来,让两种机制、两种治理共同发力,相得益彰,永葆秦岭生态系统的生机活力。

参考文献 References

1. 司马迁.史记[M].北京：中华书局，1959.
2. 司马迁.史记[M].北京：中华书局，2014.
3. 班固.汉书[M].北京：中华书局，1962.
4. 欧阳修，宋祁.新唐书[M].北京：中华书局，1975.
5. 刘昫.旧唐书[M].北京：中华书局，1975.
6. 常璩.华阳国志[M].北京：中华书局，1958.
7. 顾祖禹.读史方舆纪要[M].北京：中华书局，2005.
8. 毕沅，张沛.关中胜迹图志[M].西安：三秦出版社，2004.
9. 纪昀，永瑢.文渊阁四库全书[M].上海：上海古籍出版社，2003.
10. 阮元.十三经注疏[M].北京：中华书局，1957.
11. 朱熹.诗经[M].上海：上海古籍出版社，2012.
12. 萧统.文选[M].北京：中华书局，1977.
13. 程颢，程颐.二程遗书[M].上海：上海古籍出版社，1972.
14. 毛凤枝，李之勤.南山谷口考校注[M].西安：三秦出版社，2006.
15. 马理，赵廷瑞.陕西通志[M].西安：三秦出版社，2006.
16. 刘兆鹤，王西平.重阳宫道教碑石[M].西安：三秦出版社，1998.
17. 王利器.史记注译[M].西安：三秦出版社，1983.
18. 翦伯赞.秦汉史[M].北京：北京大学出版社，1983.

19.南怀瑾.论语别裁[M].上海：复旦大学出版社，2002.

20.杨伯峻.论语译注[M].北京：中华书局，1980.

21.陈鼓应.庄子今注今译[M].北京：中华书局，1983.

22.张岂之.中国传统文化[M].北京：高等教育出版社，1994.

23.王仲满.中华文化之根齐寿山[M].北京：中国文史出版社，2008.

24.王霁，许鹏，何怡男.中国传统文化[M].北京：清华大学出版社，2014.

25.陈仕儒.儒学简史[M].贵阳：贵州人民出版社，2012.

26.许地山.道教史[M].北京：商务印书馆，2015.

27.汤用彤.隋唐佛教史稿[M].北京：中华书局，1982.

28.李楠.中国古代交通[M].北京：中国商业出版社，2015.

29.白寿彝.中国交通史[M].武汉：武汉大学出版社，2012.

30.仓林忠.龙脉寻踪：中华远古文明疑辨录[M].银川：宁夏人民出版社，2007.

31.叶昌元.字理：汉字部件通解[M].北京：东方出版社，2008.

32.米鸿宾.大易识阶[M].北京：新世界出版社，2007.

33.中国科学院考古研究所，陕西省西安半坡博物馆.西安半坡：原始氏族公社聚落遗址[M].北京：文物出版社，1963.

34.陈世松.大迁徙"湖广填四川"历史解读[M].成都：四川人民出版社，2010.

35.肖平.湖广填四川[M].成都：成都时代出版社，2005.

36.邹卫鹏.古盐道[M].西安：三秦出版社，2017.

37.李春平.盐道[M].北京：作家出版社，2014.

38.易中天.易中天中华史秦并天下[M].杭州：浙江文艺出版社，2016.

39.施展.枢纽：3000年的中国[M].桂林：广西师范大学出版社，2018.

40.《地图上的秦岭》编纂委员会.地图上的秦岭[M].西安：西安地图出版社，2014.

41.秦岭四库全书编写组.秦岭四库全书[M].西安：西安出版社，2016.

42.周灵国，陈旭.秦岭家园[M].西安：陕西旅游出版社，2009.

43.高从宜，王肖岑，王跃琼.道汇长安：秦岭古道文化地理之旅[M].西安：西北大学出版社，2016.

44.高从宜，齐长民.神秀终南：秦岭北麓72峪撷胜[M].西安：西北大学出版社，2016.

45.王若冰.走进大秦岭：中华民族父亲山探行[M].广州：花城出版社，2007.

46.魏辅文.野生大熊猫科学探秘[M].北京：科学出版社，2018.

47.国家林业局宣传办公室.'98洪水聚焦森林[M].北京：中国林业出版社，1999.

48.吴楚材，吴章文，罗江滨.植物精气研究[M].北京：中国林业出版社，2006.

49.陕西省环境保护厅，中煤航测遥感局，陕西城市战略研究所.秦岭国家公园建设研究[M].西安：陕西人民出版社，2017.

50.沈茂才.中国秦岭生物多样性的研究和保护：秦岭国家植物园总体规划和建设[M].北京：科学出版社，2010.

51.中国科学院《中国自然地理》编辑委员会.中国自然地理：地貌[M].北京：科学出版社，1980.

52.中国科学院《中国自然地理》编辑委员会.中国自然地理：植物地理[M].北京：科学出版社，1983.

53.王惠英.牛背梁：自然保护区志（1986—2016）[M].西安：三秦出版社，2016.

54.陕西省地方志编纂委员会.太白山志[M].西安：三秦出版社，2012.

55.陕西省地方志编纂委员会.陕西省志：水利志[M].西安：陕西人民出版社，1999.

56.陕西省地方志编纂委员会.陕西省志：地质矿产志[M].西安：陕西人民出版社，1993.

57.陕西省地方志编纂委员会.陕西省志：炎帝志[M].西安：三秦出版社，2009.

58.戴维·S.兰德斯.国富国穷[M].北京：新华出版社，2010.

59.卜政民.哈佛中国史[M].兴亮,李磊等,译.北京:中信出版社,2016.

60.彼得·佛兰科潘.丝绸之路:一部全新的世界史[M].邵旭东,孙芳,译.杭州:浙江大学出版社,2016.

61.休斯顿·史密斯.人的宗教[M].梁恒豪,译.海口:海南出版社,1958.

62.马克·德·维利耶.人类的出路[M].唐奇,译.北京:中国人民大学出版社,2012.

63.阿尔弗雷德·克劳士比.人类能源史:危机与希望[M].北京:中国青年出版社,2009.

64.凯伦·阿姆斯特朗.轴心时代[M].孙艳燕,白彦兵,译.海口:海南出版社,2010.

65. 安东尼·N.彭纳.人类的足迹:一部地球环境的历史[M].北京:电子工业出版社,2013.

66.伊懋可.大象的退却:一部中国环境史[M].梅雪芹,毛利霞,王玉山,译.南京:江苏人民出版社,2014.

67.濮德培.万物并作:中西方环境史的起源与展望[M].韩昭庆,译.北京:三联书店,2018.

68.王纲."湖广填四川"问题探讨[J].社会科学研究,1979(3).

69.周云庵.秦岭森林的历史变迁及其反思[D].中国历史地理论丛,1993(1).

后记 Postscript

秦岭，一部厚重的书。这部书，就在我们的家园里。有人粗浅读过，有人尚未发现，未能知晓。三十余年来，我走读秦岭、阅读秦岭、品读秦岭，在我眼中，秦岭是字字珠玑的中华宝典。《秦岭简史》是我读典的心得记录，也是一个小结。我写出来，与大家一起分享！

秦岭，一部厚重的书。在这部书的扉页赫然镌刻着：中国中央山脉、中华腹心山、中华父亲山、中华脊梁、中华绿芯、森林宝岛、绿色宝库、中央水塔、自然博物馆、中国人的中央公园，等等。我们，以及我们的子孙，要永远铭记镌刻在大秦岭扉页上的精美文字！只要铭记这些精美文字，我们以及我们的子孙就会对大秦岭肃然起敬！

秦岭，一部厚重的书，也是一部惊艳世界的中华奇书。在这部书里，隐藏着无数生态密码和人文密码，记录着无数生态故事和人文故事。目前，我们也只是阅读了故事的梗概。"三千里大秦岭，五千年中华史""一部大秦岭，世代中华情"。我们需要精心研读大秦岭，深情品读大秦岭，用毕生精力去爱护大秦岭，保护大秦岭！

秦岭，一部厚重的书，也是一部千古流芳的中华宝典。阅读这部书，我们曾经年累月、夜以继日。然而，仍时常觉得智小谋大，绠短汲深，力不从心。作为秦岭的子孙，我们有责任有义务，走出知识恐慌和本领恐慌，升级知识和技能，读懂读精秦岭中华宝典，蓄积秦岭精气，永葆秦岭活力，惠及子孙万代。

秦岭，一部厚重的书，也是一首"爱在远方"的史诗。秦岭是一座山，但不是一般的山，而是中华父亲山，中华民族的文化根脉所系。秦岭是绿水青山，但不是一般的绿水青山，而是中华中央的绿水青山，中华民族的生态根脉。秦岭是水源地，但不是一般的水源地，滋养了中部多个省份，更供给了京津冀、大华北。保护秦岭，就是保护中华民族的生命之源！

秦岭，精华荟萃在陕西，秦岭最美在关中。保护秦岭，陕西走在前列，也必须走在前列。《陕西省秦岭生态环境保护条例》首开先河，确立了"海拔+园区+廊道"的核心保护模式，构建起"专业+综合"的大保护工作格局，开启了"绿水青山就是金山银山"的生动法律实践，肩负着保护中华父亲山、保护中华生态根脉的庄严神圣使命。秦岭保护，一马当先看林业。陕西秦岭72%是森林，85%是林业用地。林业部门是保护秦岭的专业队，也是先锋队，这是一个林业人的光荣使命。为此，我会继续努力，坚持努力，不懈努力，直至拼尽全力也在所不惜。

保护秦岭，路途漫漫。只要路子对了，我们不怕遥远。

党双忍
2018年9月